일제말 전시 총동원과 물자 통제

일제침탈사연구총서

사회

37

일제말 전시 총동원과 물자 통제

동북아역사재단 일제침탈사 편찬위원회 기획
이송순 지음

동북아역사재단
NORTHEAST ASIAN HISTORY FOUNDATION

| 발간사 |

　일본이 한국을 침탈한 지 100년이 지나고 한국이 일본의 지배로부터 벗어난 지 70년이 넘었건만, 식민 지배에 대한 청산은 이루어지지 못하고 있다. 일본의 독도영유권 주장은 도를 넘어섰다. 일본은 일본군'위안부', 강제동원 등 인적 수탈의 강제성도 인정하지 않고 있다. 일본군'위안부'와 강제동원의 피해를 해결하는 방안을 놓고 한·일 간의 갈등은 최고조에 이르고 있다. 역사문제를 벗어나 무역분쟁, 안보위기 등 현실문제가 위기국면을 맞고 있다.
　한·일 간의 갈등은 식민 지배의 역사를 어떻게 볼 것인가 하는 역사인식에서 기인한다. 역사는 현재와 과거의 대화이며 이를 기반으로 미래로 나아갈 수 있다. 과거 침략의 역사를 미화하면서 평화로운 미래를 말하는 것은 불가능하다. 식민 지배와 전쟁발발의 책임을 인정하지 않고 반성하지 않으면 다시 군국주의가 부활할 수 있고 전쟁이 일어날 위험성도 배제할 수 없다. 미래지향적 한일관계를 형성하고 나아가 동아시아의 평화와 번영의 기틀을 조성하기 위해 일본은 식민 지배의 책임을 인정하고 그 청산을 위해 노력해야 할 것이다.
　식민 지배의 역사를 청산하기 위해서는 식민 지배는 어떻게 이루어졌는지 그 실상을 명확하게 규명하는 일이 긴요하다. 그동안 일본제국주의에 맞서 조국의 독립을 위해 헌신한 독립운동가들의 활동을 찾아내고 역사적으로 평가하는 일에는 상당한 성과를 거두었다. 반면 일제 식민침탈의 구체적인 실상을 규명하는 일에는 충분한 노력을 기울이지 못했다. 제국주의가 식민지를 침탈했다는 것은 너무나 당연한 사실로 여겨졌기 때문에, 굳이 식민 지배에서 비롯된 수탈과 억압, 인권유린을 낱낱이 확인할 필요가 없었는지도 모른다. 그러는 사이 일본은 식민 지배가 오히려 한국에 은혜를 베푼 것이라고 미화하고, 참혹한 인권유린을 부인하는 역사부정의 인식을 보이는 데까지 이르고 있다. 일제의 통치와 침탈, 그리고 그 피해를 종합적으로 조사하고 편찬할 필요성이 여기에 있다.

일제침탈사를 체계적으로 정리하는 일은 개인이 감당하기 어렵다. 이에 우리 재단은 한국학계의 힘을 모아 일제침탈사 편찬위원회를 꾸렸다. 편찬위원회가 중심이 되어 일제의 식민지 침탈사를 정치·경제·사회·문화 모든 방면에 걸쳐 체계적으로 집대성하기로 했다. 일제 식민침탈의 실체를 파악하기 위해 2020년부터 세 가지 방면으로 사업을 추진하고 있다. 하나는 일제침탈의 실상을 구체적이고 생생한 자료를 통해서 제공하는 일로서 〈일제침탈사 자료총서〉로 편찬한다. 다른 하나는 이들 자료들을 바탕으로 연구한 결과물을 〈일제침탈사 연구총서〉로 간행한다. 그리고 연구의 결과를 대중들이 이해하기 쉽게 〈일제침탈사 교양총서〉를 바로알기 시리즈로 간행한다. 자료총서 100권, 연구총서 50권,

교양총서 70권을 기본 목표로 삼아 진행하고 있다.

〈일제침탈사 연구총서〉는 일제침탈의 실태를 정치·경제·사회·문화 분야로 대별한 뒤 50여 개 세부 주제로 구성했다. 국내외 학계 전문가들이 현재까지 축적된 연구 성과를 반영하면서 풍부한 자료를 활용하여 집필했다. 연구자뿐만 아니라 교육 현장에서도 활용되고 일반 독자들도 이해할 수 있도록 집필하기 위해 노력했다. 연구총서 시리즈가 일제침탈의 역사적 실상을 규명하고 은폐된 역사적 사실을 기억하고 왜곡된 과거사에 대한 인식을 바로 잡음으로써 역사인식의 차이로 인한 논란과 갈등을 극복하는데 기여하는 디딤돌이 되기를 바란다.

2021년
동북아역사재단 이사장

| 편찬사 |

    1945년 한국이 일제 지배로부터 해방된 지 76년의 세월이 지났다. 그럼에도 불구하고 일본 사회 일각에서는 여전히 일제의 한국 지배를 합리화하고 미화하는 주장이 나오고 있으며, 최근에는 한국 사회 일각에서도 일제 지배를 왜곡하고 옹호하는 주장이 나오고 있다. 이는 한국과 일본 사회, 한일 관계와 동아시아 국제관계의 미래를 위해서도 결코 바람직하지 않은 일이다.
    이에 동북아역사재단은 일제의 한국 침략과 식민 지배에 대한 학계의 연구 성과를 총정리한 〈일제침탈사 연구총서〉를 발간하기로 하였다. 이에 따라 2019년 9월 학계의 전문가를 중심으로 편찬위원회를 구성하였으며, 편찬위원회는 학계의 연구 성과를 토대로 정치·경제·사회·문화 부문에서 일제의 침탈이 어떻게 이루어졌는지 정리하여 연구총서 50권을 발간하기로 하였다.
    주지하듯이 1905년 일제는 러일전쟁에서 승리한 뒤, 한국에 군대를 주둔시키면서 한국의 외교권을 빼앗고 통감부를 두어 내정에 간섭하였다. 1910년 일제는 군사력으로 한국 정부를 강압하여 마침내 한국을 강제 병합하였다. 이후 35년간 한국은 일제의 식민 통치를 받았다.
    일제는 한국의 영토와 주권을 침탈하였을 뿐만 아니라, 군사력과 경찰력으로 한국을 지배하면서, 정치·경제·사회·문화의 모든 부문에서 한국인의 권리와 자유, 기회와 이익을 박탈하거나 제한하였다. 정치적으로는 군사력과 경찰력, 각종 악법을 동원하여 독립운동을 탄압하고, 한국인의 정치활동을 억압하고 참정권을 박탈하였으며, 집회와 결사의 자유를 억압하였다. 경제적으로는 일본자본이 경제의 주도권을 장악하고, 일본인 위주의 경제정책을 수행했으며, 식량과 공업원료, 지하자원 등을 헐값으로 빼앗아 갔고, 농민과 노동자 등 대다수 한국인의 경제생활을 어렵게 하였다. 사회적으로는 한국인들을 차별적으로 대우하고, 한국인의 교육의 기회를 제한하고, 한국인으로서의 정체성을 박탈하여 결국은 일본의 2등 국민으로 만들고자 하였다. 문화적으로는 표현과 창작의 자유, 종교와 사상의 자유를 억압하고, 한글 대신 일본어를 주로 가르치고, 언론과 대중문화를 통제하였다. 중일전쟁, 아시아태평양전쟁을 도발한 뒤에는 인적·물적 자원을 전쟁에 강제동원하고, 많은 이들을 전장에 징집하여 생명까지 희생시켰다.

〈일제침탈사 연구총서〉는 침탈, 억압, 차별, 동화, 수탈, 통제, 동원 등의 단어로 요약되는 일제의 침략과 식민 지배의 실상과 그 기제를 명확히 밝히고자 하였다. 이를 통해 일제의 강제 병합을 정당화하거나 식민 지배를 미화하는 논리들을 비판 극복하고, 더 나아가 일제 식민 지배의 특성이 무엇이었는지, 식민 통치의 부정적 유산이 해방 이후에 어떤 영향을 미쳤는지를 밝히고자 하였다.

편찬위원회는 연구총서와 함께 침탈사와 관련된 중요한 주제들에 관하여 각종 법령과 신문·잡지 기사 등 자료들을 정리하여 〈일제침탈사 자료총서〉도 발간하기로 하였다. 아울러 일반인과 학생들이 보다 쉽게 읽을 수 있는 〈일제침탈사 교양총서〉를 바로알기 시리즈로 발간하기로 하였다.

일제의 한국 침략과 식민 지배의 역사는 광복 후 서둘러 정리해냈어야 했지만, 학계의 연구가 미흡하여 엄두를 내기 어려웠다. 이제 학계의 연구가 어느 정도 축적되어 광복 80주년을 맞기 전에 이와 같은 작업을 할 수 있게 된 것을 다행으로 생각한다. 한일 양국 국민이 과거사에 대한 올바른 역사인식을 갖고 성찰을 통해 미래를 향해 함께 나아갈 수 있기를 기대하면서 삼가 이 책들을 펴낸다.

2021년
동북아역사재단 일제침탈사 편찬위원회

차례

발간사 4

편찬사 7

서론
1. 일제의 군국주의 파시즘적 총동원체제와 식민지 조선　14
2. 연구사 정리　17
3. 연구 방법과 내용　28

제1장 일본제국주의의 침략전쟁과 총동원체제 구상
1. 세계대전과 근대 총력전체제　36
2. 만주 침략과 총동원체제 구상　66
3. 조선의 농공병진정책과 '조선공업화'　84

제2장 일제 침략전쟁 확대와 조선의 전시 총동원체제 형성
1. 중일전쟁 도발과 침략전쟁 확대
  - 군국주의 파시즘적 총동원체제 전개　112
2. 중일전쟁 이후 조선의 병참기지화와 전시 총동원　143

제3장 전시 광물자원 동원과 강제저축
1. 광물자원 증산과 금속회수　184
2. 강제저축을 통한 자금 수탈　208

제4장　전시 식량 증산정책의 전개와 파탄

1. 전시 쌀 증산정책의 전개　　**226**
2. '미곡중점주의' 정책 수정과 잡곡 증산　　**257**

제5장　식량 및 기타 농산물 공출

1. 식량 공출정책의 실시　　**270**
2. 의류작물 공출: 면화, 대마　　**292**
3. 공출에 대한 농민 저항　　**307**

제6장　식량 및 생필품 배급과 암거래

1. 소비 통제와 암거래 확산　　**318**
2. 식량 및 생필품 배급　　**352**

결론　　**377**

부록 399
참고문헌 420
찾아보기 430

서론

1. 일제의 군국주의 파시즘적 총동원체제와 식민지 조선

일본제국주의의 성립과 발전은 전쟁이라는 폭력적 방법을 동력으로 삼았다. 일본은 1876년 조선을 운요호사건이라는 '자해적' 방식을 통해서 강제 개항시켰고, 이후 1894년 청일전쟁과 1904년 러일전쟁으로 동아시아의 제국주의적 맹주로 자리매김하기 시작했다. 러일전쟁 결과 서구 제국주의 국가들의 묵인하에 강압적으로 한국 정부에 1905년 '을사조약'과 1910년 '한일병합조약' 체결을 강요하면서 한국을 일본의 식민지로 만들었다. 일본은 한국을 식민지로 만들 수 있었던 국제관계인 '영일동맹'으로 인해 1914년 발발한 제1차 세계대전에 연합국의 일원으로 참전해 만주와 중국에 대한 일정 정도의 지배력을 행사할 수 있는 토대를 마련했다.

일본은 자국의 자본주의 발전을 위해 식민지를 넘어 더 큰 원료 공급지와 상품시장이 필요했기 때문에 만주와 중국대륙을 자신들의 직접적인 영향력 아래에 두고자 했다. 1929년 시작된 세계대공황은 서구 제국주의 국가들의 배타적 블록경제를 강화시켰고 이에 일본도 일본 본토-식민지[조선·대만]와 만주-중국대륙을 포함하는 이른바 일만지(日滿支) 블록[북방엔블록권] 구축을 위해 내달렸다. 이것은 1931년 '만주사변'과 괴뢰 만주국 수립으로 일부 실현되는 듯했다. 그러나 중국 민중들의 반일 저항에 국민당 장제스(蔣介石) 정부가 항일의 기치를 들게 되면서 제동이 걸리기 시작했다. 그럼에도 일본은 1937년 중일전쟁을 도발하며 전쟁의 늪으로 빠져들었다. 1939년 독일의 폴란드 침공으로 제2차 세계대전이 시작되면서 일본은 독일, 이탈리아와 함께 추축국의 일원으로 전쟁의 전면에 나섰고, 결국 1941년 12월 미국 하와이 진주만 기습으로 아시아태평양전쟁으로 나아갔다.

제2차 세계대전은 연합국 대 추축국의 대립으로 전개되었는데, 참전국들은 모두 '총력전'체제를 구축하고 전쟁에 돌입했다. 총력전 수행을 위한 각국의 전시경제는 전쟁 이전의 정치·사회·경제 구조를 기반으로 형성되었다. 미국은 중공업 부문의 우월한 생산력을 바탕으로 단기간에 그것을 동원해 전쟁을 수행할 수 있었다. 대기업이 이를 담당했고, 전쟁을 통해 '전시 고축적 구조'를 형성하며 비약적으로 성장했다. 이것은 제2차 세계대전 이후 냉전체제기 미국 군수산업의 토대가 되었다. 영국은 식민지와 대외투자를 통해 축적한 경제력과 미국의 원조로 상당한 정도의 전쟁 수행능력이 있었다. 그러나 '섬'이라는 특성상 해상 수송력·석탄·노동력·식량 공급에 문제가 있었다. 독일은 고도의 중공업 생산력을 가지고 있었고, 선제적으로 전쟁을 준비했기에 초기에 승리를 거둘 수 있었다. 그러나 연합국 및 그 식민지와 적대적 관계에 놓이면서 석유·식량·외화를 수급하는 데 큰 차질이 생겼다. 일본은 침략 대상인 중국·동남아시아가 지리적으로 근접해 있었기에 병력 및 군수 이동에 이점이 있었지만 미국·영국·독일과 비교했을 때 중공업 생산력이 낮은 수준이었고 해상 수송력과 외화에서 결정적인 약점이 있었다.[1]

서구 열강에 비해 공업 생산력 수준과 물자 수급에서 상당한 핸디캡이 있는 일본제국주의는 이를 극복하는 방안으로 아시아 지역에 대한

---

1 原朗, 1995, 「日本の戰時經濟-國際比較の視点から」, 『日本の戰時經濟: 計畫と市場』, 東京大學出版會, 36쪽.

침략전쟁을 시작했다. 그러나 일본제국주의의 생산력은 장기간에 걸친 대규모 전쟁을 수행하기에는 역부족이었다. 이에 군부와 관료를 중심으로 국가 안의 모든 자원을 총동원하기 위해 '천황제'를 앞세워 강력한 전체주의 이데올로기에 따른 파시즘체제를 형성했다. 이것은 근대 국민국가가 지향하는 개인의 자유와 평등, 국가권력의 민주적 집행이라는 기본적 요구를 일축한 폭력적·억압적인 체제였다.

일본제국주의의 군국주의 파시즘체제는 식민지에서 더욱 폭력적인 형태로 나타났다. '자발적인' 전쟁 동원에 협조하지 않는 식민지에서는 강제성과 폭력성이 더욱 노골화될 수밖에 없었다. 중일전쟁 이후 식민지 조선을 전쟁 수행에 필요한 병참기지로 규정하고 최대한의 군수 동원에 나섰지만 전쟁 수요를 감당하는 것은 불가능했다. 일제의 침략전쟁은 생산력의 측면에서 감당하기 어려운 무모한 것으로 사회의 재생산마저 불가능하게 하는 극단적인 동원과 수탈을 피할 수 없었다.

이 책은 일본제국주의의 침략전쟁이 본격화된 1937년 중일전쟁 이후 군국주의 파시즘적 총동원체제[2]하에서 식민지 조선을 대상으로 일제

---

2   이 책의 연구 대상 시기는 1937~1945년간이다. 이 시기는 일제가 1937년 중일전쟁을 도발하고 1939년 제2차 세계대전에서 추축국에 참가, 1941년 아시아태평양전쟁을 도발하며 전쟁을 확대하고 결국 1945년 패전할 때까지이다. 학계의 연구를 통해 이 시기를 규정하는 개념으로 '전시체제기', '파시즘기', '총력전체제기', '총동원체제기' 등이 제기되었다. 역사적 시대를 규정하는 것은 매우 종합적·총체적·인식론적인 작업이고 역사의식이 투영되는 것이다. 일제 식민권력은 근대 민주주의를 지탱하는 자유·평등·인권을 철저히 무시하며 '천황제' 이데올로기에 입각해 '황국신민'이라는 명분으로 폭력적인 사회통합을 강요하는 파시즘적 정치·사회질서를 구축했다. 이를 바탕으로 전쟁을 위해 인적·물적 자원을 총동원하는 법적·제도적 장치를 마련했다. 일제 식민권력은 제도 시행과정에서도 자의적·폭력적·강제적 형태로 식민지민의 일상과 인권을 파탄시켰다. 이 책에서는 분석 대상인 전시 물자동원을 설명하는 메커니즘으로 파시즘적 사회질서를 전제로 한 '전시 총동원체제'로 이 시

가 행한 식량 및 각종 물자동원 시스템과 그로 인한 수탈상을 정리하고자 한다. 일제의 식민지 조선에서의 전시 물자동원 대상은 식량, 공업 생산품, 광물자원, 자금이었다. 전쟁은 모든 자금과 자원을 동원해 막대한 무기와 물자를 생산해 소비하는 행위이다. 일제의 식민 지배를 통해 식민지 조선에서 어느 정도의 개발과 물적 성장이 있었다 하더라도 1937~1945년까지 일제의 전시 동원과 수탈은 그 모든 것을 철저히 빼앗아 써버리는 지극히 약탈적인 소비 행위였다. 일제의 전시 총동원은 '내선일체', '황국신민'의 통합 이데올로기를 내세웠지만 실제는 제국주의의 차별과 억압의 메커니즘이 그대로 작동되었기에 식민지민들은 민족의식·저항의식을 내면화하며 저항을 멈출 수 없었다.

2. 연구사 정리

일제 식민지기는 한국근현대사의 성격을 규명하는 데도 중요한 의미가 있지만, 동아시아사 차원에서도 그 영향력과 파장이 매우 컸던 시기이다. 근대 이전 동아시아 문명의 중심이었던 중국이 몰락하고 서구 제국주의의 대리자로서 동아시아의 맹주로 부상한 일본 중심으로 형성된 동아시아 근대 체제는 인류사적 차원에서도 다양한 역사 전개와 체제를 보여주었다. 일본제국주의와 식민지 조선·대만, 반(半)식민지 상태의 중국, 괴뢰 만주국이라는 제국주의적 지배질서를 구축했다. 1945년 일본

기를 설명하고자 한다.

의 패전과 이어진 냉전체제하에서 자본주의국가 일본과 사회주의국가 중국이 탄생했고, 그러한 냉전의 최전선으로 한반도의 분단체제가 형성되었다.

1930년대 후반 이후 일제의 아시아 침략전쟁 도발은 근대 제국주의 질서를 종결시키는 방아쇠 역할을 했지만, 이 시기 일본제국주의의 전시체제는 지배체제뿐만 아니라 식민지에서도 전체주의 이데올로기의 폭력성·비합리성·반민주성을 드러냈고 이는 전후 질서 재편에도 상당한 영향을 주었다. 이러한 전시체제는 특정 시기의 돌출적인 현상이 아닌 일본제국주의의 본질이자 귀결이라 할 때 이 시기 사회질서 및 체제를 어떻게 이해할 것인가에 대한 문제가 제기되었다.

일본학계의 동향에 대해 모리 다케마로(森武麿)는 과거 주류적 위치를 점했던 마르크스주의 역사학을 중심으로 한 시민사회파 역사학을 포함하는 '전후역사학', 포스트모던 역사학의 관점에서 역사인구학·세계체제론·국민국가론·탈식민론 등 다양한 조류로 구성된 '현대역사학', 신자유주의 역사관을 내걸고 국가주의를 창도하는 '역사수정주의'라는 세 계통의 역사학 조류가 상호 대항·병존하고 있는 상황[3]이라 정리했다.[4]

---

3   森武麿, 2004, 「戰時日本の社會と經濟-總力戰をめぐって-」, 『一橋論叢』 131-6, 705-706쪽.
4   일본제국주의 戰時期(1937~1945) 성격에 대한 연구사는 방기중·전상숙, 2006, 「서장: 일본파시즘 인식의 혼돈과 재인식의 방향-최근 일본학계의 동향을 중심으로」, 『식민지파시즘의 유산과 극복의 과제』, 혜안의 문제의식을 바탕으로 정리했다. 2002~2004년 3년간 진행된 연세대학교 국학연구원 공동연구프로젝트 '일제 파시즘체제와 한국사회'는 한국근현대사학계에서 2000년대 이후 본격화된 일제 식민지기 전시체제 연구에 대한 종합적 검토와 집단적 연구를 통해 해방후 한국사회의 식민유제 청산의 미완과 정치적 민주화, 분단극복의 과제에 대한 성찰과 역사적 재인식의 틀을 제시하려는 연구였다. 이 공동연구에서는 1930년대 후반 일제 식민 통치

'전후역사학'이라 통칭되는 연구는 '일본파시즘론'으로 대표된다. 1970년대 전반까지 마르크스주의 역사학의 '천황제파시즘론'과 시민사회파 사회과학을 주도한 마루야마 마사오(丸山眞男)의 '일본파시즘론'이 주목받았다. 마루야마의 견해는 일본파시즘은 유럽과 달리 대중적 파시즘운동이 결여된 채 군부·관료 등 기존 국가기구가 소부르주아층을 기반으로 '위로부터' 추진되었다는 것이다.[5] 일본파시즘론은 논쟁과 연구를 통해 그 본질을 폭력성·침략성·관념성 등의 비합리성과 토대·기구의 후진성·전근대성으로 정리했다. 미국이 주도한 '전후개혁' 평가와 관련된 전전·전후 일본사회의 연관성 문제에서 '전후개혁'이 일본파시즘의 토대·기구를 해체시켰다는 점에서 전전·전후의 단절성을 강조했다. 이러한 인식은 전후 민주화를 추구하는 실천적 문제의식의 과잉을 반영한 것으로 전전·전후 일본사회의 연속성을 과소평가한 것이었다.

1980년대 후반 이후 사회주의체제 몰락과 냉전 해체, 탈근대론·탈식민론의 확산, 신자유주의 이데올로기와 우익 국가주의인 '역사수정주의' 확대 등을 배경으로 일본학계에서는 일본파시즘에 대한 새로운 인식이 제기되었다. 1970년대 파시즘 개념을 부정하며 논쟁을 촉발시켰던 '전시체제론'이 확대되는 가운데, 파시즘의 '사회변혁'적 성격과 근대성 및 전시·전후 일본사회의 체제적 연속성을 강조하는 '총력전체제론'이

기를 '식민지파시즘'으로 규정하고 이 관점에서 식민지 역사상과 그 유산의 특징을 연구했다. 이후 한국사학계에서는 일제 침략전쟁기의 강제동원, 전향 등의 친일협력, 언론·사상통제, 일상사 등의 연구가 이어지고 있다. 그러나 '식민지근대화론'의 일제 침략성과 강제성을 부정하는 논의가 대중적으로 유포되며 역사인식의 대립과 갈등이 현존하고 있다.

5 丸山眞男, 1964, 「日本ファシズムの思想と運動」, 『增補版 現代政治の思想と行動』, 未來社.

확산되었다.

'전시체제론'을 주창한 이토 다카시(伊藤隆)는 파시즘이라는 용어는 '선악'의 가치판단이 개입된 정치 용어로 역사 연구의 분석 도구로 부적절하다고 주장하며 대신 '혁신'이라는 용어 사용을 제안하면서 '일본파시즘 논쟁'을 촉발시켰다. 1990년대 사회주의 몰락과 냉전 해체라는 세계사적 변화 속에서 이러한 입장을 더욱 강화해나갔다. 후루가와 다카히사(古川隆久)는 이토의 입론에 반공적 '전체주의론'과 근대화론 입장의 기능주의적 '사회시스템론'을 도입해 '전시체제론'을 보강했다.[6] '전시체제'란 전쟁 발발 가능성이 높은 경우 혹은 전쟁 수행 중에 선택된 임시체제로서 전체주의체제의 지표인 정치집권화·경제계획화·사회동질화 등 사회시스템의 효율을 높이는 체제라는 것이다. 그러나 이러한 주장은 일제 파시즘체제의 폭력적·침략적 본질과 식민지 전시수탈과 강제동원의 역사상을 은폐하고 합리화하려는 '역사수정주의'와 궤를 같이하고 있다.

1990년대 제기된 '총력전체제론'은 근대화·합리화·동질화 문제를 일본파시즘론에서 해방시켜 그 자체를 검토 대상으로 삼고, 연구의 주 관심은 '총력전체제'로부터 전후 일본의 '원형'을 찾는 전시·전후 연속적 관점이다.[7] 마루야마 마사오가 일본파시즘 연구에서 제기한 '위로부

---

[6] 伊藤隆, 1976, 「昭和政治史への研究一視覺」, 『思想』 624; 古川隆久, 1993, 『昭和戰中期の總合國策機關』, 吉川弘文館. 이토 다카시(伊藤隆)는 일본의 극우보수주의적 정치 성향을 대변하는 '새로운 역사교과서를 만드는 모임'과 후쇼샤(扶桑社) 역사교과서의 '역사수정주의'를 지원했다.

[7] '총력전체제론'에 대한 일본학계의 연구 경향은 고우케츠 아쓰시(纐纈厚)의 정리를 참고했다. 纐纈厚, 2010, 『總力戰體制研究-日本陸軍の國家總動員構想』, 社會評論社, 270-281쪽.

터의 파시즘'은 정치 수법으로서의 파시즘론에 치우쳤고, 파시즘이나 민주주의체제 모두 기저에는 유사한 국가구조를 채용했는데 이것이 총력전체제라는 것을 간과했다는 비판이 제기되었다.[8]

본격적으로 일본학계에서 '총력전체제론'을 제기한 것은 야마노우치 야스시(山之內靖)이다. 그는 제2차 세계대전을 파시즘 대 뉴딜의 대결이 아닌 '총력전체제에 따른 사회적 재편성'이라는 시점에서 바라볼 것을 주장했다. 제1차 세계대전 이후 민주주의국가도 파시즘 국가도 모두 국가총동원을 대전제로 하는 총력전체제를 구축하면서 국내에서 다양한 차이·차별을 해소하고 국민을 하나의 자원으로 국가위기인 전쟁에 동원했다. 국민을 총동원의 이름으로 총력전체제 내에 포섭하기 위해서는 국민 개인의 강제적 균질화가 도모되어 사회적 신분제도 철폐의 진전, 평등화가 실현되는 것처럼 보인다. 이것이 '사회적 재편성'이고, 그 결과 총력전 사회는 '계급사회에서 시스템 사회로' 이행했다는 것이다.[9]

야마노우치 야스시의 주장에 대한 찬반논의 중 우에노 지쓰코(上野千鶴子)는 "어떤 사회체제를 '시스템 사회'라고 부르는 것은 무정의(無定義) 개념에 가깝다" '시스템 사회'는 중심을 결여한 상호의존체계로서 '주체 없는 무책임 체제'라는 관점이라며 '시스템'이라는 용어 자체의 편리성과 애매성의 문제를 지적했다.[10] 한편 니시카와 나가오(西川長夫)는 '국민

---

8 安部博純, 1975, 『日本ファシズム研究序說』, 未來社. 이 책에서 아베 히로즈미는 "국가 총력전은 세계 재분할 투쟁기의 전쟁 형태이고, 이 같은 총력전에 대응하는 것이 이른바 총력전체제이다. 이 총력전체제 논의를 극한까지 추진하고 있는 것이 이른바 고도국방국가론이다"(178쪽)라고 했다.

9 山之內靖, 1995, 「方法的序論-總力戰とシステム統合」, 『總力戰と現代化』, 柏書房.

10 上野千鶴子, 1998, 『國民國家とジェンダ』, 靑土社.

국가론'과 총력전체제를 연결해 "국민국가의 시스템은 총력전체제에 따라 근본적으로 변한 것이 아니고 오히려 총력전체제에 따라 국민국가 본래의 특징이 보다 명확해졌다"고 생각한다며 다양성이나 고유성을 폐지하고 강제적 동질성을 강요한 '국민국가'야말로 같은 방식으로 강제적 균질화를 강요하며 신속한 동원을 용이하게 하는 총력전체제에 합치하는 국가체제라고 지적했다.[11] 이후 야마노우치는 총력전체제 국가로서의 20세기 국민국가와 21세기 세계화(globalization)를 대립적 개념으로 보는 인식을 제기했다. 세계화가 진전되면서 일국주의적 국가형태로서의 총력전체제는 국가 자체의 지위가 약화되면서 근저에서 흔들리고 있다는 주장이다.[12]

'총력전체제론'의 시스템 사회론적 인식과 함께 핵심적인 것은 전시·전후의 연속성이다. 경제학자인 노구치 유키오(野口悠紀雄)는 전전의 총력전체제라는 전시체제는 전후에도 형태를 변화시켜 지속되고 있다는 견해이다. 즉 직접통제에서 간접통제, 강제에서 자발이라는 내용으로 크게 전환되었지만 전전=전쟁, 전후=경제라는 단일 목표를 달성하기 위한 체제로서 총력전체제는 현재도 계속되고 있다는 것이다.[13] 많은 연구자가 전전과 전후의 연속성을 지적하고 있지만 노구치는 그것을 가장 첨예하게 구체적으로 전개했다.

고바야시 히데오(小林英夫)도 총력전체제의 연속성 관점을 제시했다. 그는 총력전체제를 제1차 세계대전으로 시작해 20세기 말 동서냉전 종

---

11 西川長夫·渡邊公三 編, 1999, 『世紀末轉換期の國際秩序と國民文化の形成』, 柏書房.
12 山之內靖 外, 2003, 『總力戰體制からグローバリゼーションへ』, 平凡社.
13 野口悠紀雄, 1995, 『1940年體制-さらば戰時體制』, 東洋經濟新聞社.

언으로 끝난 글로벌한 정치체제라고 규정하고 제1차 세계대전의 전장이 된 유럽에서는 단일 국민국가 형태로 전개되었던 반면 일본에서는 직접적인 형태로 일본 국내에는 적용되지 못했고 '만주국'이 실험장이 되었다는 것이다. 1940년대 들어 '만주국' 경영에서 획득한 노하우를 기반으로 일본 국내에 총력전체제를 적용했다는 것이고, 고바야시는 그것을 '일본형 총력전 시스템'이라 했다.[14]

한편 일본 전시 총동원체제를 '20세기 시장제도'라는 측면에서 전후와의 연속성을 강조하는 일본 경제사학계의 연구가 이루어졌다. 야마자키 시로(山崎志郎)의 일련의 연구[15]는 이러한 관점을 잘 보여주고 있다. 제1차 세계대전 이후 세계경제의 변동 과정에서 일본 독점자본이 성장했고 군국주의 파시즘 세력이 일으킨 2·26사건과 중일전쟁으로 시장 조직화, 재정·산업정책에 따른 시장개입이 전면화되는 경제 총동원체제가 시작되었다는 것, 전시 총동원체제는 물자동원계획과 식량 증산정책, 노무동원정책, 식민지 및 지역 개발 등에서 계획적 자원배분정책이 전개되었고 산업구조의 고도화, 산업조정정책, 시장 조직화도 진전되었다는 것, 이러한 정책과 시장 설계는 총동원 과정에서 시행되거나 실험되며 생겨났고, 그것은 전후 부흥기에도 이용되었다는 것이다. 또한 패전 이후 점령하의 일본에서 여러 점령 개혁이나 경쟁적 시장경제 모델의 도입을 시도했지만, 한편에서 전시에 기능한 자원동원정책을 이용해 경제

---

14 小林英夫, 2004, 『帝國日本と總力戰體制-戰前·戰後の連續とアジア』, 有志舍.
15 原朗·山崎志郎 編著, 2006, 『戰時日本の經濟再編成』, 日本經濟評論社; 山崎志郎, 2011, 『戰時經濟總動員體制の硏究』, 日本經濟評論社; 山崎志郎, 2012, 『物資動員計畫と共榮圈構想の形性』, 日本經濟評論社; 山崎志郎, 2016, 『太平洋戰爭期の物資動員計畫』, 日本經濟評論社.

부흥이 진행되었고 단기적이었지만 정부 주도로 전시 이상으로 강력한 국가 통제를 실시했다는 것이다.[16] 이러한 관점은 총동원체제는 자본주의 전개 과정에서 나타날 수 있는 시스템으로 평시에도 활용되는 보편적 체제라는 것으로 일본제국주의의 전쟁 책임과 침략성, 반인권적 행태를 가릴 수 있다.

이러한 일본학계의 연구 경향에 대해 방기중은 "'전시체제론'이나 '총력전체제론'의 관점을 취하지 않더라도 논쟁의 소지가 많은 파시즘 용어를 기피하고 제국주의 세계전쟁기의 특수성을 반영한 수사적 용어인 '전시체제'[또는 '전쟁체제'], '총력전체제'[또는 '총동원체제']라는 용어를 사용하는 것이 보편화되고 있다"[17]라고 비판적으로 지적했다. '총력전체제론'에 대해서는 철저한 반공주의 입장에서 파시즘론을 '선악사관' 논리로 치부하고 일본파시즘의 침략성·폭력성과 전쟁 책임 문제를 은폐하며 '역사수정주의'의 내밀한 참모본부 역할을 하는 '전시체제론'과는 다른 역사인식을 가지고 있다. 그러나 일제 파시즘체제의 역사상을 희석화·형해화시키는 데 보조를 같이하고 있고, 일제·일본 중심의 지배질서 공간인 '전시체제'의 혁신성·효율성, '총력전체제'의 근대성·합리성을 강조함으로써 식민지·동아시아의 역동적 역사상을 왜곡하거나 배제시키는 문제점을 보인다고 비판했다.[18]

이러한 관점에서 파시즘을 식민 지배의 본질을 드러내는 개념으로 적극적으로 부각시키고, 조선의 전시 통제와 동원체제의 특수성을 설명

---

16 山崎志郞, 2011, 앞의 책, はしかき(vii~xvi)쪽.
17 방기중·전상숙, 2006, 앞의 글, 26쪽.
18 방기중·전상숙, 2006, 위의 글, 64-65쪽.

하면서 조선인의 능동적 대응을 분석하는 틀로 '식민지파시즘'이라는 개념을 사용했다.[19] 이와 함께 '전시파시즘기'[20], '총동원체제기'[21]로 시기를 규정하는 연구도 이루어졌다. 일본제국주의하에서 일본 본국은 독립적 국민국가로서 국가를 운영했지만, 식민지는 식민본국의 요구에 따라 운영되는 무권리의 공간이었다. 일본에서 하나의 국민국가 단위로 전개된 '총력전체제'가 식민지 조선에서도 동일한 형태로 진행될 수는 없었다. 이에 식민지 조선의 '총력전체제'는 파시즘적 총동원체제의 전형적인 형태로 진행되었다고 할 수 있다. 1937~1945년간의 식민지 조선사회는 일본의 군국주의 파시즘적 총동원체제하에 놓여 있었고, 그 식민유제는 냉전체제의 최전선으로 분단된 한반도에서 활용되기도 했다.

일제 전시 총동원체제하 식민지 조선에서 이루어진 물자동원에 대한 연구는 각 부문별로 진행되었다. 조선은 전시 군수 식량 공급기지로 중요시되었던 만큼 식량 동원과 수탈 관련해 식량 증산정책, 공출·배급, 지주소작관계, 농민생활에 대한 연구,[22] 도시지역의 생필품 배급정책에 대한 연구가 이루어졌다.[23] 배급 통제가 실시되는 상황에서 절대적인 공

---

[19] 방기중 편, 2004, 『일제 파시즘 지배정책과 민중생활』, 혜안; 방기중 편, 2005, 『일제하 지식인의 파시즘체제 인식과 대응』, 혜안; 방기중 편, 2006, 『식민지파시즘의 유산과 극복의 과제』, 혜안.

[20] 변은진, 2013, 『파시즘적 근대체험과 조선민중의 현실인식』, 도서출판 선인.

[21] 안자코 유카, 2006, 「조선총독부의 '총동원체제'(1937~1945) 형성 정책」, 고려대학교 사학과 박사학위논문.

[22] 최유리, 1997, 『일제말기 식민지 지배정책 연구』, 국학자료원; 이송순, 2008, 『일제하 전시 농업정책과 농촌경제』, 도서출판 선인.

[23] 허영란, 2000, 「전시체제기(1937~1945) 생활필수품 배급통제 연구」, 『국사관논총』 88; 김인호, 2002.8, 「태평양전쟁시기 조선 농촌에서의 물자통제 연구」, 『인문학논총』 6; 김인호, 2002.12, 「태평양전쟁시기 조선총독부의 생필품 정책과 그 성격」,

급 부족에 따른 암거래 문제를 다루었다.[24] 식량의 공출·배급 실시 과정에서 농촌과 농민, 도시지역 노동자·서민의 일상과 그 파탄 상황을 분석하는 연구도 진행했다.[25]

식량과 함께 1937년 중일전쟁 이후 일본 전체의 생산력확충계획 실시하에 조선에서도 이루어진 조선 생산력확충계획 연구,[26] 전쟁 수행을 위한 군수물자로 중요시되었던 금·석탄·철 등의 광물자원 증산과 동원에 대한 연구,[27] 민간에서 사용되고 있는 각종 금속에 대한 회수 및 헌납에 대한 연구,[28] 삼림자원에 대한 통제와 공출 연구[29]가 이루어졌다. 이를

『한국독립운동사연구』 19; 김인호, 2006, 「태평양전쟁기 서울지역의 생필품 배급통제 실태」, 『서울학연구』 26.

24 이송순, 2003, 「전시기(1937~1945) 조선의 농촌 장시통제와 암거래 확산」, 『한국민족운동사연구』 34; 이은희, 2014, 「1940년대 전반 식민지 조선의 암시장-생활물자를 중심으로」, 『동방학지』 166.

25 이송순, 2001, 「일제하 전시체제기 식량배급정책의 실시와 그 실태」, 『사림』 16; 이송순, 2002, 「일제하 1930·40년대 농가경제의 추이와 농민생활」, 『역사문제연구』 8; 이종민, 2004, 「도시의 일상을 통해 본 주민동원과 생활 통제」, 『일제 파시즘 지배정책과 민중생활』, 혜안; 소현숙, 2006, 「'근대'에의 열망과 일상생활의 식민화」, 『일상사로 보는 한국근현대사』, 책과함께; 공제욱, 2006, 「의복통제와 '국민'만들기」, 『식민지의 일상, 지배와 균열』, 문화과학사; 이송순, 2011, 「일제말 전시체제하 '국민생활'의 강제와 그 실태-일상적 소비생활을 중심으로」, 『한국사학보』 44.

26 김인호, 1999, 「조선에서의 제1차 생산력확충과 대용품 공업화(1938~1941)」, 『사총』 49; 김인호, 2000, 「조선에서의 제2차 생산력확충계획과 실상(1942~1945)」, 『한국민족운동사연구』 26.

27 박기주, 1998, 「조선에서의 금광업 발전과 조선인광업가」, 서울대학교 경제학과 박사학위논문; 김은정, 2007, 「일제의 한국 석탄산업 침탈 연구」, 이화여자대학교 사학과 박사학위논문; 박현, 2009, 「조선총독부의 전시경제정책, 1937~1945-자금·생산·유통 통제를 중심으로」, 연세대학교 경제학과 박사학위논문; 박현, 2010, 「중일전쟁기 조선총독부의 금집중 정책」, 『한국근현대사연구』 55; 박현, 2011, 「조선총독부의 금 생산력확충계획 수립과 전개」, 『한국근현대사연구』 59; 배석만, 2016, 「태평양전쟁기 일제의 소형용광로건설사업 추진과 귀결」, 『인문논총』 73-1.

통해 1930년대 이후 실시된 '조선공업화' 정책이 전시 동원과 수탈과정에서 어떻게 활용되었는지, 광산물 및 삼림자원의 수탈은 자원의 절대량이 유출·소비되는 것인 만큼 일제 침략전쟁을 위한 군수 동원의 피해양상을 파악할 수 있었다.

일본제국주의 침략전쟁은 물자의 약탈적 소비뿐만 아니라 자금 면에서도 큰 문제가 있었다. 영·미와 적대적 관계에 놓이면서 외화 수급에 비상이 걸렸고, 이를 만회하기 위해 침략·점령지역의 엔블럭권을 대상으로 자금을 동원하고 살포하며 전쟁을 수행하고자 했다. 전시 총동원체제기 조선은행·조선식산은행·금융조합·간이생명보험 등 식민지 특수금융기관의 자금 운용과 동원에 대한 연구,[30] 강제저축 등 민간자금 동원정책에 대한 연구[31]를 통해 전시 인플레이션과 금융·화폐제도의 형해

---

28 김인호, 2008, 「중일전쟁 시기 조선에서의 폐품회수 정책」, 『한국민족운동사연구』 57; 김인호, 2010, 「태평양전쟁 시기 조선에서 금속회수운동의 전개와 실적」, 『한국민족운동사연구』 62; 김인호, 2014, 「『반도의 총후진』을 통해서 본 조선인의 국방헌납」, 『역사와경계』 93.

29 최병택, 2004, 「전시체제하 일제의 물자수급 및 통제정책-경성의 신탄수급 통제를 중심으로」, 『역사와현실』 53; 최병택, 2008, 「일제하 전시체제기(1937~1945) 임업동원책과 삼림자원 공출」, 『한국사학보』 32.

30 문영주, 2001, 「일제말기(1937~45) 금융조합 농업대출금의 운용실태와 성격」, 『역사문제연구』 6; 이경란, 2002, 『일제하 금융조합 연구』, 혜안; 정병욱, 2004, 『한국근대금융연구-조선식산은행과 식민지 경제』, 역사비평사; 문영주, 「일제하 도시금융조합의 운영체제와 금융활동(1918~1945)」 고려대학교 사학과 박사학위논문; 조명근, 2011, 「일제의 국책금융기관 조선은행 연구」, 고려대학교 한국사학과 박사학위논문; 정일영, 2019.8, 「일제 식민지기 조선간이생명보험을 통해 본 '공공의 기만성'」, 『역사학연구』 75.

31 권대웅, 1986, 「일제말기 조선저축운동의 실체」, 『민족문화논총』 7; 문영주, 2003, 「1938~45년 '국민저축조성운동'의 전개와 금융조합 예금의 성격」, 『한국사학보』 14; 조명근, 2009, 「일제말(1937~45) 조선 내 민간인을 대상으로 한 전시공채의 발생 실태」, 『대동문화연구』 65.

화 과정을 살펴볼 수 있었다.

이상의 연구를 바탕으로 일제 전시 총동원체제하에서 전개된 물자동원과 수탈의 실태, 그 역사적 의미는 상당 부분 정리되었다. 이 책에서는 기존의 연구 성과를 바탕으로 1937년 이후 일제 식민지 조선의 전시 총동원체제하에서 물자동원의 실태와 식민권력의 폭력적이고 강제적인 동원에 대응하는 조선인들의 일상과 삶의 고난에 대해서 정리해 보고자 한다.[32]

3. 연구 방법과 내용

일본제국주의의 한국 식민 지배를 인정하는 것을 넘어 미화하는 '식민지근대화론'이 여전히 목소리를 높이고 있다. 이러한 역사인식은 문명화론에 입각한 근대 제국주의의 식민 지배에 대한 역사적 평가를 기저로 삼아 일제 식민 지배를 합리화하고 전쟁 수행을 위한 강제동원과 수

---

[32] 이 책은 전시 총동원체제하의 물자동원을 분석 대상으로 한다. 물자에는 식량, 공업 생산품, 광물자원, 자금이 포함된다. 동북아역사재단 〈일제침탈사 연구총서〉에는 '식민지 공업화정책', '화폐 및 금융정책', '식민지 광업정책'이 개별 연구로 진행된다. 공업 생산품과 광물자원 중 '금'에 대한 생산·유통과정의 동원, 국책금융기관을 통한 자금 동원문제는 시기적·양적으로 전시 총동원체제를 넘는 식민 지배정책 전반에 걸쳐 진행된 것으로 본격적인 연구를 요구한다. 또한 물자동원은 노동력을 바탕으로 전개되었다. 농림수산업·광업·공업·상업·서비스업 전 분야에서 저임금에서 불임(不賃) 노동까지 노동력의 강제적 활용과 동원은 중요한 테마로서 '전시 노동력 동원' 연구가 진행된다. 이 책에서는 민간을 대상으로 한 식량, 광물자원[석탄·철과 민간 금속회수], 강제저축을 통한 민간자금 동원 문제를 분석할 것이다.

탈이 명백한 사실로 증명되고 있음에도 이를 부정하거나 있었다 하더라도 이는 전쟁이라는 비상한 상황에서 발생한 돌출적이고 비정상적인 것으로 회피하고자 한다.

이 책은 일제 전시 총동원체제기 물자동원과 수탈은 일제 식민 지배와 정책에서 특수한 상황의 돌출적이거나 우연적인 것이 아닌 일본제국주의의 본질을 드러내며 식민지 통치의 결과를 압축적으로 보여주는 것이라는 관점을 갖고 있다. 일본제국주의의 군국주의 파시즘으로의 전환, 전시 동원과 수탈은 전쟁이란 돌출적 상황의 산물이 아닌 일본제국주의의 전개 과정과 연관해 계기적으로 파악할 필요가 있다. 전쟁을 강조한다면 '전쟁만 아니었으면 괜찮았다'는 식민지 미화론에 근본적인 비판이 될 수 없다. 또한 전쟁 수행을 위해 '무조건 빼앗아갔다'는 인식을 넘어서 수탈의 메커니즘을 규명해야 할 것이다.

일제가 식민지 조선에서 행한 전시 동원과 관련해 주요한 쟁점은 동원의 '자발성' 여부이다. 일본 본국의 전시 총동원은 천황제 이데올로기를 바탕으로 형성된 파시즘체제하에서 자발적 동원과 억압적 상황이 착종된 면이 있지만, 식민지 조선의 경우는 자발적 동원이 가능할 수 있었느냐는 것이다. 전시 동원의 강제성을 강조하는 연구는 조선총독부의 전시 통제정책은 '내선일체', '황국신민화'와 같은 전체주의 이데올로기하에서 폭력적 권력을 활용했고, 침략전쟁이 확대되면서 식민지 민중들의 일상적 삶을 파탄시킬 정도로 일방적이고 약탈적인 형태로 진행되었기에 한국인들의 자발적인 협력과 동원은 불가능했다는 인식이다.

전시 동원의 자발성을 주장하는 연구는 '한국인이 자발적으로 정책에 협력'했던 측면이 있으며 이는 '내선일체'와 같은 이데올로기에 따른 것이 아닌 '물질적 동기부여'에 따른 것이었다는 관점이다. 근대 제국주의 시대의 식민 지배가 개발과 수탈이라는 양면적 성격을 띠고 있음은 부정할 수 없다. 그러나 식민지 상황에서 정책의 내용이나 형식에서 나타나는 효율성이 곧바로 식민지 인민들의 자발성을 이끌어낼 수는 없었다. 문명과 효율의 이면에 있는 차별과 배제의 메커니즘이 더 크고 선명했기 때문이다.

전시 동원과 수탈의 역사적 의미를 규명하기 위해서는 무엇보다도 구체적 사실과 양적 데이터를 확보해 그 실체를 정리해야 한다. 기존 연구와 계속 공개 발굴되는 자료를 통해 일제의 식민지 조선에 대한 전시 물자동원의 실태와 그 메커니즘을 정리하고자 한다. 일제의 사상 및 언론·정보 통제는 1937년 중일전쟁 이후 더욱 철저하게 진행되었다. 1920년대 이후 이른바 문화통치라는 명목하에 나타날 수 있었던 일정 정도의 조선인들의 자기표현과 저항의 목소리는 '유언비어', '불경(不敬)', '불온(不穩)', '비국민'이라 칭하며 경찰력과 행정 권력에 따라 인신적·법적으로 처벌 대상이 되었다.

일제 전시 총동원체제기 사료는 대부분 정책 홍보와 선전, 전쟁 상황에 대한 호도를 통한 협력 강요를 목적으로 일제 정책당국이 생산한 문서와 자료이다.[33] 이에 어느 시점보다도 치밀하게 사료 비판을 해야 할 것이다. 그럼에도 이러한 사료를 통해 동원과 수탈의 구체적 양상을 추출한다면 이는 부정할 수 없는 일제 전시 동원의 실체에 접근할 수 있을 것이다. 이것은 식민 지배에 대한 반성과 사과, 그에 대한 배상 요구를 정치적 레토릭이라 호도하며 여전히 역사 전쟁을 이끌고 있는 현실에

---

33 일제 전시 총동원체제기 사료에 대한 문제는 이준식, 2006, 「파시즘기 정책사자료의 현황과 성격」, 『식민지파시즘의 유산과 극복의 과제』, 혜안 참고.

대한 구체적 답변이 될 것이다.

　국가 간의 전쟁이라는 폭력적 상황은 내부의 갈등을 외부의 적에게 돌리며 사회 내부의 통합을 강력히 요구하고 강제한다. 일제는 그들의 승리가 식민지 조선의 안전을 보장하는 길이라 주장하며 전체주의 이데올로기-'멸사봉공', '공익우선'-를 강요했고, 전쟁을 위해 극단적 내핍을 강요하며 일상의 삶마저 파탄시켰다. 폭력적 식민권력 아래 식민지 민중들은 쉽게 저항할 수 없었지만 점차 생존권마저 확보되지 못하는 극한적인 동원과 수탈이 진행되면서 한국인들은 다양하게 대응해 나가기 시작했다. 식민권력에 대한 전면적 거부를 주장하는 대규모 시위나 저항운동으로까지 나아가지 못했지만 일제 식민권력에 대항하는 다양한 움직임이 있었다. 이에 대한 실태를 정리 분석하고 그 역사적 의미도 정리할 것이다.

　이 책은 전시 총동원체제기 일본제국주의가 조선에서 행한 군수물자 동원의 실태와 생필품에 대한 통제를 중심으로 전시체제기 조선 식민지배의 실상과 의미를 분석하고자 한다.

　1장에서는 일본이 제1차 세계대전에 참전하면서 '총력전'이라는 근대 전쟁의 양상을 체득하고 자국의 자본주의 발전과 대외 팽창 과정에서 발생할 수 있는 전쟁을 준비하는 논리를 정리할 것이다. 일본 내부는 메이지유신의 주역으로 발언권을 강화한 원로·군부 세력, 다이쇼 데모크라시하에서 성장한 정당정치 세력, 일본 자본주의의 주역인 독점재벌, 근대 정부 체제하에서 새롭게 성장한 관료엘리트 간의 역관계가 펼쳐졌다. 그러나 이들의 공동 목표는 제국주의적 팽창을 통한 일본의 성장이었다. 세계대공황으로 제국주의 국가들의 블록경제가 형성되면서 일제 역시 그 길을 선택했다. 1931년 일본 군부 주도로 '만주사변'을 도발했고, 괴뢰 '만주국' 수립을 통해 만주에 대한 배타적 지배권을 획득했다. 이는 일본의 전시 총동원체제 형성의 시험대였고 본격적인 시작이었다. 일제의 식량 공급기지로 설정되었던 식민지 조선은 20여 년 동안 식민 지배와 세계대공황으로 사회경제적 모순이 심화되면서 '농공병진'으로 식민 정책에 변화가 생기고, 한반도의 물적 자원을 활용한 '조선공업화'를 통해 일본 블록경제 일원으로 자리매김하게 되었다. 일본제국주의는 침략전쟁의 방아쇠를 당길 타임을 찾고 있었다.

2장에서는 일본제국주의가 1937년 중일전쟁, 1941년 아시아태평양전쟁으로 전쟁을 확대하면서 생산력확충과 물자동원을 축으로 전개된 전시 총동원체제의 실상과 파탄 상황을 살펴볼 것이다. 일본의 정치사회체제는 군부의 무력쿠데타[2·26사건]를 거치며 천황제 이데올로기를 앞세운 파시즘체제로 전환되었다. 이를 토대로 침략전쟁을 도발하며 전쟁의 구렁텅이로 빨려 들어갔고 절대적인 물자 부족 속에서 전쟁을 이어가기 위해 극단적이고 희화적이기까지 한 전시 총동원이 이루어졌다. 조선은 1937년 중일전쟁 이후 '병참기지'가 되면서 적극적인 군수물자 동원과 생산력확충에 투입되었다. 조선의 전시 총동원체제는 일본제국 차원에서 추진되는 총동원체제의 일환으로 거의 동시에 법적·정책적으로 시행되었으나 조선의 상황은 일본 본국과 같을 수 없었다. 이러한 식민지 조선의 총동원체제의 특징과 내용을 살펴보고자 한다.

3장에서는 조선의 지하자원[광물]과 자금 동원·수탈의 메커니즘과 그 실상, 그에 대한 조선인의 대응과 일상을 살펴보고자 한다. 조선은 1930년대 '조공업(粗工業)지대'로 설정되었는데 이것은 고도의 정밀기계공업이나 중공업이 아닌 소비재·경공업 및 원료가공 공업이 중심이었다. 1940년대 들어 전쟁이 확대되고 서구 제국주의 국가들과 전쟁에 돌입한 일제는 주요 군수자원의 수입이 막히자 일본제국권 내의 자급자족체제를 구축했고 조선에서 산출되는 지하자원과 그에 대한 가공에 전력을 기울였다. 이에 조선의 광물자원 수탈은 극에 달했다. 또한 전쟁자금 동원을 위해 일본 본국과 식민지 전역의 모든 '국민'들을 대상으로 강제저축을 강요했다. 전시 총동원체제기 조선에서 행해진 광물자원의 수탈과 강제저축을 통한 민간자금의 동원·수탈 양상을 살펴보고자 한다.

4장에서는 일본제국주의의 식량 공급기지인 조선의 역할이 전시하에서 강화되어 군수 식량 확보를 위한 전시 증산정책이 실시되는 과정과 내용, 그 한계를 살펴보고자 한다. 1937년 중일전쟁 도발 당시까지도 낙관했던 일본제국권의 식량 수급 사정은 1939년 한반도와 일본 중서부의 대가뭄으로 급격히 악화되면서 일제는 조선에서 다시 적극적인 식량 증산정책을 실시했다. 그러나 각종 자재 부족으로 토지개량과 같은 근본적인 증산정책은 한계에 부닥쳤다. 비료 역시 무기원료로 동원되면서 절대적으로 부족하게 되었다. 이에 쌀 중심의 증산정책을 벗어나 잡곡을 포함한 식량 전체의 증산을 도모했으나 이 역시 성과를 거두지 못하면서 전시 일본제국의 식량 사정이 계속 악화되어가는 실정을 살펴보고자 한다.

5장에서는 식량 증산이 한계를 보이자 결국 유통과 소비에 대한 강력한 통제와 동원이 실시되는 과정을 살펴보고자 한다. 1940년부터 본격화된 식량 공출은 식량 생산의 정체·감소와 맞물려 매년 범위와 수량이 확대·강화되어갔고 식량 외에 군수물자로서 중요한 의류작물인 면화·대마에 대한 공출도 실시했다. 강제적 유통 통제인 공출은 농민들의 생산비 보전이 어려운 정도의 가격 체계를 가지고 있었고, 농민들의 자가소비도 어려울 만큼 과대한 양이 강제로 공출되었다. 이에 농민들이 삶을 유지·보전하기 위해 어떻게 저항했는지 살펴보고자 한다.

6장에서는 식량 생산의 한계, 강제 공출된 식량을 군수로 이용하기 위해 민간 소비를 극도로 제한하는 조치를 취했고, 소비 통제를 위해 실시된 식량 및 주요 생필품의 배급 실태를 살펴보고자 한다. 절대적인 물자 절약을 내용으로 하는 각종 캠페인과 소비 통제, 도시지역 서민과 노동자를 대상으로 한 식량·생필품 배급, 농민들의 자급적인 생활물자를 제외하고 나머지는 모두 공출한다는 자가보유미제도 실시의 내용과 실행 과정의 강제성과 폭력성을 살펴보고자 한다. 또한 삶의 지속을 위해 법의 테두리를 벗어나 이루어진 암거래의 실태와 그 의미를 살펴보고자 한다.

이상의 내용을 통해 일제 군국주의 파시즘체제하에서 침략전쟁 도발과 확대, 패전에 이르는 과정, 전시 총동원이라는 총력전체제하에서 일본제국주의가 식민지 조선에서 행한 물자동원과 수탈의 과정·내용을 살펴볼 것이다. 막대한 소비 행위인 전쟁을 위한 동원은 그야말로 밑 빠진 독에 물 붓기였다. 일본 본국과 식민지 사회는 단순 재생산도 불가능한 축소 재생산 과정에 빠져들면서 일본제국주의의 몰락은 단지 시간 싸움에 불과했다. 마침내 1945년 8월 일본의 패전과 함께 조선은 해방이 되었다. 그러나 해방이 식민 지배의 제도와 모든 결과를 봉인시키고 청산하지는 못했다. 전시 물자동원 과정에서 파생된 각종 제도와 시스템, 인식은 해방 이후 새로운 독립국가 건설에 여러 흔적을 남겼다.

제1장
일본제국주의의 침략전쟁과 총동원체제 구상

1. 세계대전과 근대 총력전체제

1) 근대 제국주의체제의 모순과 제1차 세계대전 발발

제1차 세계대전은 20세기 초 강대국이 모두 참가한 대규모 세계전쟁이었다. 이 시기에 유럽 제국은 물론 미합중국, 일본까지도 자본주의경제가 독점 단계로 들어가면서 각국은 팽창하는 경제력의 배출구[판로]가 필요했다. 이에 제국주의 열강들은 해외에서 식민지나 세력권을 넓히려고 격렬하게 경쟁했다. 특히 식민지 확보와 지배에서 우위를 확보하려는 영국에 대해 독일이 도전함으로써 이 경쟁의 불이 붙게 되었다.

19세기 말에서 20세기 초 유럽 지역은 강력한 적대세력의 등장을 견제하는 동맹체 수립으로 인위적인 세력 균형이 유지되었다. 독일은 비스마르크의 주도로 삼제동맹[1873~1887, 독일-러시아-오스트리아]과 삼국동맹[1882~1914, 독일-오스트리아-이탈리아]을 수립해 프랑스를 견제했다. 그러나 독일의 빌헬름 2세가 러시아의 재보장 요구를 거부해 삼제동맹은 파기되었다. 이로 인해 러시아는 프랑스와 군사동맹을 수립하게 되고 영국마저 '영광의 고립(splendid isolation)'정책을 포기하고 유럽 문제에 직접 개입해 삼국협상[1904·1907~1917, 영국-프랑스-러시아]이 형성됨으로써 유럽은 삼국동맹 대 삼국협상으로 대립각을 세우게 되었다.

삼국협상과 삼국동맹 간 대립의 주축은 영국과 독일로, 그것은 세계시장에서 이미 우월한 지위를 차지한 선진 제국주의국[영국]과 경쟁에 뒤늦게 참가한 신흥 제국주의국[독일] 간의 대립이었다. 양국 대립의 근원은 1880년대로 거슬러 올라간다. 1880년대에 시작된 영국의 3C정책

[Calcutta-Cairo-Capetown을 잇는 지배권]과 독일의 3B정책[Berlin-Byzantium-Baghdad를 잇는 지배권] 간의 암투는 1890년대에 들어 독일의 공업과 무역이 영국을 위협하자 더욱 첨예화되면서 양국은 세계시장에서 격렬한 경제 경쟁을 전개했다. 군사적으로도 1898년 독일이 대함대 건설에 나서면서 건함(建艦) 경쟁이 일어났고 이로써 양국 간 경쟁은 더욱 격화되었다.

19세기 말 격화된 유럽 제국주의 열강 간의 대립을 바탕으로 20세기에 들어 국제사회는 두 가지 난제에 직면했다. 첫 번째는 식민지 점령으로 분할된 아프리카의 영토분쟁과 동아시아와 태평양 지역의 상업진출을 둘러싼 제국주의 경쟁인데, 이는 대체로 독일과 다른 국가들 사이의 대결 양상으로 진행되었다. 특히 1905~1906년, 1911년에 발생한 제1·2차 모로코사건[1]은 삼국협상 국가들의 반독일정책을 더욱 강화시키

---

1 1905~1906년, 1911년 두 차례 모로코의 분할을 둘러싸고 일어난 국제분쟁. 모로코는 대서양과 지중해를 연결하는 지점에 있어, 19세기 후기의 세계분할 시대에 유럽 열강의 분할 대상이 되었다. 1880년 열강 간에 체결된 마드리드조약으로 모로코의 독립은 인정되었으나, 20세기 들어 프랑스의 모로코 침투가 두드러졌다. 제1차 모로코사건은 탕헤르사건이라고도 한다. 프랑스가 특히 모로코의 내정개혁을 요구한 데 대하여, 1905년 3월 31일 독일 황제 빌헬름 2세가 모로코의 탕헤르항(港)을 방문하여 모로코의 영토 보전과 문호 개방을 요구하는 연설을 했다. 프랑스에 반감을 가진 술탄을 원조하고 프랑스의 이권을 방해했기 때문에 프랑스와 독일은 극도의 대립 상태가 되었다. 1906년 1~4월에 이 사건을 해결하기 위해 알헤시라스 국제회의가 열렸다. 그러나 프랑스와 영국의 결속이 강했기 때문에 독일은 고립 상태가 되었고, 프랑스는 모로코 진출을 합법적으로 인정받았다. 제2차 모로코사건은 1911년 모로코의 베르베르인이 반란을 일으키자 진압을 위해 프랑스가 출병했다. 그해 7월 독일은 군함을 파견하여 프랑스군을 위협했다. 이 사건을 아가디르 사건이라고도 하는데, 역시 영국이 프랑스를 강력히 지지했기 때문에 독일은 프랑스에 양보하지 않을 수 없게 되어 양국 간에 협정이 성립되었다. 그 결과 프랑스는 독일에 콩고의 북부 지방을 할양해주는 대신 독일은 프랑스의 모로코에 대한 보호권을 승인했다. 1912년 프랑스는 모로코를 보호국으로 하여 식민지 지배를 완성했다

는 계기가 되었다. 모로코사건은 영국-프랑스와 독일이 대립하는 양상이었으나 이 분쟁은 무력 충돌로 나아가지 않고 강대국들 간의 협상으로 종료되었다. 그러나 불씨는 남아 있었다.

두 번째 문제는 이른바 동방문제 즉 쇠퇴하는 오스만제국[터키]을 어떻게 처리할 것인가에 대한 강대국의 고민이었다. 이 문제는 단순히 변방 제국주의 국가의 쇠퇴라는 점 외에도 강대국 간의 갈등의 불씨를 포함하고 있었다. 영국, 프랑스, 독일은 각각 오스만제국에서 자국의 자본주의 팽창을 강화하려 경쟁하고 있었다. 독일이 추진하던 베를린에서 바그다드까지 철도 연결 계획은 중앙아시아에 진출하려는 영국의 자본주의 및 제국주의 정책과 정면으로 충돌했다. 한편 영국의 동맹국 러시아와 독일의 동맹국 오스트리아-헝가리제국에서는 민족문제가 심각하게 대두되고 있었다. 1908년 오스트리아-헝가리제국이 보스니아를 강제로 합병한 사건은 러시아에게 외교적 수치였고 이후 러시아는 발칸반도에 퍼져 있는 소수 슬라브 민족에 대한 지원을 강화했다. 그 결과 1912~1913년 오스만제국과 그리스의 지원을 받은 세르비아와 불가리아 등 슬라브 국가 간에 발생한 발칸전쟁으로 이 지역은 '유럽의 화약고'가 되었다.

세르비아 세력의 강화를 가장 두려워한 것은 오스트리아-헝가리제국이었는데 이는 세르비아의 세력 강화에 영향을 받아 자국 영토 내 슬라브계 소수민족들이 봉기할 가능성이 있었기 때문이다. 결국 1914년 6월 28일 보스니아 수도 사라예보에서 세르비아 민족주의자 가블리로 프린시프(Gavrilo Princip)가 오스트리아의 페르디난트(Franz Ferdinand) 황태자 부부를 암살하는 사건이 발생했다.

(「네이버 지식백과」・「두산백과」, 모로코사건[Moroccan crises]).

이 사건이 발생한 직후 독일은 오스트리아를 지원하기로 했고, 독일의 지원을 보장받은 오스트리아-헝가리제국은 즉시 세르비아에 선전포고했다. 이에 맞서 전통적으로 슬라브 민족의 보호자 역할을 해온 러시아가 세르비아를 지원하기로 했다. 오스트리아와 세르비아 사이의 분쟁은 단순히 두 국가 간의 문제가 아니었다. 두 국가가 전쟁을 벌일 경우 범슬라브주의의 맹주를 자처하는 러시아와 오스트리아의 전쟁이 불가피할 것이며, 이것은 다시 양국과 동맹 관계에 있는 국가들을 전쟁으로 끌어들이는 결과를 초래할 것이기 때문이었다. 전쟁이 불가피한 상황이 되자 영국은 중재에 나섰다. 7월 27일 영국 외무상 에드워드 그레이(Edward Grey)는 오스트리아와 러시아의 중재를 위해 영국·독일·프랑스·이탈리아가 런던에서 만날 것을 제안했다. 영국의 제안에 독일 정부는 거절 입장을 표명했다. 다음 날 오스트리아 외상 베르히톨트는 세르비아와 오스트리아군 사이의 교전이 이미 진행 중이라는 허위 보고와 함께 프란츠 요제프 1세에게 세르비아에 대한 선전포고에 서명하도록 했다. 이에 관련국들은 즉시 유사시에 대비한 동원령을 발령하고 전쟁에 돌입했다.

1914년 유럽대륙에서의 제1차 세계대전 발발은 여러 가지 원인이 서로 얽혀 있었다. 유럽은 산업혁명과 과학기술 발전으로 생산력이 급성장하면서 19세기 후반부터 '벨 에포크'[2] 시대라 불리는 평화로운 국제관

---

2   Belle Époque. 유럽사의 시대 구분 중 하나로 프랑스어로 '아름다운 시절'이란 뜻. 벨 에포크의 시작에 대해서는 다양한 견해가 있지만 대체적으로 19세기 후반 이후로 보는 것에 일치하고 1914년 제1차 세계대전으로 끝이 났다. 이에 대해 영국에서는 벨 에포크보다는 빅토리아 시대(Victorian era), 에드워드 시대(Edwardian era) 등 군주의 재위 기간으로 시대를 구분하는 것이 일반적이며, 팍스 브리타니카(Pax Britannica) 시대의 일부분으로 인식하는 경우도 있다.

계와 경제와 문화의 발전을 구가하는 시대를 보내고 있었다. 그러나 그 이면에는 상품시장과 원료 공급지 확보를 위한 유럽 선진국가들의 식민지 쟁탈전 격화, 1910년대에 본격화된 발칸반도의 민족적·정치적 갈등과 긴장, 오스트리아-헝가리제국의 보스니아 합병, 프랑스와 러시아의 야망, 신흥 제국주의 세력의 도전으로 인한 영국의 불안, 후발국인 독일의 범게르만 민족주의의 발양과 식민지 쟁탈전 합류 등이 나타나고 있었다. 그 결과 1914년 7월 역사상 유례없는 대규모 전쟁이 시작되었다.[3]

이와 함께 제1차 세계대전 발발을 자극한 요인 중 하나는 군국주의였다. 20세기 초 강대국들은 육군과 해군 증강, 군사비 지출 증가, 공세적인 전쟁계획 수립, 민족주의 선전 구호 등에 휩싸여 상호 경쟁했다. 이 시기 군사력 경쟁은 지상뿐만 아니라 해상에서도 치열하게 전개되었다. 독일이 세계적인 강대국으로 성장하기 위해 필수적이라는 판단하에 시행한 1898년 대양함대 진수 결정은 당시 세계의 해군력을 선도하던 영국을 긴장시키기에 충분했다. 이에 영국은 독일과의 경쟁에 대비하기 위해 당시 해상 경쟁국이었던 일본·프랑스·러시아 등과 동맹을 맺는 등 전반적인 군사외교 전략을 재고하지 않을 수 없었다.[4]

유럽대륙에서 시작된 제1차 세계대전은 전장터가 아프리카·아시아·태평양 지역으로 확대되어갔다. 대륙 전체가 유럽국가의 식민지였던 아프리카는 제1차 세계대전이 시작되자마자 거의 동시에 전쟁에 휘말

---

3 제1차 세계대전은 강대국 동맹 간의 충돌로, 한편은 대영제국·프랑스·러시아제국의 삼국협상을 기반으로 한 연합국, 다른 한편은 독일제국·오스트리아-헝가리제국의 동맹국이었다. 이후 더 많은 국가가 전쟁에 참여하며 확장되었다. 이탈리아왕국·일본제국·미국이 연합국에, 오스만제국·불가리아왕국이 동맹국에 가담했다.

4 매슈 휴스·윌리어 J. 필포트 지음, 나종남·정상협 옮김, 2008, 『제1차 세계대전』, 생각의나무, 17쪽.

렸다. 아프리카 대륙에서 일어난 대부분의 전투는 연합국 국가가 독일 식민지를 장악하는 과정에서 일어났다. 이러한 전투에 연합국과 독일은 자국에서 인력과 자원을 동원하지 않고 대신 식민지 자원과 인력을 이용했다. 아프리카 국가들은 벨기에, 영국, 프랑스, 독일, 포르투갈에서 파견한 군대를 보조하는 인력을 제공했는데, 전투원이나 노동자로 채용되었다. 제1차 세계대전 중에 약 200만 명의 아프리카인이 전투원과 노동자로 동원되었고 이 중 20만 명 정도가 전사하거나 사망했다. 제국주의 간 전쟁에 식민지민인 아프리카인의 커다란 희생이 뒤따랐다. 제국주의의 본질이 그대로 드러난 것이다.[5]

아시아에서는 일본이 연합국의 일원으로 참전했다. 일본은 영국과의 군사동맹을 구실로 독일에 선전포고를 하면서 참전해 동아시아 곳곳에 산재되어 있던 독일의 군사기지를 점령했다. 일본은 영일동맹과 러일협약을 축으로 동아시아·태평양 지역에서 세력을 확대한 것이다. 일본은 중국 해안에 자리 잡은 독일군의 해군기지 칭다오(靑島)항을 탐내고 있었다. 이러한 상황에서 영국은 아시아 지역에서 일본 해군이 참전해 독일이 마리아나·캐롤라인제도·파푸아뉴기니·사모아 등 태평양 지역에 건설한 기지를 공격할 것을 제안했다.

일본은 1914년 8월 16일 독일에게 8월 23일까지 독일의 모든 전함을 조건 없이 동아시아에서 철수시킬 것과 9월 15일까지 칭다오를 넘길 것을 요구했다. 이러한 일본의 최후통첩에 독일 빌헬름 2세는 자오저우만(膠州灣)에 대한 최선의 방어를 명령하고 일본 요구에 응답하지 않았다. 일본군과 독일군의 첫 교전은 1914년 9월 18일 일본군이 칭다오

---

5 매슈 휴스·윌리어 J. 필포트 지음, 나종남·정상협 옮김, 2008, 위의 책, 68-70쪽.

진입 관문인 랴오샨(崂山)에 상륙하면서 시작되었다. 일본군은 칭다오 시내 중심부로 진입해 독일 총독부 청사를 포함 주요 시설을 점령했다. 독일의 주력군은 칭다오 해안의 요새로 후퇴해 진지를 재정비했다. 이후 2~3주 동안 육상에서는 해안에 포진한 독일군과 압박하는 일본군 간에 치열한 포격전이 전개되었다. 예상외로 독일군의 강한 저항으로 양국의 대치 상황이 소강상태에 빠지자 일본군은 전쟁의 조기 종결을 위해 최후 진격을 결정했다. 10월 31일 육상과 해상에서 일본군은 대대적인 포격을 시작했다. 최후의 함선이 침몰하고 전투 물자가 고갈된 독일군은 11월 7일 항복했다.[6] 또한 일본은 오스트레일리아, 뉴질랜드와 협력하여 독일이 태평양 지역에 건설한 식민지 미크로네시아와 뉴기니를 공격해 점령했다. 1914년 10월 일본이 미크로네시아와 뉴기니를 공격했고, 11월에는 뉴질랜드가 사모아를 포함한 서경 170도 동쪽의 독일 식민지를, 오스트레일리아도 뉴기니를 포함한 다른 지역을 장악했다.[7]

아시아와 태평양 지역에서 독일 점령지와 식민지가 정리됨으로써 연합국은 유럽 지역의 전쟁에 집중할 수 있게 되었고, 동북아시아의 신흥 강국으로 부상한 일본은 태평양과 중국대륙까지 그 영향력을 확대하는 계기가 되었다. 유럽에서 독일과 연합국의 전쟁이 격렬해지면서 중국의 정세를 살필 겨를이 없는 틈을 타 일본은 중국에 대한 권익과 지도권 확대를 꾀했다. 일본은 1915년 중화민국의 위안스카이(袁世凱) 정권에 대해 '21개조'를 요구했는데, 중국에 대한 일본의 제반 이권과 내정개입

---

6 김춘식, 2018, 「세계사적 의미에서의 칭다오전투와 제1차세계대전」, 『한중인문학포럼 발표논문집』, 6-7쪽.

7 매슈 휴스·윌리엄 J. 필포트 지음, 나종남·정상협 옮김, 2008, 앞의 책, 70-72쪽.

요구까지 포함되어 있었다. 이러한 일본의 요구는 중국은 물론 영국과 미국 등 열강의 반발을 초래했지만 결국 위안스카이 정권이 이를 수락했다. 종전 후 파리강화회의에서 중국은 '21개조' 철회를 요청했으나 거부당했고 이는 중국 내 5·4운동을 촉발시켰다.

2) '총력전'으로서의 제1차 세계대전과 일본의 대응

1854년 미국 페리(Perry)제독의 무력 위협에 굴복한 에도막부는 '미일화친조약[가나가와 조약]'을 체결해 문호를 개방하고 근대적 조약체제에 첫발을 들여놓았다. 에도막부는 천황의 칙허 없이 통상조약에 조인하고 반대파를 숙청하는 강경한 조치를 취하자 사무라이 계층에서 막부에 강한 반감을 갖게 되었다. 통상조약 이후 존왕양이(尊王攘夷)는 많은 사무라이의 명분이 되었다. 그러나 존왕양이의 중심 세력이었던 사쓰마번(薩摩藩)·조슈번(長州藩)·도사번(土佐藩)의 사무라이들은 서양 세력과 직접 싸우면서 서양의 근대 무기의 위력을 경험하며 '양이(攘夷)'가 현실적으로 불가능함을 깨닫고 개국론으로 전환하게 되었다.[8] 사쓰마번과 조슈

---

8   1863년 8월 15~17일 영국 쿠퍼(Kuper)소장이 이끄는 함대가 1862년에 발생한 나마무기(生麥) 사건의 보상을 요구하며 가고시마만에서 사쓰마번과 전투를 벌였다. 이를 사쓰마-영국전쟁(사쓰에이전쟁)이라 한다. 사쓰마는 상당한 선전[사쓰마 측의 민간인을 포함한 사상자 9명에 대해 영국 측의 군인 사상자 63명]을 했지만, 가고시마성의 소실, 번의 공장과 민가 등에 큰 피해를 입었다. 그러나 이로 인해 영국은 사쓰마 전력의 우수성을 알았고, 사쓰마와 직접 평화조약을 맺게 된다. 이 평화조약에 따라 사쓰마는 영국으로부터 정보와 무기의 입수가 용이해져 더욱 군비를 충실히 갖추고자 노력하게 된다. 한편 1863년과 1864년에 조슈번과 미국·영국·프랑스·네덜란드 4개국 사이에 2번에 걸친 무력 충돌이 발생했다. 이를 시모노세키(下關) 전쟁이라 한다. 조슈번은 이 전쟁에서 참패하고 연합국의 요구 조건을 모두 받아들여

번의 존왕양이파는 권력을 되찾기 시작하면서 서로 협조하며 도막(倒幕) 운동의 기반을 공고히 했다.

1868년 사쓰마번·조슈번·도사번에서는 막부 타도의 기치를 들고 군대가 황거 출입을 봉쇄한 가운데 천황의 정치로 돌아간다는 왕정복고령을 발포했고 '메이지유신'이라는 개혁을 추진했다. 메이지유신의 목표는 서구식 근대화를 통한 부국강병이었다. 메이지 일본은 중앙집권체제 강화와 산업 육성, 군비 확충을 위한 부국강병정책을 폈으며, 헌법을 제정하고 의회를 개설했다. 그러나 일본의 헌법은 국왕의 신성불가침을 규정하여 의회로 왕권을 견제할 수 없었다. 일본의 근대화는 국수주의·군국주의·제국주의로 치달았다. 그 결과 청일전쟁과 러일전쟁을 일으켰고 한국을 강제 병합해 식민지로 만들었다.

부국강병이라는 메이지유신의 슬로건은 현대적 무기를 생산하는 군수공업의 발전을 예고했다. 1876년 일본 해군 요코스카(橫須賀) 조선소[9]에서 최초의 일본산 군함 '세이키(淸輝)'를 준공했고, 1870년 오사카에 조병사(造兵司)[10]를 설치해 1872년부터 육군성 소속으로 야포 등의 무기

강화가 성립되었다. 조슈번은 패전으로 양이가 불가능함을 깨닫게 되었고, 이후 영국에 접근하여 군비 증강에 노력했고, 도막운동이 싹을 틔우게 된다.

9   1866년 에도막부가 요코스카 제철소를 건설했고, 메이지유신 이후 메이지 정부에 인계되어 1871년에 일본제국 해군 소관의 '요코스카 조선소'가 되었다. 1884년에 요코스카 진수부가 설치되면서 그 직할 조선소가 되었다.

10 1870년 일본제국 육군 건설을 지휘하고 있던 병부대보(兵部大輔) 오오무라 마스지로(大村益次郎)의 제안으로 병부성(兵部省) 직영의 오사카조병사(大阪造兵司)가 신설되었고, 1872년 육군성이 발족하면서 그 소속이 되고 '대포제조소'라 불렸다. 1875년 포병공창으로 조직 개정되면서 도쿄에 제1방면 내 본창(本廠)이 설치되고, 오사카조병사(大阪造兵司)는 포병 제2방면 내 포병지창(砲兵支廠)이 되었다. 1879년에 도쿄포병공창(東京砲兵工廠)과 오사카포병공창(大阪砲兵工廠)으로 개칭되고, 1923년 육군조병창(陸軍造兵廠)으로 개편되었다.

를 생산했다. 일본 육해군이 군수산업의 성장을 이끌면서 러일전쟁이 막바지에 달했을 무렵에는 100만 명이 넘는 강력한 육군과 러시아의 막강한 함대를 격침시킨 해군을 유지할 수 있을 정도로 성장했다. 그러나 이때까지의 전쟁은 국가 대 국가 간의 전쟁으로 상대적으로 단기전이었기에 일본의 군부는 장기전에 대비해 일본 경제의 총력을 동원할 준비를 갖추지 못했다.

이러한 전쟁 형태의 변화에 대해 카를 폰 클라우제비츠(Karl von Clausewitz, 1780~1831)는 『전쟁론』(Von Krieg)에서 프랑스혁명과 나폴레옹의 유럽대륙 전쟁 이후의 전쟁 형태는 그 이전까지 정부와 정부와의 전쟁[내각전쟁]에서 국민과 국민과의 전쟁으로 전화되었다고 했다. 내각전쟁에서 국민전쟁으로의 전화는 근대 민족국가의 민중이 징병제도에 따라 국민군으로 조직되고 여기에 산업혁명으로 인한 공업기술의 비약적인 발달이 뒷받침되면서 가능했다. 이를 계기로 국가총동원체제를 특징으로 하는 근대적인 전쟁 형태가 출현했고, 제1차 세계대전은 국민전쟁의 완성태였다.

제1차 세계대전이 종료된 후 이 세계적 전쟁에 대해 '총력전(Total War)'이라는 개념이 도출되었다. 먼저 총력전 개념을 제출한 것은 프랑스의 '악시옹 프랑세즈(Action française)'[11]의 주요 협력자였던 레옹 도데

---

11 '프랑스의 행동'이라는 뜻을 가진 프랑스의 반공화주의 단체인 동시에 이 단체의 이념을 담아 1908년 3월 21일부터 1944년 8월 24일까지 발행한 일간지의 이름이다. 악시옹 프랑세즈는 드레퓌스 사건 당시 반의회·반유대주의 성향을 드러내고 강한 민족주의를 표방했다. 이 운동의 지도자 샤를 모라스(Charles Maurras)는 군주제의 복귀를 위한 완전한 민족주의의 원칙을 세우고, 내부 갈등을 겪고 있는 프랑스 사회를 통일시키려면 이 원칙을 적용해 왕정을 수립해야 한다고 주장했다. 주요 지지층은 가톨릭 신자와 중소기업인, 전문가 등이었다. 민족주의 감정이 극에 달했던 제1차 세

(Léon Daudet, 1867~1942)였다. 도데는 제1차 세계대전 중 대독일 전쟁의 교훈을 바탕으로『총력전』(La guerre totale, 1918)을 간행했다. 여기서 도데는 제1차 세계대전은 종래의 전쟁과는 이질적인 것으로 전쟁의 영향이 정치·경제·공업·지성·통상·금융의 제 영역으로 확대 파급되었고 전쟁은 군대만으로 싸우는 것이 아니고 이미 이러한 제 영역의 힘을 동원하지 않으면 수행할 수 없는 것이라고 했다.

이러한 총력전 개념을 에리히 루덴도르프(Erich Friedrich Wilhelm Ludendorff, 1865~1937)[12]의『총력전론』(Der Totale Krieg, 1935)에서 보급 정착시켰다. 루덴도르프가 말하는 총력전은 문자 그대로 국가 및 국민의 물질적 정신적 모든 능력을 동원 결집해 국가의 총력으로 전쟁에 임하는 것이었다. 그것은 국민개병주의의 철저화에 따른 병력의 대량 동원을 전제로 중공업 발달, 기술의 비약적 진보를 기반으로 하는 근대 병기의 대량 생산, 대량 사용이 이루어진다. 이로부터 전쟁 양상의 격렬성·섬멸성과 전쟁 수단의 대량성·기동성이 초래되는 것이다.[13]

그렇다면 제1차 세계대전의 총력전 양상은 어떠했을까. 제1차 세계대전 기간[1914~1918] 전·후방에서 동원된 인력을 살펴보면 독일이

계대전 뒤에 활동의 전성기를 맞았으나 1926년에는 교황청으로부터 공개적인 비난을 받으면서 심각한 위기를 겪었다. 하지만 1934년 공화국에 중대한 공격을 가할 만큼 여전히 힘이 막강했다. 제2차 세계대전 당시 독일에 협력했던 비시 정부(Gouvernement de Vichy, 1940~1944)와 연합함으로써 국민의 신뢰를 잃고 없어졌다.

12　독일의 장군. 육군을 대확장시켰고 제1차 세계대전 때 8군 참모장으로 타넨베르크에서 크게 승리해 독일 국민의 우상이 되었다. 사실상 전쟁지도의 최고책임자로 강력한 정치를 주장하며 군사독재를 폈다. 전후 극우 정치운동에 참여했는데, 1923년 뮌헨반란에 참여했고 1925년 나치스가 옹립하는 대통령 후보가 되었으나 대패한 후로는 나치스와 멀어지고 독자적인 반공·반유대주의 단체를 설립했다.

13　纐纈厚, 2010,『總力戰體制硏究-日本陸軍の國家總動員構想』, 社會評論社, 21-22쪽.

〈표 1〉 제1차 세계대전의 주요 국가별 전쟁 동원 인력 및 비용[1914~1918]

국가별	동원 병력 (명)	전사 및 실종 군인 (추정치, 명)	전쟁 비용 (단위: 1억$)
독일	1,325만	200만	377
오스트리아-헝가리	900만	20만	206
이탈리아	590만	46만	124
프랑스(제국령 포함)	850만	130만	242
영국(제국령 포함)	620만	75만	353
러시아	1,300만	170만	226
오스만제국(터키)	285만	40만	14.3
세르비아	100만	32만 2,000	4
미국	380만	11만 6,000	226
일본	80만	2,000	0.4

출처: 매슈 휴스·윌리어 J. 필포트 지음, 나종남·정상협 옮김, 2008, 『제1차 세계대전』, 생각의나무, 237쪽.

　1,325만 명으로 가장 많았고 이는 당시 독일 전인구의 19.3%에 달했다. 영국과 프랑스, 오스트리아-헝가리제국도 각 900만 명에서 620만 명이 동원되었는데 인구 대비 약 17%에 해당하는 규모였다. 러시아는 1,300만 명으로 전인구의 12%였다. 일본은 80만 명이 동원되었는데, 러일전쟁 기간 동안 동원된 일본군이 108만 9,000명이던 것과 비교하여 결코 적은 수가 아니었다(〈표 1〉 참조). 전쟁이 계속된 날의 수는 러일전쟁이 584일간이었던 것에 대해 제1차 세계대전은 1,556일간으로 약 3배 정도 길었다. 이에 따라 각국이 지불한 전쟁 비용도 막대했다. 독일과 영국이 가장 많은 전비를 지출했지만 전쟁 참여국 전체의 전쟁 비용은 약 1,860억 달러로 추산된다.[14]

　직접적인 군대 동원에서도 독일은 평시 50개 사단을 보유하고 있었

14　자료에 따라 총 전쟁 비용을 2,085억 달러로 추산하는 것도 있다.

지만 개전 초기 1개월 동안 112개 사단으로 증강했고, 전쟁이 최대로 전개될 때는 246개 사단을 작전에 투입했다. 오스트리아는 평시 44개 사단을 개전 5일 만에 83개 사단으로 증강했고, 최대 작전 시에는 214개 사단으로 증강했다. 러시아는 평시 88개 사단을 개전 41일 만에 113개 사단으로, 최대 작전 시에는 214개 사단으로 증강했다.[15]

이처럼 제1차 세계대전에서 인적 물적 양면으로 대량 동원됨에 따라 참전한 국가들의 작전 방침, 전쟁 지도, 국내 군수품 생산체제 등에서 근본적인 개혁이 요구되었다. 독일에서는 개전 이전부터 단기 섬멸 전략을 기조로 하는 슐리펜계획(Schlieffen-Plan)[16]을 채용해 전쟁에 임했지만 개전 1개월 후의 마른강 전투(Battle of Marne)[17]에서 패배함으로써 향후 작전계획을 재검토하게 되었다. 개전 초기의 예상을 뛰어넘는 군수품 소모 때문에 국내 비축 군수품이 개전 2~3개월 안에 고갈되는 상황이 예상되었다. 이러한 독일의 상황은 다른 참전국에서도 같았다. 각국은 전쟁 개시 후 수개월 안에 빠르게 새로운 경제·공업 동원체제를 재구축해 갔다. 독일 역시 개전 당시 고도의 기술과 공업력을 갖추고 있었지만 결국 패

15　纐纈厚, 2010, 앞의 책, 26쪽.

16　제1차 세계대전 벽두인 1914년 8월 프랑스와 벨기에를 침공한 배경이 된 독일의 전쟁계획이다. 독일 참모총장 슐리펜(A.G.von Schlieffen)이 수립한 계획으로, 러시아 및 프랑스와의 양면전쟁(兩面戰爭)에서 독일이 승리하기 위한 방법을 제시한 것이다. 러시아제국은 개전 후부터 전 병력을 동원할 때까지 6~8주일이 걸릴 것이므로, 이 전선에는 소수 병력만을 보내고 필요하다면 적당히 후퇴한다. 그동안에 모든 병력을 서부 국경에 집중하고, 벨기에의 중립을 침범해 프랑스 북부로 침입하며, 파리를 서쪽에서 크게 우회해 프랑스군의 주력을 프랑스 동부로 몰아넣고 전멸시킨다는 전략이었다(「네이버 지식백과」·「두산백과」, 슐리펜플랜[Schlieffen Plan]).

17　제1차 세계대전 발발 직후인 1914년 9월 6~12일에 프랑스 파리의 북동쪽 마른강(江)을 사이에 두고 독일군과 프랑스·영국 연합군이 파리의 공방(攻防)을 둘러싸고 벌인 전투.

배한 원인에 대해 제크트(Hans von Seeckt)[18]는 "대전의 긴 소모적 투쟁의 결과 독일이 연합국 측의 풍부하고 과다한 인원 및 물자에 압도된 것에 따라 결정되었다"라고 평가했다. 제1차 세계대전은 각국이 총력전으로 싸웠고, 이후의 전쟁은 한층 더 철저한 총력전이 될 것이라는 예측은 전쟁 참전 국가들의 공통된 인식이었다.

제1차 세계대전에서 일본은 아시아의 유일한 참전국이었다. 일본은 영일동맹 준수를 이유로 영국 요청에 응하는 형태로 연합국 측에 참전했다. 유럽의 주전장에서 멀리 떨어진 일본은 전쟁의 군사적 측면에서의 영향은 적었고 특히 전쟁 형태 변화를 아직 국민들이 실감할 만한 상황은 아니었다. 그러나 총력전으로 전개된 제1차 세계대전 상황에 대해 일본의 정계·경제계의 리더나 군부에서는 관심을 가지기 시작했다. 먼저 군부는 제1차 세계대전 발발과 동시에 주재 무관과 파견 무관에게 전쟁에 관한 정보를 수집·연구하고 본국에 적극적으로 보고 하게 함으로써 전쟁의 전개 양상을 파악하는 데 노력했다.

제1차 세계대전이 발발한 지 1년 후인 1915년 12월 27일, 육군성 안에 유럽 참전국의 전시체제를 조사 연구하고 총력전에 대응해 국내에서의 동원 방법 연구와 국내 공업 실태 파악을 목적으로 한 임시군사조사위원회를 설치했다. 임시군사조사위원회의 조사 연구 성과는 우선 유럽 파견 무관의 조사보고 기사를 게재한 『해외차견자보고(海外差遣者報

---

18 1866~1936. 독일군 상급대장으로 제1차 세계대전 때 장군으로 참전했고, 육군대장 군참모장(1919.7), 독일 제1대 병무청장(1919.10~1920.3), 독일 육군지휘부 총장 (1920.3~1926.10)을 역임했다. 1930년대에는 장제스의 요청으로 국민혁명군의 홍군과의 전투를 지원할 군사고문관으로 중화민국에 주재했고, 이후 중국 공산당이 대장정에 나서게 만든 홍군(紅軍)공격작전을 제안했다(『위키백과』, 한스 폰 제크트).

告)』로 모아졌다. 이를 통해 유럽 국가들의 전쟁 수행 양상을 파악할 수 있었다. 1차 대전의 전개 양상을 통해 일본 국내의 공업 동원체제 확립, 군의 편제, 장비 근대화, 항공병력 도입 강화 등 광범위한 부분에 걸친 개혁의 필요성을 설명한 「의견서」가 다수 제출되었다.[19]

당시 유럽에 주재하던 일본의 참모 장교들은 새로운 현대전의 성격에 대한 혁신적 의견을 담은 보고서를 임시군사조사위원회에 제출했다. 전쟁은 1년 혹은 그 이상 지속될 것이 확실하고 자립하지 못한 교전국들은 패배할 것이라는 내용이었다. 일본 육군성 군사과장이었던 우가키 가즈시게[于垣一成, 1931년 제6대 조선총독으로 부임] 대좌는 이제 일본도 자체적으로 군함과 대포를 생산하는 것만으로는 충분하지 않다고 생각하고 국가가 철광석을 비롯한 여타 핵심 물자에 대한 조달을 자체적으로 확보해야 할 필요가 있다고 판단했다.

육군성은 우가키 가즈시게의 측근인 고이소 구니아키[小磯國昭, 1942년 제8대 조선총독으로 부임] 소좌에게 새로운 상황을 고려해 일본의 국방 문제를 분석하도록 지시했다. 고이소는 일본 전역은 물론 중국의 화북·화중 지역을 시찰했고 독일의 전시 자립경제 건설에 대한 연구 성과를 번역했다. 그 결과로 1917년 8월 『제국국방자원(帝國國防資源)』이라는 보고서를 제출했다. 향후 일본의 두 가지 장기계획을 제시한 그의 보고서는 일본 정부와 군 관계자들에게 주목을 받았다. 제시한 장기계획의 하나는 현재 일본 본토나 식민지 지역[조선·대만·사할린 남부]은 일본이 현대전을 수행하는 데 충분한 자원을 제공하지 못하고 있으므로 중국과 같이 자원이 풍부한 지역을 통제할 필요가 있다는 것이었다. 그러

---

19   纐纈厚, 2010, 앞의 책, 33-35쪽.

나 이 지역에 대한 통제를 확보하는 데는 시간이 필요하기 때문에 우선적으로 실행할 수 있는 두 번째 계획을 채택해야 한다는 것이다. 그것은 동원을 위한 종합계획 수립이었다. 전쟁을 대비한 급속하고 효율적인 동원을 가능하게 하는 국내 경제가 체계적으로 준비되어 있지 않다면 자원이 많더라도 아무 쓸모가 없다는 것이었다.[20]

이러한 임시군사조사위원회의 각종 연구 성과는 이후 육군의 총력전체제 수립계획 혹은 총동원 구상의 기본 구조가 되었다. 조사위원이 되어 연구·조사에 종사한 장교들은 이후 일본군 총동원 노선의 실질적 추진자가 되었다.

고이소 구니아키의 보고서는 육군성 안에서 지지를 얻었고, 교전국들의 산업동원을 연구하기 위해 스즈무라 기치이치(鈴村吉一) 소좌가 유럽에 특별 파견되었다. 1917년 후반 스즈무라는 일본의 중앙동원계획을 입안하기 시작했다. 그 최초의 성과가 「군수공업동원법」이었다. 육군이 제출한 법안 초안은 총력전에 대비하기 위해 일본의 산업구조를 근본적으로 개편한다는 목표였다. 이 법안 이전에 전쟁 수행을 위한 물자 조달을 규정한 법률은 1882년 제정된 「징발령」이었다. 제40회 제국의회 심의 과정에서 수정을 거쳐 공포된 「군수공업동원법」[법률 제38호, 1918.4.17]은 전문 22조로 구성되었다.

「군수공업동원법」 총 22조 중 제1~10조까지는 주로 전시에 동원체제를 확립하기 위한 조항으로 제1조에서 군수품에 해당하는 물건으로서 병기·함정·항공기, 기타 이것을 생산하는 데 필요한 각종 자재·기계·

---

20 마이클 A. 반하트(Michael A. Barnhart) 지음, 박성진·이완범 옮김, 2016, 『일본의 총력전-1919~1941년 경제 안보의 추구』, 한국학중앙연구원출판부, 24-25쪽.

연료 등을 규정했고, 제2·4·6·8조에서는 그것을 생산하는 공장·사업소, 사업소 소유자의 손해 보상을, 제7조에서는 1882년에 제정된 징발령과의 연관을 규정했다. 제11~18조는 평시에 전쟁 준비 체제를 만들기 위한 조항으로 제11~13조에서는 정부에게 공장·수송 능력·원료 관리에 관한 조사 명령을, 제16~17조에는 다치이리[立入, 현장검사]조사 규정을 넣었다. 제14조에서는 평시에 군수 관련 공장에 대한 이익 보상 및 장려금 교부 규정을, 제15조에서는 이것을 관리·운영하는 통제기관인 군수평의회 설립을 규정했다. 평시에는 군수평의회 지도하에 군수 관련 공장의 보호·육성을 도모한다는 것이었다.[21]

이 법률의 최대 특징은 장래 발생할 수 있는 제1차 세계대전 같은 총력전에 대응할 수 있도록 일본의 산업구조를 군사적으로 재편하는 것이었다. 그러나 제1차 세계대전은 멀리 떨어진 유럽이 주전장이었고, 오히려 이 전쟁을 계기로 동아시아에서 큰 이익을 얻은 일본에서는 이러한 법률에 기업가들은 찬성하지 않았다. 일본공업구락부[22]는 적극적 찬성 의향을 보이지 않았고 심의 과정에서 반대 의견이 속출했다. 이러한 분위기에서 「군수공업동원법」이 내각이나 의회를 통과할 가능성은 높지 않았다. 그러나 1917~1918년에 러시아혁명이 발생하면서 시베리아 출병

---

21 小林英夫, 2004, 『帝國日本と總力戰體制-戰前·戰後の連續とアジア』, 有志舍, 108쪽.
22 1917년 '공업가가 힘을 합쳐 우리나라의 공업을 발전시킨다'는 것을 목적으로 당시 유력 실업가들이 창립한 법인. 초대 회장은 미쓰비시(三菱)합자회사 사장 도요카와 료헤이(豊川良平), 초대 이사장은 미쓰이(三井)합명회사 이사장 단 다쿠마(團琢磨)였다. 1945년 일본 패전 이전까지 중요 경제문제, 노동문제 등에 대한 조사활동 및 정부에 건의를 하는 등 경제단체로서 기능을 수행했다. 패전 이후 경제단체연합회(經團連), 일본경영자단체연맹(日經連)의 경제단체가 설립되면서 그 단체들과 중복 사업은 행하지 않게 되었다. 현재는 재계인의 교류를 위한 공익법인의 역할을 하고 있다.

이 계획되고 있었다. 일본 육군은 시베리아 출병이 동북아시아에서 러시아 세력을 몰아낼 수 있는 절호의 기회라 확신했다. 이에 육군 참모본부는 일본 경제의 부분적 동원을 전제로 12개 사단을 시베리아에 출병할 계획을 세웠다. 내각이 2개 사단으로 출병 병력을 제한해 출병 병력은 축소되었지만, 이미 러시아의 반볼셰비키 세력[백계 러시아]에 상당한 물질적 원조를 제공하기로 약속했기 때문에 동원 조치를 무조건 거부할 수는 없었다. 의회는 1918년 4월 기업가들의 반대 의견을 일부 반영하는 수정을 거쳐 법안을 통과시켰다.

이 새로운 법을 담당할 기관으로 1918년 5월 31일 군수국(軍需局)이 설립되었다. 군수국의 임무는 일본의 전시 경제력을 조사하는 것으로 경제력 동원을 위한 계획을 발전시키는 것이었다. 그러나 군수국의 실제 권한은 거의 없었다. 전시 재정에 대해서는 대장성이 지침을 마련했고 군수국은 지침을 집행할 권한도 없었다. 전쟁이 일어나지 않는 한 군수국은 단순 자문기관에 불과했다.[23]

일본 군부의 총력전 구상과 함께 정계에서도 총력전적 발상을 갖는 세력이 있었다. 일본 정계와 군부의 큰 영향력을 행사하고 있었던 원로 야마가타 아리토모(山縣有朋)는 1917년 10월 15일 서한에서 금후의 전쟁에 승리하기 위해서는 "국민 모두 국력을 다해 이른바 상하일통(上下一統), 거국일치의 힘에 따르지 않으면 안 된다"라고 썼다. 이는 향후 전쟁은 총력전 형태가 될 것이고 구체적으로 정부 내 각 성(省)에서는 업무 내용에 따라 총력전에 대응한 준비를 할 필요가 있다는 인식이었다.

---

23   마이클 A. 반하트(Michael A. Barnhart) 지음, 박성진·이완범 옮김, 2016, 앞의 책, 26쪽.

일본의 '다이쇼 데모크라시'기에 활성화된 정당체제[24]하에서 각 당 정치인들도 새로운 전쟁 형태에 대응할 필요성을 제기하기 시작했다. 입헌국민당 총재 이누카이 쓰요시(犬養毅)는 1918년 1월 국민당대회에서 "전국의 남자는 개병(皆兵)되고 전국의 공업은 모두 군기·군수공장이 되어야" 함을 주장했다. 철저한 국민개병주의와 경제적 합리성에 바탕을 둔 공업 동원을 촉진해야 한다는 것이었다. 이누카이는 1921년 제45회 제국의회에서 군축론을 발표했지만 그것도 총력전에 적합한 경제적 합리성에 따른 군사비의 효율적 사용을 말한 것이었다. 입헌정우회의 노다 우타로(野田卯太郎)도 군의 근대화와 군수품 생산을 민간에까지 확대해 장래 거대한 소모전으로 진행될 전쟁에 대비해야 한다고 주장했다. 총력전에 대응한 군 장비 근대화에 대해서 입헌정우회의 하라 다카시(原敬)는 본격적인 항공 전력의 충실을 기해야 한다고 주장했다. 헌정회의 가타오카 나오하루(片岡直溫)도 야마가타 아리토모에게 군 장비 근대화를 위한 과감한 육군 예산의 증강을 요청했다.[25] 이러한 일본 정치인의 군확론 및 군축론 제기는 총력전에 적합한 군사력을 어떻게 만들 수 있을까 하는 문제의식에 기반한 것이었다.

---

24 메이지유신 이후 1940년 이전 일본제국의 정당은 보수유산정당, 진보무산정당, 국수주의정당으로 크게 분류할 수 있다. 이 중 실제 집권하며 일본정치를 주도한 것은 보수정당으로 그 체제의 변화는 다음과 같다.

自由黨系	自由黨-立憲自由黨-憲政黨-立憲政友會(昭和會)-政友本黨-東洋自由黨-革新俱樂部(新正俱樂部)-革新黨
改進黨系	立憲改進黨-進步黨-憲政本黨-立憲國民黨(革新俱樂部)-立憲同志會(中央俱樂部)-憲政會-立憲民政黨(國民同盟)
국수주의 정당	國民協會(1892~1899) … 國民協會(1933~1937)-東方會-立憲養正會-翼贊政治會

25 纐纈厚, 2010, 앞의 책, 30쪽.

제1차 세계대전으로 촉발된 총력전체제에 대한 준비는 일본 정부 안에서도 시작되고 있었다. 데라우치(寺內正毅) 내각 시대[1916.10~1918.5]에 중국의 두안치루이(段祺瑞) 정권에 대한 일련의 차관 공여[이른바 니시하라 차관]를 결정하고 일본의 중국 진출을 위한 경제적 사전공작을 연출한 니시하라 가메조(西原龜三)는 1917년 3월 데라우치 수상에게 「전시경제동원계획사의(戰時經濟動員計劃私議)」라는 제목의 의견서를 제출했다. 니시하라는 의견서에서 제1차 세계대전이 "승패는 전선에서 결정되지 않고 오히려 그 경제적 시설의 우열에 따라 정해지기에 이르렀다"는 총력전 인식을 보였다. 장래 전쟁에 대처하기 위해서는 군사와 경제의 합리적 조화를 가진 '지구적(持久的) 경제동원'을 해야 한다는 것이었다. 이를 위해 먼저 '중국[支那]을 일본[我國]과 경제 동일권 안에 두는 것'이 급무라고 했다. 중국교통은행에 두 번에 걸친 차관 공여 외에 총 7건의 경제차관을 성립시키고 병기(兵器) 차관도 더해 중국 정부에 총 2억 엔에 가까운 대부를 해준 것은 바로 니시하라의 '지구적 경제동원' 구상을 구체화하기 위한 수단이었다.

니시하라 차관 추진자의 1인으로 데라우치 내각의 대장대신이었던 쇼다 카즈에(勝田主計)는 중국과의 경제 제휴 동기를 다음과 같이 밝혔다. 제1차 세계대전 중에 "우리나라[일본]가 가장 곤란을 느낀 것은 연합국과의 협동작전상 우리나라가 필요로 하는 군수품 기타 공업원료의 공급"으로 이 문제를 해결하기 위해서는 "물자가 풍부한 중국[支那]과 평시보다 더욱 긴밀히 경제상의 연락을 도모하고 평전(平戰) 모든 때에 피아(彼我) 유무(有無) 공통의 관계를 연결해두는 것"이다. 그의 주장은 중국과 경제블록을 형성해 자원 공급지로서 중국과의 관계를 강화하자는 것으로 '제국의 자급자족권' 형성을 목표로 한 것이었다. 니시하라 가메조 역시 중국에 차관을 공여한 것에 대해 장래 전쟁에 대비해 "제국[일본]이 가장 필요를 느낀 공업원료의 공급을 원활하게 함"과 동시에 "군국(軍國)의 때에 부족한 철·니켈·아연·석유·초석 등의 광산액을 면밀하게 살펴 그 급한 수요에 응할 것"을 의도한 것이었다. 니시하라는 이러한 구상을 실시할 기관으로서 군수품의 생산·구매·배급에 관한 통제를 담당하는 군수성(軍需省)을 설치할 것을 제안했는데, 그것은 1918년 5월 31일 일본 최초의 총력전에 관한 조사통일기관인 군수국으로 실현되었다.

총력전 준비기관 설치 구상은 테라우치 내각의 내무대신인 고토 신페이(後藤新平)의 대조사기관(大調査機關) 설치안으로도 나타났다. 고토는 제1차 세계대전 후 구미(歐美) 시찰을 다녀와 "위정자 및 식자(識者)는 이 기운 및 실세력의 요구를 정찰(精察) 연구해 외적으로는 국가의 경제발전을 도모하고 내적으로는 산업의 진전 통제 및 산업에 종사하는 각 단계의 조화협력을 얻을 방책을 수립해 새로운 국제적 대전쟁에 승리의 영관을 쓸 수 있기" 위한 대조사기관 설치를 제안했다. 그것은 원료 문제, 동력 문제, 식료·생활필수품의 생산 분배 문제, 인구문제, 위험 사상, 각종의 사회사상, 국가관념 등에 대한 국가 대책을 구미 사례를 대상으로 조사 연구하자는 것이었다. 이러한 대조사기관 설치안은 실현되지 못했지만 그 구상은 이후 국가총동원기관 설치 구상으로 통하게 되었다.[26]

1918년 군수국 설치로 전시 경제력 동원이 구상되었지만 실질적인 계획을 수립할 수 있는 단계는 아니었다. 이에 군부는 이 조직에 더 많은 권한을 부여해야 한다고 주장했다. 1920년 5월 군수국 후속기관으로 국세원(國勢院)이 설립되었다. 국세원은 군수국에는 없었던 공업동원법 시

26　纐纈厚, 2010, 앞의 책, 31-32쪽.

행에 관한 사항의 통할 사무[「국세원관제」 제5조], 군수공업 복무인원[復員]에 관한 조사사무[제7조] 업무가 새로 부가되었다. 국세원은 2개의 부서로 구성되었는데, 제1부는 내각통계국, 제2부는 군수국이었다. 국세원 설치는 하라(原敬) 내각이 1920년 8월 공포한「군수공업동원법 시행에 관한 사항의 통할에 대한 내각총리대신의 직권의 건(軍需工業動員法施行二關スル事項ノ統轄ニ付テノ內閣總理大臣ノ職權ノ件)」[칙령 제342호]에서 그 의도를 알 수 있다. 이 칙령은 "내각총리대신은 군수공업동원법 시행에 관한 사항의 통할에 대한 필요한 명령을 발하거나 관계 각청에 대한 지휘명령을 할 수 있다"는 것으로 지금까지 육군 주도로 진행된 군수동원계획을 정당과 관료의 수중으로 돌리겠다는 의항을 보인 것이었다.[27]

그러나 1922년 11월 국세원이 폐지되었다. 제1차 세계대전 종료 후 전 세계적으로 반전 평화 분위기가 확대되었고 이에 따라 워싱턴조약[1921년]으로 상징되는 군비 축소와 일본 국내에서는 전후 불황에 따른 재정긴축정책의 일환으로 행정정리를 요구하는 여론이 형성되었다. 정부는 행정정리의 일환으로 국세원을 해체했다. 국세원의 모든 동원계획과 통계업무는 농상무성으로 이관되었고, 이후에는 다시 상공성으로 이관되었다.[28] 표면적으로는 군부의 영향력이 감소되는 양상이었지만, 육군 자체의 공업동원기관인 병기국 공정과를 중심으로 육군 독자의 공업동원 업무를 해나가려는 의도는 지속되고 있었다.

군부의 전시 총동원 기획은 1924년 우가키 가즈시게(宇垣一成)가 육

---

27 纐纈厚, 2010, 위의 책, 68쪽.
28 찰머스 존슨(Chalmers Johnson) 저, 張達重 역, 1984,『일본의 기적-통산성과 발전지향형 정책의 전개』, 박영사, 123쪽.

군대신이 되면서 다시 부각되었다. 우가키는 폐지된 군수국을 대신해서 육군성 안에 정비국(整備局)을 신설하고 소장파 장교들을 정비국 주요 직위에 발탁했다.[29] 정비국은 통제과(統制課)와 동원과(動員課)로 구성되었다. 동원과는 동원, 소집, 인원의 징용·징발, 군수공업의 지도·보조에 관한 사항을, 통제과는 군수품의 조사·연구·조달, 군수품 정비, 전시 보급, 전시 군사교통 통제에 관한 사항을 담당했다. 정비국 담당자 중 대표적 인물은 동원과장에 임명된 나가타 데쓰잔(永田鐵山)[30]이었다.

1918년 「군수공업동원법」이 공포되고 일본에 총력전체제 구축에 대한 논의가 시작되었는데, 주스위스공사관 주재 무관으로 파견된 나가타 데쓰잔은 「국가총동원에 관한 의견(國家總動員に關する意見)」(1920)이라는 보고서를 제출했다. 그는 이 보고서에서 국가총동원을 "일시에 영구히 국가의 권한 안에서 파악된 모든 자원·기능을 전쟁 수행상 가장 유효하게 이용하도록 통제 안배한다"라고 정의하고, 국가총동원을 국민동원, 산업동원, 교통동원, 재정동원으로 나누어 대전 중 유럽 각국에서 실시된 상황을 비판적으로 검토했다. 일본 국내에서 총력전체제를 만들 경우

---

29 초대 정비국장은 마쓰키 나오스케(松木直亮), 통제과장은 니시무라 미찌오(西村迪雄), 동원과장은 나가타 데쓰잔(永田鐵山)이 임명되었다.

30 일본 육군군인으로서 통제과의 중심인물. '장래의 육군대신' '나가타 앞에 나가타 없고, 나가타 뒤에 나가타 없다'라는 평판을 받은 수재였다. 그는 1920년 주스위스공사관 주재 무관이 되었는데, 1921년 나가타 데쓰잔과 주소련공사관 무관 오바타도시 시로(小畑敏四郎), 유럽 출장중인 오카무라 야스지(岡村寧次)의 육사 16기의 3명은 1921년 10월 27일 독일 바덴바덴에서 회합했고, 여기에 도죠 히데키(東條英機)도 합류했다. 이 회합에서 육군에서 쵸슈바쓰(長州閥) 지배 타파, 인사 쇄신, 군제 개혁, 총동원체제 구축을 목표로 할 것을 합의했다.[바덴바덴의 맹약] 이들은 제1차 세계대전에서 유럽 국가들의 총력전체제 구축을 일본에서도 실행할 것을 목적으로 했다. 나가타는 1920년 제출한 「국가총동원에 관한 의견」을 인정받아 1926년 국가총동원기관설치준비위원회 간사가 되었고 육군성 정비국 초대 동원과장이 되었다.

의 기구를 구상하고 내각총리대신 예하에 국가총동원 관장기구를 두어 일원적으로 동원계획을 입안·실시하는 것을 검토해야 한다는 것이다. 나가타는 총력전체제 구축이라는 시각에서는 고이소 구니아키와 같은 입장이었지만 자원을 축으로 한 고이소의 발상을 한 단계 더 구체화해 일본 국내에서 총동원체제를 실시할 경우의 입법적 조치, 특히 전쟁지도기관의 일원화, 군 내부 및 각 성(省) 관리의 결속을 어떻게 만들어갈 것인가로 중점이 옮겨가고 있었다.[31]

1920년대 육군의 일부 그룹이 의도하고 있던 일본의 총력전체제 구축은 당시 국제 환경과 일본의 산업구조 속에서 큰 진전을 보지 못했다. 1925년 실시된 '우가키 군축'[32]에 이르기까지 1920년대 일련의 군 근대화도 병력 축소의 대가로 비행대·전차대를 신설하는 데 불과했다. 일본 산업구조의 근본적 개편, 군과 기업가의 연계 확립이라는 총력전체제 구

---

31 小林英夫, 2004, 앞의 책, 106쪽.
32 1925년도 예산안으로 제50 제국의회에 제출된 육군의 군비정리계획을 통칭하는 것으로 당시 육군대신이었던 우가키 가즈시게(宇垣一成)의 이름을 따서 명명한 것이다. 우가키 군축은 '군축'이라는 이름을 쓰고 있지만 오히려 군비의 근대화라는 성격이 강했다. 군축으로 사단 4개 폐지, 치중병(輜重兵) 연대 개조, 군마보충부의 정리, 관청·학교의 편성 개정으로 인마(人馬) 감소와 일반 사무비 삭감, 보병 재영(在營) 연한 단축이 이루어졌고 장교 이상 약 1,200명, 준사관 이하 약 3만 3,000명, 필마 약 6,000두가 축소되었다. 이러한 축소는 제1차 세계대전 후 세계적 협조 체제의 도래, 세계적 민주주의 고양, 국내의 심각한 재정 상황 등에 제기된 여러 압력을 군부가 양보한 결과였다. 그러나 다른 한편으로 육군의 근대화·합리화라는 성격이 강해 군비의 정리로 남게 된 예산으로 전차대·고사포대의 신설, 비행연대 2개 증설, 화학병기 연구기관 신설, 총포의 개신(改新), 자동차대(自動車隊)의 자동차학교로의 개편 등이 결정되었다. 또한 남자 중등학교 이상에 현역장교를 배속하고, 중등학교·고등전문학교에는 군사훈련을 필수과목으로 지정, 청년훈련소 설치 등으로 사회 전반에 걸친 국가이데올로기의 교화가 이루어지는 계기가 되었다(梅森直之, 1999, 「'宇垣軍縮'과 總力戰體制」, 『宇垣一成とその時代』, 新評論, 22-23쪽).

축으로 나아가지는 못했다.

우가키 가즈시게는 1927년 5월 내각 직속의 자원국(資源局)을 출범시켰다. 1927년 5월 26일 국가총동원기관설치준비위원회의 약 1년에 걸친 심의 결과 총동원 자원의 통제 운용을 준비하는 중앙 통할사무 및 자문기관으로서 내각총리대신의 관리하에 자원국이 설치되었다. 자원국은 총무과[인사·문서·회계·자원의 통제 운영에 관한 제도 시설 연구, 그것에 필요한 법령 준비 입안 관장], 조사과[자원의 현황 조사, 전시 수급 조사 관장], 시설과[자원의 배양 조장, 통제 운용계획의 수행 달성을 목적으로 하는 평시 시설 설치 관장], 기획과[자원 통제 운용기관 정비 계획, 자원의 보전·배당, 기타 통제 운용계획 책정 관장]로 구성되었다.

자원국 직원은 27명이 발령받았는데, 그중 11명은 육해군 현역 무관이 전임직원으로 자원국 사무관을 겸임했다. 이것은 군인이 군사영역 이외의 부문에 진출하는 것을 인정하는 것으로 이 이후에는 관례가 되었다. 제1차 세계대전 이래 군이 주장해온 총력전체제를 목표로 한 국가총동원 사상이 국가 전체의 목표로 정착하고 서서히 제도화되는 것을 용인한 것이었다. 또한 군부가 합법적으로 정치에 관여하는 제도적·객관적 조건이 만들어지는 계기가 되었다.[33]

자원국 설치와 함께 내각 자문기관으로서 1927년 7월 18일 자원심의회가 설치되었다. 자원심의회는 내각총리대신이 총재가 되었고 그 임무는 "자문에 응하여 인적·물적 자원의 통제 운용계획 및 그 설정·수행에 필요한 조사시설에 관한 중요 사항을 조사 심의하여 위의 사항을 내각총리대신에게 건의할 수 있다"는 것이었고, 점차 권한이 강화되었다.

---

33 纐纈厚, 2010, 앞의 책, 75-76쪽.

이 시기 육군에서 총동원정책 추진의 중심적 인물이었던 마쓰키 나오스케(松木直亮)[34] 주도하에 자원국은 국가총동원의 범위와 성격에 대한 연구를 진행했다. 마쓰키의 연구는 직접적인 군용물자 확보에 초점을 맞추기보다는 일본의 경제활동 전반을 포괄했다. 열차차장부터 의사에 이르기까지 모든 개인에게 부여할 임무를 열거했고, 노동 활동과 경영 이익은 엄격하게 통제되며 군의 직접적인 감독이 군수품 및 기타 전쟁 물자를 생산하는 공장에만 국한되어 적용되지 않을 것이라는 내용이었다. 1927년 마쓰키는 「국가총동원준비에 대하여(國家總動員準備に就て)」라는 자료에서 국가총동원의 범위를 다음 〈표 2〉와 같이 정리했다.

자원국은 이러한 광범위한 분야에 걸친 실질적 계획을 마련하기 위해 더 많은 법적 권한을 요청했다. 이 권한을 확보하기 위해 자원국은 「자원조사법」을 마련했고, 1929년 4월 의회에서 통과되었다. 자원국은 「총동원계획설정처무요강」에 기초해 「총동원기본계획요령」, 「잠정기간계획설정처무규정」, 「잠정기간계획설정에 관한 방침」 등을 작성해 국가총동원계획을 본격적으로 준비했다. 이 지침과 규정에서 전면적인 전쟁 2년간 소요될 물자의 상세 추정치를 작성했는데, 이것은 '잠정기간계획(暫定期間計劃)'으로 명명되었고 이후 총동원계획의 첫걸음이었다.

1930년 4월 '잠정기간계획'에 관한 사무를 협의하기 위해 제1회 총동원계획회의가 개최되었다. 이 회의에서 자원국 관리들은 자신들이 필요로 하는 정확한 정보를 각 부처 대표에게 설명했다. 또한 부처 내부 조직과 별도로 부회(部會)가 구성되어 연료별, 공장별, 대규모 자원 범주별로 실제 업무를 담당했다. 1년 후 부회가 기초자료 수집을 완료하자

---

34 1926년 우가키 가즈시게의 주도로 설립한 육군성 정비국 국장을 역임했다.

<표 2> 국가총동원의 통제 운용 범위

인원의 통제 안배	1) 군수, 민수 생산요원의 충족 및 보충 2) 개전 시에 필연적으로 일어나는 실업자 발생 방지 및 그 처리 3) 부인, 고령자, 유년자, 신체장애자의 적정한 이용 4) 군부 내외 인원의 유용 5) 직업 소개 기관의 체형 정비, 필요 시 노역의무제 채용
생산 분배, 소비 등의 조절	1) 개전에 따른 산업계의 급격한 변동 방지, 회부를 위한 조치 2) 전시의 필수 원료·연료·동력의 급원 확보, 수송 배급의 적정 3) 대량생산을 위해 필요한 산업조직의 개조, 수공업·가내공업의 통일적 이용 4) 필요한 공장의 신설·증설, 그의 관리·사용·수용 5) 필요한 규격, 제식, 양식, 방식의 통일 6) 미이용 자원의 개척 7) 토지 이용의 전환, 공장의 전화, 생산기능의 전환 8) 부족품의 대용 보급, 원료 부족을 보충하기 위한 기존 제품과 폐품의 재이용책 강구 9) 점령지에서의 원료 취득, 산업 이용 10) 전시 필수품의 원활한 배급을 위한 조치 11) 필요에 따라 전시 필수품 기타 소비 제한, 불요품의 생산 제한 12) 필요에 따라 물가와 임금의 공정, 폭리를 단속 13) 수출입 규정 14) 중요한 산업시설의 충분한 정비
교통의 통제	1) 각종 수송 설비의 증보 신설 변경 2) 필요에 따라 수송기관의 소유권 이동과 국적 변경 금지 3) 전 수송력의 최대 능력을 발휘하기 위해 각종 수송기관의 능력 융통 또는 용도 전환 4) 공·수·육의 수송 연락과 육지 수송의 수로·철로·노상 연락을 원활하게 하기 위한 조치 5) 필요한 수송에 지장이 없도록 운수 제 능력의 배분과 수송 규정 6) 수송력 증가를 위해 임기 수송에 관한 제한 완화, 수송품의 공포, 적재법 등의 정리 개선 7) 수송력 절약을 위한 조치 8) 수송능력의 최대한 유지를 위해 교통선과 수송기관의 수호, 보전, 수선 9) 필요에 따른 수송 물건의 품종, 용도, 수요를 고려해 수송 우선순위 규정 10) 수출력과 수송력과의 관계 조정 11) 각종 통신기관의 신설 증보 12) 각종 통신기관의 통제, 통신능력의 경제적 이용, 검열의 용이화·확실화 13) 기밀 유지를 위해 교통 단속 14) 교통기관의 충분한 정비, 무장
재정과 금융에 관한 조치	1) 개전 직전·직후의 일반 경제시장의 변동을 피해 응급자금 조달 2) 전비 재원의 종목, 내외채의 구분을 적당히 결정, 유리한 방법으로 조달 3) 정화 준비의 옹호와 확대를 위한 수단 강구 4) 국민경제 중 전시 필요산업에 대한 자금 공급을 풍성히 하고 전시에 필요한 금융제도를 설정해 금융의 원활을 기함

	5) 전시 공황에 대한 방책 강구 6) 전지(戰地)에서 사용할 군용화폐에 관한 조치 강구 7) 외국불에 대한 적당한 규정 실시
정보 선전의 통일	구성원의 정신력을 유지 배양, 유효한 대외 선전을 위해 정보 선전의 통일을 필요로 하는 조치
기타	1) 교육, 훈련의 전시에 적응한 시설 2) 학술, 기예의 국방 목적으로의 통합 이용 3) 노동쟁의 방지 및 해결, 각종 구호 및 부조 시설에 대한 처리 4) 국민 보험, 위생상 전시에 필요한 수단

출처: 松木直亮(整備局長), 「國家總動員準備に就て」, 『戰史叢書 陸軍軍需動員(1) 計劃編』, 朝雲新聞社, 255-258쪽.

    1931년 4월 제2회 총동원계획회의가 개최되었다. 여기에서는 자원의 통제계획에 관한 사항, 군기 문서에 관한 사항, 총동원에 필요한 경비계획에 관한 사항 등을 결정했다. 이에 참여한 민간과 군의 기획자들은 총력전을 대비한 일본 최초의 포괄적 동원계획을 제시하고자 했다. 그러나 1931년 9월 18일 '만주사변' 발발 시점까지 계획을 완료하지 못했다. 일본은 총력전 양상의 현대전을 수행하는 데 필요한 거의 모든 물자가 양적으로 부족하다는 인식하에 경제적 차원에서 이미 중국 지역의 통제 필요성에 주목했고 그 출발점이 만주였다.[35]

    자원국 중심의 국가총동원체제 구축 노력과 함께 상공성을 중심으로 재벌과 정당 세력의 이해관계를 바탕으로 한 새로운 통제 방침이 제기되었다. 1920년대 중반 이후 자본주의체제는 '상대적 안정기'를 맞게 되었고 이에 편승하여 성장하던 일본 자본주의는 1927년 금융공황으로 타격을 입었다. 이를 계기로 일본 산업구조에 대한 최초의 '개혁'이 이루

---

35   마이클 A. 반하트(Michael A. Barnhart) 지음, 박성진·이완범 옮김, 2016, 앞의 책, 28-31쪽.

어졌고, 불황의 시작으로 '산업합리화'[36]가 캐치프레이즈로 등장하면서 상공성 안에서는 산업정책 확립에 대한 표어가 되었다. 1930년 6월 임시산업합리국이 설립되었을 때 통제의 주체 문제가 중요한 이슈가 되었다. 이에 대한 대답은 1931년 공포된 「중요산업통제법(重要産業ノ統制ニ關スル法律)」[법률 제40호, 1931.4.1][37]이었다.

---

[36] 산업합리화의 아이디어는 1920~1930년대 여러 나라에서 유행했다. 이 시기 일본이 사용한 특정의 산업합리화 개념은 당시 미국에서 열광적으로 사용되고 있던 '능률전문가', '시간과 동작의 연구' 개념과 구체적인 일본적 문제들[다수기업의 과당 경쟁, 상품 덤핑 등], 소련의 1차 5개년 계획[1928~1933]의 영향, 헝가리 경제학자로 소련의 고문이었던 유진 바르가(Eugene Varga)의 저작 등을 합성해 만든 용어였다. 그러나 1930년 일본의 산업합리화 이론에 가장 큰 영향을 미친 것은 독일이었다. 1930년 6월 상공성의 外局으로 '임시산업합리국'이 설립되었다. 상공국 안에서 산업합리화 운동을 주도한 인물은 상공차관 요시노 신지(吉野信次)와, 기시 노부스케(岸信介)였다. 기시는 7개월의 베를린 출장(1930.5~11) 이후 "독일의 산업합리화는 여러 나라와 마찬가지로 산업에서의 기술혁신, 최신 기계설비 도입을 통한 능률 향상을 목표로 하고 있지만 특징적인 것은 정부가 후원하는 트러스트와 카르텔에 중점을 두는 것이다"라고 보고했다. 이에 일본의 산업합리화는 기업 간의 경쟁은 '협조'로 대체되어야 하며 기업활동의 목적은 이윤 추구보다는 비용 절감에 있다는 점을 강조하게 되었다[찰머스 존슨(Chalmers Johnson) 저, 張達重 역, 1984, 앞의 책, 111-114쪽].

[37] 「중요산업통제법」[중통법]은 임시산업합리국의 가장 중요한 성과임과 동시에 1938년 「국가총동원법」 및 그에 기초한 1941년 「중요산업단체령」이 설치될 때까지 산업법으로서는 유일하고 중요한 법률이었다. 이 법은 10조의 짧은 법이지만 제1조 중요산업에 종사하는 기업이 카르텔협정을 체결할 때 주무대신에게 신고하는 것을 의무로 한다. 제2조 주무대신은 통제위원회의 토의를 거쳐 카르텔에 가맹하지 못하는 기업에 대해서도 카르텔협정에 복종을 명할 권한을 갖는다. 제3조 주무대신은 통제위원회의 토의를 거쳐 공익(公益)에 반한다라고 판단되는 카르텔협정의 취소를 명할 권한을 갖는다. 제4조 주무대신은 카르텔협정의 가맹 기업, 나아가 비가맹 기업에 대해서도 업무사찰을 실시할 권한을 갖는다라고 규정했다. 이 법의 시행으로 중요 산업으로 지정된 업종에서 카르텔협정이 조성되는 한편 카르텔협정에 대한 규제도 강화되었다. 동시에 소비자에게는 적정가격을 유지하는 데 어느 정도 효과가 있었다. 이 법에 근거해 지정된 중요 산업은 1931년 12월 방적·제지·제분·시멘트·화학·금속 등 19업종이었고 1932년 11월 휘발유 등 3업종, 1934년 5월 맥주·

이 법은 기업 간의 '자주적 통제' 원칙하에 카르텔 조성과 규제라는 양면적 효력을 갖는 것이었다. 그러나 재벌 측은 중소기업의 공업조합을 모델로 한 카르텔에는 별 흥미가 없었고 오히려 합병으로 경쟁을 완화하고 경쟁자 수를 줄이기 바랐다. 1933년 5월에는 3개 기업이 합병해 오지제지(王子製紙), 11월에는 3개 은행이 합병해 산와은행(三和銀行)이 탄생했다. 1934년 1월에는 야와타제철(八幡製鐵) 등 5개 기업이 합병해 니폰제철(日本製鐵)이, 6월에는 미쓰비시중공업(三菱重工業), 1935년에는 스미토모금속(住友金屬)이 설립되었다. 이것은 카르텔보다 오히려 독점화에 가까운 경제력 집중을 가져왔다.

1931~1936년간에 통산·산업계는 요시노(吉野)-기시(岸) 라인의 시대로 상공정책의 주목적이 정부 주도의 중화학 공업화 촉진과 산업합리화 강조에 있었다. 그러나 요시노가 산업의 '자주통제'(self-control)파였다면 기시는 '국가통제'(state-control)파였다.[38] 점차 산업합리화는 세계공황의 타개책이 될 수 없다는 인식과 경험하에서 국가적 통제의 요구가 대두되기 시작했다. 하지만 일본에서 대자본[재벌]의 영향력은 경제적인 면에서만 아니라 정치적으로도 강해 쉽게 국가권력에 의한 통제 대상이 될 수 없었다. 「중요산업통제법」으로 국가권력[관료]에 의한 통제가 가능하도록 장치를 마련했지만 여전히 독점자본의 자주통제 경향을 벗어나지 못했다. 국가권력에 의한 일원적 통제에 대한 요구를 부추긴 것은 '만주국'에서의 국가 통제 실험이었다.[39]

석탄의 2업종이었다(아시아역사자료센터 https://www.jacar.go.jp/glossary/term1/0090-0010-0040-0080-0010.html).

38 찰머스 존슨(Chalmers Johnson) 저, 張達重 역, 1984, 앞의 책, 118-119쪽.
39 이송순, 2004, 「1930~40년대 일제의 통제경제정책과 조선인 경제전문가의 인식」,

2. 만주 침략과 총동원체제 구상

1) 군부의 만주 침략과 총동원체제 구상

1931년 9월 18일 중국 관동주 류탸오후(柳條湖) 부근 철도 노선을 폭파한 관동군은 이것을 구실로 장쉐량(張學良)이 이끄는 펑톈(奉天) 군벌이 숙영하고 있던 북대영(北大營)을 공격했다. 이것이 '만주사변(滿洲事變)' 혹은 9·18사변이라 불리는 사건이다. 일제가 1931년 9월 18일 류탸오후 사건(柳條湖事件)을 조작해 일본 관동군이 만주를 중국 침략을 위한 병참기지로 만들고 식민지화하기 위해 벌인 침략전쟁을 말한다.

제1차 세계대전 종전[1918년] 이후 일본이 지원하는 중국의 군벌 펑톈파 장쭤린(張作霖)이 장제스(蔣介石)의 국민혁명군에 밀리기 시작하자 일본 정부는 장쭤린에게 퇴각을 권고했고, 만주에서 그를 보호하려 했다.[1927년] 그러나 관동군의 일부 참모들은 일본 정부의 조치에 반발하며 만주에서의 직접 지배권을 확보해야 한다고 생각했다. 그중 한 사람이었던 고모토 다이사쿠(河本大作) 대좌는 장쭤린이 더 이상 이용 가치가 없다고 판단해 장쭤린을 제거하기로 하고 베이징에서 톈진으로 돌아오는 장쭤린의 남만주 철도 기차를 폭파해 그를 암살[1928년 6월 4일, 장쭤린 폭살 사건]했다. 그러나 고모토의 행동은 만주에서 일본에 우호적인 '독립' 정권을 수립할 수 있는 기회를 날려버렸다.

장쭤린이 관동군의 계략으로 피살됨으로써 관동군과 펑톈파 간의 협

『한국사학보』 17, 176쪽.

조 관계는 종결되었다. 반면 국민당 정부는 장쬠린의 공백을 이용해 1928년 6월 베이징을 점령한 뒤 청일통상조약[1896년 체결]을 폐기한다고 일본에 통고했다. 일본에 반감을 갖게 된 장쬠린의 아들 장쉐량(張學良)이 1929년 장제스의 국민당 정부에 합류하자 만주에서는 일본 상품을 배척하고 제국주의적 이권을 회수하려는 운동이 일어났다. 장쉐량 정권은 국권회복운동의 일환으로 일본이 갖고 있던 뤼순·따리엔의 조차지 및 남만주 철도 회수, 영사재판권 철회, 일본이 획득한 철도부설권 및 탄광개발권 확장에 대한 반대, 일본인·조선인에 대한 가옥임대료 및 소작료 인상 또는 계약갱신 거부 등을 주장했다. 이로 인해 일본인의 중국 동북 지역[만주] 활동은 크게 위축되었다. 또한 중국 국민당 정부의 만주 철도 포위선 건설계획은 일본의 만주 철도 이권을 위협하게 되었다.

이런 상황 속에서 1929년 발생한 세계대공황으로 일본 경제는 큰 타격을 입었고 남만주 철도 영업도 부진하게 되었다. 중국의 국권회복운동과 소련의 제1차 5개년 계획 진척 등으로 위기를 느낀 일본은 만주 전체를 침략할 필요성을 느끼게 되었다. 일본 국내에서는 이것을 '만·몽의 위기'라고 선전하고, 침략을 정당화시키는 여론을 조성했다.

1928년 하반기 관동군에 배속된 이시하라 간지(石原莞爾) 중좌는 만주 문제에 대해 주목할 만한 해결책을 제시했다. 세계적 불황의 심화와 만주 개발에서 보인 중국의 무능력은 문호개방이라는 서구의 정책이 붕괴되었음을 보여주는 것이고, 오직 일본만이 만주 근대화에 대한 관심과 능력을 갖고 있을 뿐만 아니라 만주는 당시 일본 정부가 해결해야 할 긴급한 인구와 식량문제를 해결할 자원을 기대할 수 있는 곳이라고 주장했다. 1930년대 중반 이시하라는 자신의 계획을 좀 더 발전시켰다. 만주의 경제적 근대화는 장쉐량이나 다른 중국인 지도자들의 민간 통제하에서는 이루어질 수 없기 때문에 만주에 새로운 국가를 수립해야 한다는 주장이었다.

이시하라 간지는 1929년 5월 관동군 참모로 임명된 이타가키 세이시로(板垣征四郎) 대좌가 주도하는 계획에 참여했다. 1931년 2월 이타가키는 도쿄의 상관들에게 구체적인 행동을 직접 요청했다. 당시 육군성 군사과장을 맡고 있던 나가타 데쓰잔은 이타가키의 요청에 공감했지만 신중한 입장을 취했다. 나가타는 1931년 만주 문제를 다루는 육군성 정책위원회[40]의 일원이 되었다. 이 회의에서 나가타는 장제스에게 접근해 만주의 미래에 대한 일본 측 입장을 설득하자는 입장이었다. 이것이 실패한다면 군이 나서게 될 것이지만 우선 정책위원회가 일본 정부 내 다른 부처들이 만주 상황을 인지하도록 한 후 내각의 승인을 얻자는 것이었다. 결정적 행동은 일본 최초의 종합적 동원계획이 완성되는 시기와 일치하는 1932년 봄으로 미뤄졌다. 그러나 관동군의 이시하라와 이타가키는 관동군 내 소장파 장교들과 공모한 가운데 '9·18 류타오후 사건'을 도발했고 결국 '만주사변'이 일어났다.[41]

1931년 9월 18일 류타오후 사건을 일으킨 후 관동군은 패주하는 군벌 군대를 추격하여 펑톈(奉天)성·지린(吉林)성을 철도를 따라 침공했고,

---

40 1931년 5월 육군성 내 설치된 '5과장회의'를 말한다. 육군 참모본부 제2부장 다테카와 요시쓰구(建川美次)를 위원장으로, 군무국 군사과장 나가타 데쓰잔(永田鐵山), 인사국 보임과장 오카무라 야스지(岡村寧次), 육군 참모본부 편제과장 야마와키 마사다카(山脇正隆), 구미과장 와타리 시하오(渡久雄), 지나과장 시게토 지아키(重藤千秋) 등이 참석했다. 이 회의를 통해 1931년 8월 「만주문제 해결방침의 대강(滿洲問題解決方針の大綱)」 초안이 마련되었다.

41 마이클 A. 반하트(Michael A. Barnhart) 지음, 박성진·이완범 옮김, 2016, 앞의 책, 38-39쪽.

9월 28일에는 위안진카이(袁金鎧)를 펑톈지방유지회장에, 시치아(熙洽)를 지린성 장관으로 차출해 그들로 하여금 펑톈성 및 지린성의 독립을 선언하게 했다. 관동군은 지린성에서 저항하는 펑톈군벌계 장쭤샹(張作相)군을 공격하면서 다른 한편 일본에 항복한 장하이펑(張海鵬)을 내세워 헤이룽장(黑龍江)성 점령을 목표로 했다. 그러나 조기 점령이 불가능하다고 판단되자 빠르게 헤이룽장성 주석 마잔산(馬占山)과 타협해 북부 만주의 치안 안정을 도모했다. 1932년 1월에는 펑톈 군벌의 근거지인 진저우(錦州)를 점령했다. 만주 각 성의 주요 도시를 점령한 1932년 2월 이후 관동군은 '신국가건설막료회의(新國家建設幕僚會議)'를 열어 건국 구상을 구체화하는 동시에 일본 편으로 끌어들일 수 있는 펑톈 군벌의 장교를 내세워 선통제 푸이(溥儀)를 집정(執政)이라는 이름의 꼭두각시로 만들었다. 국제연맹이 파견한 리튼조사단이 만주에 도착하기 전인 1932년 3월 1일 '만주국' 수립을 내외에 선포했다. 1932년 9월 15일 일본 정부는 공식적으로 '만주국'을 승인하고 일만의정서에 조인했다.

 '만주사변'으로 수립된 '만주국'은 관동군이 국제연맹이나 워싱턴체제를 의식해 대만이나 조선과 같은 직접 식민지, 즉 총독부에 따른 지배를 포기하고 독립국이라는 포장을 한 것이었다. '만주사변' 추진의 중요한 역할을 담당한 관동군 참모 이시하라 간지의 구상에 따르면 당초에는 만주를 직접 군사 점령해 결국 대만·조선형의 총독부 통치를 생각하고 있었다. 그러나 '만주사변' 발발 직후 9월 22일 이시하라를 포함한 관동군 참모회의에서 작성된 「만몽문제해결안」에서는 직접 군사점령 구상은 접고 '선통제를 우두머리로 하는 지나정권'이 제출되었다. 직접 점령으로는 사변의 수습과 만주의 국가 수립이 불가능하다는 판단이었다.[42]

 일본의 류타오후 사건과 만주 점령, 괴뢰 만주국 수립은 국제적으로 많은 비난을 받았고 국제연맹은 1933년 2월 리튼보고서를 채택해 일본의 철병을 요구했으나 일본은 이를 거부하고 국제연맹을 탈퇴했다. '만주사변'은 1945년까지 계속된 중국과의 15년 전쟁의 시작이며, 제2차 세계대전의 서막을 여는 것이었다.

관동군 주도의 '만주사변' 발발로 일본 육군 주도로 계획하고 있던 총동원계획에 차질이 생겼다. 1931년 9월 총동원계획회의의 부회(部會)에서 전시 자원 획득과 배분을 위한 초안을 자원국에 제출했으나, 자원국이 종합동원계획을 마련하기 전에 '만주사변'이 확대되면서 부회와 자원국 직원 대부분이 관동군 감독과 물자 보급 업무에 투입되었다. 동원계획 수립 작업은 중단되었고 군 작전이 완료되는 1933년 초까지 이 계획은 완성되지 못했다.

한편 1931년 12월 내각 교체와 함께 아라키 사다오(荒木貞夫)[43] 중장

---

42 小林英夫, 2004, 앞의 책, 9쪽.
43 아라키 사다오는 일본제국 육군 내 황도파(皇道派)의 영수이다. 황도파는 천황 친정(親政)의 국가개조[쇼와 유신]를 주장했으며, 대외적으로는 소련을 주적으로 삼았다. 아라키와 마사키 진자부로(眞崎甚三郎) 등이 황도파를 만든 계기는 우가키 가즈시게 육군대신이 주도한 이른바 '우가키 군축'이었다. 우가키가 군의 실권을 쥐고 있는 동안 아라키와 마사키 등은 우가키 인맥이 아니라서 소외되었다. 아라키는 1931년 12월 이누카이(犬養毅) 내각의 육군대신으로 입각했다. 아라키와 마사키는 러일전쟁 시대를 이상화하여 일본을 그 상태로 복귀시킬 수 있는 군의 확대·강화, 하루라도 빠른 대소전 결행을 추구했다. 여기에서 "임금 곁의 간신배(君側の奸)"를 치고, "국체를 명징(國體を明徵)"히 하고, "천황 친정"을 실현할 것이라는 사상이 도출되었다. 이런 사상을 떠벌리는 아라키를 "무사성충의 인격(無私誠忠の人格)"자로 숭배하게 된 청년 장교들이 아라키-마사키 인맥에 합류하게 되면서 황도파가 형성되었다. 1934년 1월 아라키가 사직하고 마사키가 경질되면서 황도파는 중앙에서 기반을 잃었다. 황도파의 불만은 1934년 8월 아이자와 사건을 거쳐 1936년 2·26사건으로 폭발했다. 2·26사건이 실패로 돌아간 뒤 벌어진 대규모 숙군으로 황도파는 괴멸되었다.

이 신임 육군대신이 되었다. 그는 총동원계획 추진 필요성에 공감하면서도 당시 소련이 일본과의 전쟁을 적극적으로 준비하고 있다고 확신했다. 이에 대응하기 위해 일본이 새로 점령한 화북 지역을 소련이 공격하지 못하도록 1933년 봄 관동군과 중국 국민당 정부 간의 탕구협정(塘沽協定)[44] 체결을 승인했다. 또한 일본의 국력 증진을 위한 2년 기한의 긴급정책을 채택했다. 아라키의 긴급정책은 일본의 경제력을 장기간에 걸쳐 동원하는 방안이 아닌 1936년경 소련과 일본 간의 전쟁 대비를 위한 응급계획을 만든다는 것이었다. 1933년 6월 육군막료회의에서 아라키는 일본군의 증강, 국경선 강화, 화북에서의 철도 증설계획과 함께 응급동원계획을 통한 일본의 경제력 동원안을 제시했다.

아라키 사다오는 나가타 데쓰잔을 중심으로 한 육군 내 반대를 물리치고 자신의 계획을 국책으로 채택하기 위해 노력했다. 대외적으로 만주국 방위를 강화함과 함께 내부적으로는 정부가 국민들의 사기를 올릴 수 있는 사상적·교육적 개혁을 채택할 것을 주장했다. 그는 일본이 물질

---

[44] 만주 지역이 실질적으로 일본 관동군에 장악된 상태에서 1933년 1월 만주국 남쪽 국경을 확보한다는 목적으로 일본군과 만주국군이 러허(熱河)사변을 일으켜 러허성(熱河省)을 침공해 3월에 완전 점령했으며, 남아 있던 중국군은 허베이성(河北省)의 만리장성 안쪽 동북부 지역으로 후퇴했다. 적대 행위가 시작된 이후로 중국은 이웃 국가 및 국제사회에 일본의 침략에 대해 규탄을 호소했지만 실질적으로 돌아온 지원은 거의 없었다. 1933년 5월 22일 중국과 일본의 대표가 협상에 나섰다. 일본 측은 만리장성 현행 남쪽으로 100km로 되어 있는 비무장지대를 베이징-톈진까지로 확장할 것, 만리장성은 일본군 측이 점령하는 것을 요구했다. 공산당과 내전이 진행되고 국제적으로 지원받지 못한 국민당의 장제스는 일본 정부의 요구를 받아들일 수밖에 없었다. 탕구협정으로 중국 국민당 정부는 만주국을 사실상 인정했으며, 러허 지역을 잃어버린 것도 인정하게 되는 것과 다름없었다. 탕구협정을 통해 장제스는 화베이를 희생하더라도 군사를 돌려 공산당과의 전투에 힘을 쏟아부을 수 있는 계기가 되었다. 하지만 중국 국민들은 이 협정이 일본에게 유리하고 중국에게 굴욕적인 협정이라고 받아들였다.

적 노력을 통해 외부의 강력한 적대세력과 진정으로 동등하게 될 수 없다는 점, 육군이 민간경제에 개입하면 역으로 민간이 군의 문제에 개입할 수 있는 근거가 된다는 점을 우려했다.[45]

이러한 육군의 계획에 대해 정부 내 다카하시 고레키요(高橋是清)[46] 대장대신과 히로타 고키(廣田弘毅) 외무대신 및 해군이 반발했다. 과도한 재정부담에 대한 우려, 외교적 방안을 통한 중국과의 우호 관계를 주장하는 내각과 '런던해군군축조약'에 반대하며 해군 증강을 요구하는 오쓰미 미네오(大角岑生) 해군대신과의 타협이 필요했다. 타협의 난항 속에서 나가타 데쓰잔과 그를 따르는 통제파[47] 장교들이 모두 반대하자 1934년

---

45 마이클 A. 반하트(Michael A. Barnhart) 지음, 박성진·이완범 옮김, 2016, 앞의 책, 41-42쪽.

46 입헌정우회 소속 정치가이자 재정가(1854~1936). 1913년 야마모토 곤노효에(山本權兵衛) 내각의 대장대신으로 처음 입각했고, 이후 하라 다카시(原敬), 다나카 기이치(田中義一), 이누카이 쓰요시(犬養毅), 사이토 마코토(齋藤實), 오카다 게이스케(岡田啓介) 내각에서 모두 대장대신으로 입각했다. 하라 다카시 암살 이후 조직된 자신의 내각에서도 총리이면서 대장대신을 겸직했다. 그는 쇼와 금융공황을 멈추는 데 성공했고, '만주사변' 이후 이누카이 내각에서 팽창재정을 펼쳐 일본을 대공황에서 탈출시켰다. 다카하시 고레키요는 정화 유출 제한, 수출 증대, 엔화에 대한 직접적 지원과 국제수지 불균형 해소를 위한 금광 채굴 지원 등으로 일본의 정화 가치와 금융을 안정시켰다. 그러나 과대한 재정 지출로 인한 통화량 증가로 급격한 인플레이션을 초래했고, 이를 조정하는 과정에서 군축을 주장하며 군과 갈등 관계가 되었다. 결국 1936년 2·26사건에서 육군 황도파에 암살되었다.

47 재벌 중심적 자본주의와 입헌군주제의 유지·강화를 주장했던 일본제국 육군의 파벌이다. 황도파에 비해 군 안의 법률 통제(문민통제의 존중·견지)의 의미에서 통제파라는 이름이 붙었다. 황도파의 중심인물인 아라키 사다오(荒木貞夫)가 육군대신에 취임한 후 노골적인 황도파 인사 임명에 반발한 육군 중견층이 결집한 파벌로 알려져 있지만, 황도파와 같이 명확한 리더나 지도 체계가 존재하지 않고 초기의 중심인물인 나가타 데쓰잔(永田鐵山)도 군 안에서의 파벌 행동은 부정적으로 생각하고 있어 비황도파가 곧 통제파로 여겨지기도 한다. 1935년 나가타 사망 이후에는 통제파의 중심인물이 된 도조 히데키(東條英機)나 이시하라 간지(石原莞爾) 등의 행동이나

1월 아라키 사다오 육군대신은 사임했다.

이후 3년간 총력전 장교들은 전성기를 맞이했다. 신임 하야시 센주로(林銑十郎) 육군대신 밑에서 나가타 데쓰잔은 육군성 군무국장에 임명되었다. 하야시는 나가타에게 군무국에 적절한 참모를 모으도록 지시하는 한편 만주 개발과 일본 경제 전체에 대한 통제계획을 마련하도록 지시했다. 나가타는 우선 아라키 사다오 육군대신 때문에 지체된 총동원계획을 복구하고자 했다. 1934년 5월 제출된 연구서에서 일본 아키타현과 북부 사할린에 석유가, 푸순(撫順) 인근에 유혈암[48]이 매장되었을 가능성을 제시했고, 긴급 상황이나 전시에 필요한 석유 생산을 확충할 계획도 제시했다. 더불어 다른 핵심 자원에 대해서도 이와 유사한 조사 결과를 함께 제출했다.

1934년 6월 자원국은 1934~1935년 응급계획을 수립하면서 동시에 1936~1937년에 적용할 제2차 총동원기간계획을 작성하기 시작했다. 나가타 데쓰잔은 동원계획에 대한 광범위한 지지를 얻기 위해 엘리트 집단의 요구에 상당한 주의를 기울였고 정계·재계의 영향력 있는 인사들과 상당한 친분을 쌓았다. 그러나 정작 일본 해군과 육군 참모본부는 나가타의 성과를 수용하지 않았다. 아라키 사다오 육군대신 재임 시 육군의 정책목표와 육군 예산의 증액에 대해 해군제독들이 합의해준 대가로 '런던해군군축조약' 폐기와 다수 전함의 건조계획 재개에 합의했던 것이 전체적인 동원계획을 수립하는 데 걸림돌이 되었다. 일본이 아직

주장이 이후 거의 그대로 통제파의 주장이 되었다.

48 油頁岩, oil shale. 석탄·석유가 산출되는 지역에 널리 분포하는 검은 회색 또는 갈색의 수성암. 이것을 부숴 건류하면 석유를 얻을 수 있다. 캐나다의 앨버타 지방, 오스트레일리아의 퀸즐랜드 지방, 중국의 만주 지방 등지에 매장되어 있다.

많은 군비 증강을 할 수 있는 형편이 아니라는 나가타의 주장은 받아들여지지 않았다.

나가타 데쓰잔은 육군 참모본부 장교들의 증강 목표인 50개 사단, 200개 비행중대를 41개 사단, 142개 비행중대로 완화하는 안을 제시했다. 이에 대해 육군 참모본부는 냉담한 반응을 보이면서도 수용하는 입장이었다. 그러나 해군은 여전히 군축조약 폐기와 함대 증설에 대한 강한 의지를 보였다. 결국 하야시 센주로 육군대신은 해군이 육군 예산 증액에 동의하는 것을 전제로 1934년 7월 24일 개최된 5상회의에서 군축조약 폐기에 동의했고, 12월 외무대신은 워싱턴과 런던에 일본의 의사를 전달했다.

총동원계획 실행을 위해 군비 증강 허용을 승인한 군부와 함께 중국으로의 영토 팽창을 도모했다. 1931년 '만주사변'과 같이 화북 지역은 다시 한 번 일본 육군에게 기회의 땅으로 다가왔다. 나가타 데쓰잔의 군무국과 일본 톈진 주둔군의 사카타 요시로(坂田義朗)는 이 지역에 매장된 자원, 특히 석탄과 철광석이 만주국에 비해 훨씬 더 많다는 점을 강조했다. 1934년 12월 육군성·해군성·외무성의 과장급 회의에서 국민당 정부를 화북 지역에서 배제한다는 데 합의를 보았다.

1935년 5월 톈진과 베이징에 반일시위가 발생하자 일본은 이를 구실로 화북에 '자치 정부'를 수립시키는 '화북분리공작'에 돌입했다. 일본 지나(支那)주둔군 사령관 우메즈 요시지로(梅津美治郎), 펑톈 특무기관장 도이하라 겐지(土肥原賢二)는 국민당을 허베이(河北)와 차하얼(察哈爾) 지역에서 축출하는 '우메즈-허이칭(河應欽) 협정'과 '도이하라-친더춘(秦德純) 협정'을 체결했다. 이 두 협정이 체결된 후 도이하라 중장은 관동군 참모를 만나 만철이 대규모 경제블록 건설을 지원하도록 촉구했다. 이미

1934년 10월 화북 지역에 대한 자체 경제조사기관을 설치했던[49] 만철은 1935년 7월 초 톈진에 조사단을 파견했다.

1935년 10월 4일 일본 정부는 화북 지역에 자치 정부 출현을 지원할 것임을 밝혔다. 이 결정은 '히로타(廣田) 3원칙'으로 알려졌다. 그 내용은 첫째 중국인들의 반일운동 중단, 둘째 만주국에 대한 장제스 정권의 외교적 승인, 셋째 내몽골에서 공산주의 세력과의 전투 협력 협정 체결을 제안하는 것이었다. 그러나 장제스의 국민정부는 화북 지역에서 정치적·경제적으로 일본의 지위에 도전하기 시작했다.

먼저 1935년 11월 3일 국민정부의 '폐제개혁'[50]이 단행되었는데, 이것은 중국 국내 문제에서도 절묘한 대책이었을 뿐만 아니라 화북을 장악한 일본에게 심각한 타격을 주었다. 폐제개혁이 성공하자 일본은 화북 침략이 어려워질 것을 우려해 좀 더 노골적으로 간섭하기 시작했다. 1935년 11월 6일 도이하라 겐지는 타다 하야오(多田駿) 톈진 주둔군 사

---

49 1934년 10월 지나 주둔군 참모장 사카이 다카시(酒井隆)가 만철에 화북조사기관 설립을 요청했고 이에 1935년 2월 만철 경제조사회 산하에 화북조사를 담당할 제6부가 신설되었다.

50 1935년 11월 3일 국민정부「재정부포고」의 내용은 다음과 같다. ①1935년 11월 4일 이후 중앙(中央)·중국(中國)·교통(交通)의 정부계 3은행의 발행 지폐를 법폐(정식통화)로 한다. ②앞의 3은행 외에 통화의 신규 발행은 허가하지 않지만 종래 유통되고 있던 것에 대해서는 당분간 유통을 허용하고 일정 기간을 두고 법폐로 회수한다. ③법폐 준비금의 보관 및 그 발행·회수·태환 사항은 발행준비관리위원회를 설치해 처리한다. ④은화·지은 등은 은 함유량에 따라 법화로 태환해야 한다. ⑤종래 은본위화폐 단위로 체결된 계약은 만기와 함께 법폐에 기초해 결산해야 한다. ⑥법화의 대외 위체 상장을 안정시키기 위해 중앙·중국·교통의 3은행은 무제한으로 외국위체의 판매에 응해야 한다. 이 폐제개혁을 통해 중국은 은본위제를 버리고 관리통화제도로 이행하게 되었고, 최대 은본위제 국가였던 중국은 세계 통화사상에서 사라졌다(小林英夫, 2004, 앞의 책, 34·44쪽).

령관을 만나 허베이·차하얼·산둥의 화북 3성에 신생 정권 수립계획을 논의했다. 장제스는 자치 정부의 공식적 출현을 막으려고 일본과 협의했으나 일본은 11월 25일 인루겅(殷汝耕)을 내세워 지둥방공자치위원회(冀東防共自治委員會)를 조직함으로써 화북의 막대한 지역이 일본 수중으로 넘어갔다. 이에 장제스는 일본과 타협해 12월 초 허베이와 차하얼에서 일본과 공동으로 반공(反共) 전투와 경제개발 프로젝트를 수행한다는 명목으로 기찰정무위원회(冀察政務委員會)를 수립했다.[51]

일제는 세계대공황으로 인한 경제적 어려움을 '만주사변'과 중국 화북 지역에 대한 무력 침공으로 일본제국의 블록경제를 구축해 돌파하고자 했다. 이 과정에서 일본의 군부와 관료 일부에서 기존 정당정치와 정책이 새로운 상황에 제대로 대처하지 못했다는 비판의 목소리를 내기 시작했다. 다카하시 고레키요(高橋是清) 대장대신의 팽창재정으로 정부 보조금과 대폭 증가된 군비로 일본의 중공업과 광업 기업들의 생산량과 수익은 증가했지만, 그동안 일본 경제를 이끌었던 섬유·방적산업의 경공업은 가격 하락으로 어려움을 겪었고 특히 원료 공급지인 농업과 농촌지역의 파탄은 매우 심각했다. 이에 일본 정부는 경제 전반을 종합적으로 통제해야 할 필요성을 느꼈다.

1934년 오카다 게이스케(岡田啓介) 내각이 구성되면서 내각으로 독립해 거국적 정책을 담당하는 새로운 기획기구를 창설하자는 의견이 제

---

51 일본은 1935년 12월 26일 지둥방공자치위원회를 지둥방공자치정부로 개조하고 22개 현을 다스렸다. 이와 함께 장제스에게는 기찰정무위원회와 지둥방공자치정부의 합병을 요구했다. 이에 대해 중국에서는 항일 여론이 비등하여 대학생을 중심으로 12.9운동이라는 대규모 항일운동이 전개되었고 이에 영향을 받은 장쉐량은 1936년 12월 12일 시안사건을 일으켜 장제스에게 국공합작을 강요했다. 불과 몇 달 후인 1937년 일본과 중국은 전면전에 돌입했다.

기되었다. 히로타 고키 외무대신과 다카하시 고레키요 대장대신이 대공황에 대처하기 위해 '국가적 자원에 대한 총동원을 심의하기 위한' 내각심의회 창설을 지지했다. 또한 모든 가능한 정책 대안 마련을 위한 연구를 수행하기 위해 하부에 조사기관 창설이 요청되었다. 1935년 5월 내각심의회[칙령 제118호, 1935.5.10]와 그 부속기구인 내각조사국[칙령 제119호, 1935.5.10]이 창설되었다.

내각심의회에는 정치권과 재계 거물급 인사들이 참여했고 그 실무기관인 내각조사국의 초대장관은 오카다 게이스케 총리의 친구이자 정치참모였던 요시다 시게루(吉田茂)가 맡았다. 내각조사국에는 모든 주요 민간 부처와 육해군의 대표들이 모였다. 조사국은 일반·재정·산업·통신·문화의 5개 분야로 구성되어 중요 현안의 의제를 검토했다. 그 의제는 행정 개혁부터 재정정책, 상업·산업 현안, 농어촌 구제 문제에 이르기까지 광범위했다.[52]

내각조사국 장관인 요시다 시게루는 일본제국 안의 자립경제와 혁신을 내세우며 그것을 위한 각종 연구와 조사, 사업 지원 활동을 전개했다. 내각조사국은 자원국, 육군과 협력해 추진사업을 성공시키려 했는데, 그에 가장 적합한 인물이 육군의 스즈키 데이이치(鈴木貞一)였다. 스즈키는 육군 내부의 일석회 및 그 밖의 혁신 모임을 통해 나가타 데쓰잔과도 긴밀히 협력하고 있었다. 요시다와도 친구 사이였던 나가타는 1935년 8월 살해되기 전 스즈키가 육군 대표로서 내각조사국에 임명되는 데 영향력을 행사했다.

---

52 마이클 A. 반하트(Michael A. Barnhart) 지음, 박성진·이완범 옮김, 2016, 앞의 책, 96-97쪽.

나가타 데쓰잔은 살해되기 전 스즈키 데이이치에게 내각조사국에서 수행할 세 가지 임무를 맡겼다. 첫째는 일반 국민의 보건을 담당할 부서를 신설하는 것이었다. 이미 일본에서는 '만주사변'으로 동원 대상 인력이 소진된 상황이었는데 육군 지원자의 상당수가 신체검사에서 불합격되고 있었다. 당시 일본 정부 안에서는 내무성의 하위 부서인 위생국이 보건정책을 담당하고 있었다. 강력한 군사력을 위한 국민위생을 담당할 부서는 1937년 7월 후생성 신설로 실현되었다.

둘째는 일본 전력산업을 국영화하는 것이었다. 이는 공적 통제를 통해 전시나 긴급 상황에서 군수산업에 필요한 충분한 양의 전력을 확보하기 위한 것으로 전력에 대한 국가 통제가 만주국에서 주효했던 만큼 일본에서도 그러한 방식을 적용하고자 했다. 그러나 의회의 의원 대부분은 전통적 민간 영역에 육군의 역할이 확대되는 것을 반대했다. 이 역시 1937년 중일전쟁 발발 이후 1938년 봄 제73회 제국의회에서 승인을 받았다.

셋째는 이시하라 간지를 비롯한 나가타 데쓰잔의 '총력전 후예들'과 긴밀한 관계를 맺는 것이었다. 1935년 스즈키 데이이치가 내각조사국에 참여할 당시 이시하라는 생산력확충을 위한 계획에 착수했다. 이시하라는 자신의 구상을 실행에 옮기기 위해서는 상당한 정도의 중앙집권적 기획이 필요하다고 확신했다. 내각조사국 관료들은 광범위한 혁신만이 나라를 구할 수 있다고 확신하고 근본적인 행정 혁신이 필요하다고 생각했다. 또한 내각조사국은 일본 내 동원계획을 담당하고 있는 자원국과도 긴밀히 연계했다.[53]

---

[53] 마이클 A. 반하트(Michael A. Barnhart) 지음, 박성진·이완범 옮김, 2016, 위의 책,

1935년 5월 내각조사국 창설과 군부의 총동원계획이 연계되면서 일본제국 전체의 총동원체제 구축을 추진했지만, 일본 국내에서는 재벌 및 정당정치인의 민간 부문에서 군부 중심의 통제 및 동원정책에 거부감이 컸다. 이러한 상황에서 1936년 2·26사건[54]은 일본 군부가 국내에 총동원체제를 구축하는 직접적 계기가 되었다. 총동원체제 구축계획에 매우 소극적이었던 다카하시 고레키요 대장대신이 암살되었고, 이 사건을 계기로 계엄령이 발동되면서 군부의 '총력전 장교'들은 총동원계획을 국책 차원으로 구체화시키는 것을 목표로 활동하기 시작했다.

　　일본 국내를 포함한 전체 총동원계획은 1936년 8월 일만재정경제조사회(日滿財政經濟調査會)가 「昭和12년(1937) 이후 5년간 세입 및 세출계획, 付 긴급실시국책대강」을 작성한 이후 1936년 12월 '제국군수공업확충계획'을 거쳐 1937년 5월 '일만군수공업확충계획'으로 구체화되었다. 이와 함께 일만재정경제조사회는 고노에 후미마로(近衛文麿), 이케다 시게아키(池田成彬), 유우키 도요타로(結城豊太郎), 아유카와 요시스케(鮎川

100-106쪽.

54　일본군의 보수적 파벌이었던 황도파의 영향을 받은 일부 청년 장교[20대의 소위부터 대위가 중심]가 '천황의 親政[쇼와유신]' 등을 명분으로 원로 중신들을 죽이고 천황 친정이 실현되면 정·재계의 부정부패나 농촌의 곤궁을 해결할 수 있다고 생각했다. 이들은 근위보병 제3연대, 보병 제1연대, 보병 제3연대, 야전중포병 제7연대 등 부대를 이끌고 1936년 2월 26일 새벽에 궐기했다. 그러나 이들 군사 반란은 오래가지 못했다. 2월 27일에 계엄령이 선포되었고, 28일 천황은 원대복귀 명령을 내렸다. 반란군은 천황 친정을 쿠데타의 명분으로 삼았는데, 천황이 복귀 명령을 내리자 반란의 근거를 잃은 이들은 부사관과 병사를 원대 복귀시키고 일부는 자결하고 일부는 투항해 사건은 일단락되었다. 당시 반란 가담자들은 재판을 통해 사형 등 처벌을 받았는데, 순수 파시스트라고 불린 극우 성향의 지식인이자 유일한 민간인 반란 가담자였던 기타 잇키(北一輝)도 처형되었다. 군국주의 성격의 군인들이 일으킨 이 쿠데타 사건은 1930년대 이후 일본이 군국주의로 가고 있었음을 보여주는 사건이었다.

義介), 기토 고이치(木戶幸一)등 정·재계 수뇌부에게 총동원계획을 설명했다. 1937년 1월에는 이 계획에 찬동하는 하야시 센주로(林銑十郞) 내각이 출범했다. 유우키가 대장대신, 이케다가 일은(日銀) 총재가 되었다. 재계에도 변화가 있었다. 1936년 말에 이르면 신흥 재벌은 물론이고 미쓰이(三井)·미쓰비시(三菱) 같은 기성 재벌도 이 총동원계획은 결국 '실행되지 않으면 안 되는 것인가'라는 결단을 해야 했다. 군부의 강력한 '재벌 공격'이 있었고 그에 따른 '재벌 전향'의 움직임이 있었다.[55]

2) '만주국'에서의 총동원체제 실험

일본 군부의 총력전 사상이 구체화되는 출발점은 '만주사변' 이후였고 그 중심에 이시하라 간지(石原完爾)가 있었다. '만주사변'을 지도한 관동군 참모 이시하라는 1935년 8월 육군 참모본부 작전과장에 취임했다. 1935년 8월 일본 군부에서 총동원계획을 담당하던 나가타 데쓰잔이 살해되면서 나가타의 지지자들이 중요 참모진 임명에서 제외되었고, 이들이 추진한 총동원계획에도 차질이 생겼다. 그러나 나가타는 죽기 며칠 전 뜻을 같이한 동료를 육군 참모본부 작전과에 기용했는데 그중 중요한 인물이 작전과장에 기용된 이시하라 대좌였다. 1936년 2·26사건으로 아라키 사다오와 긴밀한 관계를 맺었던 고위 육군 장교 다수가 불명예 퇴진하면서 이들 자리는 화북 지역에 대한 이시하라의 견해와 총력전을 위한 장기적이고 대규모 경제계획의 필요에 공감했던 인물들로 채워졌다.

1926년 5월 설립된 자원국에서 자원문제를 축으로 군관계 각 청(廳)

---

55 小林英夫, 2004, 앞의 책, 124-125쪽.

과 기업가가 협의하고 전시에 대비한 물자조달체제를 만들고 있었지만 아직 군수 '생산력확충'과 군사력 강화체제로 나아가지는 못했다. 1935년 당시에도 '민간에도 정부에도 일본 경제력의 종합적인 판단에 관한 조사는 없는' 상황이었다. 이시하라 간지는 이러한 실정을 알고 "여러 가지를 고려한 결과 만철회사의 양해를 얻어 1935년 가을 만철경제조사회 도쿄주재원인 미야자키 마사요시(宮崎正義)에게 의뢰해 일만재정경제조사회를 창립"했고 미야자키의 협력을 받아 군수 생산력확충을 도모하고 급격하게 군사력을 강화하는 체제, 즉 총력전계획 입안에 착수했다. 이른바 '이시하라 구상'이었다.

'이시하라 구상'의 핵심은 육해군 협력하에 강고한 중앙집권적 행정기구 확립과 군수산업 중심으로의 일본 산업구조 변화였다. 군수 기초소재 부문 중심의 군수산업 확대를 위해 일본 본국에서는 지방 군수산업을 확충하고 식민지에서 군수산업을 일으킬 것, 농업 기계화로 식량 증산을 도모함과 동시에 농민을 근대전(近代戰)의 병사로 육성한다는 것이었다. 이러한 구상은 1936년 이후 워싱턴·런던 군축조약의 기한이 되어 무제한 군비 확충 경쟁이 예상되는 것과 소련의 제1차 5개년 계획 진전으로 사회주의 체제가 강화되어 소만 국경에서 일본과 소련의 병력 차가 현저해졌다는 판단하에 이런 상황에 빠르게 대처해야 한다는 주장을 바탕으로 했다.

그렇다면 '이시하라 구상'이 어떻게 구체화되었을까. 먼저 일만재정경제조사회는 1936년 8월 작성된 「昭和12년(1937) 이후 5년간 세입 및 세출계획, 付 긴급실시국책대강」을 시작으로 식민지를 포함한 일본의 총력전체제 구축계획을 입안했다. 이 계획은 일본 및 만주의 군수공업의 비약적 확대를 도모하고 행정기구 개혁, 경제통제 방책을 명시한 것으로 이후 총력전체제 구축의 골격을 형성했다. 이 일만재정경제조사회의 「계획」은 먼저 만주 부분만을 분리해 「만주에서의 군수산업 건설 확충 계획」[1936년 9월 완성]으로 발전했고, 그때 마침 만철 경제조사회가 입안한 「만주 산업개발 영년(永年)계획안」[1936년 8월 완성] 등과 합쳐져 1936년 12월 「만주 산업개발 5개년 계획요강」으로 결정되었다. 일본 본국에 앞서 만주에서 총력전계획이 실시될 준비를 갖추었다.

이 계획의 개요는 1937~1941년까지 5개년간 25억 엔의 자금을 투입해 만주국 광공업 특히 군수공업의 기초가 되는 철강·석탄·인조석유·경금속 공업의 비약적 확대를 기도하고 그 위에 자동차·항공기 산업의 육성을 도모한다는 것이었다. 만주에서 총력전계획이 먼저 실시되고 일본 국내에서는 늦어진 이유의 하나는 대장성이 이 총력전계획에 찬성하지 않았기 때문이다. 이 계획은 진행 과정에서 대장성의 반대로 지연되다가 1937년 이후 전격 실시되었다. 당시 재계(財界)의 대변자 역할을 맡았던 다카하시 고레키요(高橋是淸)의 반대는 일면 재벌 본류[기성재벌]의 의향을 대변하는 것이었다. 따라서 군부는 우회 작전의 형태로 군부의 영향력이 미치는 만주에서 먼저 총력전계획을 실시했다.[56]

'만주 산업개발 5개년 계획'은 〈표 3〉과 같이 현재 만주에서 생산할 수 있는 능력[계획당초능력]에서 '당초계획목표'까지 증산을 추진한다는 것이었다. 철강과 석탄은 현재의 생산능력을 2~3배 정도 증가시키는 것이었고 인조석유는 생산능력 제로에서 80만 톤까지 증산하겠다는 계획이었다. 이 계획의 특징은 첫째, 만주 광공업 특히 철강·석탄·인조석유라는 군수 기초소재 부문의 육성을 도모하는 데 주안점을 두어 이 부분

---

56 小林英夫, 2004, 앞의 책, 119-121쪽.

〈표 3〉 만주 산업개발 5개년 계획

산업 부문(단위)		계획당초능력	제1년도 달성실적	당초계획목표	수정계획* 목표
철강(千톤)	銑鐵	850	760	2,350	4,350
	鋼塊	580	450	2,000	3,550
	鋼材	400	256	1,500	1,700
석탄(千톤)		11,700	14,648	27,160	31,110
滿炭(千톤)		3,900	2,740	-	-
滿鐵(千톤)		11,020	10,570	-	-
酒精(톤)		15,080	4,032	56,690	56,690
알루미늄(톤)		4,000	-	20,000	30,000
마그네슘(톤)		-	-	500	3,000
鉛(톤)		1,220	1,220	12,400	29,000
亞鉛(톤)		1,643	1,643	6,600	50,000
인조석유(千톤)	石炭液化	-	공장 건설중	800	1,770
	油頁岩	-		800	650
전력(千kw)	수력	-	-	590	1,240
	화력	554	554	814	1,330

출처: 小林英夫, 2004, 『帝國日本と總力戰體制-戰前·戰後の連續とアジア』, 有志舍, 122쪽.
비고: *수정계획은 1937년 중일전쟁 이후 새로 입안 실시된 것

에 집중적으로 자금이 투하되었다. 둘째, 만주 자체에서 중공업 건설이 우선적으로 고려되었다. 철강 생산량에서 만주 철강 수요를 우선 충족하고 잉여 부분을 해외로 수출한다는 것이었다. 셋째, 군수 기초소재 공업의 기초가 되는 기계기구공업의 육성은 고려되지 않았다. 이 부분은 일본 및 제3국에서 공급하겠다는 것이었다.

1937년 1년간 달성 실적은 계획에 미치지 못했다. 철강·석탄·화력 발전 부문은 80.9% 이상의 목표 달성률을 보였지만 경금속·인조석유 부문은 아예 착수도 하지 못했다. 석탄 부문은 기존 개발되어 채굴되고 있던 만철의 푸순(撫順)탄광 출탄율은 원래 생산능력을 초과하는 실적

[1,170만 톤→1,465만 톤]을 보였으나 새로 개발해야 하는 만주 탄광은 현행 생산능력에 미치지 못하는 실적을 냈다. 이는 기존 개발 및 채굴되고 있는 자원을 수탈하는 것이었지 새로운 개발과 증산은 제대로 이루어지지 못했음을 보여주는 것이었다. 1937년 7월 중일전쟁 도발 이후 계획 목표를 상향 조정했지만 실제 이것을 달성하기는 어려운 상황이었다.

3. 조선의 농공병진정책과 '조선공업화'

1) 우가키 총독 부임과 식민정책 전환

1931년 6월 17일 육군대장 우가키 가즈시게(宇垣一成)[57]가 조선총독에 임명되었다. 그가 조선총독으로 부임한 1931년의 조선 상황은 식민통치에 대한 위기감이 고조되던 시기였다. 일본제국주의는 강점 이후 조선을 식량·원료 공급기지로 삼았고, 조선총독부는 쌀 중심의 증산정책을 시행하면서 지주를 식민 지배의 동맹자로 하여 농촌사회를 장악하고자 했다. 1920년대 산미증식계획을 거치며 식민지 지주제는 확대 발전했다. 1920년대 말부터 시작된 세계대공황과 농업공황으로 일본 자본주

---

57 우가키 가즈시게는 기요우라(清浦奎吾) 내각에서 육군대신에 취임(1924년 1월)한 이래 제1차·제2차 가토(加藤高明) 내각, 제1차 와카쓰키(若槻禮次郎) 내각, 하마구치(浜口雄幸) 내각의 주로 헌정회-민정당계의 5대 내각에서 5년여에 걸쳐 육군대신을 맡아 이른바 '우가키 시대'를 구축한 육군의 중진이었다. 1931년 4월 하마구치 내각의 퇴진과 함께 육군대신을 사임하고 후임에 미나미 지로(南次郎)를 천거했다.

의는 심각한 타격을 입었고 농산물 가격 또한 폭락했다. 일본 안에서 생산되는 쌀과 조선 및 대만에서 들여온 쌀의 총량이 일본 안의 수요를 초과하면서 쌀값이 크게 하락해 일본 농촌은 심각한 위기에 직면했다. 농업공황으로 인한 미곡문제 발생과 일본 본국의 미곡정책 실시는 '미곡 중심의 증산정책'이라는 식민 농정의 기조를 전환시켰다.

농업공황기 쌀값 하락으로 일본의 농가경제가 어려워지자 식민지 쌀의 이입(移入)을 제한하기 위해 조선에서 쌀 이출에 대한 통제정책이 실시되었다.[58] 일본 정부는 1929년 미곡조사회를 설치해 「식민지미 이(출)입통제대책(植民地米移(出)入統制對策)」을 논의하기 시작했다. 그 결과 1930년부터 조선 쌀의 이출을 월별 평균적으로 조절하도록 결정했고, 조선총독부는 '조선미곡창고계획'을 수립·실시했다. 그러나 조선 쌀은 일본 시장에서 가격·품질 면에서 경쟁력이 높아 이입 제한 효과가 크지 않았다. 이에 조선 안에서 쌀 소비를 늘리는 방책으로 1932년 9월 「미곡법」 제3차 개정으로 조(粟) 수입세를 부가했다. 잡곡 가격을 높여 쌀 소비를 늘린다는 것이었지만 이는 조선의 현실을 반영하지 못한 것으로 오히려 조선인들의 식량 소비는 더 열악해졌다. 조선 쌀에 대한 계절 수매가 실시되었는데, 이것은 조선 내 쌀 수급 조절이 아닌 조선 쌀 이출의 계절적 조절을 목적으로 한 것이었다. 조선 쌀의 계절 수매를 통한 식민지 쌀 이입 제한 조치는 1933년 3월 일본 「미곡통제법」 제정으로 항구적 조치가 되었다. 조선에서는 쌀 이출 제한의 구체적 방침으로 '조선미곡이출통제계획'(1933.3), '벼(籾)장기저장계획'(1933.12)이 수립·실시되

---

58 농업공황기 일본 정부의 조선에 대한 미곡 (유통)통제정책은 田剛秀, 1993, 「植民地朝鮮의 米穀政策에 관한 硏究-1930~45년을 중심으로」, 서울대학교 경제학과 박사학위논문, 24-28쪽 참조.

었다.

생산정책에서도 총독부는 1934년 5월 이미 진행 중인 사업을 제외한 토지개량사업을 중지시킴으로써 1920년대 이후 식민 농정의 근간이었던 산미증식계획이 실질적으로 중단되었다. 1930년대 조선의 농정은 증산정책에서 생산 및 유통 조절정책으로 전환되었다. 이러한 정책 변화의 주요 요인이 조선 내 식량 수급 사정 때문이 아닌 일본 본국 사정에 따른 것이었다는 점에서 식민 농정의 본질을 그대로 보여주었다.

한편 20년간의 식민 통치와 공황의 여파로 조선의 농촌경제는 몰락 위기에 처했다. 1930년대 조선 농촌사회에서는 식민지 지주제의 모순이 심화되고 경제상황은 점점 열악해졌다. 지주들은 농업공황의 타개책으로 소작농에 대한 수탈을 더욱 강화하고자 했고, 농민들은 지주의 일방적 수탈을 받아들이려 하지 않았기 때문에 농민운동이 급속히 고양되었다.[59] 이에 조선총독부의 식민 농정은 생산 및 유통의 조절, 농업 생산관계[식민지 지주제] 조정을 통한 식민지배체제의 안정을 꾀하는 방향으로 전환되었다. 총독부는 지주-소작관계에서 지주의 자의적 권리를 제한하는 소작입법을 제정하고, 농가경제 안정을 내세운 농촌진흥운동을 실시해 식민지배체제의 모순과 위기를 모면하고자 했다.

1930년대 조선 식민정책의 전환은 내외적 여건의 변화와 함께 1931년 6월 임명된 총독 우가키 가즈시게의 조선 통치 방침과도 관련이 있었다. 우가키는 부임 직전 천황에게 조선 통치의 기본 방침을 피력했다. 하나는 '일본인과 조선인의 융합일치=내선융화(內鮮融和)'의 증진이

59　1930년대 농민운동의 전개 과정과 의의에 대해서는 지수걸, 1993, 『일제하 농민조합운동 연구-1930년대 혁명적 농민조합운동』, 역사비평사; 이준식, 1993, 『농촌사회변동과 농민운동-일제침략기 함경남도의 경우』, 민영사 참조.

고 다른 하나는 '조선인에게 적당한 정도의 빵을 주는 것'이었다. 그는 "정신생활 및 물질생활의 양 방면에서 그들[조선인]에게 안정을 주는 것을 당면 제일의 목표로 밀고 나아갈 작정"이라는 결의를 보였다.[60] 그의 조선 통치의 기본 방향은 첫째 내선융화(內鮮融和)를 통한 지배체제 안정, 특히 사상 면에서 안정을 도모하는 것이고, 둘째 조선인의 부(富)를 증가시킴으로써 사상의 안정을 물질적인 면에서 뒷받침한다는 것이었다.[61]

한편 우가키 가즈시게가 조선에 부임한 이후 '만주사변'[1931.9]이 발발했고, 일제의 식민정책을 크게 흔드는 계기가 되었다. 1931년 9월 21일 관동군으로부터 강한 요청을 받은 하야시 센주로(林銑十郎) 조선군 사령관은 그 예하부대에 독단적인 월경(越境)을 명령함으로써 만주로 파병하게 되었다. 그렇다면 '만주사변' 이후 조선에 부과된 역할은 무엇이었을까.

우가키 가즈시게는 조선총독에 임명되기 한 달 전인 1931년 5월 오사카 재향군인회간부회 석상에서 공황기 위기에 직면한 일본이 현상 타개를 위해 추진해야 할 경제정책 방향을 제시했다. 이른바 '일본해(日本海) 중심론'이었다. 일본·연해주·만주·조선을 걸치고 있는 '일본해'[동해]는 '동아(東亞) 부(富)의 중심'으로서 이 지역을 당시 일본 부의 상징인 세토나이카이(瀨戶內海)[62]처럼 만들지 않으면 향후 일본의 존립이 어렵다

---

60 福島良一, 1999,「宇垣一成における朝鮮統治の方針」,『宇垣一成とその時代』, 新評論, 129쪽.
61 崔由利, 1997,『日帝 末期 植民地 支配政策硏究』, 국학자료원, 21쪽.
62 혼슈(本州), 시코쿠(四國), 규슈(九州)에 끼어 있는 일본의 내해(內海). 야마구치겐(山口縣), 히로시마겐(廣島縣), 오카야마겐(岡山縣), 효고겐(兵庫縣), 오사카후(大阪府), 와카야마겐(和歌山縣), 도쿠시마겐(德島縣), 카가와겐(香川縣), 에히메겐(愛媛縣), 오이타겐(大分縣), 후쿠오카겐(福岡縣)이 각각 해안선을 갖고 있다.

는 것이었다. 우가키는 1920년대 육군대신 시절부터 총력전체제 구축을 추구했고 1920년대 후반 이미 그 실천 방안으로 '일본해 중심론'을 제창했는데, 공황의 여파 속에서 이것을 일본의 향방을 가름하는 핵심 사항으로 설정했다. 그 '일본해 중심론'의 주 대상은 조선의 자원개발, 산업개발이었다.[63]

조선총독이 된 우가키 가즈시게는 '일본해 중심론'을 조선을 대륙정책 추진의 교두보로 활용하기 위한 '일선만(日鮮滿) 블록론'으로 구체화시켰다. '만주사변'과 '만주국' 수립 이후 일본 정부 안에서 '일만(日滿) 블록' 제창과 만주 개발계획이 등장하는 속에서 조선의 입장에서 일만 블록·만주 개발을 결합해 '일선만 블록론'으로 정리한 것이다. 블록 건설의 기본 방향은 일본을 정공업(精工業)지대, 조선을 조공업(粗工業)지대, 만주를 농업·원료지대로 하여 상호 대립 관계를 최소화하고 의존관계를 긴밀하게 한다는 블록분업적 개발론이었다.[64] 일만 블록 건설의 기본 방향이 군수공업 중심의 만주 개발로 정리되었음에도 우가키가 만주를 농업·원료지대로 설정한 것은 블록 내 계층 서열화를 의도한 것이었고, 조선 농업문제 해결의 근본적 방책으로 생각한 '만주로의 농업이민 정책'의 중요성을 강조한 것이었다.[65]

---

63 방기중, 2004, 「1930년대 조선 농공병진정책과 경제통제」, 『일제 파시즘 지배정책과 민중생활』, 혜안, 74-75쪽.

64 우가키 가즈시게의 블록 분업론 구상은 그의 정책 조언자인 다카하시 가메키치(高橋龜吉)의 영향이 있었던 것으로 판단된다. 다카하시는 1932년 일만 블록 문제가 본격 제기되었을 당시 '일선만 블록' 건설을 주장했고 만주 산업개발의 기본 방향으로 "日鮮滿을 통해 가장 유리한 생산 부분을 합리적으로 분업해 담당하고 상호 협력하는 것을 근본 방침"으로 제안했다(방기중, 2004, 위의 글, 주34) 참조).

65 宇垣一成, 1934, 『朝鮮の將來』, 조선총독부, 26-29쪽.

이러한 우가키 가즈시게의 조선통치 구상이 실현되기 위해서는 전 인구의 80%를 점하고 있는 조선 농촌·농민의 불안과 불만을 잠재워 농민층이 식민 통치 권력에서 이탈하는 것을 막는 한편, 일본 정부의 미곡정책 전환에 따라 식민 지배정책을 쌀 중심의 중농정책에서 일본제국권 안에서 새로운 역할을 부여하는 방향으로 전환할 필요가 있었다. 이에 우가키는 '사상의 융합과 생활의 안정'을 통치의 기본 방침으로 하는 '내선융화'의 이데올로기 정책과 빈곤에 빠진 농촌의 안정을 목적으로 하면서 '만주사변'에 따른 일본의 정책 전환과도 합치되는 '농공병진정책'을 제시했다.

2) 농촌진흥운동: 자력갱생에서 생업보국으로

1931년 조선총독으로 부임한 우가키 가즈시게가 직면한 문제는 심각한 빈곤 상태에 빠져 있는 농촌문제였다. 황도(皇道) 정신을 신봉하는 일본주의자·반공주의자인 우가키에게 농촌의 빈곤화에 따른 사회주의 운동조직[혁명적 농민조합]의 농촌 침투는 조선 식민 통치의 가장 위협적인 것으로 인식되었다. 이와 함께 언론기관이나 종교계를 중심으로 민족주의적 농촌운동도 활발하게 전개되고 있었다.

우가키 가즈시게는 부임하자마자 '조선통치 10대 정책, 40만 책(策)'을 거론했지만 그중에서 가장 중시한 것은 "농산어촌의 진흥·자력갱생 운동을 전(全) 시설의 중추(中樞)로 한다"는 농촌의 안정이었다. 공업 유치도 어디까지나 농촌의 궁핍을 완화하는 목적으로 한다는 것이었다.[66]

---

66 朝鮮總督府, 1940, 『施政三十年史』, 288-289쪽.

농촌진흥·농가경제갱생운동이 공업화정책과 결부되어 '일선만 블록' 노선하에 농공병진정책으로 정리되었다.

농촌진흥운동은 1932년 '조선총독부농촌진흥위원회규정'(1932.9.30)과 정무총감 통첩 '농산어촌의 진흥에 관한 건'(1932.10.8)이 공포[67]됨으로써 실시되었다. 농촌진흥운동은 식민지 지주제의 모순 심화로 인한 농가경제 파탄과 혁명적 농민조합운동 및 농촌계몽운동 확산에 대응하기 위한 체제 안정책이었다. 식민지배체제 안정을 위해서는 농가경제 안정화가 필요했고, 그 실현 방안으로 1933년 3월 정무총감 통첩 '농산어촌진흥계획 실시에 관한 건'을 통해 농가경제갱생계획이 실시되었다.

농가경제갱생계획의 실행 방침[68]은 파탄 위기에 놓인 개별 농가의 경제 안정을 위해 '식량 충실, 현금수지균형, 부채 근절'을 농가갱생 3목표로 제시했다. 갱생목표를 달성하기 위해서 각 농가의 노동력을 최대한 이용해 미곡 중심의 경종 부문 의존에서 벗어나 농산가공품 부업·축산 등의 다각 경영을 추진하고, 상품작물 생산에서 자급자족적 생산으로 경영 방침을 전환하도록 했다.

그러나 당시 조선 농촌이 상당 부분 자본주의적 상품화폐경제체제에 노출되어 있던 상황에서 '자급자족' 경영은 최대한 지출을 줄이고 수

---

67 朝鮮總督府 農村振興課 編, 1939, 『朝鮮農村振興關係例規』, 1-5쪽.

68 ①농가 개개의 경제갱생의 구체적 방책을 본체(本體)로 하면서 정신생활의 의의를 충분히 천명하도록 할 것 ②각호(各戶) 노동력의 완전한 소화를 목표로 작업능률의 증진을 도모함과 동시에 가급적 다각도로 이용하고 유기적으로 종합통제하여 1사(事)1업(業)으로 편중되지 않도록 할 것 ③자급자족을 원칙으로 하고 공연히 기업적 영리 본위의 계획에 빠지지 않도록 할 것 ④각 지방의 현 상황에 따라 제1 식량 충실, 제2 금전경제의 수지균형, 제3 부채 근절을 목표로 연차계획을 수립할 것(朝鮮總督府 農村振興課 編, 1939, 위의 책, 7-9쪽).

요를 자체 충당해야 한다는 소비절약 차원이었다.[69] 또한 농민들의 가난은 식민지 지주제라는 착취 구조 때문이 아닌 농민들의 게으름과 무식 때문이라는 '사사화(私事化) 이데올로기'로 파악하고 해결 방안 역시 근면·검약이라는 농민들의 개별적인 노력에 의존하는 것이었다.[70]

농가경제갱생계획의 구체적 방법은 "읍면당 1부락[마을]을 선정해 부락 내 각 농가에 대한 기본조사를 실시하고 그에 기초해 단일 농가를 대상으로 구체적인 경제갱생계획을 수립해 각각의 목표를 확립"[71]하는 것이었다. 1920년대 '모범부락' 등 동리(洞里)나 부락[마을][72] 단위의 농촌 정책은 개별 농가경제의 안정·발전을 목표로 하지 않아 자발적인 참여를 이끌어내지 못해 성과를 거둘 수 없었다고 판단했다. 이에 각 농가별 경제적 갱생계획 수립으로 개별 농가경제 안정에 치중한다는 것이었다.

농촌진흥운동 제1기 계획[1932년부터 5개년]에서는 조선 농가 총 호수 290여만 호 중 소작 및 자소작농에 속하는 소·세농(小細農) 230만 호[약 80%]를 갱생 대상 농가로 설정했다. 우선 1933~1934년도에 시험적으

69　농촌진흥운동에 대해 시대착오적이었다는 비판과 자급자족의 강화가 "도회도 농촌도 모두 화폐경제 천지이고 자유로이 자본주의가 침입하고 있는데 어느 정도 실제적 효과를 거둘 수 있겠는가"라는 비판이 제기되었다(野村稔, 1937.3, 「農村振興運動管見」, 『朝鮮農會報』 11-3, 9쪽).

70　池秀傑, 1984, 「1932~1935년간의 朝鮮農村振興運動」, 『한국사연구』 46, 147쪽; 松本武祝, 1998, 「1930年代における農村振興運動の展開」, 『植民地權力と朝鮮農民』, 社會評論社, 177쪽.

71　朝鮮總督府 農村振興課 編, 1939, 앞의 책, 6쪽.

72　총독부는 조선의 말단 행정단위를 읍면(邑面)-동리(洞里)로 재편하면서 전통적인 생활공동체라 할 수 있는 자연촌 단위의 마을을 '부락(部落)'이라 칭했다. 특히 1930년대 농촌진흥운동 이후 전시체제기에는 행정촌보다 자연촌이 농민의 실생활과 밀접하다는 판단하에 농민·농촌 통제 단위를 자연촌인 '부락' 단위로 했다.

로 매년 1읍 1면 1부락을 선정해 4,894부락, 9만 6,935호에 대해 실행에 옮겼다. 이후 1938년까지 총 2만 6,503부락, 56만 303호가 갱생 농가로 설정되었다.[73] 이것은 총 농가호수의 9%에 불과한 것으로 80%를 갱생 대상 농가로 설정하겠다는 계획의 약 1/10에 불과했다. 농촌진흥운동은 농민운동으로 분출하는 농민들의 에너지를 "각 개인의 노력[근면·검약]으로 잘 살 수 있다[自力更生]"는 논리로 흡수하는 관제 농민운동이었다.

농가경제갱생계획과 농촌진흥운동은 농민들의 희생적 노력을 요구할 뿐 조선 농촌의 가장 주요한 모순인 식민지 지주제라는 착취 구조를 개혁하는 방안은 도외시했다. 대상 농가 역시 한정되어 있었기 때문에 식민지배체제 안정을 도모하기에는 한계가 있었다. 그럼에도 소작입법 제정, 자작농지설정사업 실시 등 일정 정도 농민들의 이해관계를 확대시키는 정책들과 어우러져 농촌사회 분위기를 반전시키는 효과를 가져 왔다. 갱생 대상 농가에서는 관의 지도하에 농가수지의 흑자를 보이거나 일정 정도의 농가경제 향상을 경험할 수 있었지만, 일시적인 생산물 가격과 노임 상승에 따른 것으로 생산물 가격 및 제반 물가 상황에 따라 다시 적자로 전환될 위험성이 있었다.[74]

조선총독부는 1935년 1월 '갱생지도부락확충계획'[75]을 발표했다. 이

73　京城日報社, 『朝鮮年鑑』(1940년), 331쪽.

74　이송순, 2002, 「일제하 1930·40년대 농가경제의 추이와 농민생활」, 『역사문제연구』 8, 109쪽.

75　갱생지도부락을 1935년부터 10개년 계획으로 총 6만 9,754부락, 1읍면당 30부락까지 연차적으로 확충한다는 것이다. 이 계획에 따라 1935년(3,612부락), 1936년(5,793부락), 1937년(5,834부락), 1938년(6,370부락)에도 갱생지도부락을 확충해 1933년부터 1938년까지 총 2만 6,503부락 56만 33호[1938년 총 농가호수 305만 2,392호의 18.3%]의 갱생지도부락과 농가가 설정되었다.

계획의 핵심은 개별 농가 단위로 수행되었던 농촌진흥운동을 '부락' 단위의 집단지도 방식으로 전환한 것이었다. 마을 단위의 집단적 연대책임을 통한 사회통제를 강화하려는 의도였다.[76] 1920년대 모범부락 정책이 1932년 농촌진흥운동과 농가경제갱생계획[1933]에서 개별 농가 단위로 전환되었다가 다시 '부락' 단위의 집단지도 방식으로 전환된 것은 일본제국주의의 군국주의 파시즘체제로의 변화가 식민정책에서도 반영된 것이었다.

중일전쟁 도발 직후 조선총독부는 전쟁 수행을 위한 증산과 동원체제를 구축하고자 했다. 이것은 '생업보국'이란 슬로건으로 나타났다.[77] 즉 '자가(自家)·부락의 희생도 불사하는 마음'을 농민들이 가져야 하며, 개별 농가의 경영[生業]은 전시 물자동원정책에 협력[報國]해야 한다는 것이었다.[78] 이의 구체적 실행으로 '시국 진전에 대처해야 할 농산어촌진

---

76 1935년을 전후로 농촌진흥운동 성격에 변화가 있었다. 富田晶子는 1935년 이후 농촌진흥운동이 파쇼화되었다고 보았다(富田晶子, 1981, 「準戰時下朝鮮の農村振興運動」, 『歷史評論』 377, 80-81쪽). 지수걸은 농촌진흥운동의 성과라 할 수 있는 농촌 내부의 정치적 안정과 농업공황 소멸에 따른 경제의 상대적 안정 등을 기반으로 1935년 이후에는 전쟁 동원을 위한 조선 농촌의 재편과 식량 증산에 박차를 가하게 되었다는 것이다. 이러한 전환의 배경에는 1935년 즈음에는 혁명적 농민운동이 거의 소멸되고 조선농민사운동도 관제화되었음을 지적했다(池秀傑, 1984, 앞의 글, 131쪽).

77 중일전쟁 도발 직후인 1937년 9월 9일 일본 내각총리대신과 조선총독은 유고(諭告)를 발표했다. 조선총독 미나미(南次郞)는 "사변은 지금 확대되어 장기 시련을 참을 각오를 요구한다. 반도국민들은 시국(時局)의 나아갈 바를 살피는 것에 힘써 견인지구(堅忍持久), 생업보국(生業報國)의 신념을 가지고 마음을 다해 힘쓸"것을 촉구했다(朝鮮總督府, 1940, 『朝鮮に於ける國民精神總動員』, 6쪽).

78 松本武祝, 1998, 「戰時動員體制と村落」, 『植民地權力と朝鮮農民』, 社會評論社, 210쪽.

흥운동 사명 수행에 관한 건'[79]을 통해 농민들에게 전쟁으로 인한 시국 변화에 대한 선전 방침과 헌금·헌납 등의 직접적인 군수동원 및 증산 방침을 제시했다.

농민들에게 적극적인 전쟁 협력을 요구하는 각종 시책이 마련되는 속에서 1차 농가경제갱생계획[1933~1937]이 끝나고 1938년에는 '관의 개별 농가 지도'에 따른 갱생계획을 '부락 단위의 자조공려(自助共勵)'를 내세우는 「부락시(部落是)」[80]의 수립 실행으로 전환했다. 농가경제갱생계획은 개별 농가의 갱생목표 달성을 위해 관의 권고·지도가 이루어지는 수준이었다면 「부락시」는 '부락'[마을]을 단위로 제시한 목표를 구성원 모두가 무조건적으로 따라서 실행해야 하는 의무적이고 강제적인 생활지침이자 명령이었다.

「부락시」는 농촌진흥운동의 틀 속에서 그 내용이 '자력갱생을 통한 개별 농가경제 안정'에서 마을 단위의 연대 책임하에 '생업보국[전시 생산력확충]'으로 바뀌었다. 실행 단위는 개인이 아닌 집단[마을]이었다. 이는 개인적인 이익 추구나 저항을 전통적 공동체 질서가 존재하는 마을 내부의 상호 연대 감시를 통해 통제하려는 것이었다. 이러한 마을 단위의 생산력확충 방침은 1935년 갱생지도부락확충계획에서 시작되었지만 「부락시」 수립으로 더욱 적극적으로 추진되었고, 이후 '농산촌생산보

---

79 그 내용은 '①농산어촌민에 대한 시국 인식에 관한 사항 ②헌금·헌납 등에 관한 사항 ③생업보국에 관한 사항 ④농업단체 활동에 관한 사항'이었다(朝鮮總督府 農村振興課 編, 1939, 앞의 책, 41-44쪽).

80 「부락시」의 목표는 '자조공려, 근로애호, 보은감사, 식량 충실(또는 자급), 부채 근절(또는 방지), 현금수지균형(또는 잉여저축)'이고, 공려 사항은 ①정신작흥, 민풍개선 ②생활개선 ③영농개선 및 부업실행, 기타 ④공동시설 및 공동사업의 이용확장 ⑤공려조직 정비 ⑥진도(進度) 조사(朝鮮總督府 農村振興課 編, 1939, 위의 책, 9-15쪽).

국운동' 및 모든 증산정책의 원칙이 되었다. 중일전쟁 이후 농촌진흥운동은 생산력 증강이 우선 목표였다.

3) 조선공업화와 '자치통제'

조선총독으로 부임한 우가키 가즈시게는 '일본해 중심론' 구상에 입각한 조선 식민 통치 방침이 있었다. 그것은 일선만 블록체제하의 '조선개발정책'으로 나타났는데, 이를 통해 일본이 당면한 체제 위기를 타개해 일본 정계에서 '3월사건'[81]으로 실추된 자신의 정치적 위신을 재건할 초석으로 삼고자 했다.

우가키 가즈시게가 추진한 '조선개발정책'은 '조선공업화'로 통칭되는 일련의 정책이었다. 남면북양정책, 북선개척사업, 산금장려정책, 전력사업 등이 포함되며 그것은 지하자원이 풍부한 조선 북부 지역을 중심으로 추진되었다. 그러나 조선공업화는 조선 농촌의 궁핍을 완화하는 목적으로 전개되었다는 점에서 자력갱생을 슬로건으로 하는 농촌진흥운동과 짝을 이루는 농공병진정책이었다. 우가키의 '조선 자원개발·공업화'는 식민지배의 안정성을 도모함과 동시에 일본 자본주의의 팽창 요구에 적합한 방식으로 기획되었다. 이러한 기본 구상은 1933년 7월 18일

---

81 민정당 하마구치(浜口雄幸) 내각하의 1931년 3월 20일 일부 무산자정당 지도자와 우익단체 간부에게 선동된 군중이 국회로 난입했고, 이를 제압하는 구실로 군대가 출동했다. 계엄령하에서 당시 육군대신인 우가키 가즈시게(宇垣一成)가 대명(大命)을 받아 내각을 조직하도록 하려는 미수 쿠데타였다. 이 사건을 획책한 것은 우가키의 측근인 군무국장 고이소 구니아키(小磯國昭), 하시모토 긴지로(橋本欣次郎), 오오카와 슈메이(大川周明)였으나, 우가키의 변심으로 좌절되었다(堀眞淸, 1999, 「三月事件」, 『宇垣一成とその時代』, 新評論, 56쪽).

제14회 중추원회의에서 한 우가키 총독의 훈시에서 살펴볼 수 있다.

> "세계경제 경쟁이 나날이 치열해 가는 현상에서 일본[我國] 경제·산업의 충분한 진흥·발달을 꾀하려면 중요 산업을 통제하고 국내 자원을 개발을 도모해 자급자족적 국책을 수행하고, 이로써 세계경제의 불안에 따른 여러 영향에 대해 우리 산업을 옹호하고 다시 통상상의 장애를 제거해 무역의 유지·발달을 도모해야 한다. 조선은 일찍이 산미증식계획의 실시로 제국의 식량정책에 기여했는데 시세의 추이에 따라 다시 면화·양모·기타 경금속 등 우리 판도의 다른 지방에서 생산액이 적은 물자의 공급을 풍부하게 하여 제국의 경제기구에 대해 중대한 공헌을 해야 할 사명을 가지고 있다."[82]

우가키 가즈시게의 조선공업화는 "국가의 필요, 나라의 번영을 위해 조선은 기쁘게 모든 자원 원료를 제공한다. 대신 채산이 허락하는 한 자원 원료를 제품화하는 것을 조선에 부여해야 한다. 국가는 바라는 물건을 얻고 조선은 물건 만드는 일을 얻어야 한다"[83]는 것으로 조선이 조공업(粗工業)지대로서 일본의 발전 및 대륙 침략에 기여해야 한다는 구상에서 기획된 것이었다. 조선공업화는 '국민생활의 필수품'으로 일본의 국제수지 개선에 이바지하고, 유사시 '중요한 군수용품'으로 활용될 수 있는 면화·양모 등 섬유공업과 근대적 산업개발의 동력을 제공하는 전

82　朝鮮總督府官房文書課 編, 1941, 「第十四會中樞院會議二於ケル總督訓示」, 『諭告·訓示·演述總攬』, 17쪽.
83　『宇垣一成日記』 2, みすず書房, 1033쪽(1935.10.8).

기사업 및 그에 기초한 전기화학공업과 같은 주요 군수공업 분야를 중심으로 실행되었다.

그중에서 우가키 가즈시게는 전력사업에 가장 힘을 쏟았다. 조선에서 공업화를 강력하게 추진하기 위해서는 저렴한 대규모 발전을 실현해 발생하는 전력을 전 조선의 구석구석까지 배급하는 전력공급체제를 갖춰야 한다는 것이었다. 이를 위해 1932년 12월 「조선전기사업령」[제령 제1호, 1932.12.17]을 공포해 조선총독부가 전력사업을 통제하는 기반을 만들었다. 총독부의 '새로운 전력정책'은 조기에 통제제도를 설정하고 그 틀 안에서 복수 민간자본의 도매회사 경쟁을 조직해 전원(電源) 개발을 촉진시키며, 정부는 송전 부문을 장악함으로써 전기사업 전체를 통할하고 그 전력을 기반으로 광공업 진흥을 도모한다는 것이었다. 이 전력사업을 총괄·지도한 것은 정무총감 이마이다 기요노리(今井田淸德)였다. 우가키가 정무총감에 식민 통치의 경험이 풍부한 내무관료가 아닌 전기·전화 사업의 전문가인 통신관료 이마이다를 임명한 이유도 여기 있었다.[84]

그러나 우가키 가즈시게의 농촌진흥운동과 조선공업화라는 농공병진정책은 구조적인 한계를 갖고 있었다. 그의 구상은 일본 정부의 종합적인 식민지 개발정책으로 기획되거나 상호 긴밀한 정책적 합의와 전망을 가지고 추진된 것이 아니었다. 우가키 개인의 정치적 야심에 기반한 독자적 구상과 실천이었다. 그런 만큼 일본 정부 차원의 자금 투자가 보장되는 기획이 아니었으므로 자금·자본의 결여라는 근본적 한계를 갖고 출발한 것이었다. 일단 농촌진흥운동과 기타 총독부 관영사업에 소요

84　李淳衡, 1999, 「植民地工業化論と宇垣一成總督の政策」, 『宇垣一成とその時代』, 新評論, 172-173쪽.

되는 자금은 일본 정부로부터 추가예산을 확보해 해결했지만, 자원개발과 공업화에 필요한 대규모 자본은 일본 민간자본을 유치하는 것이 최선이었다. 우가키는 공황기 불황과「중요산업통제법」시행으로 경제통제의 압력을 받고 있는 일본 독점 재벌자본을 조선에 유치하기 위해 적극적인 대책을 강구했다.

일본 본국에서 시행되고 있는「공장법」[1916년 시행]과「중요산업통제법」[1931년 4월 시행] 적용을 회피할 수 있는 식민지 조선의 상황을 바탕으로 '자본가우대정책'을 추진하며 우가키 가즈시게 스스로 자본 유치에 적극 나섰다. 총독부는 '조선의 특수사정'을 강조하며「중요산업통제법」의 조선 적용을 회피했고 이는 대재벌의 카르텔에 묶여 있던 일본의 자본가들에게 '조선 투자'를 통해 자본을 확대할 기회를 제공했다.「공장법」적용을 받지 않는 조선에서 저렴한 노동력을 착취해 이윤의 극대화를 도모할 수 있었다. 또한 치안유지와 함께 전력개발과 통제를 통한 전력공급체계 확보, 토지가격 통제와 보조금 지급 등으로 일본 자본가가 안심하고 투자하고 일본 정부의 통제에서 벗어나 값싼 조선의 노동력을 이용해 독점적으로 식민지 초과이윤을 확보할 수 있도록 했다.[85]

이에 1930년대 초반부터 일본의 자본이 활발하게 조선에 진출하기 시작했다. 그 대표적 자본은 미쓰이(三井)·미쓰비시(三菱)·스미토모(住友)·야스다(安田)의 기존 4대 재벌과 신흥 재벌 일본질소(日窒) 등이었다. 특히 노구치 쥰(野口遵)[86]이 이끄는 일본질소(日窒)[87]는 기존 4대 재벌이

---

85 방기중, 2004, 앞의 글, 78-79쪽.
86 일반적으로 音讀하여 '노구치 쥰'이라 통칭되고 본인도 '쥰'이라 하였지만, 본명은 訓讀으로 '노구치 시타가우'이다.
87 日窒콘체른. 노구치 쥰(野口遵)이 설립한 일본질소비료(주)를 중심으로 한 재벌. 일

주로 광산업·방적업·기계공업에 진출한 것에 대해 전기와 화학공업에 집중적으로 진출했다. 노구치와 우가키 가즈시게는 "허심탄회하게 마음을 터놓고 사귀는[肝膽相照] 관계"라고 할 정도로 매우 친밀했다. 일본질소는 우가키 시대에 전력개발의 거점이 된 장진강 수리권을 획득한 후 점차 관련 회사를 창설해갔다. 조선 북부 지역을 중심으로 건설된 일본질소의 대규모 화학공장과 발전시설은 1개 기업 활동의 산물이 아닌 1930년대 우가키 공업화정책의 상징이자 전력과 화학공업제품 공급의 양면에서 1930년대 식민지 조선경제를 전환시키는 임팩트가 되었다.[88]

우가키 가즈시게는 저렴한 전기 동력의 확보가 조선공업화의 관건이라 보고 급속하게 전원(電源)을 개발해 충분한 발전 능력을 확보한다는 명분으로 단기간에 부전강댐을 건설한 일본질소에게 미쓰비시가 가지고 있던 장진강 수리권을 넘겨주었다. 1933년 5월 장진강수전[89]이 설립되어 건설되기 시작한 장진강 발전소는 유역변경식 발전으로 발전력 32만 5,000KW, 발전량 24억 KWH였다. 일본질소는 부전강 발전공사의 경험과 기술을 살려 35년 11월 제1기분 11만 KW를 준공했고 1938년 7월 4개의 발전소를 완공했다. 일본질소는 1933년 이후 업무 실적이 호

　　본질소의 조선 진출은 1925년 부전강 수리권 획득하고 1926년 1월 조선수전주식회사[조선수전]을 설립하여 부전강 개발로 시작되었다. 1927년 5월 조선질소비료주식회사[조질]을 설립하고 흥남공장에서 유안(硫安)을 생산하기 시작했다. 흥남 지역에는 조선질소 등 10개가 넘는 자회사·연관회사가 설립되었고 면적은 1,980만㎡, 종업원 4만 5,000명, 가족 포함 총인구 18만 명이 거주했다. 설비능력은 수전해(水電解) 설비 세계 1위, 유안 연간 생산능력은 50만 톤으로 세계 3위였다. 일본질소의 흥남 지역 진출에 대해서는 양지혜, 2020, 「일제하 일본질소비료(주)의 흥남 건설과 지역사회」, 한양대학교 사학과 박사학위논문 참조.

88　李淳衡, 1999, 앞의 글, 173-174쪽.
89　1941년 7월 회사명을 조선수력전기회사[조선수력]으로 고쳤다.

전되어 흥남질소비료 공장의 확장을 꾀하면서 새로운 전원을 구하기 시작했다. 다음 목표는 허천강이었다. 장진강수전은 1935년 10월 함북 송전선[기곡-청진] 건설에 착공함으로써 절대적으로 유리한 위치에 서게 되어 1936년 3월 사업 허가를 얻었다. 허천강 발전소는 1937년 5월 착공해 40년 5월 제1기 21만 5,000KW가 완성되었다.

일본질소는 허천강 사업과 병행해 압록강 본류 개발에도 진출했다. 1936년 노구치 쥰(野口遵)과 구보타 유타카(久保田豊) 등이 앞장서서 조선총독부와 관동군의 동의를 얻어 1937년 초 '일만(日滿)' 양국의 공동개발계획을 완성했다. 이 시기 '만주 산업개발 5개년 계획'으로 전력 확보가 시급했기 때문에 빠르게 진행될 수 있었다. 1937년 8월 총독부와 '만주국' 간에 국경 하천의 전원개발 투자와 수익은 반분한다는 각서를 체결하고 각각 만주압록강수력발전[新京], 조선압록강수력발전[京城]을 설립했다. 그러나 실제 두 회사는 하나의 회사였고 일본질소가 경영의 실권을 장악하고 모든 건설공사도 담당했다. 사업은 압록강 본류의 막대한 유량과 완만한 경사를 활용하는 거대 댐식 발전으로 7지점에서 총 193만 8,000KW를 얻는다는 당시 세계 최대 규모의 개발계획이었다. 우선 제1기 사업으로 70만 KW의 수풍발전소 건설이 시작되었다.[90]

송전 부문에 대해서는 총독부는 당초 통제방침대로 국영 혹은 국영에 가까운 반관반민 형태로 진행할 예정이었으나 재정적 제약 때문에 단념하고 1934년 5월 국책을 대행할 조선송전주식회사를 설립했다. 자본금은 일본질소와 배전회사·동척이 절반씩 투자했으나 사장은 노구치

---

90 호리 가즈오(堀和生) 지음, 주익종 옮김, 2003, 「조선의 전력업과 일본자본」, 『한국 근대의 공업화-일본자본주의와의 관계』, 전통과 현재, 232-238쪽.

(野口遵)가 맡아 회사 운영을 주도했다. 조선송전은 조선 중부 이북 지역의 발·송전망 사업을 맡았다. 조선 남부 지역은 1935년 7월 조선전기흥업[조선전력으로 개칭]이 설립되어 역시 발·송전망 사업을 맡았다. 또한 50여 개가 넘었던 영세 전기회사를 통합해 4개 회사[서선합동전기·남선합동전기·북선합동전기·경성전기]로 정리되었다.

일본제국주의는 제1차 세계대전을 겪으면서 근대 전쟁의 '총력전'적 성격을 인식하고 이에 대비한 체제, 즉 국가 차원의 총동원체제 구상과 실현을 위한 각종 방안을 강구했다. 이를 주도한 것은 군부와 소수의 관료 그룹이었고 재벌을 중심으로 한 독점자본과 그에 기반한 정당은 여전히 민간자본과 기업 위주의 독점 강화와 이윤 확보를 우선시하는 정책을 내세우고 있었다. 그러나 대외적으로는 이들 모두 일본제국주의의 팽창이라는 동일한 목표를 갖고 있었다. 국제사회에서 용인되는 합법적 외교관계하의 정치·경제적 침략인지 무력을 바탕으로 한 배타적이고 폭력적인 침략과 지배인지에 대한 차이가 있었을 뿐이다. 1931년 만주 침략은 후자의 방향으로 일본제국주의의 침략이 본격화된 것이었다.

1930년대 조선에서 실시된 농공병진정책[농촌진흥운동과 조선공업화]은 일본에서 실시되고 있는 경제통제나 군부·관료 주도의 총동원체제 구축과는 다른 차원의 독자적 형태의 통제였다. 1930년대 일본 경제통제의 시작은 기업이 카르텔을 형성해 가격·수량·각종 거래조건·생산 설비 등을 통제하는 '자주통제'였다.[91] 자유경쟁이 독점적인 기업간 조직에 따라 통제되는 자주통제는 1931년 「중요산업통제법」을 통해 실현되었다. 1930년경 대기업 관련 정책은 재계(財界)가 주도하고 중소공업 관

---

91 中村隆英, 1973, 『日本の經濟統制』, 日本經濟新聞社, 10쪽.

련은 상공성 중심의 관료가 주도하는 구조였다. 하지만 1931년 「중요산업통제법」이 적용되는 과정에서 상공성의 카르텔에 대한 개입이 강화되고 상공성 임시산업합리국 관료들의 '혁신성'이 형성되기 시작했다.[92]

당시 '우가키 자유주의정책'이라 불린 조선총독부의 '자본가우대정책'을 통한 자본 유치는 일본제국권의 경제통제 방향과 배치되는 것은 아니었다. 이것은 일본의 블록경제권 내의 어떤 지역에서라도 가능한 모든 조건을 이용해 가급적 빨리 근대공업을 발전시켜 일본 경제블록의 공업력을 양적으로 확대하는 '국방(國防)'이라는 국책적 견지에서 필요한 것이었다.[93] 조선에서는 조선 내 공업을 급속하게 발전시킬 수 있다는 조건으로 자본의 요구와 이해관계를 우선하는 정책이 시행된 것이다.

우가키 가즈시게가 조선공업화 중에서 가장 중점을 둔 전기·전력사업 부문은 처음 개발 단계에서는 국가적 통제를 통해 자원의 효율적 개발·이용을 도모하겠다는 '사전(事前)통제론'이 제기되었지만 결국 이를 실현하지 못하고 민간자본의 독점체제 형성과 이를 위한 총독부의 통제['관치통제']로 나아갔다. 일본 본국에서는 「중요산업통제법」 이후 상공성을 중심으로 중소공업을 '조합' 형태로 성장시켜 대자본의 독점적 지위를 약화시키고 산업 전반에 대한 통제권을 강화하려는 것에 비해, 조선에서는 조선인 자본이나 중소공업이 미약한 상황에서 일본 대자본이 총

---

[92] 1920년 후반부터 제기된 산업합리화 정책 및 「중요산업통제법」 제정에 핵심적 역할을 수행한 인물은 상공성 관료 요시노 신지(吉野信次)였다. 요시노는 "중소공업이 우리 경제상 매우 중요한 지위를 점하고 있는 것이 사실이므로 산업합리화의 중점을 중소공업 통제에 두어 한다는 것은 異論이 없다"라고 하며 「공업조합법」 개선을 통한 중소공업 보호를 주장했다(根岸秀行, 2000, 「商工省と商工官僚の形成」, 『近代日本の經濟官僚』, 日本經濟評論社, 113-114·118쪽).

[93] 鈴木正文, 1938, 『朝鮮經濟の現段階』, 帝國地方行政學會朝鮮支部, 9쪽.

독부의 보호·통제하에 독점적 지위를 마음껏 누릴 수 있었다.

우가키 가즈시게의 농공병진정책은 '일선만 블록' 노선에 입각해 조선을 제국 전체의 분업 관계 속에서 조공업(粗工業)지대로 개발함으로써 장기적으로 '총력전'을 준비하려는 블록개발정책이었고, 이를 위한 통제 목표는 자원 개발과 생산력 증대에 있었다. 이와 함께 우가키 총독은 자신의 정치적 야심을 위해 간사이(關西) 지역 실업가들과 정경유착 관계를 형성했고 이들 자본의 조선 유치를 통해 전개된 조선공업화정책은 총독부와 일본의 신흥 독점자본 간의 '정경유착적 자치통제'의 성격을 갖게 되었다. 이는 1930년대 전반기 일본 본국의 독점자본 간의 '자주통제', '만주국'에서 전개된 '이시하라 구상'에 입각한 군수 생산력확충을 위한 '(국가)계획통제'와도 다른 식민지 조선이 갖고 있는 '조선의 특수성', 조선총독의 '상대적 자율성'에 입각한 '자치통제'라 할 수 있다.[94]

1935년 일본에서의 통제 강화 움직임에 따라 「중요산업통제법」의 조선 적용 문제가 논란이 되기 시작했다. 조선공업화의 진전에 따라 조선산 상품 생산과 수출이 증대되면서 일부 업종의 경우 일본산 상품과 시장경쟁 및 무역을 둘러싼 마찰이 심화되었다. 시멘트·방적·제분·석탄·전구·법랑철기 등에서 대립 관계가 발생했다. 재조선 독점자본에 대

---

94 방기중은 1930년 농공병진정책의 경제통제는 철저히 독점 강화에 토대를 둔 관(官) 주도의 '관치통제'로 전개되었다고 보았다. 이는 독점 강화에 기초한 '중요산업통제법'의 통제 논리와 상통했고, 그런 의미에서는 '자유경제통제'[자주통제]의 성격을 갖고 있지만 조선은 관권의 통제력이 특별히 강한 '관치주의' 전통과 관련해 총독부 권력이 독점 강화에 직접 개입하고 그것을 철저히 보장하고 있는 점에서 경제통제의 식민지적 특징이 존재한다는 것이다. 「중요산업통제법」의 조선적용 문제가 대두되었을 때도 '조선특수성론'에 입각해 통제법의 직접 적용이 아닌 제령 제정을 통한 조선 독자의 통제 형식을 취하는 '자치통제' 방침이었다고 했다(방기중, 2004, 앞의 글, 84·91쪽).

해 일본 자본가의 반발이 심해지고 일본 정부도 식민지에 대한 일원적 통제체제 구축의 필요를 제기했다. 우가키 가즈시게와 총독부 관리들은 이를 예상하고 초기부터 이른바 '조선특수사정론'에 입각해 통제법 적용 회피 입장을 정리하고 있었고 일본 정부와의 교섭을 추진했다. 그러나 1936년 1월 오카다 게이스케(岡田啓介) 내각은 「중요산업통제법」을 식민지까지 확대한다는 방침을 공식 발표했다. 「중요산업통제법」 개정안은 2·26사건 이후인 1936년 5월 제69회 제국의회에서 통과되어 조선에 통제법을 적용할 만한 법적 근거를 마련했다.

1936년 「중요산업통제법」 조선 실시에 대해 일본 정부 및 군부, 만주국 관료들은 적극적 찬성 입장이었지만, 조선총독부와 조선의 자본가들은 반대 입장이었다. 섬유·방적·고무·양조·제지업 등 경공업에 진출하고 있는 조선인자본가·재조일본인자본가들은 적극적 반대 입장이었다. 한편 일본 신흥 재벌로 화학공업·전력업에 진출한 조선질소의 노구치 쥰(野口遵), 일본전기의 모리 노부테루(森矗昶)는 자신의 사업이 군수산업과 밀접한 관계를 가지고 있었기에 전시체제를 대비해 가는 시점에서 방직업계만큼 '조선 특수성'을 강조할 필요는 없었다.[95]

우가키 가즈시게는 「중요산업통제법」을 조선에 실시하기 위해 적극적인 국면 타개책으로 '조선산업경제조사회'[96] 개최를 계획했다. 그러나

---

95 이승렬, 1996, 「1930년대 전반기 일본군부의 대륙침략관과 '조선공업화'정책」, 『국사관논총』 67, 188-190쪽.

96 조선총독의 산업관련정책 자문회의는 1921년 사이토 마코토(齋藤實) 총독이 개최한 '산업조사위원회'[1921년 6월 설치]가 있었다. 조선인 9명을 포함해 총 46명의 조선·일본인 민관유력자를 위원으로 선발했다. 이 회의는 1921년 9월 15~21일간 진행되었고, 1924년 폐지되었다. 우가키 가즈시게는 1921년 '산업조사위원회'를 전례로 1936년 '조선산업경제조사회'를 설치하고자 했다. 이 회의의 위원은 일본·조선·

2·26사건 이후 우가키가 정세 변화에 대응해 총독을 사임하고 중앙 정계 진입을 도모하는 승부수를 감행함으로써 상황은 새로운 국면에 접어들게 되었다. 1936년 8월 우가키의 추천을 받은 미나미 지로(南次郞)[97]가 후임 조선총독에 임명되었다. 이에 조선산업경제조사회는 미나미 총독 주관하에 1936년 10월 20일부터 경성에서 5일간 개최되었다. 조선·일본·만주의 민관(民官) 전문가 77명이 참석해 식량 및 공업원료의 공급, 광물자원의 개발·이용, 산업 및 공업의 조정, 상업 및 무역의 개선, 금융시설의 개선, 산업교육 등을 토의했다.

당시 조선총독부는 만주 개발과 통제법 적용이 불가피한 현실을 인정하면서 회의를 통해 일본 정부 측에 농공병진정책의 국책적·국방적 의의에 대한 공식적 동의를 얻어내고 「중요산업통제법」 적용을 둘러싼 조선과 일본·만주 상호 간의 입장 차이를 조정하고자 했다. 그러나 1936년은 2·26사건을 계기로 일본에서는 국가 통제로 전환하기 시작했고 대륙침략을 본격화하기 위한 일본제국권 전역에 대한 일원적 통제 요구가 커졌던 시기였다. 이에 조선만의 '특수사정'에 따라 조선의 '독자성'을 유지할 수 없었다.

미나미 지로 총독은 이 회의에서 조선은 '금일은 농업·공업 병진시대로 나아가고 있다'라며 농공병진정책이 시행되고 있음을 밝혔다. 그러나 현재는 "일만(日滿) 불가분 관계의 관점에서 일만 양국의 국교(國交)와 경제를 강화하는 것이 당면 우리[일본]제국 국책의 중심이라 확신

  만주의 전문가·권위자로 구성해 조선 산업경제 일반적 방침을 토의하는 것을 목적으로 했다.
[97] 미나미 지로는 군부 내 '우가키계'로 분류된 인물로 1934년 12월 관동군 사령관에 취임했다가 2·26사건 후 사임한 상태였다.

한다"고 했다. 이것은 조선 산업개발의 방향과 역할이 일만 블록 강화에 적극 순응하는 데 있음을 밝힌 것으로 조선을 중심으로 블록개발을 추구한 우가키 노선에 대한 수정을 의미했다. 미나미는 조선의 역할에 대해 "내지[일본]와 만주의 중간으로 지리적 관계에서 서로 접촉하고 있다는 점에서도 특히 조선의 산업경제 방면에 심심한 주의를 기울여야 한다. … 피복원료, 공업원료, 지하자원 등을 충분히 유용하게 활용하기 위해서는 단지 자본 이윤의 관점에서만이 아니고 또는 기업 타산의 관점에서가 아닌 국민경제의 필연성과 그 가능성에서 검토되어야 하는 것으로 일만(日滿) 양국 국책에 공헌할 것을 기대하는" 것이라 했다.[98] 이는 일만 블록의 주도성을 인정하는 위에서 조선과 일만 블록과의 관계를 설정한 것이었다.

이 회의에서 일본제국 전체에서 차지하는 조선의 위치에 대해 원칙적 합의를 했지만 회의의 핵심 논제인 통제법 적용 범위와 방법에 대해서는 일본 정부와 조선총독부, 그리고 양측과 각각 이해관계를 같이 하는 자본가들의 입장 차이가 적지 않았다. 총독부는 일본과 현격한 차이가 있는 조선산업의 특수성[99]을 강조하면서 통제 업종 범위의 제한과 총독부의 자율적 통제 방침을 관철시키려 했고, 일본 정부는 일선만(日鮮滿) 산업의 조정적 발달을 기하기 위해서 일본·만주와 같이 일원적·직

---

98 朝鮮總督府, 1936, 『朝鮮産業經濟調査會會議錄』, 8-9쪽.
99 재조선 자본가와 조선총독부가 제기하는 조선산업의 특수성은 ①산업발달이 낙후되어 상공업 발달이 필요하다. ②넓은 토지, 저임금, 연료, 동력 등 개발의 여지가 많아 성장하고 있는 산업을 통제하면 타격이 크다. ③일부 업종을 제외하면 통제법을 적용할 수 있을 만큼의 과잉생산도, 독점에 의한 폐해도 없으며 ④정치적 안정을 위해서도 공업의 발달이 필요하다는 점 등이었다(배성준, 2001, 「일제말기 통제경제법과 기업통제」, 『한국문화』 27, 385쪽).

접적 통제가 필요하다는 입장이었다. 논란 끝에 양측은 조선에 통제법을 실시하되 일본과 일률적으로 시행할 수 없는 특수성을 인정한다는 타협적 합의를 하고 그 시기와 방법에 대해서는 추후 정리하기로 했다.[100]

회의에 이어 통제법 적용 범위와 통제 권한 주체 설정을 둘러싼 조선총독부와 상공성 간의 협의가 진행되었다. 상호 대립적 주장이 이어졌으나 1936년 11월 미나미 총독이 조선총독부 입장을 강경히 표명했고, 결국 1937년 2월 조선총독부 입장이 관철되어 다음과 같이「중요산업통제법」조선 실시에 대한 시행 내용이 확정되어 3월부터 시행하게 되었다.

① 통제법의 중심 생명을 이루는 통제위원회는 조선에는 설치하지 않는 동시에 내지[일본]의 통제위원회도 조선에 대한 권한을 갖지 않는다.
② 따라서 조선에서의 통제 업종 지정은 조선총독이 행한다.
③ 우선 조선에서 특정한 업종은 양회[洋灰, 시멘트]에 한하며 다른 업종은 당분간 이를 지정하지 않는다.
④ 본법의 조선에서의 운용은 조선총독의 권한에 속하는 것으로 통제복종 명령, 기타 명령 및 처분은 조선총독이 행한다.
⑤ 통제위원회가 설치되지 않으므로 조선총독은 통제위원회의 논의를 거치지 않고 본법이 규정한 각종 사항을 실행할 수 있다.
⑥ 내지 및 조선에 함께 지정된 산업에 대해서는 내선(內鮮)을 통해 하나의 통제협정을 맺으며, 따라서 법률 제1조, 제2조의 규정에 따라 업자의 원수(員數), 생산고 계산은 내선 통산된 것으로 한다. 단 가

---

100 방기중, 2004, 앞의 글, 95쪽.

장 중요한 통제협정의 내용에서 생산 한정, 판매가격 등에 관해 내선 간의 구분을 설정하는 것은 물론 지장이 없고 통제복종 명령에서도 내선 간 각 그 사정에 즉해서 처리할 것은 물론이다. 북선 지방은 특히 그 특수 사정에 적응한 점진적 통제를 행할 수 있다.[101]

1937년 3월 조선에서 실시되는 「중요산업통제법」은 총동원체제 구축을 위한 일원적 통제를 표방하는 일본의 통제경제법을 적용하되 조선의 특수성을 고려해 통제 방식과 운용은 총독부에 맡긴다는 방침으로 '이원적 경제통제' 곧 총독부의 '자치통제' 방식으로 귀결되었다. 통제 적용 업종도 가장 분쟁이 심한 시멘트에 한정되었고 그 밖의 업종에 대한 적용은 당분간 유보되었다. 「중요산업통제법」 조선 실시 과정에서 이루어진 타협적 조정은 1938년 「국가총동원법」 시행 이후에도 통제경제법을 적용하는 하나의 방침으로 유지되었다. 아시아태평양전쟁 막바지에 제정된 「군수회사법」 조선 실시를 둘러싼 논란도 조선에 있는 군수회사를 조선총독의 관할하에 두는 것으로 정리되었다. 일본 정부는 침략전쟁 확대에 따라 강력한 총동원체제를 형성하기 위한 '국가 통제'로 나아갔지만, 조선에서는 일본에서 벗어나 있는 재조선 독점자본의 자유로운 활동과 식민지 초과이윤을 보장하려는 방향을 포기하지 않았다. 일본 독점자본의 '자주통제'가 관치주의적 식민지 구조와 결합되어 조선의 '특수한 자치통제', 정경유착적 통제 방식으로 나타났다.

한편 조선주둔일본군[조선군]은 일본제국 육군의 한 지방부대로서 매년 각 연도마다 1~2월에 '조선군 동원계획'을 작성했고, 1935년까지 조

101　鈴木正文, 1938, 앞의 책, 107-108쪽.

선군의 주된 관심은 조선에서의 '군수동원'에 한정되어 있었다. 그러나 '만주사변' 처리가 일단락된 1934년부터 조선군은 조선의 총동원 업무에 관여하기 시작했다. 1934년 10월 「조선자원조사위원회의 업무에 관한 의견」을 조선자원조사위원회[102]에 제출했다. 1935년 9월 개최된 제3회 조선자원조사위원회는 일본 정부의 자원국 주최로 총동원계획 설정 사무 설명과 의견 논의를 목적으로 '조선총동원 연구'를 의제로 한 협의회와 조선 현지시찰을 겸해 개최되었다. 조선의 광물자원과 항만을 현지 시찰하고 광물자원 증산과 항만 정비에 대해 자원국과 총독부가 협의하기 위한 것이었다. 시찰 장소는 이원철산, 재령광산, 무산광산, 금강광산, 장수광산, 김제금산, 겸이포제철, 흥남제철소, 조질영안(永安)공장, 항만은 부산항, 나진항, 청진항, 인천항, 여수항 등 공업자원과 수송 운수와 관련된 곳이었다.[103]

1935년 11월 조선군은 「조선총동원 업무촉진에 관한 의견서」라는 극비문서를 작성해 '조선총동원'의 특수성과 과제를 구체적으로 제시했다. 그 내용은 ①조선 통치는 총독부가 통합·전담하고 있어 총동원계획의 설정·총합·통제에는 편리하지만 일본과 조건이 다르기 때문에 조선총동원은 독자계획이 가능하다는 것 ②조선총동원은 국방 및 지리적 자원부존 관계상 만주총동원과 긴밀한 연계 협조가 필요하다는 것 ③조

---

[102] 일본 정부 자원국 주도로 1930년 4월 마련된 '잠정기간계획'에 따라 조선에서는 1930년 6월 9일 「조선자원조사위원회규정」[총독부內訓 제6호]에 따라 설치되었는데, '자원조사에 관한 사항과 총동원계획 설정상 필요한 사항을 심의'하는 것을 목적으로 조직되었다. 위원회는 총 3회-제1회 1930년 6월, 제2회 1931년 5월, 제3회 1935년 9월-개최되었다.

[103] 안자코 유카, 2006, 「조선총독부의 '총동원체제'(1937~1945) 형성 정책」, 고려대학교 사학과 박사학위논문, 54-56쪽.

선의 군사자원은 지리적·군사적 관계상 '총동원적 처리'를 거치지 않고 직접 군수품으로 동원되기 때문에 총동원기관이 단독으로 이를 처리할 수 없다는 것이었다.

이러한 특성에 기반해 조선군은 조선총동원 추진 대책으로 ①만주총동원과 관계를 긴밀히 할 것 ②조선총동원과 조선의 군수동원·병참 관계를 조정할 것, 즉 조선군은 직접 군수자원을 취득해야 하므로 총동원적 처리에만 맡길 수 없다는 것 ③자원국이 조선총동원의 지도 방책을 확립할 것 ④조선총독부의 행정기구가 조선총동원을 처리하는 것이 적당하겠지만 이를 위해 총독부의 총동원계획 기구를 정비할 것 ⑤조선군의 총동원 지도능력을 강화할 것을 제시했다.[104] 이러한 조선군의 계획은 일본 군부 입장에서 만주와 중국대륙 침략을 우선하는 전시 총동원체제로 조선총독부가 아닌 조선군 주도의 총동원체제 구축을 염두에 두고 있었다. 이러한 조선군의 계획은 아직 시험적 성격이 강하고 총독부와의 조정 등 실제 실시되기에는 상당히 무리가 있었다. 그러나 중일전쟁 도발로 전쟁이 전면화된 후 신속한 '총동원체제'의 형성과 총동원계획을 책정할 수 있는 여건이 마련된 것이었다.

---

104 안자코 유카, 2006, 위의 글, 63쪽.

제2장
일제 침략전쟁 확대와
조선의 전시 총동원체제 형성

1. 중일전쟁 도발과 침략전쟁 확대
   - 군국주의 파시즘적 총동원체제 전개

1) 중일전쟁기(1937~1941): 물자동원계획과 생산력확충계획의 병행

1937년 7월 7일 야간 전투훈련 중이던 일본군 1개 중대의 머리 위로 10여 발의 총탄이 날아온 직후 일본군 사병 한 명이 행방불명되었다. 이 사병은 용변 중이어서 20분 후에 대오에 복귀했으나, 일본군은 "중국군 측으로부터 사격을 받았다!", "중국군이 일본 병사를 납치해갔다!"고 주장하며 이를 구실로 펑타이(豊台)에 있는 보병연대 주력을 출동시켰다. 일본군은 7월 8일 아침부터 루거우차오(盧溝橋)를 수비하고 있던 중국 제29군을 공격해 하루 만에 다리를 점령했고, 중국군은 융딩강(永定河) 우안(右岸)으로 이동했다. 이렇게 일본군에 지시를 내린 자는 무타구치 렌야(牟田口廉也)였다.

일본 육군 중앙에서는 일단 이 소규모 충돌을 의심과 냉소적인 자세로 받아들였다. 육군 참모본부 작전과장인 무토 아키라(武藤章) 대좌는 장제스의 난징 정부가 주도하는 전면적 공세의 전초전인지, 향후 중국대륙에서 일본의 지위에 도전하기 위해 소련이 개입할 것인지를 고민했다. 무토는 베이징-톈진 지역의 3개 사단을 파견하고 추가적인 항공 지원을 통해 소련의 거대한 계획을 막아야 한다고 주장했다. 스기야마 겐(杉山元) 육군대신은 이에 동의하고 1937년 7월 9일 소집된 내각에 이를 공식 제안했다. 이어 7월 10일 일본 육군 참모본부는 장제스의 국민당군이 베이징으로 이동하고 있음을 알게 되면서 군 안에서는 관동군과 조선주둔군을 즉시 베이징에 파병해야 한다고 주장했다.

한편 이시하라 간지(石原莞爾)와 '총력전' 장교들은 그들이 제안한 자립경제의 핵심인 생산력확충 5개년 계획 완수를 위해서는 5년간의 평화가 필요하다고 생각했기에 화북 지역을 둘러싼 충돌로 딜레마에 빠졌다. 그러나 일본이 무력을 통해 중국과 주도권 경쟁을 하려면 장제스에 맞서 전면전을 치러야 했다. 이를 위해서는 육군 상비전력의 절반에 해당하는 최소 15개 사단이 필요하고 전비는 약 55억 엔으로 추산했다. 이시하라는 장제스의 군대가 북진하고 있다고 판단하고 5개 사단을 동원하자고 제안했다. 전체 내각회의가 개최되어 스기야마 겐 육군대신의 5개 사단 동원계획이 승인되었고, 고노에 후미마로(近衛文麿) 총리대신은 대중들의 지지를 얻기 위해 공식 성명을 발표했다.

중국 화북 지역에 대한 배타적이고 전면적인 장악을 원했던 일본은 우발적 사건으로 촉발된 충돌을 전쟁의 명분으로 삼았다. 7월 11일 일본군과 화북 지방 정부 간의 협정이 체결되었다. 그러나 이미 일본 본토에서 3개 사단, 만주에서 2개 여단, 조선에서 1개 사단을 각각 화북 지역에 보내 그 지역의 병력을 증강시키기로 결정했다. 중국 측도 7월 8일 중국 공산당이 국공합작을 통한 항일 자위전쟁에 나서자고 주장했다. 한편 중국 국민당의 장제스는 루산(廬山)에서 국방회의를 열었는데, 여기에 중국 공산당 대표 저우언라이(周恩來)도 참석했다. 이 회의 결과 7월 19일 장제스는 "정말로 피할 수 없는 최후의 갈림길에 이르렀다면 우리에게는 당연히 희생이 있겠지만 항전만 있을 뿐이다"라는 내용의 이른바 '루산담화'를 발표했다. 이에 일본 육군 참모본부는 '속전속결로 전쟁을 끝낸다'는 전략 아래 7월 28일 화북에 대한 전면적인 침공을 개시함으로써 본격적인 중국 침략전쟁을 일으켰다.

일본 육군은 3개 사단으로 3개월 만에, 약 1억 엔의 전쟁 비용으로 중국 문제를 해결할 수 있다는 계획하에 중일전쟁을 시작했다. 일본군이 베이징-톈진 지역을 봉쇄하고 중국군의 주력을 섬멸하면서 핵심 주변지역을 점령하는 동안 일본 정부는 장제스의 항복을 기다렸다. 1938년 1월 고노에 내각은 '국민정부를 상대하지 않겠다'라는 '고노에성명'을 발표해 스스로 중일전쟁 조기 종식의 길을 막고 장기 지구전에 돌입했다. 장제스도 1938년 봄 수도 난징은 물론 화남 지역까지 함락되었음에도 항전을 멈추지 않았다. 이에 일본 육군 참모본부는 무기한 작전을 위한 새로운 명령을 준비해야 했다.

중일전쟁은 일본 경제에 심각한 악영향을 미쳤다. 1930년대 초중반 일본은 강대국 중 유일하게 대외무역, 특히 수출 분야에서 뚜렷한 회복세를 보였다. 그러나 1938년 봄 중일전쟁 결과 일본의 수출산업은 마비되었다. 필수 원자재를 수입하기 위한 일본의 능력은 급락했고 군수물자 수요가 급증함에 따라 서구에 대한 실질적 의존도는 더욱 커졌다. 경기 악화는 일본의 대외정책과 국방정책에 상당한 영향을 미쳤다.[1]

제1차 세계대전 이후 일본 육군의 일부 세력을 중심으로 꾸준히 추진되어 온 총력전체제 형성, 즉 총동원계획 구상과 실현은 중일전쟁 도발로 본격화되고 실제 활용되어야 할 상황이 되었다. 이미 육해군은 1936년 6월 국방소요병력을 개정하고 1937년을 제1년도로 하는 대규모 군비 확충에 착수했다. 이를 전후하여 총동원계획에 따라 국방자원

---

1 마이클 A. 반하트(Michael A. Barnhart) 지음, 박성진·이완범 옮김, 2016, 『일본의 총력전-1919~1941년 경제 안보의 추구』, 한국학중앙연구원출판부, 133쪽.

확보, 군수품 생산능력 향상에 박차를 가했다. 「일본제철주식회사법」[법률 제47호, 1933.4.6], 「석유사업법」[법률 제26호 1936.5.29], 「자동차제조사업법」[법률 제33호, 1936.5.29] 등의 국가총동원 추진을 목적으로 하는 법을 정비했다. 이것은 군수품의 중심인 철·석유·자동차에 대해 정부의 감독 명령 통제권을 강화하는 조치였다.

1935년 5월 설립된 내각조사국에는 각 성(省)의 혁신관료와 육군의 스즈키 데이이치(鈴木貞一), 해군의 아베 가스케(阿部嘉輔)가 참모로 참여해 전력(電力) 국가관리안의 구체화, 산업합리화정책의 각 방면에 걸친 업무를 담당했다. 내각조사국은 1937년 5월 14일 기획청으로 재편 강화되었다. 곧이어 중일전쟁이 발발[1937.7.7]하면서 기획청은 자원국과 통합되어 기획원[칙령 제605호, 1937.10.25]이 되었다.

기획원은 국가총동원계획, 총합적 국력의 확충·운영 등의 전시 통제와 중요 국책 심사, 예산 통제 등을 담당했다. 국가총동원 기관과 총합국책 기획관청으로서의 기능을 아울러 가진 강력한 조직이 되었다. 설치 당시의 기획원 수뇌 인사는 총재 다키 마사오[瀧正雄, 법제국 장관], 차관 아오키 가즈오[靑木一男, 對滿사무국 차장], 총무부장 요코야마 이사무[橫山勇, 자원국 기획부장, 육군소장], 내정부장 나카무라 게이노신[中村敬之進, 기획청 차장심득], 재정부장 하라구치 다케오[原口武夫, 기획청 조사관], 산업부장 히가시 에이지[東榮二, 상공성 광산과장], 교통부장 하라 기요시[原淸, 해군소장], 조사부장 우에무라 고고로[植村甲午郎, 자원국 조사부장]였다.[2]

기획원은 1943년 10월 존속할 때까지 내각 교체에 따라 총재와 차장이 교체되었는데 주요 인물은 아오키 가즈오(靑木一男), 호시노 나오키

2　纐纈厚, 2010, 『總力戰體制硏究-日本陸軍の國家總動員構想』, 社會評論社, 82-83쪽.

<표 1> 기획원 총재·차장[1937.10~1943.10]

내각	총재/차장	이력
제1차 近衛 (1937.10~1939.1)	瀧正雄	중의원 의원(입헌정우회), 법제국 장관, 귀족원 칙선의원 / 1946.공직추방·해제
	青木一男	대장대신, 南京대사, 대동아성대신 / 전후 전범 용의자로 수감·석방, 공직추방·해제, 참의원 의원(자민당)
平沼 (1939.1~1939.8)	青木一男	
	武部六藏	내무관료, 만주국 국무원 총무장관(1940~1945) / 소련 억류 (1945~1956)
阿部 (1939.8~1940.1)	青木一男	
	武部六藏	
米內 (1940.1~1940.7)	竹內可吉	상공관료, 군수성 차관
	植村甲午郎	자원국 조사과장, 석탄통제회 이사장 / 전후 경단련 창설-사무국장, 공직추방·해제, 제3대 경단련 회장, 후지TV·日本放送·日本航空 회장
제2차 近衛 (1940.7~1941.4)	星野直樹	대장관료, 만주국 국무원 총무장관(만주국 2키·3스케 중 1인) / 전후 A급전범(종신형)-1958년 석방, 旭海運 사장
	小畑忠良	大政翼贊會 사무총장, 愛知縣지사
제3차 近衛 (1941.4~1941.7)	鈴木貞一	육군중장, 흥아원 총무장관, 대동아건설심의회 간사장, 귀족원 의원, 내각고문, 대일본산업보국회 회장 / 전후 A급전범 종신형-58년 석방
	宮本武之輔	공학박사, 도쿄제대 공학부 교수, 흥아원 기술부장
제4차 近衛 (1941.7~1941.10)	鈴木貞一	
	安倍源基	경시청 특별고등경찰부장, 경시총감 내무대신 / 전후 A급전범 용의자로 체포·석방, 공직추방·해제, 전국경우회연합회장, 자민당 우파 구성
東條 (1941.10~1943.10)	鈴木貞一	
	安倍源基	

출처: 찰머스 존슨(Chalmers Johnson) 저, 張達重 역, 1984, 『일본의 기적-통산성과 발전지향형 정책의 전개』, 박영사, 144쪽.

(星野直樹), 우에무라 고고로(植村甲午郎), 스즈키 데이이치 (鈴木貞一) 였다. 이들은 일본 국가총동원체제 수립과 운영에서 주요한 역할을 맡았고, 패전후 A급 전범으로 처벌을 받았지만 다시 1960년대 이후 일본 경제계에서 핵심적 역할을 수행했다(<표 1> 참조).

한편 국가총동원정책을 전쟁 상황에 따라 유효하게 운영하며 인적·물적 자원을 총동원하는 것을 보증할 수 있는 기본법 제정이 필요하다는 인식은 총동원계획 담당기관으로 설립된 군수국 단계부터 제기되었다. 기획원은 중일전쟁 확대, 육군 군수동원과 총동원계획 일부 실시 등의 상황을 배경으로 「국가총동원법」 입안 작업을 본격화하고 1937년 말에는 거의 작업을 완료했다. 『도쿄아사히(東京朝日)신문』은 1937년 11월 9일자에 '시국의 파도에 올라탄 총동원법안 탄생'이라는 표제로 「국가총동원법안요강」 해설을 앞서 게재했고, 각의에서도 1938년 1월에는 법안의 중의원 제출을 결정했다. 법안은 2월 19일 중의원에 제출되어 3월 16일 중의원에서, 3월 24일에 귀족원에서 가결되었다. 중의원에의 법안 제출 이유는 "근대국가의 특질에 비추어 국가총동원의 실시 및 준비에 준거해야 할 법규를 제정하고 현하 시국의 추이 및 장래 전시사변에 대비할 것을 요한다"라는 것이었다.

「국가총동원법」은 1938년 4월 1일 법률제55호로 공포되었고, 시행기일은 칙령으로 정하는 것으로 되었다. 「국가총동원법 시행기일의 건」[칙령 제315호, 1938.5.4]에 따라 5월 5일부터 시행되었고, 같은 날 「국가총동원법을 조선, 타이완 및 사할린에 시행하는 건(國家總動員法ヲ朝鮮, 臺灣及樺太ニ施行スルノ件)」[칙령 제316호, 1938.5.4]으로 조선과 대만에서도 시행되었다. 나아가 남양군도(南洋群島)에서도 국가총동원을 시행하는 것으로 되었다. 향후 일본이 팽창하고자 하는 이른바 '대동아공영권' 안의 모든 지역에서 일본의 전쟁 수행을 위한 총동원체제를 구축하겠다는 것이었다.

「국가총동원법」 제정으로 기존의 「군수공업동원법」은 폐지되었고, 이제 군수동원, 국가총동원의 법적 근거는 「국가총동원법」으로 이행되었다.「국가총동원법」제정과 시행 과정에서 주도권을 발휘한 것은 육군이었다. 육군은 1937년 5월, 자원국에 총동원법 기안 방침 확립과 업무 촉진을 요청하는 「총동원법 입안에 대한 의견」을 보냈다. 그것은 육군이 구상한 총동원법 입안의 큰 틀을 제시한 것인데, 내용은 전시 상황에서의 운용 방안에 역점을 두었지만 평시 준비에 관한 규정도 고려했다는 점, 적용 범위가 '만주국'까지 포함되었다는 점, 나아가 군부가 구상한 '대동아공영권'으로 확대 시행하는 법률로서의 성격을 갖는다는 특징이 있었다.

「국가총동원법」은 국가총동원을 "전시[전쟁에 준할 만한 사변의 경우]에 국방 목적 달성을 위해 국가의 전력(全力)을 가장 유효하게 발휘하는 형태의 인적 및 물적 자원을 통제 운영하는 것을 말한다"(제1조)라고 정의했다. 중의원에서 법안 심의 과정 중 제1조의 '전시 즉, 전쟁에 준할 만한 사변'의 의미에서 중일전쟁이 적용될 수 있는가 하는 문제가 제기되자 정부는 일단 '적용하지 않는다'라고 답변했지만 법안이 통과된 후에는 즉시 적용했다.

「국가총동원법」은 〈표 2〉와 같이 경제 전반에 걸친 통제 사항을 규정했는데, 최초로 「국가총동원법」이 발동된 것은 제13조[3]로 이것에 따라

---

3   정부는 전시에 국가총동원상 필요할 때는 칙령의 정하는 바에 따라 총동원 업무인 사업에 속한 공장, 사업장, 선박 기타 시설 또는 그 전용(轉用)할 수 있는 시설의 전부 또는 일부를 관리, 사용 또는 수용할 수 있다.
    정부는 전항에 게재된 것을 사용 또는 수용하는 경우에 칙령의 정하는 바에 따라 그 종업자를 공용(供用)하게 하거나 당해 시설에서 현재 실시하는 특허발명 혹은 등록 실용신안을 실시할 수 있다.
    정부는 전시에 국가총동원상 필요할 때는 칙령의 정하는 바에 따라 총동원 업무에 필요한 토지나 가옥 기타 공작물을 관리, 사용 혹은 수용 또는 총동원업무를 행하는 자로서 그것을 사용하거나 수용할 수 있다.

〈표 2〉「국가총동원법」의 전시 총동원 관련 규정 사항

부문	법조항	내용	부문	법조항	내용/비고
노무	제4조	국민의 징용	사업	제16조	사업설비의 통제
	제5조	총동원업무에의 협력		제16조-2	사업설비의 집중적 이용
	제6조	노무 수급조정		제16조-3	사업자체의 통제
	제7조	노동쟁의		제17조	통제규정
물자	제8조	물자의 수급조정		제18조	통제단체
	제9조	수출입 통제	물가	제19조	
	제10조	총동원물자의 사용 또는 수용	출판물	제20조	
자금	제11조	자금의 수급조정	직업능력조사	제21조	平戰時 동시규정
	제27조	사채모집에 관한 제한 완화	기술자 양성	제22조	상동
시설 및 기술	제13조	시설·토지·공작물의 사용·수용	물자보유	제23조	상동
	제14조	광업권 등의 사용·수용과 기술의 공개	업무 계획 및 훈련	제24조	상동
	제13조-3 제15조	피용자의 우선매수권	시험연구	제25조	상동
			사업조성	제26조	상동
			보고징수 및 임검검사	제31조	상동

출처: 山內敏彦·圓井正夫·坂口公男·伊藤利夫 共著, 1945, 『朝鮮經濟統制法全書』, 大洋出版社, 10쪽.

「공업사업자관리령」이 제정되었고「국가총동원법」도 동시에 시행되었다. 그러나 실질적으로「국가총동원법」이 발동된 것은 1938년 8월 제6조[4]의 발동으로 노무 동원이 가장 먼저 시작되었다.

중일전쟁 도발과 기획원-「국가총동원법」을 바탕으로 일본의 전시 총동원체제가 구축되었다. 「국가총동원법」으로 뒷받침된 일본제국주의

---

4 정부는 전시에 국가총동원상 필요할 때는 칙령의 정하는 바에 따라 종업자의 사용, 고입(雇入) 혹은 해고, 취직, 종업 혹은 퇴직 또는 임금, 급료, 기타의 종업 조건에 대해 필요한 명령을 할 수 있다.

의 총동원체제는 물자동원계획과 생산력확충계획의 두 축으로 진행되었다. 물자동원계획이 기존 생산력의 분배와 재분배에 대한 계획이라면 생산력확충계획은 물자동원계획에서 자재를 공급받아 생산력확충을 수행하고 이렇게 확대된 생산력이 물자동원계획의 물자 공급력이 되어 맞물려 돌아가는 톱니바퀴 같은 구조를 갖는 것이었다.

〈표 3〉은 일본제국주의가 계획하고 실행한 총동원계획을 정리한 것이다. 1929년「자원조사법」이 제정되면서 자원국은 국가 총동원계획을 준비하기 시작해 1930년부터 '잠정기간계획' 마련을 위한 회의를 진행

〈표 3〉 일본제국주의의 총동원계획

기간계획	연차계획	책정 연도	적용 연도	담당기관	진행과정 및 내용
잠정기간계획		1930	1931~33	자원국	'만주사변' 발발로 완성 안 됨
응급총동원계획		1934	1934~35	자원국	
제2차 총동원기간계획		1934	1936~37	자원국	
	1938년도 물자동원계획	1938	1938	기획원	제2차 총동원기간계획의 틀에서 진행
만주 산업개발 5개년 계획		1936	1937~41	일만재정경제조사회	만주국에서 실시
일만군수공업확충계획		1937		일만재정경제조사회	일본제국 전체 차원의 총동원
제3차 총동원기간계획		1938	1939~40	기획원	물자동원계획과 생산력확충계획이 상호 연관하에 추진
제4차 총동원기간계획		1940	1941~43	기획원	
	1941년도 국가 총동원실시계획		1941	기획원	
	1942년도 국가 총동원계획			기획원	
	1943년도 국가 총동원계획		1943	기획원	
	1944년도 국가 동원계획	1943	1944	군수성	

했고 1931년부터 시행할 계획안을 작성했으나 완료하지 못한 채 '만주사변'이 발발했다. 일본은 '만주사변' 이후 '만주국' 수립과 화북 지역으로 진출하면서 소련과의 전쟁을 준비한다는 명분으로 1934~1935년의 응급동원계획을 수립했다. 이와 함께 1934년 6월 자원국은 1936~1937년에 적용할 제2차 총동원기간계획 작성에 착수했다.

한편 일본 육군 참모본부의 이시하라 간지 주도하에 식민지를 포함한 일본의 총력전체제를 구상했다. 1936년 일본 본국에 앞서 만주국에서의 총동원체제 구축을 위한 '만주 산업개발 5개년 계획'을 수립했고, 1937년 초 일본제국 전체를 포괄하는 '일만군수공업확충계획'도 수립했다. 일본 정부 차원에서도 중일전쟁을 예상하며 제3차 총동원기간계획을 준비했으나 1937년 7월 군사적 충돌이 발생하면서 작업이 일시 중단되었다. 그러나 중일전쟁이 전면화되자 기존의 제2차 총동원기간계획을 부분적으로 발동했고 1938년 초부터 물자동원계획이 발동되었다. 1938년 5월 「국가총동원법」이 시행되면서 제3차 총동원기간계획이 수립되었는데, 이제 물자동원계획과 생산력확충계획이 함께 추진되었고 각 연차 계획도 수립되었다.

전쟁 수행에 직접적으로 필요한 광공업 부문에 대한 총동원체제는 첫째, 기초소재의 수급조정계획으로 동원체제의 근간이 된 물자동원계획, 둘째, 육해군에의 물자 할당을 기초로 군수품 생산을 계획화한 군수공업동원계획, 셋째, 중요 기초소재와 자동차·조선·공작기계의 비약적 증산을 목표로 한 생산력확충계획, 넷째, 금융시장의 총합적 수급조정을 도모한 자금통제계획[43년도 이후 국가자금계획]으로 나누어 볼 수 있다. 이와 함께 1939년도에는 노무동원계획[42년도 이후에는 국민동원계획], 교통전력동원계획[40년도 이후 전력은 별도 입안]이 책정되었고, 1940년도부터 무역계획[43년도 이후 교역계획], 1942년도부터 액체연료계획, 생활필수물자동원계획, 의약품제품별계획[43년도 이후 의약품등수급계획, 44년도에는 의약품위생자재동원계획], 배선계획[43년도 이후 수송계획] 등이 각각 책정되어 경제 부문의 총동원계획이 전체적으로 확대되었다.[5]

이러한 전시 총동원체제 구축의 근간은 이미 생산되거나 존재하는 인적·물적 자원을 최대한 동원하는 '물자동원'이었다. 기획원은 1945년 8월 일본 패전 때까지 물자동원계획을 전담하면서 일본의 전쟁경제를 계획·통제했다. 본격적인 전시 총동원은 1938년부터 시작되었다. 1938년도 물자동원계획은 기획원 안에 설치된 물자동원협의회에서 정한 강재(鋼材) 등 96품목을 선택해 수입력 30억 엔을 예상하며 출발했다. 그러나 1938년도 물자동원계획은 처음부터 차질을 빚어 개정이 부득이했다. 개정 이유는 당초 30억 엔으로 상정된 연간 수입력이 제2/4분기를 거친 1938년 6월에는 실현 곤란한 상황이 되었다.

수입 초과가 계속된 이유는 첫째, 중국 전선의 동향이었다. 1937년 12월 일본군은 난징을 점령하고 약 6주간에 걸쳐 민간인과 군인을 상대로 무차별 살육·방화·강간하는 난징대학살을 자행했다. 이어 1938년 5월 이후 쉬저우(徐州)작전[6]이 전개되고 계속해 우한(武漢)작전[7]이 계획

5　山崎志郎, 2011, 『戰時經濟總動員體制の研究』, 日本經濟評論社, 4-5쪽.

6　1938년 일본군의 주된 목표는 중국군의 주요 보급로 차단이었다. 그 첫 번째 목표는 철도 요충지인 쉬저우(徐州)를 점령하는 것이었다. 일본군은 1938년 5월 20일 쉬저우를 점령했다.

7　1938년 3월 24일부터 4월 7일까지 쉬저우 동북쪽에 위치한 전방요새인 타이얼장(台兒庄)구 지역에서 일본군과 중국군의 전투가 있었는데 중국군이 대승을 거두었다. 일본군은 타이얼장에서의 패배와 육해군의 강경한 조치를 요구해 한커우(漢口)를 점령하는 대규모 군사작전을 계획했다.

되면서 중일전쟁은 끝도 없는 지구전으로 빠져들어 막대한 군사 예산과 군수 자재·병력이 중국 전선으로 투입되었다. 둘째, 미국 경제불황의 여파가 덮치면서 대미 수출이 예상량에 미치지 못했고, 그만큼 수입력이 감소되었다. 전쟁 물자에 대한 수요는 무한정 팽창했지만 공급이 막히면서 물자동원계획의 개정은 불가피했다. 1938년 6월 일본 각의에서는 1938년도 물자동원계획 실시는 어려운 상황으로 당초 수급계획에 대한 근본적인 수정이 필요함을 확인했고, 중일전쟁 수행을 위해서 "국내 수요를 극단적으로 억제함과 동시에 증가하는 군수에 대해서도 최대한 감소에 노력한다"는 방침을 결정했다.

1938년 6월 23일 기획원 총재는 1938년도 물자동원계획 수정안을 각료들에게 설명했다. 원안에서 일본의 원자재 수입력을 30억 엔 정도로 평가했지만 수정안은 구매력이 24억 2,000만 엔 정도에 불과하다고 재평가했다. 이에 민수 분야의 감축은 불가피했다. 기획원이 마지막까지 감축을 자제했던 철강에 대해서도 민수 할당량을 500만 톤에서 345만 톤으로 30% 넘게 감축했다. 원안에서 연료 수입에 배정한 5억 6,600만 엔도 수정안에서 5억 1,000만 엔으로 줄어들었고 특히 민수산업에서 석유의 비축과 사용이 급격히 축소되었다. 공장들은 연료 소비를 37% 줄여야 했고 해상 운송도 10%에서 15%로 줄였다. 일본에서 소비되는 식량의 상당 부분을 공급해 온 어선들도 무동력선으로 교체되었다.[8]

중일전쟁 직후인 1937년 9월에 제정된 「수출입품등에 관한 임시조치에 관한 법률(輸出入品等ニ關スル臨時措置ニ關スル法律)」과 1938년 4월

---

8 마이클 A. 반하트(Michael A. Barnhart) 지음, 박성진·이완범 옮김, 2016, 앞의 책, 160-161쪽.

제정된「국가총동원법」이 실제 효력을 발휘하기 시작했다. 이후 전시 통제경제의 법적 체제는 ①국가총동원법 ②수출입품등에 관한 임시조치에 관한 법률 ③기타 개별적 입법의 3계통으로 이루어졌다.[9] '면사배급통제규칙'을 시작으로 점차 통제 품목이 확대되었고 6월 물자동원계획을 개정한 후 통제 품목의 범위는 급속히 확대되어 물자뿐만 아니라 노동력 부문까지 확대되었다. 8월에는 신규기능자 확보를 목적으로「학교졸업자사용제한령」을 공포해 노무 통제가 실시되었다. 앞서 7월에는 산업보국연맹이 발족되어 노자협조에서 노자일체(勞資一體)로 전쟁에 참여하는 체제가 만들어졌다.[10]

1938년 여름 일본군은 중화민국의 임시수도인 한커우에 대한 공격[우한작전]을 더욱 강화하고, 8월에는 4만여 명 이상의 병력을 홍콩으로부터 약 32km 북쪽에 상륙시키며 광둥 지역을 점령했다. 이 때문에 한커우는 주요 보급로가 차단당하게 되어 장제스는 주요 시설들을 좀 더 내륙으로 이전하는 한편 수도를 충칭(重慶)으로 옮겼다. 1938년 말까지 일본은 중국의 해안 주요 도시들을 거의 장악했지만 점령지역 안에서 강한 저항에 부딪혔다. 각 점령지역마다 게릴라 활동은 나날이 격화되었고, 일본의 비인도적 통치와 점령지 주민에 대한 갖가지 횡포로 주민들의 적개심이 커져갔다. 쉽게 항복할 것이라 생각했던 중국군은 계속 저항했고, 미국은 중국 국민당에 적극적으로 많은 원조를 제공함으로써 중국의 군사저항에 힘을 실어 주고 있었다.

---

9   山內敏彦·圓井正夫·坂口公男·伊藤利夫 共著, 1945,『朝鮮經濟統制法全書』, 大洋出版社, 8쪽.

10 小林英夫, 2004,『帝國日本と總力戰體制-戰前·戰後の連續とアジア』, 有志舍, 135·137쪽.

이러한 상황에서 1938년 11월 3일 고노에 후미마로 총리대신은 동아신질서(東亞新秩序)에 관한 성명[11]을 라디오방송으로 발표했다. 장제스는 이에 대해 맹렬한 비난을 퍼부었고, 전혀 신뢰하지 않았다. 오히려 1939년 1월 4일 고노에 내각이 총사퇴하고 히라누마 기이치로(平沼騏一郎) 내각이 출범했다. 고노에 내각 사퇴의 중요 이유는 한커우[우한] 점령이 중일전쟁을 종식시키지 못했기 때문이었다. 고노에는 중국과의 전쟁을 신속하게 승리하기 위해 모든 자원을 동원했으나 쓸모없는 영토 점령을 제외하면 아무것도 보여주지 못했다. 기획원은 고노에의 참담한 경제적 실패를 되풀이하지 않기 위해 히라누마 내각하에서 일본을 장기적 자급자족체제로 만드는 데 주력했다.

1939년부터 물자동원계획과 함께 생산력확충계획이 실시되었다. 생산력확충계획은 1939년 1월 17일 「생산력확충계획요강」이 각의를 통과하면서 결정되었다. 계획의 취지는 "국력의 충실 강화를 도모하고 아울러 장래의 비약적 발전에 대비하기 위해 중요한 국방산업 및 기초 산업에 대해 1941년(昭和16)을 기간으로 하여 일만지(日滿支)를 통한 생산력의 종합적 확충계획을 확립하고 이의 달성을 기하는 것"이었다. 계획 수행을 위한 근본 방침은 "첫째, 계획의 범위는 국방력의 기초 충실에 주안을 두고 급속히 확충을 요하는 중요 산업에 한정한다. 둘째, 일만지 상호간의 긴밀한 연락 협조하에 일만지를 통한 종합적계획을 수립한다는

---

11 '동아신질서' 성명의 내용은 장제스 정부가 대륙에서 하나의 지방정권에 불과해져 더 이상 중국을 대변할 수 없으며 중국의 미래는 일본의 손에 달려 있다는 것, 구미 제국주의와 공산주의를 모두 배격한다는 명분을 내세우며 장제스에 비판적인 왕자오밍(汪兆銘)을 포섭해 중국의 항일통일전선을 붕괴시키고 일본을 중심으로 만주와 몽골, 중국을 묶어 일본 중심의 블록을 형성하자는 것이었다.

방침에 기초해 일본의 중요 산업에 대해 생산력확충계획을 확립한다. 셋째, 중요 자원에 대해 세력권 안에서 자급자족 확립에 노력함으로써 유사(有事)의 경우에도 가급적 제3국 자원에 의존하는 일이 없게 하는 것을 목표로 한다"는 것이었다.[12] 이제 물자동원계획과 생산력확충계획이 도킹하는 형태로 일본의 전시 경제통제체제가 진행되기 시작했다.

1939년 생산력확충계획의 대상 산업은 철강, 석탄, 경금속, 비철금속 및 금, 석유 및 대용품, 소다 및 공업염, 유산암모니아, 펄프, 공작기계, 철도차량, 선박, 자동차, 양모, 전력의 14종이었다. 「생산력확충계획요강」에 따르면 1941년도 도달 목표는 1938~1941년 4년간에 보통강(普通鋼)을 500만 톤에서 840만 톤으로 1.7배, 강괴(鋼塊)는 690만 톤에서 1,200만 톤으로 1.7배, 선철(銑鐵)은 430만 톤에서 1,030만 톤으로 2.4배 증산하는 등 군수 기초소재 부문의 대폭 증산을 식민지와 본국에서 실시하는 것이 목표였다. 이 목표가 달성될 수 있는가의 여부는 물자동원계획 즉, 생산력확충에 어느 정도 자재가 공급되는가가 관건이었다.

1939년 8월 히라누마 내각이 무너졌다. 8월 23일 독소불가침조약이 체결되었는데, 소련에 대항해 나치 독일과의 동맹에 힘을 기울이던 히라누마 내각은 충격을 받았고, 1939년 5~9월까지 전개된 '노몬한사건[할힌골전투]'에서 일본군이 소련군에게 대패하자 히라누마는 총리대신을 사임했다. 1939년 9월 1일 나치 독일이 폴란드를 침공하고, 영국과 프랑스가 독일에 선전포고를 하여 제2차 세계대전이 발발했다. 제2차 세계대전이 확대되는 가운데 다시 1940년 7월 제2차 고노에 내각이 수립

---

12 「생산력확충계획요강」(민족문제연구소 편, 『일제하 전시체제기 정책사료총서 제75권』, 581쪽.)

되었고, 외무대신 마쓰오카 요스케(松岡洋右)[13]는 1940년 8월 1일의 기자회견에서 공식적으로 '대동아공영권'[14]을 주장했다.

대외적 상황의 악화와 함께 1939년 여름 화북과 대만에서는 극심한 홍수가 발생했고, 반면 일본과 조선은 최악의 가뭄을 겪었다. 8월 초 일본의 쌀 비축량은 1938년 2,200만 석에서 1939년 1,980만 석으로 감소했다. 이에 일본미곡시장주식회사를 설립해 쌀의 구매와 판매를 독점시키고 쌀의 시장가격을 올렸다. 그러나 상황은 더욱 나빠져 기획원은 1940년 500만 석의 식량 부족을 예상했다. 일본의 외환보유고가 바닥난 상태였지만 수백만 엔의 자금으로 동남아시아 여러 지역에서 쌀을 긴급 수입하는 계획이 추진되었다. 이상 기후로 수력발전 생산량이 감소

---

13 마쓰오카 요스케는 일본-나치 독일-이탈리아 간의 삼국동맹을 강하게 옹호했다. 마쓰오카는 이것이 중국을 침략하는 일본을 점점 압박하는 미국을 견제하기 위한 최적의 균형추라고 생각했다. 그리하여 그는 1940년 맺어진 삼국동맹의 주역 중 한 사람이었다. 마쓰오카는 1941년 4월 소련-일본 불가침조약을 주도하기도 했다. 그러나 1941년 6월 독소전쟁이 발발하자, 히틀러는 일본에게 소련을 공격해달라고 요청했고, 마쓰오카는 이를 강력히 지지했다. 그리하여 고노에 후미마로 수상과 육해군 고위장교들에게 이를 실행할 것을 강하게 압박했다. 그러나 그들은 소련 공격 대신 미국을 공격하고 남방으로 진출하기로 결정했다. 마쓰오카는 계속 소련 공격을 주장하는 동시에 미국을 상대로 한 협상에서 강경해졌다. 고노에는 내각을 개편하기 위해 일시적으로 사임하여 마쓰오카를 물러나게 했고, 다시 제3차 내각을 조직하면서 도요타 데이지로(豊田貞次郎)를 새로운 외상에 임명했다.

14 '대동아공영권'이란 용어 자체는 군국주의에 반대하던 분석 철학자 기요시 미키(三木清)가 제창했다. 고노에 후미마로는 1940년 7월 2차 내각을 조직하면서 일본, 만주국, 중국과 동남아시아의 일부를 아우르는 대동아를 건설한다는 명분으로 대동아공영권을 기획했다. 일본은 대동아공영권이 서구 제국주의 지배로부터 자유로워져 번영과 평화, 자유를 누릴 아시아 국가들의 '공영(共榮)'을 찾기 위해 새 국제질서를 만드는 것이라고 선전했고, 이러한 팽창을 위한 군사적 목표는 오스트레일리아의 고립과 인도양에서의 군사작전을 포함했다. 이는 1930년대부터 시작된 일본제국의 동아시아 침략을 정당화하려는 슬로건과 개념 중 하나였다.

하자 석탄 수요가 갑자기 늘어나 에너지가 부족하게 되었다.

유럽에서의 제2차 세계대전 확전으로 1939년 9월 이후 일본의 대유럽 수출은 감소했고 유럽에서의 수입도 현저히 감소했다. 유럽에서의 수입 품목 중 물자동원계획과 관련이 큰 것은 생산력확충 부문에 필수적인 고급정밀기계였다. 여기에 1939년 7월 미국이 발표한 '미일통상항해조약' 파기 통고[1940년 1월 만료]로 주요 공작기계나 원재료를 미국에 의존하던 일본에 큰 타격을 주었다.

이러한 국제환경의 악화로 식민지와 본국 모두에서 통제경제체제가 강화되었다. 1939년 7월 「국민징용령」이 시행되어 전시 노무동원체제의 법적 토대가 마련되었다. 이 노무통제정책은 거의 시기를 같이해 식민지 조선과 대만에서도 적용되었다. 1939년 기후 악화는 식량문제에도 엄청난 타격을 주었다. 1939년 대가뭄으로 조선과 일본의 쌀 수확량이 현저히 감소했고 이를 계기로 전시하 식량 증산정책이 본격적으로 전개되었다. 1939년 '농림수산물증산계획'이 입안되었고, 식량 증산정책이 수립됨과 동시에 11월 「미곡배급통제응급조치령」이 공포되어 미곡통제 매상(買上)제도가 구체화되었다.

일본의 무역 위기상황을 고조시킨 것은 1940년 9월 일본·나치 독일·이탈리아의 삼국동맹이었다. 독일이 유럽에서 승리하며 세력을 넓히자 고무된 일본은 영국·프랑스·네덜란드의 동남아시아 식민지를 탈취하는 행동에 돌입했다. 그러나 북부 인도차이나[베트남] 진주 직후 미국은 대일 설철(屑鐵)·강(鋼)의 금수, 대중국 지원을 위한 차관 공여로 대응했다. 삼국동맹 체결과 미국의 대일 금수조치는 일본의 영미 관계에 대한 사실상의 단절을 의미하는 것이었다.

1940년 6월 각의에서 결정된 「1940년도 물자동원계획강령」은 종래

'총화적(總化的) 물자동원계획'에서 '중점주의적 물자동원계획'으로 이행되었다. '중점'이란 ①군수 충실 ②수입력 증강 ③자급률 상승 ④대만주(對滿洲)·대중국에 대한 물자공급의 일본경제권 안에서 자급자족체제 확립이었다. 이것을 실현 가능하게 하기 위해 일본 본국·식민지·중국 점령지구에서 물자의 생산·유통·소비의 전면적 통제가 강조되었다.

1940년 8월 이후 기획원은 「응급물동계획 시안(試案)」을 시작으로 미일 개전(開戰)을 전제로 한 일련의 물자동원계획 시안을 작성했는데 그 핵심은 석유를 제외한 "기타 물자는 민수를 극단적으로 압축하면 단기전은 가능하다"는 것이었다. 한정된 물자를 효율적으로 운용하기 위해 배급 통제가 한층 강화되었다. 「임금통제령」, 「회사경리통제령」, 「은행등자금운용령」의 공포, 「종업원이동방지령」 등으로 대표되는 노무대책도 강화되었다.

1939년 9월 내무대신 훈령으로 「부락회·정내회(町內會)·인보반(隣保班)·시정촌 상회(常會) 설립 요강」이 결정되었고, 국민정신총동원 지방본부의 통제하에 부락회, 정내회를 통제의 말단기구로 위치 지우는 조직화가 이루어졌다. 이러한 조직화 속에서 대정익찬회(大政翼贊會)가 10월 발족했고 11월에는 대일본산업보국회가 만들어졌다. 취약한 일본의 경제 상황을 이른바 국민통합이라는 명목으로 돌파하려는 의도였다.[15]

전시경제 총동원체제가 3년여 경과하면서 계획과 시장의 탄력적 조정의 베이스가 되는 생산·유통 단계의 원재료 재고가 고갈되기 시작했다. 동원 가능한 노동력도 감소하기 시작했고 통제가 곤란한 운전자금 등 단기 자금이 비대화하고 불요불급한 방면에 유입되는 등 동원체제의

---

15 小林英夫, 2004, 앞의 책, 144쪽.

왜곡이 나타났다. 1939년 9월 제2차 세계대전 발발 후 나타난 물가상승 압력을 1939년 10월 「가격등통제령」에 따른 긴급 가격고정 조치로 봉쇄한 결과는 기초물자의 생산 정체로 나타났다. 여기에 1940년 9월 삼국동맹 체결과 북부 인도차이나 진주로 국제환경도 극도로 악화되었다.

이런 상황에서 이른바 혁신관료[16]의 시장성을 배제하고 경제의 계획성을 일층 강화하겠다는 '경제신체제론(經濟新體制論)'이 제시되었다. 경제신체제론의 근간은 경제계획의 정밀화와 철저, 그를 위한 경영과 자본의 분리[주주권한 규제], 이윤 원리에서 공익(公益) 우선으로의 경영 목적 전환, 지도자 원리에 따른 업계 리더십 발휘 등이었다. 그것은 종래 경쟁적 동원 방식과는 다른 원리로 시장을 통제하려는 것이었다. 기획원은 기존 통제회[17]를 은행이 포함되는 산업별·지역별 경제통제기구로 바꿀

---

16 1937년 중일전쟁 발발 이후 일부 정치가, 육군, 만주에서 돌아온 관료들을 중심으로 총력전을 위해 경제구조를 '공익(公益) 우선'의 형태로 변혁할 것, 그를 위해 정치적으로도 전체주의 국가화할 것 등이 구상되기 시작했다. 이것은 1940년 6월 이후 신체제운동 중에서 대정익찬회(大政翼贊會)나 경제신체제 구상으로 나타났고 그 입안자인 상공성이나 기획원 관료들이 혁신관료였다. 대표적으로 오쿠무라 기와오(奧村喜和男), 기시 노부스케(岸信介), 시이나 에쓰사부로(椎名悅三郞), 신체제기에 언론의 주목을 받았던 모리 히데오토(毛里英於菟), 사코미즈 히사쓰네(迫水久常), 미노베 요우지(美濃部洋次), 가시와바라 효타로(柏原兵太郞), 기획원사건에 연루되었고 전후 사회당에서 활동한 와다 히로오(和田博雄), 가쓰마타 세이치(勝間田淸一) 등을 들 수 있다. 혁신관료라 불리는 일군의 그룹은 1935년 설치된 내각조사국에 모인 상공관료 중 정당과 재계의 영향으로부터 비교적 자유로우면서 군부와 친연성을 가졌던 '신관료'로서 학창시절 마르크스주의의 세례를 받아 '반자본(反資本)'적인 사회 개조를 꾀했다. 이것이 이들과 함께 일본 파시즘체제를 주도했던 국가사회주의자[사회대중당 우파], 육군 통제파 등과의 차이였다(鳥海靖 外, 1999, 『日本近現代史研究事典』, 東京堂出版, 280·285쪽).

17 카르텔과 같은 '통제회'들은 「중요산업통제법」 아래에서 1930년 이래로 계속 유지되었다. 그러나 대부분의 경우 통제회 운영은 업계 대표자가 맡았고 공기업이 생산의 대부분을 맡고 있는 철강 등의 소수 분야에서만 예외였다.

것을 주장했다. 이는 모든 기업 관리가 국가로 넘어가고 "자본을 경영에서 분리한다"는 계획이었다.

이에 대해 정부 안에서는 고바야시 이치조(小林一三) 상공대신이 강하게 반대했고 경제계에서도 일본경제연맹회를 중심으로 반발과 동요가 커졌다. 우여곡절 끝에 1940년 12월 각의에서 결정된 「경제신체제확립요강」에서는 "국가종합계획하에 국민경제의 구성 부분으로서 자본·경영·노동이 유기적으로 하나가 되는 기업체제를 확립하고 이를 기업담당자의 창의와 책임에 따른 자주적 경영에 맡긴다"로 수정되었다.

1941년 초에 발생한 기획원사건[18]은 일본의 전시 총동원체제 구축계획과 재계와의 관련성을 살펴보는 데 중요한 의미를 갖는다. 1937년 이후 하야시 내각에서 고노에 내각에 이르는 과정에서 생산력확충계획은 중요 국책이 되었다. 그러나 중일전쟁 발발과 장기화는 이 생산력확충계획의 전제 조건을 파괴했다. 중일전쟁에 대응해 부족한 수입자원을 어떻게 군수에 돌리느냐를 목표로 한 물자동원계획의 발동에 따라 생산력확충은 뒤로 밀리게 되었다. 이후 기획원에 결집한 관료와 군인을 중심으로 일본의 전시 총동원계획이 추진되었다. 그러나 1938년도 물자동원계획 이후 그들이 작성한 계획은 암담한 결과를 초래했고, 향후 전개될 상황은 더욱 참담했다. 이에 군과 정부는 내부 결속을 공고히 해서 밀어붙이는 수밖에 없었다. 1940년 2차 고노에 내각은 '신체제운동'을 내세웠고, 그 일환으로 기획원이 입안한 경제신체제안의 내용은 고도국방국가 완성을 목표로 기업형태의 합리적 개혁, 산업별 조직에 따른 동업조합

---

18   1941년 4월 기획원 안의 물자동원 담당관인 마사키 지후유(正木千冬), 이나바 히데조(稻葉秀三), 와다 히로오(和田博雄)가 관청인민전선을 조직하고 있다는 이유로 치안유지법 위반으로 체포된 사건을 말한다.

결성 등이었다.

기획원이 작성한 이 원안에 대해 재벌을 중심으로 기업가들이 거세게 반발했다. 반대 이유는 자본과 경영의 분리를 말하며 이윤 통제를 도모한다는 것이었다. 1941년 초 기획원사건은 관료 주도의 통제경제인가 기업가 주체의 자유경제인가를 둘러싼 양자의 격렬한 헤게모니 싸움의 한 단면이었다. 기업가는 기사회생의 역전을 목표로 관료와 군에게 공격을 가했지만 결과적으로는 관 주도의 통제경제로 길을 여는 결과가 되었다.[19]

「경제신체제확립요강」 결정 이후 새로운 통제단체 설립을 둘러싼 신체제 이념이 도입·적용되었다. 공익 규정이나 회원 기업에 대한 지도성을 정한 「중요산업단체령」(1941.8.30)[20]을 계기로 중점 산업 부문에서는 공업조합이나 사단법인 등을 대신해 통제회가 설립되었다. 또 「중요산업동업조합법」, 「공업조합법」, 「상업조합법」, 「중요수출품공업회사법」 등에 기초해 가맹원의 공동 이익을 목적으로 했던 조합 조직은 「상공조합법」 (1943.3) 제정으로 강한 통제력을 가진 통제조합·시설조합으로 개조되었다. 경제신체제 구상은 정치적 이슈로서 강력한 사회적 임팩트를 가지

19　小林英夫, 2004, 앞의 책, 147쪽.

20　통제회·통제조합의 근거 칙령. '관민협력에 따른 계획경제의 수행 특히 주요 물자의 생산, 배급, 소비를 관통하는 일원적 통제기구의 정비'의 구체화는 혁신관료·군부와 재계와의 격렬한 대립에 따라 난항을 겪었다. 이윤보다 공익을 우선하도록 한 기업이 업종별로 생산공동체를 조직해 정부 통제를 받게 한다는 혁신관료에 대해 재계는 민간의 자주통제를 주장했다. 강력한 통제기능을 규정한 산업단체통제법안의 의회에 제출되었고, 상공성은 국가총동원법에 근거해 산업단체통제령을 준비했지만 또한 반대가 심해 시험적으로 철강업에서 철강통제회가 조직되었다. 이것을 발판으로 중요산업단체령이 제정되었다. 同令에 따라 업종별로 전국조직으로서 통제회가 조직되고 그 아래 지방조직으로서 통제조합이 만들어져 일원적 통제기구가 정비되었다(아시아역사자료센터 https://www.jacar.go.jp/ glossary/term1/0090-0010-0040-0080-0040.html).

고 있었다는 점에서 통제회 탄생은 신체제 추진파의 하나의 성과였다.[21]

그러나 각 산업의 통제회는 제 기능을 수행하지 못했다. 통제회 구성은 '관민일체'를 기본 원리로 했지만 그 실태는 1931년 「중요산업통제법」에 따라 재벌이 지배하게 된 재계 주도 카르텔의 연장이었다. 통제회는 이익 증액에 분주했고 시장을 재벌 기업에 유리하게 분할했다. 정부[기획원·상공성] 방침을 무시한 채 심지어 군부와의 암거래도 서슴지 않았다. 재벌들의 이러한 '도덕적 해이'와 함께 정부 경제부처 간에 중요 산업 지정이나 통제회 관할권 문제를 둘러싼 주도권 싸움도 끊이지 않았다.

최초의 통제회는 1941년 4월 26일 상공성 주관으로 설립된 철강통제회[22]였다. 기계분야 통제회 설립을 둘러싸고 상공성과 체신성이 충돌했고, 비료 부문은 상공성과 농림성이 충돌하는 등 통제회 설립 과정은 순탄하지 않았다. 1942년 8월에서야 15개 산업 분야의 생산과 분배를 관장하는 약 21개의 통제회가 본격적으로 운용되기 시작했다.[23] 법적으로 보면 통제회는 일본제철이나 남만주철도회사[만철]처럼 '국책회사'이거나 닛산(日産), 도요타(豊田)처럼 「기업허가령」에 따른 '허가기업'을 모델로 한 관민공동경영회사였다.

혁신관료들은 좀 더 강력한 국가 통제를 위해 정부가 전액 출자해 임원도 정부가 임명하는 진정한 공공기관을 만들어 재계 반발도 진정시키고 통제회도 조정한다는 구상 아래 새로운 기업 형태로서 '영단'[營團, 경

---

21 山崎志郎, 2011, 앞의 책, 18-19쪽.
22 철강통제회는 일본의 철강 합병기업 일본제철 사장 히라오 하치사부로(平生釟三郎)가 통제회 회장이 되었다. 철강통제회는 이후 다른 산업 통제회의 모델이 되었다.
23 찰머스 존슨(Chalmers Johnson) 저, 張達重 역, 1984, 『일본의 기적-통산성과 발전지향형 정책의 전개』, 박영사, 167쪽.

영재단의 약칭][24]을 만들었다. 일본에서는 1941년 3월 제76 제국의회에서 「주택영단법」, 「제도고속도(帝都高速度)교통영단법」, 「농지개발법」이 제정되어 주택영단[후생성 소관, 1941], 제도고속도(帝都高速度)교통영단[철도성 소관, 1941],[25] 농지개발영단[농림수산성 소관, 1941]이 설립되어 이를 '3영단'이라 불렀다. 그후 상공성 소관의 산업설비영단(1941), 중요물자관리영단(1942), 교역영단(1943), 농림수산성 소관 식량영단(1942)이 설립되었다. 이 중 1941년 11월 25일 설립된 산업설비영단[26]은 유휴 설비, 특히 상공성의 명령으로 폐쇄된 공장 설비를 매수해 군수생산으로 전환 내지 임차하는 업무를 담당했다. 이를 위한 자금은 자본금 5배 안의 범위에서 정부보증의 사채를 발행해 조달했다.[27]

이와 함께 1941년 12월 11일 「기업허가령」을 공포해 비군수기업의 신규사업에 대한 전면적 허가제를 실시했다. 1942년 5월 13일 「기업정비령」 공포로 유휴설비를 가진 민수산업의 재편·통합, 군수산업으로의 전환을 꾀했고, 기업 정리는 법적 강제력하에 추진되었다. 1943년 6월 「전력(戰力)증강기업정비요강」이 각의에서 채택된 후 군수산업 강화를

---

24 영단의 특징은 ①회사 형태와 비슷하지만 비채산사업을 실시하기 위해 설립한 것 ②관민협력을 위해 公法人도 아니고 私法人도 아닌 중간 형태의 기업 형태가 된 것 ③제도고속도교통영단과 같이 채산사업에는 이에 참여하면 막대한 이익을 얻을 수 있어 다수의 참여 희망자가 있고 또는 공익과의 조정을 위한 완충재로서 공권력의 감시하에 있는 조직 형태로 설립된 것이다.

25 패전 이후 GHQ는 다른 영단은 해산 또는 공단으로 개조시켰으나, 제도고속도교통영단은 계속 존속되다가 2004년 4월 1일 민영화로 일본 정부와 도쿄도(東京都)가 주식을 보유하는 도쿄메트로(東京地下鐵)가 되었다.

26 회장은 전 상공대신이자 합병기업 오지제지(王子製紙)의 설립자 후지와라 긴지로(藤原銀次郎)였다.

27 찰머스 존슨(Chalmers Johnson) 저, 張達重 역, 1984, 앞의 책, 168쪽.

위해 관련 중소기업을 대기업의 협력공장[하청공장]으로 강제적으로 전환시켜 재벌계 대기업으로의 집중도는 더욱 커졌다.

2) 아시아태평양전쟁기(1942~1945): 생산력확충의 파탄

1941년 12월 8일 일본 해군이 하와이 진주만을 공격하면서 아시아태평양전쟁이 발발했다. 동시에 일본의 침공 방향은 중국에서 동남아시아 지역으로 확대되었다. 일본 육군은 말레이반도에 상륙했고 1942년 전반기까지 동남아시아의 중요한 지역을 점령했다. 1942년 1월 필리핀을 공격하고 마닐라를 점령, 2월에는 싱가폴을 점령, 3월에는 인도네시아의 중심 바타비아와 버마의 중심 랑군을, 5월에는 랑군의 버금가는 제2의 요충지 만다레를 공략했다. 또 해군부대도 1942년 2월에는 남태평양의 비스마르크제도(諸島)까지 진출했다. 이 결과 일본군은 동쪽으로는 비스마르크제도, 서쪽으로는 버마까지, 북쪽은 알류샨 열도, 남쪽은 인도네시아의 티모르섬까지 확대된 지역을 점령해 1942년 전반기까지 이 지역에서 영국·미국·네덜란드를 몰아내는 것에 성공하고 여러 지역에서 군정부를 설립하고 점령지 군정체제를 확립했다. 그러나 중일전쟁기와 달리 아시아태평양전쟁기에는 식민지 민중만이 아니고 영미를 포함한 반추축(反樞軸) 세력 모두를 적으로 돌린 결과 전쟁 초기 약간의 승리를 제외하면 군사 점령은 계속되지 못했고 1943년 이후 본격화된 연합군의 반격 앞에서 패퇴가 불가피했다.

전쟁의 확대 속에서 전시 총동원체제는 어떻게 전개되었을까. 아시아태평양전쟁에 돌입해 대영미 무역이 두절되고 외화 획득이 절망적으로 되면서 물자동원계획은 점령지역 내부의 물자 수송력에 규정되었다.

물자동원계획의 성공은 광범한 점령지역에 기존 영미를 대신해 공업제품을 공급해야만 가능했다. 그러나 이것이 원활하지 않은 상황에서 원료 물자의 동원[수탈]이 제대로 되지 않아 군수 기초소재 부문의 확충을 기도한 생산력확충계획도 성공적으로 이루어지기 어려웠다. 1941년 6월 독소전이 발발하면서 결정된 「1941년도 생산확충긴급대책」은 '생산력확충'이라는 표현을 쓰지 않고 '생산확충'이라 칭했다. 이제 군수 기초소재 부문에서 생산력 자체의 상승을 도모하는 것은 불가능하고 당장 필요로 하는 중점산업의 생산 증가에 주력한다는 것이었다.

1942년 4월에 결정된 '1942년도 물자동원계획'은 동남아시아 지역에서 일본군의 '순조로운' 승리를 반영한 것이었다. 그러나 아시아태평양전쟁 초기의 승리하에서도 물자동원계획의 문제는 드러나고 있었다. 군수 및 군수관련 부문으로의 자재 우선 배당 결과, 일반 민수는 크게 축소되었다. 1941년 4월 미곡배급 할당 통장제의 6대 도시 우선 실시와 곧 이은 전국적 실시, 생선(生鮮) 식량품의 통제 강화, 1942년 2월 '섬유제품배급통제규칙'에 따른 의료품(衣料品) 배급표제 실시 등 일반 생활필수품에 대한 통제 강화가 그것을 여실히 보여준다.

1942년 6월 미드웨이해전에서 일본 해군의 패배로 전쟁 초기의 승리 시대는 종결되었고 미국의 반격이 시작되었다. 먼저 1942년 8월에는 미군이 과달카날섬에 상륙하면서 연합군의 본격적인 반격이 시작되었다. 연합군의 반격은 일본의 선박 사정을 악화시켜 수송량을 베이스로 하는 이 시기 물자동원계획의 기본을 흔들기 시작했다. 1942년 7월 선박 수송과 동시에 중국, 조선 경유의 '철도수송 중시 방침'이 나오기 시작한 것도 이 때문이었다. 수송력 부족은 전쟁 국면의 악화와 함께 물자동원계획의 가장 심각한 문제였다.

1942년도 물자동원계획과 병행해 1941년에 종료된 '제1차 생산력확충계획 4개년 계획'의 뒤를 이어 이 해부터 1946년을 최종 연도로 하는 '제2차 생산력확충계획 4개년 계획'이 입안되었다. 그리고 1942년 1월 작성된 「일만지(日滿支) 제2차 생산력확충 5개년 계획요강」은 동남아시아 점령지역을 포함한 '대동아공영권' 내부에서 생산력확충을 꾀했지만 이 계획은 제1차 생산력확충계획과는 달랐다. 첫째, 제2차 생산력확충계획은 제1차에 비해 도달 목표 수치가 낮게 설정되었다. 제2차 생산력확충계획의 달성 목표는 원래 제1차 계획에서 달성해야 할 목표였으나 달성하지 못하고 그 목표를 그대로 1946년까지 연장시킨 것이다. 둘째, 선박 생산이 생산력확충의 중요 목표가 되었다. 식민지와 동남아 점령지역 안의 물자 수송이 물자동원계획과 생산력확충계획을 달성하는 승부수이자 사활이 걸린 문제였다. 그러나 선박 건설문제는 마지막까지 일본 물자동원계획의 가장 큰 애로 사항이었다.[28]

1942년 6월 미드웨이해전 패배 이후 1942년 후반에는 남태평양 과달카날섬 주변을 무대로 미일 양군의 사투가 반복되는 속에서 일본 해군은 전력을 소모했다. 결국 대본영은 12월 31일 과달카날섬에서 철퇴하기로 결정했고 1943년 이후 연합군은 태평양 곳곳에서 일본군을 괴멸시켰다. 일본군이 수세로 돌아서기 시작한 것을 반영해 1943년도 물자동원계획이 입안되었다. 특히 물자동원계획의 기본이 되는 수송력은 전년도 이상으로 심각해졌다. 이에 1942년 물자동원계획부터 실시되었던 선박 수송의 육상 수송으로 전환이 더욱 적극적으로 추진되었고 상실된 선박 수를 보전하기 위한 선박 건조도 추진되었다.

---

28 小林英夫, 2004, 앞의 책, 176-177쪽.

그간 진행되었던 중국의 화북·화중 지역과 만주에서의 선박 수송을 만주에서 조선의 철도를 경유해 동해(東海) 항구로 보내는 것으로 전환했다. 1943년 당시 선박 수송에서 철도 수송으로 전환된 분량은 전체 수송량의 10% 정도였다. 반면 이 지역으로 운행되고 있던 선박 톤수가 전 선박 톤수의 90%를 차지하고 있었으므로 향후 물자의 철도 수송으로의 전환이 성공한다면 이 지역을 운행하는 선박을 다른 지역으로 전용할 수 있게 되어 선박 수송 사정을 호전시킬 수 있다는 계획이었다. 그러나 일본의 공업지대는 대부분 태평양 연안 지역에 형성되어 선박 수송으로 원료와 제품의 반출입이 이루어지고 있었다. 이것을 육로의 철도 수송으로 재편하는 것은 간단하게 단기간에 이루어질 수 있는 상황이 아니었다. 물자가 집중된 조선에서는 "엄청나게 육송(陸送)으로 옮겨온 물자의 적체가 선박 부족과 하역력이 여의치 않은 것과 겹쳐 혼란 상태를 노정했다." 바다를 건너가도 동해 쪽에 있는 일본 항구의 하역능력 부족과 동해 쪽 철도 간선인 산인(山陰)·호쿠리쿠(北陸)의 본선은 단선(單線)으로 수송력에 한계를 드러냈다.

미군의 반격은 더욱 거세져서 1943년에는 뉴기니아, 중부 태평양제도에 상륙했다. 1943년 9월 일본은 '전쟁 수행상 절대 확보해야 할 영역을 치시마(千島)·오가사와라(小笠原)·남양(南洋) 중남부 및 서부 뉴기니아·순다(Sunda)·버마를 포함하는 권역'으로 하는 절대적 방위권을 설정했다. 이와 함께 군수생산 증강에 더욱 박차를 가했다. 군수생산 증강체제 만들기는 군수성 설립 및 「군수회사법」 제정으로 나타났다.

1937년 설립된 기획원이 전시 통제 및 동원을 총괄하고 있었으나 정부 내의 다른 관청 및 군부와의 업무 조정에서 어려움이 있었고, 특히 상공성과 기획원은 전시 통제방침과 주체를 둘러싼 인식에서도 상당한 차이가 있었다. 경제신체제론을 주창하는 기획원은 국가에 의한 일원적 발주, 중요 물자의 국가에 의한 매상, 중요기업에의 관급(官給) 등 정부 주도의 유통 통제, 회사 관리자의 정부 선임, 생산책임제, 고도의 경리 통제, 사장 이하 전 종업원의 징용 등 기업관리 강화를 주장했다. 물가정책에서는 각 기업의 원가 계산에 능력에 따른 적정이윤을 더해 그때마다 생산가격을 결정하고 배급가격은 현행 공정가격으로 하는 등 철저한 가격 통제를 요구했다. 노무대책에서는 노동자의 지위 향상을 도모하지만 다른 한편 노동자 이동에 대한 철저한 방지, 여성노동력의 적극 활용 등을 주장했다.

이러한 기획원 구상에 대해 상공성의 입장은 중점 물자의 생산을 확보하기 위한 기업 차원의 원료·자재 확보를 중시해 정부가 발주를 조정하는 선에서 중점기업에 집중하는 것, 통제회나 통제회 산하 배급기관에 반드시 의존하지 않고 신속하게 대응할 필요가 있다는 것이었다. 이러한 입장 차이를 조정할 필요가 있었지만 행정기관이나 배급기구의 대규모 재편은 일단 보류되고 대신 각각의 상황에서 발생하는 문제를 '즉단즉결'로 대응하기 위한 행정기관으로 1942년 11월에 기획원과 관계 각성(各省)의 담당관으로 구성된 임시생산증강위원회가 설치되었다.

임시생산증강위원회는 중점산업-철·알루미늄·석탄·선박·항공기-증산의 어려움을 타개하기 위해 제 관청 간의 신속한 행정조정을 도모하려는 것이었다. 5대 중점산업에서는 특정 중점기업을 지정한 위에 설비, 원료·자재, 노동자용 작업용품, 기술, 노무, 자금, 수송력의 집중적 동원 외에 노무통제 강화와 함께 주택 확보, 생활필수 물자의 우선 배급을 기존 상업 루트와는 별개로 통제회, 산업보국회, 지방 관청의 특배(特配) 루트를 통해 실시했다. 임시생산증강위원회 설치 후 철·알루미늄·

석탄 확보를 위한 긴급 증산지시가 내려졌고, 이어 강재(鋼材)·석탄의 긴급 수송조치, 선박 수송의 신속화를 위해 항만 행정의 지방장관으로 집중, 만주·조선에서의 소형용광로 건설, 전력공급의 중점 조치, 금속류 비상 회수, 품질안정서 기준을 완화한 전시 특별규격 설정 등의 현안을 신속하게 처리하며 생산 증강을 독려했다.[29]

이와 같은 일원적 통제기구의 필요성은 전국(戰局)의 악화로 더 절실해졌고 변화하는 상황에 임기응변적으로 신속하게 대처하기 위해서는 행정기관의 통합이 요구되었다. 이에 전시경제의 일원적 통제기관으로서 1943년 11월 1일, 기획원과 상공성이 합쳐져서 군수성(軍需省)이 성립되었고, 이와 연관하여 제83 임시의회에서 「군수회사법」[법률 제108호, 1943.10.31]이 제정 공포되었다. 군수성[30]은 상공성과 기획원, 육해군의 항공본부에서 민간공장 감독 부분을 합병해 설치되었다. 군수성은 항공기의 비약적 증산을 주목적으로 했으나 소관 업무는 국가총동원, 광공업제품·군수품·원재료의 생산 관리·발주·조정·배급·소비·가격, 민간기업의 공장이용·경영통제·근로관리·임금·자금조정·경리통제 등으로 전시 통제경제 지도체제의 일원화를 목표로 했다.

「군수회사법」은 국가의 생산 명령을 생산책임자를 매개로 하여 생산

---

29 山崎志郎, 2011, 앞의 책, 29-30쪽.

30 군수성의 조직은 기획원을 계승한 총동원국 및 항공기 증산을 담당한 항공병기총국을 중심으로 하여 기계국, 철강국, 경금속국, 비철금속국, 화학국, 연료국, 전력(電力) 국의 7국(局)과 기업정비본부로 구성되었다. 지방기관으로서 9개의 군수감리부가 설치되었다. 초대 대신은 도쿄 히데키(東條英機) 총리대신이 겸임했고, 이후 후지와라 긴지로(藤原銀次郎), 요시다 시게루(吉田茂), 도요다 데이지로(豊田貞次郎), 나카지마 지쿠헤이(中島知久平)가 군수대신이 되었다. 패전 후 1945년 8월 26일에 폐지되었고, 재건된 상공성으로 인계되었다.(아시아역사자료센터https://www.jacar.go.jp / glossary/term1/0090-0010-0060-0040.html)

현장까지 관철시키려는 것이었다. 그러나 물자동원계획, 생산력확충계획의 목표와 실적의 괴리가 점점 커지는 가운데 기구의 변화로 상황을 바꿀 수 없었다. 군수성은 상공성·기획원이 각각 군수성의 제1부·제2부로 바뀌는 것에 지나지 않고「군수회사법」도 사장이 '생산책임자'로 명칭 변경되는 것에 불과했다. 통제 관리기구의 정비와 법 제정에도 불구하고 현실은 수송력 부족으로 인한 물자 부족을 극복할 수 없었고, 냄비·솥·다리의 난간 등의 공출에 의한 물자 확보로 겨우 군수생산을 이어가고 있었다.[31]

1944년에 접어들면서 1943년 9월 설정한 '절대 방위권'마저 미군에게 돌파되었고, 2월에는 마샬제도에 미군이 상륙, 일본군 수비대는 전멸했다. 6월에는 미군이 사이판섬에 상륙했고 6월 19일 마리아나해협 해전에서 일본 해군 기동부대가 격파되었다. 7월 7일에는 사이판이 함락되면서 도죠 히데키(東條英機) 내각이 총사직하고, 고이소 구니아키(小磯國昭) 내각이 성립되었다. 1944년 물자동원계획은 1943년 말에 입안되었지만, 전쟁 국면 악화로 장기 연간계획 설정은 불가능하고 각 분기마다 수정될 수밖에 없었다. "계획의 수치는 설령 정밀한 계산을 한다 해도 그것은 난센스의 허상일 뿐"인 상황이었다. 1942~1945년까지의 물자동원계획은 목표와 성과 간의 괴리가 점점 커져 1945년이 되면 동원할 어떠한 물자도 남지 않은 상태가 되었다. 이 시기 물자동원계획의 파탄을 상징적으로 보여주는 것은 선박 부문이었다.

수송력 부족은 선박 격침 톤수가 증가하면서 점점 심각해졌다. 1944년 상실 선박 수가 건설 선박 수를 크게 넘어서기 시작했다. 일본

---

31 小林英夫, 2004, 앞의 책, 182쪽.

조선업계는 선박 건조 톤수를 증가시키기 위해 표준선 건조에 주력하면서도 궁여지책으로 소형목선을 건조해 수송력을 보충하고자 했다. 소형목선의 건조는 급증했지만 선체를 만들었을 뿐 엔진이 없는 무동력선이었다. 선박과 수송력 부족은 동남아시아의 자원을 일본으로 가져올 수 없게 하여 대신 일본의 주변 지역, 즉 만주·조선의 자원 공급에 매달려야 했다. 나아가 일본 국내의 유휴 설비를 해체하고 원료가 있는 조선·만주·화북 지역으로 설비를 이전하는 계획이 입안되었고 실제 이전이 시작되었다. 철광석을 수송하기보다는 선철로 가공해 수송하는 쪽이 효율이 높다는 판단하에 조선·만주·화북·대만에 50톤 이하의 소형 용광로를 건설했지만 용광로의 효율성을 무시한 무모한 임기응변적 대책이었기에 선철 생산에 도움이 되지 못했다.[32]

물자동원계획의 파탄과 함께 생산력확충계획은 낮게 설정된 목표마저도 거의 이루어지지 못했다. 1942년 과달카날전투 이후 미군의 공격으로 동남아시아와 일본, 중국 양쯔강과 일본을 연결한 해상수송 루트가 끊기고, '대동아공영권'은 점점 축소되었다. 또한 일본이 마지막까지 믿고 의지한 만주·화북 지역과 식민지 조선·대만의 생산력확충도 제대로 이루어질 수 없었다. 일본에서 기계와 숙련노동력의 지속적인 공급, 식민지 미숙련노동력의 강제동원, 이 3자의 유기적 결합에 따른 군수공업 건설이라는 식민지에서의 생산력확충 조건도 수송력 부족이라는 상황 하에서 급속히 사라졌다.[33]

생산력확충과 물자동원 양자 모두가 점점 어려워지는 상황에서 후방

---

32 小林英夫, 2004, 위의 책, 184-185쪽.
33 小林英夫, 2004, 위의 책, 189쪽.

민수(民需)의 희생은 더욱 강화되었다. 1942년 이후 식량·의류품을 포함한 국민생활에 필요한 생필품 전 분야에서 배급제가 실시되었고, 이것도 제대로 공급되지 않아 대용품이 횡행하고 통제경제 밖에서 암거래가 활개를 쳤다. 한편 병력이나 광공업 부문의 징용으로 노동력을 강제 동원하면서 농촌에는 노동력 부족 현상이 심화되어 농업생산력도 현저히 둔화되었다. 전시 인플레가 극심해지면서 식민지에서 미숙련노동력=반농반공(半農半工)적 노동자의 공급도 어려워졌다. 인플레하에서는 광산이나 공장 노동자로의 취업보다 농업에 종사하는 것이 유리했다. 이 또한 임금 지불이 제대로 이루어지는 상황을 전제로 하는 것이었지만, 기업은 강제저축 등의 명목으로 최소한의 임금도 제대로 지불하지 않았다. 노동력 부족으로 곤란해진 기업은 국가권력 차원의 강제력을 동원한 강제징용에 매달리게 되었다. 이는 식량 공급기지로서 역할을 부여받은 식민지의 식량 증산 과제와도 대립하는 결과를 가져왔다.

2. 중일전쟁 이후 조선의 병참기지화와 전시 총동원

1) 병참기지화정책과 전시 경제통제

조선에 부임할 당시 조선의 산업개발정책에 대해 구체적 구상이 없었던 미나미 지로 총독은 1936년 개최된 조선산업경제조사회와 「중요산업통제법」 조선 실시 논의를 거치면서 자신의 정책 방향을 구체화하기 시작했다. 조선산업경제조사회에서 일만 블록의 국책에 순응한다는 입장을 천명한 만큼 1936년 하반기 이래 만주와 정치적·경제적 협력관계를 강화하는 데 주력했다. 미나미는 '일만일여(日滿一如)'에 부응한 '선만일여(鮮滿一如)'의 정신을 조선 산업개발의 새로운 슬로건으로 내세우며 1937년부터 시작되는 '만주 산업개발 5개년 계획'에 대한 적극적 호응을 강조했다.

1937년 상반기부터 조선총독부는 '비적토벌(匪賊討伐)'에 대한 공동대책을 비롯해 선만(鮮滿) 간 국경 교량협정, 북선 3항 시설 확충, 압록강 공동기술위원회 설치, 수력발전 협정, 선만척식회사 설립, 통관·우편·수산협정 등을 추진하면서 만주국·관동군과의 협력관계를 강화했다.[34] 이러한 대만주 협력 강화를 배경으로 미나미 지로 총독은 1937년 4월 20일 도지사회의에서 조선 산업개발의 기본 방침을 발표했다. 그는 '조선통치 5대 정강'-국체명징(國體明徵), 선만일여(鮮滿一如), 교학진작(教學振作), 농공병진(農工竝進), 서정쇄신(庶政刷新)-을 자신의 근본 통치 방침으로 제시했다. 그중 '농공병진'을 '조선산업 진전의 대기치'로 규정하고 농공병진정책의 전면적 확대 강화가 향후 조선 산업개발의 기본 노선임을 분명히 했다.[35] 농공병진의 목표는 '선만일여의 대방침'에 기초해 일만블록의 '국책대강(國策大綱)'에 순응하고 '광의국방(廣義國防)'을 완성하기 위한 엔블록 생산력확충에 부응하는 데 있음을 강조했다.[36]

그러나 만주 개발 중심의 생산력확충계획이 추진되고 있는 현실에서 조선총독부의 구체적 방안이 마련되지 않으면 그간 농공병진정책의 실

---

34 殖産局 商工課, 1937.6, 「鮮滿一如の經濟的施設に付て」, 『朝鮮』 265, 172-176쪽.
35 1937.5, 「道知事會議に於ける南總督訓示」, 『朝鮮』 264, 5-6쪽.
36 방기중, 2004, 「1930년대 조선 농공병진정책과 경제통제」, 『일제 파시즘 지배정책과 민중생활』, 혜안, 100쪽.

제 추진세력이었던 재조선 자본가들의 불만과 위기의식을 잠재울 수 없었다. 이에 1937년 6월 17일, 1938년부터 시작되는 '(조선)산업개발 5개년 계획'을 수립하기로 결정했다.[37]

1937년 7월 중일전쟁 발발은 미나미 지로 총독의 식민 통치정책에 전환점이 되었다. 1937년 9월 조선상공회의소 회두(會頭) 가다 나오지(賀田直治)는 "조선의 국방일선적 지위, 병참기지로서의 입장에서 생각해 국방산업의 적극적 진흥을 강구"[38]해야 한다고 주장했다. 미나미 총독도 훈시를 통해 "이 전시체제하에서의 조선의 입장은 국방상 극히 추요(樞要)한 지위를 점할 뿐 아니라 산업 및 경제상 병참기지인 중요한 지위를 점하고 있다"[39]라고 했다. 이제 조선이 전쟁 수행을 위한 '병참기지'가 되어야 한다는 것을 처음으로 밝혔다.

전쟁 발발로 전시 경제통제가 본격화되면서 조선 산업개발의 전망은 불투명해졌다. 첫째, 일본에서 국가 주도의 전시 경제통제가 시행되면서 그 여파가 조선에도 미치기 시작했다. 일본에서는 「군수공업동원법」[1918년 제정]에 입각해 1937년 9월 「임시선박관리법」, 「임시마(馬)의 이동제한에 관한 법률」 등 군수물자를 우선적으로 확보하기 위한 법률이 제정되었다. 또한 군수산업에 필요한 원료와 자금을 확보하기 위한 「수출입품등임시조치법(輸出入品等ノ臨時措置二關スル法律)」[법률 제92호, 1937.9.10]과 「임시자금조정법」[법률 제86호, 1937.9.10]이 제정되었는데, 기존

---

37 全國經濟調査機關聯合會 朝鮮支部 編, 1939, 「朝鮮經濟日誌」, 『朝鮮經濟年報(昭和 14年版)』, 改造社, 21쪽. 이 개발계획은 중일전쟁 발발로 시국대책조사회의 생산력 확충·산업개발계획에 흡수·조정되었다.

38 賀田直治, 「事變과 朝鮮經濟界 緊要施設이 急務」, 『東亞日報』, 1937.9.11.

39 「農山漁民報國日의 總督訓示 要旨」, 『東亞日報』, 1937.9.24.

일본에서 제정된 법률이 상당한 시차를 두고 조선에 적용되던 것과는 달리「수출입품등임시조치법」[1937.9.22 조선 시행]과「임시자금조정법」[1937.10.25 조선 시행]은 바로 조선에서도 시행되었다.

「수출입품등임시조치법」으로 면화·양모 등 중요 수입품의 수입이 제한되었고, 기호품·사치품 등 비군수품 수입이 금지되었다.「임시자금조정법」으로 비군수산업이나 생산과잉 업종은 자금 공급 및 기업의 신설·확장이 금지되었다. 특히「수출입품등임시조치법」제2조에 따라 중요 수입품을 대상으로 하는 물자의 생산·배급·소비를 통제하는 '조선총독부령'이 대거 제정되었다. 면제품·철제품의 제조 제한, 동·백금·아연 같은 비철금속 및 고무의 사용 제한, 석탄·휘발유와 같은 연료 및 비료의 배급 통제 등이 각종 '규칙'으로 시행되었다. 물자 유통에 직접적 영향을 미치는 물가도 통제했다. 기존의「폭리를 목적으로 한 매매의 취체[단속]에 관한 건(暴利ヲ目的トスル賣買ノ取締ニ關スル件)」[부령 제60호, 1937.5.1]을 개정[부령 제98호, 1937.8.3]해 물가 통제 범위를 철강의 폭리·매점·매석에 대한 규제에서 26개 품목으로 확대했다.[40]

이 시기 조선의 물자배급과 소비 통제는 일본과 달리 '자치통제' 형식을 취하고 있었지만 군수공업 위주의 무역·물자 통제에 따른 민수공업 분야의 원료 공급 축소와 수출 제한은 조선공업의 주요 부분을 차지하는 중소자본에 직접적인 타격을 주었다. 여기에 '내선(內鮮) 경제통제의 일원화'를 추구하는 일본 정부는 조선의 중소자본을 전시 경제통제에 편입시키기 위해「공업조합법」(1931.4.2) 조선 시행을 종용했고, 조선총독

---

40 全國經濟調査機關聯合會朝鮮支部 編, 1940,『朝鮮經濟年報(昭和15年版)』, 改造社, 79쪽; 山內敏彦·圓井正夫·坂口公男·伊藤利夫 共著, 1945, 앞의 책, 22쪽.

부는 1938년 8월 「조선공업조합령」[제령 제27호, 1938.8.1]을 공포했다.[41]

둘째, 일본 정부의 전시 통제하의 물자동원계획과 생산력확충계획이 본격적으로 추진되기 시작했다. 1937년 10월 기획원이 발족하면서 1938년 물자동원계획과 함께 1939년부터 생산력확충계획과 물자동원계획이 결합된 전시 총동원계획을 추진했다. 이러한 상황에서 조선총독부도 기획원의 전시 총동원계획에 호응해 조선의 독자적인 입장과 계획을 제시하는 등 적극적으로 대처할 필요가 있었다.

미나미 지로 총독은 전시체제하 조선의 지위와 역할을 모색하기 위해 1938년 2월 9일 '조선총독부시국대책준비위원회'를 설치했다. 1938년 4월 「국가총동원법」 제정과 조선 시행에 대처하는 한편 농공병진정책의 전시적 재편으로서 '병참기지정책'을 본격화했다.[42] 이와 함께 병참기지정책 이념으로서 '내선일체(內鮮一體)' 슬로건이 제창되었다. '내선일체'는 조선을 전시 총동원체제의 총후[銃後, 후방]로 동원하기 위한 국민정신총동원의 이데올로기였지만 그것은 정치·사상면에 한정된 것이 아니라 물자 총동원을 위한 병참기지정책의 이데올로기이기도 했다.[43]

---

41 상공성이 「공업조합법」 조선 시행을 강력히 요구한 의도는 물자동원계획 강화에 따른 배급·생산통제와 중소공업의 전시공업으로의 전환, 통제하의 수출공업 진흥 등이었다(朝鮮銀行調査課, 1938, 『朝鮮工業組合令實施と金融機關との關係』, 27-29쪽).

42 미나미 지로 총독은 1938년 8월 제1회 산업부장회의에서 병참기지정책을 '조선의 사명'으로 규정하며 그 의미를 설명했다. "가령 대륙작전군에 대해 내지에서의 해상 수송로가 차단된 경우가 있다 하더라도 조선의 능력만으로 그것을 보충할 수 있을 정도까지, 조선 산업분야를 다각화하고 특히 군수공업의 육성에 역점을 두어 만전을 기할 필요가 있다"는 것이었다(全國經濟調査機關聯合會朝鮮支部 編, 1939, 앞의 책, 403쪽).

43 방기중, 2004, 앞의 글, 107쪽.

시국대책준비위원회는 산업·경제 제반 부문에 대한 18개 항목의 총독 자문사항[44]을 결정해서 「조선총독부시국대책조사회관제」[칙령 제601호, 1939.8.27]를 공포하고 일본·조선·만주의 정·관·군·재계 인사를 망라한 102명의 위원을 임명했다. 1938년 9월 6일부터 경성에서 조선총독부시국대책조사회가 4일간 개최되었다. 미나미 지로 총독은 개회사에서 조선은 '제국의 유일한 대륙 발판'으로서 "평전(平戰) 양시(兩時)에 있어 병참기지로서의 특별사명"을 가지고 있으며 이는 '내선일체' 정신에 입각한 정신적·물질적 총동원 완수에 있다고 선언했다. 나아가 장기전에 돌입한 현단계는 '일만지(日滿支) 경제블록 건설'로 나아가야 하며 이 전환기의 국책 임무 수행을 위한 '획기적인 계획을 수립할 필요'에 따라 회의가 준비된 것이라 밝혔다.[45]

이 중 병참기지의 국책 수행과 관련해 마련된 '획기적인 계획'은 '군수공업확충계획'이었다. 이 계획[1938~1941년까지 4개년 계획]은 경금속, 석유 및 대용품, 소다, 유안(硫安), 폭약, 공작기계, 자동차, 철도차량, 선박, 항공기, 피혁 등 모두 11개 업종에 대한 개발계획으로 '만주 산업개발 5개년 계획'에 대응한 조선총독부 최초의 체계적인 생산력확충계획

---

44 18개 자문사항은 다음과 같다. ①내선일체 강화에 관한 건 ②북선의 특수성에 대응하는 방책에 관한 건 ③조선, 만주, 북중국 간의 사회적 연계촉진에 관한 건 ④재중국조선인 보호지도에 관한 건 ⑤北支, 中支의 경제개발과 조선 경제개발의 연결에 관한 건 ⑥해운 정비에 관한 건 ⑦통신(라디오를 포함) 정비에 관한 건 ⑧항공시설 정비에 관한 건 ⑨해외무역 진흥에 관한 건 ⑩반도민중 본위 향상 및 생활쇄신에 관한 건 ⑪농산어촌진흥운동 확충 강화에 관한 건 ⑫사회시설 확충에 관한 건 ⑬업무조정 및 실업 방지·구제에 관한 건 ⑭군수공업 확충에 관한 건 ⑮지하자원의 적극적 개발에 관한 건 ⑯쌀 증산에 관한 건 ⑰육상교통기관 정비에 관한 건 ⑱축산의 적극적 장려에 관한 건

45 朝鮮總督府, 1938, 『朝鮮總督府時局對策調査會會議錄』, 9-20쪽.

〈표 4〉 일본의 대조선 투자 구성 (단위: 백만 엔)

	1932~1937년	1938~1941년	1942~1944년
국고자금*	181.7(19.2%)	526.3(49.9%)	1121.6(24.2%)
특수금융기관**	233.7(24.7%)	320.5(30.4%)	143.1 (3.1%)
민간자본***	530.9(56.1%)	208.6(19.8%)	3363.3(72.7%)
합계	946.3(100%)	1055.4(100%)	4628.0(100%)

출처: 金洛年, 1992, 「植民地期における朝鮮・日本間の資金流出入」, 『土地制度史學』 135, 51쪽.
비고: * 국고자금은 일본 대장성의 재정자금으로 조선총독부의 식민지 재정 중 산업 부문 투입분
　　 ** 조선식산은행, 동척, 금융조합 등 식민지 특수금융기관의 조선에 대한 투자분
　　 *** 일본의 재벌자본을 필두로 한 민간기업 및 민간은행의 투자분

이었다.[46] 조선총독부의 '군수공업확충계획'을 비롯한 제반 생산력확충계획은 일본 정부의 기획원 주도하에 추진 중인 전시 총동원계획에 따라 국책 차원에서 일본 정부의 지원을 받고자 했다. 이와 함께 총독부는 이전처럼 일본자본의 개별 유치도 적극 도모했다. 만주 개발 중심의 생산력확충계획으로 조선으로의 자본 유입이 축소될 것을 우려했기 때문이다.

미나미 지로 총독의 군수공업 중심 병참기지화정책은 전시 총동원체제 구축의 일환으로 적극 추진되고 있는 만큼 일본 정부도 이를 거부할 명분이 없었다. 이에 시국대책조사회에서는 일본 정부[기획원]와 조선총독부 간에 심각한 의견대립이나 논란이 제기되지 않았다. 〈표 4〉와 같이 미나미 총독 재임시기[1936.8~1942.5] 일본의 대조선 투자구성에서 국고자금이 크게 증가한 것은 국책 차원에서 조선총독부의 군수 생산력확충계획에 대한 자금 지원을 확대한 것이었다.

1932년 이후 조선에 대한 일본의 자금 유입 절대액은 증가했고, 특

46　朝鮮總督府, 1938, 『朝鮮總督府時局對策調査會諮問答申書』, 135-146쪽.

히 1940년대 이후 전시 인플레 상황에서 절대액은 더욱 커졌다. 그러나 자금 출처 내역을 보면 우가키 가즈시게 총독 재임시기[1931.6~1936.2]부터 중일전쟁 발발 당시까지는 민간자본의 비중이 56%로 절반이 넘었다. 중일전쟁기[1937~1941] 일본의 전시 총동원정책이 '정상적'으로 작동되던 시기에는 국고자금과 특수금융기관자금이 80%에 달했다. 그러나 아시아태평양전쟁기인 1942년 이후는 전황 악화와 일본제국권 내 모든 자원 고갈, 생산력 감소의 악순환이 이어지면서 국가 차원의 공적자금은 25%에도 미치지 못하고 결국 민간자본에 의지할 수밖에 없었다.

중일전쟁 이후 일본 정부는 만주국에서 실험한 강력한 '국가계획통제'를 일본 본국과 식민지·점령지역을 아우르는 엔블록권 전체에서 실행하고자 했지만, 이를 뒷받침할 수 있는 자본이 부족했다. 메이지유신 이후 침략전쟁과 식민지 진출을 통해 성장해온 일본자본주의는 재벌이라는 독점자본체제를 형성했고 자본도 이에 집중되었다. 1931년 '만주사변' 이후 군부와 관료를 중심으로 이들을 통제하려는 시도에도 불구하고 전쟁 수행을 위한 생산력확충과 동원은 거대 민간자본의 이해관계와 연결될 수밖에 없었다. 이러한 상황은 조선의 전시 통제와 총동원 상황에서도 그대로 나타났다. 당시 조선의 경제통제는 자본주의적 독점 통제와 국가에 의한 계획적 통제가 병행되고 있는 '변태적 경제통제'[47]라고 규정한 것이 이러한 상황을 잘 보여준다.

47　鈴木正文, 1938, 『朝鮮經濟の現段階』, 帝國地方行政學會朝鮮支部, 99쪽.

2) 전시 조선총동원체제 형성: 전시 총동원계획의 운영 기구와 법적 체계

　1937년 10월 일본 정부는 자원국과 기획청을 통합해 기획원을 설립하고 총동원계획의 입안·실시를 관장하도록 했다. 조선에서도 이에 따라 종래 총독관방 문서과에서 취급했던 자원조사 및 총동원계획 사무를 분리하여 1937년 9월 총독관방에 자원과를 설치했다. 그러나 전쟁의 확대에 따라 1938년부터 물자동원 및 생산력확충계획이 설정되고 1938년 4월「국가총동원법」이 발포되어 5월 조선에서도 시행되었다. 이에 1938년 8월 식산국에 임시물자조정과를 신설하고 자원과에서는 물자동원계획 및 생산력확충계획의 기획 사항에 관한 사무를, 조정과에서는 계획의 실시 사무, 즉 조선 안에서 물자 배급과 조정에 관한 사무를 관장하도록 했다. 전쟁의 장기화에 따라「국가총동원법」의 각 조항이 연이어 발동되어 물자동원계획은 갈수록 상세하고 정교해졌고 더불어 자금·교통·전력·노무 등 각 동원계획을 수립·실시할 필요성이 생겨 그 사무가 증가하고 복잡해졌다. 1939년 11월 28일 자원과와 물자조정과의 사무를 통합해 새로 기획부를 설치하고 그 아래 3과(課)를 두어[1940년 7월 1일부터 4課] 전시 총동원계획의 설정과 수행을 담당하게 했다.[48]

　기획부는 1939년 11월 28일「조선총독부기획부임시설치제」[칙령 제793호]에 따라 설치되었다. 국가총동원계획 및 물자동원계획의 설정 및 수행, 물자의 배급과 조정 등 전시체제기 긴급하고 특수한 업무를 관장

48　박찬승·김민석·최은진·양지혜 역주, 2018,『국역 조선총독부 30년사(下)』, 민속원, 1053-1054쪽.

하기 위한 임시기구로 출발했다. 1941년 11월 조선총독부 내 정식기구로 재편되었다가 1942년 11월 '행정간소화' 방침에 따라 기획부가 폐지되고 관련 업무는 총무국과 식산국으로 이관되었다. 기획부 신설계획은 1937년 7월경부터 조선총독부 내 총독관방 문서과를 기획부로 승격시키는 행정개혁안이 논의되기 시작했다. 1938년 들어 신설계획이 구체화되었고, 1939년 4월 미나미 지로 총독은 도지사회의에서 신규사업의 첫 번째로 '기획부 신설'을 제시했다. 1939년 8월 일본 내각 법제국에서 기획부관제가 통과되어 11월 28일 설치된 것이다.

기획부 조직은 〈표 5〉와 같이 3과 체제로 출범했다. 물자동원계획과 국가총동원계획, 전시물자의 배급·조정 등을 관장했는데 이 업무는 종전 총독관방 자원과와 식산국 임시물자조정과 소관이었다. 총독관방 자원과의 물자동원계획, 국가총동원계획, 자원조사에 관한 사항은 제1과가, 식산국 임시물자조정과의 물자배급·조정에 관한 사항은 제2과와 제3과가 관장했다. 이후 전시체제기 연료 물자의 중요성이 커지면서 1940년 7월 1일 제4과가 신설되었다. 제3과 제2계가 담당하던 연료[석탄 및 석유]에 관한 사무를 분리해 제4과를 신설한 것이다.

전시체제하의 임시기구로 출발한 기획부는 1941년 전쟁이 장기화되면서 1941년 11월 18일 조선총독부관제 개정으로 조선총독부 정식 본부기구로 개편되었다. 각 과는 계획과, 물가조정 제1과, 물가조정 제2과, 물가조정 제3과로 개칭되었고 물가조정과가 신설되었다. 신설된 물가조정과의 관장사무는 종합적 물가정책의 수립 및 실시, 물가 조정, 택지 및 건물 등의 가격통제, 사치품 등의 제조 및 판매 제한, '폭리행위 등 취체 규칙'의 시행에 관한 사항이었다.[49]

기획부 전임직원 중 사무관에는 육·해군 무관을 배치했다. 이는 생

<표 5> 기획부의 구성과 업무 분장[1939.11 기준]

과(課)	계(係)	분장 업무
제1과	제1계	물자, 노무, 교통, 전력, 자금 기타의 동원계획 설정 및 수행의 총합에 관한 사항
		생산력확충계획의 설정 및 수행의 총합에 관한 사항
	제2계	국가총동원법 시행의 종합에 관한 사항
		기술자의 할당에 관한 사항
		기밀보호, 타과가 주관하지 않는 사무에 관한 사항
	제3계	조선공장자원조사규칙 및 농업자원조사규칙에 관한 사항
		조선해산자원조사규칙, 조선항만자원조사규칙, 조선자동차자원조사규칙, 조선사설철도자원조사규칙에 관한 사항
제2과	제1계	보통강강재의 물자동원계획 설정 및 배급조정에 관한 사항
		특수강강재의 물자동원계획 설정 및 배급조정에 관한 사항
		선철의 물자동원계획 설정 및 배급조정에 관한 사항
		합금철, 설철(屑鐵)의 물자동원계획 설정 및 배급조정에 관한 사항
	제2계	구리, 납의 물자동원계획 설정 및 배급조정에 관한 사항
		주석, 아연, 안티몬, 수은 등의 물자동원계획 설정 및 배급조정에 관한 사항
		경금속, 비금속철물류의 물자동원계획 설정 및 배급조정에 관한 사항
	제3계	광산용기기의 물자동원계획 설정 및 배급조정에 관한 사항
		정밀기계 및 수송기계의 물자동원계획 설정 및 배급조정에 관한 사항
		기타 일반기계의 물자동원계획 설정 및 배급조정에 관한 사항
제3과	제1계	섬유의 물자동원계획 설정 및 배급조정에 관한 사항
		피혁, 생고무 및 목재의 물자동원계획 설정 및 배급조정에 관한 사항
	제2계	석탄의 물자동원계획 설정 및 배급조정에 관한 사항
		석유의 물자동원계획 설정 및 배급조정에 관한 사항
	제3계	공업약품, 화학성품류, 비료 및 의약품의 물자동원계획 설정 및 배급조정에 관한 사항
		식량 및 수입잡품의 물자동원계획 설정 및 배급조정에 관한 사항

출처: 안자코 유카, 2006, 「조선총독부의 '총동원체제'(1937~1945) 형성 정책」, 고려대학교 대학원 박사학위논문, 79-80쪽.

---

49   민족문제연구소, 2017, 『일제식민통치기구사전-통감부·조선총독부 편』, 200-203쪽.

산력확충계획을 포함한 총동원계획이 '군의 필요와 분리할 수 없는 관계에 있기 때문에 군과의 연락을 긴밀히 하여 총동원계획의 설정 및 수행을 원활하기 하기 위한 것'이었다. 조선총독부에는 1920년부터 '고요가카리[御用掛, '총독부 담당'의 의미]'라는 명칭으로 육해군 사관(仕官)이 파견되었다. 1930년 일본 정부에서는 '고요가카리(御用掛)'가 총독부 내의 총동원업무를 담당하도록 하는 명령을 내려 1932년부터 육해군 무관이 '고요가카리'로 파견되어 총동원업무를 전임하게 되었다.[50]

1942년 6월 16일 일본 정부는 행정부기구와 직원을 대폭 감축하는 '행정간소화'를 결정하고, 9월 11일에는 조선·대만의 식민지 행정과 총독 권한을 제한해 식민지 행정에 대한 본국의 직접 통제를 꾀하는 '내외지행정일원화에 관한 건'을 결정했다. 이에 따라 총독부도 1942년 11월 1일 「조선총독부관제 개정」[칙령 제727호]으로 총무국 신설, 기획부·후생국 폐지, 14개 실·과의 폐지와 6개 실·과의 신설 등을 내용으로 하는 대대적인 행정기구 개편을 단행했다. 이 중에서 가장 큰 변화는 총무국 신설이었다. 총무국 설치는 국가총동원계획 등 중요한 전시행정의 신속한 기획과 실행을 담당하는 종합적인 행정기구의 필요성에 따른 것이지만 '내외지행정일원화' 방침에 따라 총독의 권한을 제한하기 위한 것이었다. 총무국은 총독관방 조직이 대폭 축소되면서 그 관장 사무를 대신하기 위한 조직이었다. 총무국의 구성과 관장 사무는 〈표 6〉과 같다.

총무국은 오래 존속하지 못했다. 총독의 권한을 제한하는 '내외지행정일원화' 방침은 총독부와 조선총독 출신 추밀원 의원들의 반대에 부닥

---

50 안자코 유카, 2006, 「조선총독부의 '총동원체제'(1937~1945) 형성 정책」, 고려대학교 사학과 박사학위논문, 81쪽.

〈표 6〉 총무국의 구성과 업무 분장[1942.11 기준]

부서	관장 업무
문서과	관인의 관수(管守), 문서의 접수·발송·사열·편찬·보존, 관보 및 보고, 도서 및 인쇄물, 통계, 다른 국·실·과에 속하지 않는 사무 등에 관한 사항
기획실	중요 정책의 심의 입안 및 종합 조정, 법령의 심의 입안 및 해석 적용, 국가총동원계획의 설정 및 수행 종합, 국토계획, 자원조사 등에 관한 사항
정보과	여론의 지도계발, 정보수집과 보도 및 선전, 보도 및 계발선전기관의 지도, 내외사정의 조사 및 소개 등에 관한 사항
국민총력과	국민총력운동에 관한 사무
감찰과	행정집행 상황의 감찰, 전시 경제통제 실시 상황 조사, 민정조사 등에 관한 사항
국세조사과	국세조사, 인구동태 조사 등에 관한 사항

출처: 민족문제연구소, 2017, 『일제식민통치기구사전-통감부·조선총독부 편』, 210쪽.

처 추진하는 데 한계가 있었고 실제로도 의도한 만큼 효과를 거두지 못했다. 이에 따라 1943년 11월 30일 「조선총독부관제 개정」[칙령 제890호]으로 총무국은 1년여 만에 폐지되었고, 기획실이 담당하던 일부 업무[국가총동원계획의 설정 및 수행, 국토계획, 자원조사 등에 관한 사항]만이 신설된 광공국 기획과로 이관되었고 대부분의 부서와 관장사무는 총독관방으로 이관되었다.[51]

1943년 12월 제2차 조선총독부의 행정기구 개혁이 이루어졌다. 이것은 일본 정부의 1943년 11월 실시된 행정사무 간소화에 따른 것으로, 일본 내의 중앙관공리 및 지방관공리를 대규모로 감원해 동남아시아의 새로운 점령지에 배분하겠다는 것이었다. 총독부의 2차 행정기구 개혁은 "총동원상 조선에 주어진 사명 달성을 위한다"는 명분이었고, ①식량 증산 ②지하자원 그 외 군수물자의 개발 증산 ③해륙 수송력 증강 ④징병 및 기타 인적자원 활용을 '사명의 구체적 내용'으로 설정했다. 이에

51　민족문제연구소, 2017, 앞의 책, 208-210쪽.

총독부의 행정기구를 물자동원 및 생산력확충 사무 일원화, 생활필수품 관계 사무 일원화, 교통 운수 관계 사무 일원화라는 3개의 일원화 축으로 재편한 것이었다.

조선총독부 중앙기구를 종래 12개국·관방[총독관방·총무국·사정국(司政局)·재무국·식산국·농림국·학무국·경무국·법무국/철도국·체신국·전매국] 중 6개[총무국·사정국·식산국·농림국/철도국·전매국]를 폐지하고, 그것을 통합해 3개국[광공국·농상국/교통국]을 신설했다. 먼저 신설된 광공국은 총무국 소관이었던 물자동원 관계의 모든 사무, 사정국 소관이었던 토목 관계 사무 중 항만 관계 이외의 사무, 노무 관계 사무 전부, 농림국 소관이었던 산림 관계 사무 전부를 관장하게 되었다. 물동·노무·토목·목재 관계 사무를 종합적으로 취급함으로써 생산력확충계획과 노동력 동원 행정을 종합적이고 신속하게 처리하도록 한 것이었다.

다음으로 농상국은 산림 부문 이외의 농림국 소관 사무와 상공 부문 행정을 통괄함으로써 생활필수품의 생산에서 배급까지 일괄해 관장하도록 했다. 특히 식량 증산과 공출·배급 문제를 일괄 통제하도록 했다. 교통국은 육해공의 운수 교통을 일원적으로 운영할 수 있도록 해군 및 항공 관련 사무의 전부, 항만 행정과 세관기구 전부를 이관했다. 아시아태평양전쟁 발발 이후 선박 부족과 해상권 상실로 해상 운송의 길이 막혀 이 시기에는 조선 경유 수송이 대륙으로 가는 유일한 루트였다. 조선에서의 전시 수송력 강화는 긴급 과제로 조선총독부가 가장 주력해야 할 정책 중 하나였다. 조선 철도의 건설·개량과 항만 정비가 가장 긴급한 과제였던 만큼 철도 행정과 항만 행정을 일원화해 군수물자 수송을 원활히 하는 것을 목적으로 했다.[52]

이러한 조선총독부 차원의 전시 총동원체제 구축과 함께 조선군도 독자적으로 총동원계획을 구상했다. 1938년 12월 조선군사령부는 「조선군제시설희망요강(朝鮮軍諸施設希望要綱の件)」을 작성해 일본 육군과 조선총독부에 송부했다. 그 내용은 대륙과 일본을 연결하는 대동맥으로서 조선 교통 정비, 조선의 인적·물적 자원 활용 개발, 작전 준비, 군비 충실, 방어, 병역 등의 항목으로 희망 사항을 제시했다. 특히 조선인에 대한 병역법 적용, 조선인의 징용을 강력히 주장했다. 조선은 '국군'을 형성한 만주국에 비해 "합방 30년 동안 볼 만한 것이 없었고, 지금 인적 자원에 대해 총동원 통제를 외치게 되었는데, 군인 수는 부족한 반면 장정(壯丁) 수는 많으니 이미 조선인 병역문제의 가부를 논의할 때가 아니라 대국적 견지에서 일시에 이를 제정해 군의 수요를 만족시키는 것"이 긴급하다고 주장했다.

1939년 12월에는 조선군사령부 내 총동원업무 처리능력 강화가 절실하다는 의견을 육군성에 제시했다. 이에 따라 1940년 3월 조선군 참모본부 내에 총동원업무 및 군수동원에 관한 업무를 전임하는 자원반이 신설되었다. 자원반의 주 업무는 ①조선 내 군수동원 업무의 통일 ②조선 내 총동원 관련 업무 ③조선 내 군수산업의 배양·확충·이용 ④군수 자원 조사 ⑤조선군수동원협의회에 관한 사항 ⑥조선 군수공장 정신동원지도관에 관한 사항 등이었다. 자원반은 육군성 참모본부·관계 제창(諸廠)·관동군·북지(北支)방면군 등 중국 주둔 일본군, 조선총독부와 연계해 업무 집행을 하도록 했다.

1940년 8월 조선군은 조선 군수산업에 대한 요망을 총독부에 제출했다. 여기에서 조선군은 시국 대책 및 대전(大戰) 준비를 위해 조선의

---

52 안자코 유카, 2006, 앞의 글, 198-199쪽.

군수공업 능력의 비약적 배양·충실, 체제의 쇄신·정비, 공장의 대륙 진출 등을 주장했다. 특히 조선의 군수산업은 대륙과 일본 사이에 있는 지리적 특수성 및 인적·물적·동력 자원의 유망함을 지적하고 금후 진흥해야 할 중점 부문으로 ①공업 특히 군수 원재료 공업 ②화학공업 ③기계공업 ④농업·축산업 및 가공품을 제시했다. 이는 총독부의 병참기지 정책과 통하는 것이었지만 조선군의 주 관심은 군수공업과 징병 문제와 같은 직접적인 물적·인적 자원의 군수 동원에 맞춰져 있었다.[53]

조선총독부는 중일전쟁 발발과 장기화에 따라 전시경제의 주안점을 생산력확충, 무역 진흥 도모, 중요 물자 수급 통제, 물가 등귀 억제에 두었다. 중일전쟁 이후 수급 조절을 위해 모든 인적·물적 자원을 총동원하고 각종 산업 부문에서 생산 증가를 촉진하는 데 주력했다. 물자에 대한 전시 경제기구의 편성과 운용 양상은 〈그림 1〉과 같다.

1940년 당시 물자의 수급 통제와 가격통제를 살펴보자.[54] 첫째, '물자의 사용·제조 및 기타 제한'을 통한 수급 통제이다. 전시 총동원체제 하에서 중요 물자의 원활한 수급 여부는 국민경제 운영은 물론 군수 충족, 나아가 전쟁 수행에 지장을 초래하기 때문에 우선적으로 생산 증가를 도모한다. 그러나 국내 자급력이 빈약하거나 국내에서 산출되지 않는 물자는 전적으로 수입에 의존해야 하는데, 그러한 물자에 대해서는 수입을 강력히 억제하는 한편 사용·제조를 제한한다는 것이다. 물자의 사용·제조·기타 제한에 관한 법규의 모태는 「수출입품등임시조치법」[법률

---

53 안자코 유카, 2006, 위의 글, 83-86쪽.
54 중일전쟁 발발 이후부터 1940년까지 조선총독부의 전시 물자 통제 관련 내용은 박찬승·김민석·최은진·양지혜 역주, 2018, 앞의 책, 1054-1061쪽(원자료는 朝鮮總督府, 1940, 『施政三十年史』, 549-558쪽)에서 정리했다.

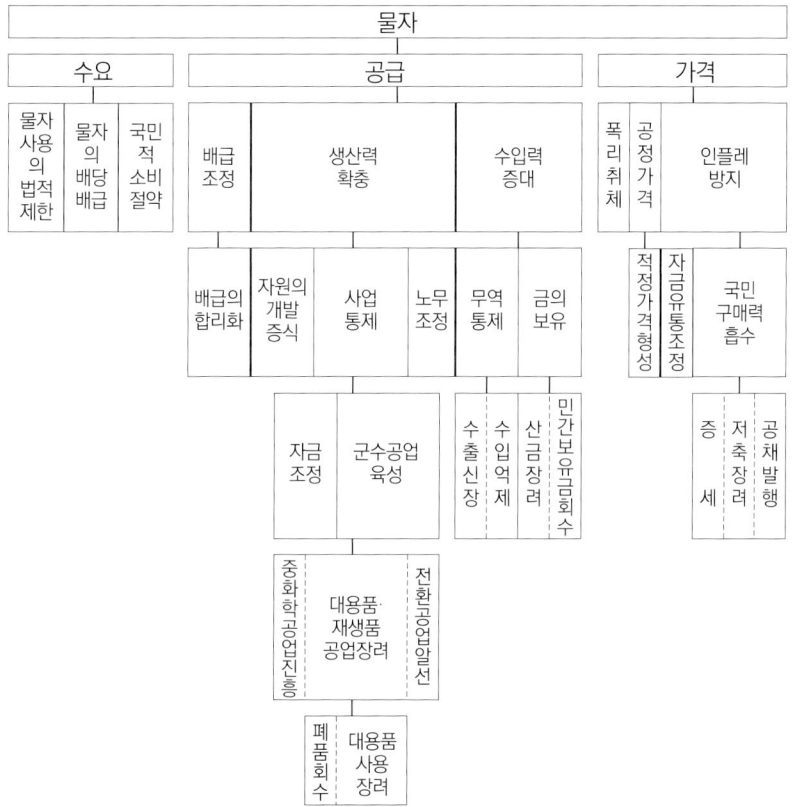

〈그림 1〉 전시체제기 조선의 물자동원 및 통제 양상[1940년 기준]

출처: 박찬승·김민석·최은진·양지혜 역주, 2018, 『국역 조선총독부 30년사(下)』, 민속원, 1055쪽.

제92호, 1937.9.9]으로 이 법 제2조에는 "정부는 중일전쟁과 관련해 국민경제의 운행을 확보하기 위해 필요하다고 인정할 경우는 수입 제한 및 기타 사유로 인해 수급 관계조정을 필요로 하는 물품에 대해 다음과 같은 조치를 할 수 있다"라고 했다. 이에 바탕을 둔 각종 물자 사용 및 기타 제한규칙이 생겨났다. 1940년 현재 사용 제한된 주요 물자는 철강[보통강강재·선철]·금·백금·구리·납·아연·주석·고무·피혁 및 섬유 가공품 등이었다.

둘째, 주요 물자의 배급 통제이다. 일본 본국의 전시 배급 통제는 1938년 7월 물자동원계획으로 34종의 주요 원재료로 물품의 제조판매를 금지한 것이 시작이었다. 그러나 물자동원 및 가격억제 강화로 혼란이 가중되어 실제 배급 통제가 확립된 것은 1940년에 들어서였다. 1940년 현재 조선의 배급기구 현황은 1939년 기획부 설치 이후 매 4분기[3개월] 또는 매달 상공성 및 기타 각 관계 관청과 절충해 해당 시기 배당액 결정 → 총독부의 관련 국(局)·부(部)·과(課)나 이들 협의회의 의견에 따라 각 소비 부문별로 할당액 결정 → 이에 기초해 할당증명서나 제조허가서 및 기타 교환권을 수요자 또는 회사 등에 교부 → 수요자 및 회사 측에서는 이 할당증명서와 교환해서 일본의 생산회사나 지정 도매점 또는 그 특약점의 배급기관으로부터 현물을 인도받는 구조였다.

1940년 현재 배급기구가 확립된 주요 물자는 보통강강재, 선철, 주철관(鑄鐵管), 주강(鑄鋼), 아연철판, 선재[線材, 못·철선 등]제품, 크라운 코르크, 공관(空罐), 특수강, 중공강(中空鋼), 텅스텐광, 몰리브덴광, 구리, 납, 주석, 안티몬, 니켈, 수은, 운모, 기계기구, 석탄, 카바이드, 석유, 방적용 면화, 제면용 면화, 면봉사(綿縫絲), 면사, 면범포(綿帆布), 노포(濾布), 인조섬유, 스펀레이온사, 인견사, 펄프, 모사(毛絲), 마닐라 로프, 원료 고무, 피혁, 시멘트, 비료, 미곡, 수입목재 등이었다. 이러한 물자의 수급 통제는 군수로 활용되어야 물자를 선정해 생산단계에서 군수 이외의 용도에 사용·제조하는 것을 금지시키고, 유통과정에서도 배급을 통해 공급을 제한하는 이중의 장치를 마련한 것이었다.

셋째, 물가의 조정이다. 전시하 물가 등귀 원인은 전쟁 수행으로 인한 재화의 대량 소비에 따른 물품 부족이 주원인이었다. 여기에 수입 금지된 원재료가 부족해지면서 완성품이 결핍되고 또 원가 이외 제반 비용의 폭등, 배급이 원활하지 못한 것 등이 더해져 물가가 폭등하고 있었다. 조선총독부는 일본 본국의 통제 방침에 따라 3단계로 물가조정 조치를 마련했다.

1단계는 1937년 폭리취체령으로 불리는 「폭리를 목적으로 하는 매매 취체에 관한 건」[부령 제98호] 발표와 개정이었다. 「폭리취체령」은 1917년 제정되었던 법률이었는데, 그 후 망각된 상태로 있다가 중일전쟁으로 개정·시행되었다. 조선에서는 1937년 5월 철류(鐵類)의 가격 폭등으로 부령 제98호가 발표되었고 이후 몇 차례 개정되며 그 대상이 확대되었다. 「폭리취체령」은 특별히 열거된 품목에만 적용되는데, 여러 차례 개정한 결과 열거 품목이 증대되어 1940년 현재는 거의 모든 물품이 단속 대상이었다.

「폭리취체령」의 목적은 폭리 판매 행위 즉 물가의 인위적인 인상에 대한 단속이었지만, 그다지 효과가 없었다. 이에 물품 가격을 국가가 공정하고 그 가격 이상으로 판매하는 것을 금지하는 이른바 공정가격제도가 마련되었다. 1938년 8월 '조선총독부 물가위원회'가 설치되었고, 이어서 각 상품 물자별로 공정가격을 결정하는 기관으로 섬유·식료품·금속품·연료·기타 5개 부문의 물가전문위원회를 병설했다. 위원회 회의를 통해 가정용 석탄·연탄 및 목탄, 면사·섬유제품 등에 대한 최고판매가격을 결정했다. 최고판매가격의 법적 근거로서 1938년 10월 12일 「조선물품판매가격취체규칙」[부령 제218호]을 제정했다. 이 법령의 시행으로 생활필수품에 속하는 일부 물자의 가격 인상은 억제할 수 있었지만 모든 물가에 적용시키지는 못한 상황에서 전쟁의 장기화와 확대에 따라 물가의 오름세는 더욱 심해졌다.

2단계는「가격등통제령」공포와 물가의 고정이었다. 1939년 9월 19일 일본 정부는「국가총동원법」에 따라 가격 등 전반에 걸쳐 인상 금지를 결정했고, 이어 10월 16일「가격등통제령」[칙령 제703호]을 공포했다. 조선총독부도 같은 날「가격등통제령 시행규칙」[부령 제183호]을 발포해 조선에서도 즉시 시행되었다.

「가격등통제령」의 인상 금지 대상은 물품 가격만이 아니라 운송운임·보관료·손해보험료·임대료·가공까지 확대되었다. 이들 가격은 행정 관청의 허가에 따른 특수한 경우를 제외하고는 지정 기일인 '1939년 9월 18일' 가격을 초과해 계약하거나 지불 또는 수령하는 것을 금지했다. 이 인상 금지는 1년 동안 유효하도록 했다.「가격등통제령」시행에 따라「조선물품판매가격취체규칙」은 폐지되었다.「가격등통제령」은 '9·18가격'이라는 한 시점의 물가로 가격을 고정시키는 것으로 여러 문제가 발생하자 이른바 '적정가격' 설정을 다음 목표로 했다. 그러나 요동치는 경제상황 속에서 '적정한' 가격을 공정한다는 자체가 불가능한 것이었다.

3단계는 사치품에 대한 제조·판매 제한이었다. 일본 정부는 '국민생활을 쇄신·긴장시키고 진실로 질실(質實)·간소한 전시 국민생활을 바로 세운다'는 명분으로 1940년 7월 7일「사치품 제조·판매 금지법령」을 발포했다. 조선에서도 동일한 취지의 법령이 곧바로 입안되어 7월 24일「사치품등제조판매제한규칙」[부령 제179호]을 발포·시행했다. 이 규칙의 목적은 전쟁 목적 및 국민생활상 필요한 자재·노동력·동력·연료 등이 사치품으로 제조·판매되는 것을 억제해 군수품 및 국민 생활필수품의 생산·공급을 유지·확보하는 데 활용하고, 사치품 구매를 억제해 생기는 잉여 구매력을 공채 구입과 저축으로 돌리기 위한 것이었다. 또한 '사치품'이라는 명목으로 실제 생활에 필요한 많은 물품이 생산·소비되는 것을 차단했다.

물가 통제는 유통과정에서 상인들의 폭리를 단속한다는 명목으로 시작해 모든 재화·용역을 '9·18가격'으로 고정시켜 자유 유통을 억제했다. 이어 조선총독이 지정한 '사치품'은 제조·판매 자체를 금지시켜 일반 국민들의 생활 물자를 극도로 제한하고 강제로 소비를 줄이는 조치를 시행했다. 이제 일본제국권 내의 모든 물자와 인력은 전쟁 수행이라는 목적을 위해 존재하는 것일 뿐 개인적인 삶을 위한 경제활동이 불법화되고 처벌되는 상황이 되었다.

1940년 2차 고노에 내각은 '신체제운동'을 내세우며 1940년 12월 「경제신체제확립요강」을 결정했다. '경제신체제'는 1941년 3월 「국가총동원법」의 전면 개정과 8월 「중요산업단체령」 제정으로 구체화되었다. 「국가총동원법」 개정은 총동원체제의 일원화 추세에 맞춰 경제 전반에 대한 통제를 강화하고 집중화하기 위한 것으로 20여 개조에 걸친 대폭적인 개정이었다. 개정 내용은 노무통제 범위가 노동자에서 '종업원'으로 확대, 물자 통제 범위가 총동원물자에서 물자 전반으로 확대되었다. 자금 통제와 물가 통제도 강화되었고 사업 통제도 강화되어 기업의 설립에서 해산에 이르는 사업 전반에 대한 명령권 및 통제단체·통제회사 설립명령권이 정부에게 부여되었다.[55] 개정된 「국가총동원법」이 시행되면서 각종 통제경제법령이 정비·통합되었다. 노무관련 법령은 「노무조정령」[칙령 제1063호, 1941.12.6]으로, 물자 통제 관련 법령은 「생활필수물자통제령」[칙령 제362호, 1941.3.31]으로 통합되었다. 또한 통제단체 설립

---

55 「國家總動員法中改正」(법률 제19호, 1941.3.1), 『朝鮮總督府官報』, 1941.3.13.

은 「중요산업단체령」[1941.8.30]이 시행되어 군 관리공장을 제외한 전체 기업이 업종별 통제회로 포괄되었다.

조선에서는 「중요산업단체령」이 시행되지 않는 대신 일원적 통제를 위한 특수회사가 설립되었다. 1940년 이전에는 조선임업개발주식회사 [1937], 조선마그네사이트개발주식회사[1939], 조선광업진흥주식회사 [1940] 등 군수 생산력확충을 위한 특수회사가 설립되었는데, 1942년 이후에는 일원적 통제를 위한 특수회사가 설립되었다. 이러한 특수회사는 2개의 형태로 구분되었다. 하나는 개별기업의 존재를 인정하고 그 위에서 개별기업을 통제하는 중앙기관으로 만든 것으로 조선잠사통제주식회사,[56] 조선목재주식회사,[57] 조선석탄주식회사가 있다. 다른 하나는 개별기업을 통합해 새로운 특수회사를 만든 것이다. 「조선전력관리령」[제령 제5호, 1943.3.30]에 따라 전력업의 국가관리를 위한 특수회사로 지정된 조선전업주식회사[58][1943년 8월 설립]와 조선압록강수력발전주식회사[59]였다.

---

56 1941년 12월 일반 상사회사로 설립되었다가 1942년 3월 「조선잠사업통제령」 공포로 법령이 지정하는 특수회사로 재편되어 잠사의 매입, 매도를 독점했다(山內敏彦·圓井正夫·坂口公男·伊藤利夫 共著, 1945, 앞의 책, 248-249쪽).

57 1942년 2월 일반 상사회사로 설립되었다가 1942년 6월 「조선목재통제령」에 따라 특수회사로 재편되어 목재의 매입, 매도, 이출입을 독점하고 하부기구로 원목생산조합, 제재생산조합, 목재배급조합을 두어 목재의 생산에서 배급의 전과정을 장악했다(山內敏彦·圓井正夫·坂口公男·伊藤利夫 共著, 1945, 위의 책, 348-349쪽).

58 조선총독부는 1943년 4월 26일 '조선전력평가심사위원회'를 발족시켜 조선수전주식회사, 조선송전주식회사, 부령(富寧)수력전기주식회사의 3사를 통합해 1943년 7월 31일 조선전업주식회사를 설립했다. 이후 위원회는 2차로 조선전력주식회사, 강계수력발전주식회사, 한강수력전기주식회사, 남선수력전기주식회사에 양도 및 합병 명령을 내려 1943년 10월 31일까지 강제 합병시켰다(김경림, 1995, 「일제말 전시하 조선의 전력통제정책」, 『국사관논총』 66, 161-162쪽).

59 1937년 9월 설립되었다가 「조선전력관리령」에 따라 특수회사로 재편되었다. 그러

조선에서도 특수회사의 국가주도적 성격이 강화된 새로운 기업형태인 '영단'이 만들어졌다. 1941년 6월 「조선주택영단령」[제령 제23호, 1941.6.14]에 따라 조선주택영단이 설립된 것을 시작으로 조선농지개발영단[1942], 조선식량영단[1943], 조선중요물자영단[1943]이 설립되었다. 영단은 조선총독부 감독 아래 둔 것은 특수회사와 유사하지만 내부 조직에서 이사기관과 감사기관만 존재할 뿐 의결기관인 총회가 없다는 점에서 특수회사와 구별되었다. 조선중요물자영단의 경우 총독은 사업활동에 대한 인가, 업무 감독 및 감리관을 통한 업무 감시, 감독상 필요한 명령권 등 광범위한 권한을 가졌다. 또한 이사장 이하 임원 및 감사, 평의원을 임명·해임할 수 있는 권한을 가졌다. 영단의 임원 및 직원은 공무원으로 간주되었다. 조선중요물자영단의 자본금 1,000만 원은 총독부가 전액 출자했다.[60]

일본제국주의는 1941년 12월 아시아태평양전쟁을 도발하면서 전쟁을 확대했지만, 1942년 6월 미드웨이해전에서 패배한 이후 전황은 급격히 악화되었고, 그에 따른 해상 수송력 두절, 기초물자 생산 감소 등으로 고전을 면치 못했다. 1943년 들어 '결전체제(決戰體制)'를 표방하면서 생산·유통·소비 전분야에서 모든 물자를 군수로 총동원했다. 일본에서는 1943년 3월 임시생산증강위원회에서 5대 중점산업[철강·석탄·경금속·조선·항공기] 지정 및 이를 위한 통제 일원화 조치와 6월 「전력(戰力)증강기업정비요강」에 따른 기업정비 개시, 1943년 10월 「군수회사법」[법률

나 조선 측 주식과 발생전력은 모두 조선전업에 넘김으로써 실질적으로는 조선전업으로 완전한 통합을 이루었다고 할 수 있다.
60 「朝鮮重要物資營團令」(제령 제54호, 1943.12.14), 『朝鮮總督府官報』, 1943.12.14.

제108호, 1943.10.31] 공포와 11월 군수성 설치로 군수 총동원을 위한 강력한 국가 통제로 나아갔지만, 이미 생산력과 물자는 통제가 의미없을 정도로 소진된 상황이었기에 결과는 참담했다.

조선에서도 이러한 '결전체제'에 순응하는 조치를 취했다. 일본에서 법률이나 칙령으로 전시 총동원법령이 제정·공포되면 조선에서도 '시행규칙'을 통해 시행되었다. 일본에서 1942년 5월 「기업정비령」[칙령 제503호, 1942.5.12]을 공포함에 따라 조선에서도 1943년 10월 '조선총독부기업정비위원회'[61]에서 「기업정비요강」을 확정했다. 이 요강에서는 "반도의 특이성에 비추어 종래 채택해왔던 유지·육성의 근본 방침을 필요한 만큼 수정해 조선 산업 현황에 적합한 기업정비를 실시"한다는 방침하에 비군수 부문은 적극적으로 정비하고 정비된 업종의 노동자는 군수산업으로 전환 배치하거나 귀농하도록 했다. 1943년 12월 기업정비 추진기관으로 조선중요물자영단이 설립되었다. 「기업정비자금조치법」[법률 제95호, 1943.12.25] 공포·시행으로 조선에서도 1944년 3월부터 6월까지 제1차 기업정비가 단행되었고,[62] 7월부터 제2차 기업정비가 이루어졌다.[63]

---

61 「朝鮮總督府企業整備委員會規程」(훈령 제64호, 1943.9.7), 『朝鮮總督府官報』, 1943.9.7. 위원장은 정무총감이 맡고 '기업정비에 관한 일반방침, 전폐업자의 공조시설, 자산 평가 등에 관한 사항, 직업전환의 지도알선에 관한 사항, 기타 기업정비에 관한 일반적 중요 사항'을 심의하는 기구였다.

62 제1차 기업정비는 물적 자원의 중점적 배치와 노무의 중요 부문 전용을 도모하고자 배급 부문 18종목, 공업 부문 16종목, 기타 2종목의 총 36종목에 대해 이루어졌다(「제1차 조선기업정비실시 배급공업 36종을 선정」, 『每日新報』, 1944.2.26·27).

63 제2차 기업정비는 총 27종목에 대해 이루어졌다(「2차 기업정비대상업종」, 『每日新報』, 1944.7.2).

1943년 10월 「군수회사법」이 공포됨에 따라 조선에서는 1944년 3월 '군수생산책임제'가 시행되었다. 군수물자의 증산을 위해 「조선군수생산책임제도요강」, 「조선목재생산책임제도실시요강」, 「총독부군수행정책임제도요강」이 실시되어 총독부 행정책임관 관할 아래 지정 기업에 '생산책임자-생산담당자'가 임명되었다. 그 법적 근거로서 1944년 10월 「군수회사법시행규칙」[부령 제357호, 1944.10.28]이 시행되어 조선에서도 31개 기업이 군수회사로 지정되었다. 1945년 1월 「군수충족회사령」[칙령 제36호, 1945.1.26]이 공포되었고, 조선에서는 「군수충족회사령시행규칙」[부령 제154호, 1945.7.2]을 통해 군수회사의 범위를 확대했다. '군수의 충족상 필요한 군수사업 이외의 사업을 행하는 회사'를 '군수충족회사'로 지정하고 군수충족회사에는 '업무책임자-업무담당자'를 두어 기업에 대한 총독부의 개입 범위가 확대되었다.[64] 그러나 일제가 패망을 눈앞에 두고 있었기에 이 규칙은 시행되지 않았다.

이상에서 1937년 중일전쟁 이후 본격화된 전시 경제통제와 총동원체제 구축을 위한 조선총독부의 담당기구와 법적 체계를 살펴보았다. 일본제국주의는 중일전쟁을 도발하며 일본제국권 전체 차원에서 파시즘적 질서를 강화하고 정치·경제·사회적 총동원체제를 구축했다. 그러나 일본과 식민지 조선·대만이 가지고 있는 부존자원은 한계가 있었고 전쟁의 확대는 자원과 생산력 모든 면에서 이러한 문제를 곧바로 드러냈다. 인적·물적 자원의 군수로의 총동원을 강요하며 경제 부문의 강력한 국가 통제, 정치·사회적으로는 천황제를 바탕으로 한 군국주의적 파시즘을 노골화하며 사상·언론·문화 부문에서도 폭력적인 통제와 탄압

---

64 「軍需充足會社令施行規則」(부령 제154호, 1945.7.2) 『朝鮮總督府官報』, 1945.7.2.

을 이어갔다. 식민지 조선의 민중들은 일본제국주의의 침략전쟁에 어떠한 형태로도 동의하고 개입할 수 없었지만 전쟁을 위한 총동원체제에서 일방적인 강제와 폭력·수탈의 대상이 되어야 했다.

3) 조선의 생산력확충계획 실시와 파탄

일본제국주의는 1937년 중일전쟁을 도발해 전면전이 시작되었고 1938년부터 본격적으로 전시 총동원이 이루어졌다. 1938년부터 일본 본국 및 식민지, '만주국', 중국[日·滿·支]을 포함한 전시 총동원계획[물자동원계획과 생산력확충계획]을 실시하면서 조선의 생산력확충계획도 일본의 경제 사정뿐만 아니라 엔블록의 물자동원계획과 생산력확충계획의 규제를 받게 되었다.

'일·만·지 경제블록' 내의 물자동원계획과 생산력확충계획의 수립 과정을 살펴보면, 일본에서는 1936년 2·26사건, 1937년 1월 하야시(林)내각 성립, '만주 산업개발 5개년 계획' 추진자인 이시하라 간지(石原莞爾) '구상'의 일본 국내 기본정책으로의 구체화, 1937년 6월 고노에(近衛)내각 성립과 '재정경제 3원칙'[65] 등의 통제 실시, 그 구체적 입법인 1937년 10월 「수출입품등임시조치법」, 「임시자금조정법」 제정 및 식민지에의 적용이 이루어졌다. 1938년 기획원과 상공성은 '생산력확충계획 4개년 계획'을 입안해 1939년부터 일본 본국과 식민지·점령지역에서 군수 기초소재 부문[철강·석탄·비철금속·인조석유·유안·펄프·전력(電力) 등]의 생산력확충에 역점을 두었다.

---

65 국제수지 적합, 물자수급 조정, 생산력확충.

이 계획의 실현을 위해 만주에서는 철강 증산을 축으로 원료의 대일(對日) 공급을 목표로 1937년 초두부터 실시된 '만주 산업개발 5개년 계획'이 1938년 단계에서 대폭 수정되었다. 조선에서는 1938년 9월 시국대책조사회가 개최되어 우선 군수 기초소재 부문의 대폭적인 확장을 계획했다. 이 확충 부문에는 물자동원계획에 따라 「수출입품등임시조치법」, 「임시자금조정법」, 「국가총동원법」에 따라 자재·자금·노동력이 중점적으로 투하되었다.[66]

조선은 1936년 8월 미나미 지로(南次郎) 총독이 부임하고 1937년 7월 중일전쟁이 발발하면서 농공병진정책은 병참기지화정책으로 전환되었다. 1938년 9월 개최된 조선총독부시국대책조사회에서 병참기지라는 국책 수행을 위해 '군수공업확충계획'이 수립되었다. 1938년부터 1941년까지 4개년 계획으로 설정된 이 계획은 경금속, 석유 및 대용품, 소다, 유안(硫安), 폭약, 공작기계, 자동차, 철도차량, 선박, 항공기, 피혁 등 모두 11개 업종에 대한 개발계획으로 '만주 산업개발 5개년 계획'에 대응한 조선총독부 최초의 체계적인 생산력확충계획이었다.[67]

〈표 7〉은 조선총독부, 시국대책조사회, 일본 기획원이 마련한 조선의 제1차 생산력확충계획 목표량을 정리한 것이다. 전체적으로 1941년도 예상목표를 보면 조사회안과 총독부안은 거의 차이가 없었다. 그러나 기획원안과 총독부안은 업종별로 차이가 있었다. 조선총독부는 상당한 기술력을 필요로 하는 경금속[알루미늄·마그네슘]과 공작기계, 자동차, 선박

---

[66] 小林英夫, 1975, 『「大東亞共榮圈」の形成と崩壞』, 御茶の水書房, 11-12쪽.

[67] 朝鮮總督府, 1938, 『朝鮮總督府時局對策調査會諮問答申書』, 135-146쪽. 이에 대해 일본 내각에서 결정한 1939년 1월 「생산력확충계획대강」에서는 계획 대상품목이 14종이었다. 철강, 석탄, 전력, 금, 펄프, 양모가 추가되었다.

<표 7> 조선의 제1차 생산력확충계획안 비교

업종	단위	조선			생산력확충계획 총목표량 (1941)****
		총독부안 1941	조사회안 1941	기획원안*** 1941	
알루미늄	톤	27,500	28,000	3,016	126,400
마그네슘	톤	3,750	4,000	380	11,000
휘발유	배럴	355	485	61,590	1,540,000
중유		189	236	28,736	1,069,000
소다회	천 톤	35	35	3.4	908
가성소다		42	40	12	574
유안	천 톤	650	850	466	2,039
공작기계	천 엔	5,000	5,000	-	200,000
화물차	대	4,000	6,000	-	80,000
자동차		2,000		-	
기관차	대	12	65	14	1,100
객차		72	20	145	2,000
화차		1,804	3,600	5,197	21,000
선박	톤	23,600	23,000	3,180	650,000
보통강강재	천 톤	80	-	90	7,260
보통강강괴		80	-	-	9,950
특수강강재		-	-	14	1,000
철강석		2,100	-	2,080	5,700
보통선철		250	-	270	6,362
석탄	천 톤	7,000	-	7,000	78,182
전력	Kw	-	-	1,177,880	10,836,500

출처: 김인호, 2000, 『식민지 조선경제의 종말』, 도서출판 신서원, 118쪽; ***「1941년도전국생산계획」(민족문제연구소 편, 『일제하 전시체제기 정책사료총서 제77권』, 7-9쪽): ****「생산력확충계획요강(1939.1.17 각의결정)」(민족문제연구소 편, 『일제하 전시체제기 정책사료총서 제75권』, 581-583쪽).

생산이 가능하다고 보고 그에 대한 생산목표량을 제시했다. 알루미늄의 경우 조선에서는 1941년까지 2만 8,000톤을, 마그네슘은 4,000톤을 예상했지만 기획원은 조사회안에 대해 '조선의 명반석으로 고급 알루미늄을 제조하는 것은 의문'이라며 계획량을 알루미늄 3,000톤, 마그네슘

380톤으로 국한했다. 또한 조선에서는 500만 엔에 해당하는 공작기계 생산과 자동차 6,000대, 선박 2만 3,000톤 정도를 생산하겠다는 계획을 수립했지만, 일본 기획원에서는 공작기계, 자동차는 조선에서의 생산량을 아예 상정하지 않았다. 선박도 3,000톤을 약간 상회하는 정도로 조선 측 생산계획량의 14% 정도에 그쳤다.

반면 조선에서는 석유류[휘발유·중유]의 생산목표량이 많지 않았으나 기획원은 석유 수입에 어려움을 겪고 있는 상황에 대응해서 석유 생산량을 최대한으로 설정하면서 조선에 대해서도 조선 측 생산목표량에 비해 약 15배 정도의 생산량을 요구했다. 고도의 기술력을 필요로 하는 자동차와는 달리 철도 화물차의 생산량은 2배 이상을 요구했다. 철강과 석탄에 대해서는 조선의 생산력에 대해 비슷하게 판단하고 있었다. 특히 철광석은 조선에서의 생산량이 일본제국 전체의 거의 절반에 달하는 수준이었다. 조선 측은 원료와 기술력이 함께 활용되는 군수공업 확충을 도모하고자 했지만, 일본 본국의 요구는 조선에서 반출할 수 있는 원료와 그에 대한 단순가공에 집중되고 있었다. 조선의 생산력확충은 공업기술의 발달이나 숙련노동력의 성장을 가능하게 하는 부문은 제외되고 단순 미숙련노동을 이용한 원료자원의 수탈에 그 중점이 있었다.

일본 본국에서 전시 총동원을 위한 제1차 생산력확충계획[1938~1941]이 시작되자 조선에서도 본격적으로 생산력확충이 추진되었다. 생산력확충계획의 성공은 물자동원계획, 즉 생산력확충에 어느 정도 자재가 공급되는가가 관건이었다. 그러나 일본제국권 안의 원자재 공급능력은 상당한 한계가 있었다. 일본의 생산력확충계획은 더 이상 대규모 전쟁이 발발하지 않는다는 전제로 수립된 것이었으나 중일전쟁의 장기화와 유럽에서 제2차 세계대전이 발발하면서 붕괴되었다. 이로 인해 계획이 축소되고 식민지·본국을 포함해 생산력은 정체 내지 감소되기 시작했다. 이는 일본 자본주의의 구조적 문제에서 기인한 것이었다. 식민지에서 공업을 발전시키기 위해서는 일본의 기계와 숙련노동력이 식민지의 미숙련노동력과 결합되어야 하는 시스템이었다. 식민지 군수공업에서는 이러한 3자의 유기적 연계가 이루어져야 하는데, 이를 강권적으로 보장한 것이 1938~1939년에 걸친 「국가총동원법」의 일본 및 식민지에의 적용과 총동원관련 법체제의 정비였다.

그러나 1939년 이후에는 3자의 유기적 연계가 깨어지기 시작했다. 첫째, 일본은 외화획득에 우선을 두어 1939년 9월 「관만지향수출조정령(關滿支向輸出調整令)」[68]을 공포해 엔블록 안의 수출을 제한한 결과 엔블록 안에서 소비할 수 있는 물자가 부족해졌다. 또한 점령지에서 통화 남발로 인플레를 촉진해 반농반공적(半農半工的) 식민지 미숙련노동자를 확보하기 어려워졌다. 둘째, 1939년 9월 독일-폴란드전 발발로 제3국과의 무역 변화, 특히 독일로부터의 인조석유·유안·경금속 및 정밀기계류 수입 두절과 미국으로의 수입선 전환 필요성이 대두되었다.[69] 그러나

---

68 「關東州·滿洲國及中華民國向輸出調整ニ關スル件」(商工省告示제248호, 1939.9.23).

69 1939년 9월 독일-폴란드전 발발을 계기로 인조석유제조장치, 유안장치, 정밀기계, 광학초자 등의 독일에서 수입했던 기계류의 수입 두절이 표면화하고 미국으로의 전환이 급하게 계획되었다. 일본의 무역구조에서 기계수입 상황을 보면 1937년 이후 기계수입은 급속하게 증대해 1938년에 그 정점에 달했고 그 이후 감소했다. 기계기구 중 그 중심을 점한 공작기계를 보면 독일, 미국을 중심으로 1937년 이후 증가하기 시작해서 1938년 피크 시에는 독일에서 6,000만 엔 초반, 미국에서 1억 엔 후반 정도를 수입했다. 1939년 이후 독일에서 공작기계 수입은 감소하고 미국에서 공작기계 수입도 1940년부터 급감했다. 이에 일본에서 식민지로의 기계 공급 상황도 1939년 단계를 정점으로 격감하면서 이후 공급은 계속 줄어들었다(小林英夫, 1975, 앞의 책, 365-366쪽).

<표 8> 조선의 제1차 생산력확충계획[1938~1941]과 실적

	1938년			1939년			1941년		
	계획	실적	실적률(%)	계획	실적	실적률(%)	계획	실적	실적률(%)
유안(톤)	420,000	438,661	104.5	455,000	468,974	103.1	466,000	450,399	97
전력(kw)	766,000	619,468	80.8	781,450	765,450	98.0	325,400	219,000	69
유연탄(천 톤)	3,197	3,245	101.5	2,226	2,262	101.6	2,900	2,854	97
무연탄(천 톤)	-	-	-	2,525	2,909	115.2	4,100	3,948	96
알루미늄(톤)	-	-	-	2,300	3,120	136	3,016	3,119	103
철광석(톤)	750,000	770,664	102.7	1,100,000	939,886	85.4	2,080,000	1,692,000	81
보통강강재(톤)	98,000	91,728	93.6	89,400	75,262	84.2	90,000	91,311	101
보통강강괴(톤)	173,000	103,279	59.6	111,000	93,602	84.3	-	116,545	-
보통선철(톤)	320,000	295,373	92.2	311,000	286,693	92.2	270,000	278,432	103
특수강강재(톤)	-	-	-	11,500	3,317	28.8	13,730	14,100	103

출처: 김인호, 2000, 『식민지 조선경제의 종말』, 도서출판 신서원, 137쪽.

1941년 이후 서구 국가[미·영·독]와의 전면적인 무역 단절은 일본의 식민지에 대한 기계 공급능력을 현저히 둔화시켰고, 결국 생산성 저하를 노동 강화를 통해 보완해야만 했다. 셋째, 기계와 마찬가지로 숙련노동력도 일본 국내 군사공업에 우선 동원되면서 식민지에 대한 여력을 상실했다.

그러나 조선에서 실시된 제1차 생산력확충계획은 대체로 계획목표에 근접했다. <표 8>과 같이 1939년에는 전체적으로 90% 정도의 실적을 올렸고, 유안과 석탄은 목표를 초과했다. 1939년 처음 생산계획이 잡힌 알루미늄은 목표의 136%로 상당한 실적으로 보였지만, 1940년 상반기 실적은 목표의 32.8%에 그쳤다. 중일전쟁기의 제1차 생산력확충계획은 기계공업이나 원자재의 자급을 기반으로 한 군수공업 확충이라기보다는 본토의 국제수지 안정을 위한 수입대체품이나 기초소재 물자의 수탈을 위한 것이었다. 대용알루미늄·대용마그네슘·저품위철강·인조석유와 같은 품목의 급격한 증산계획이 추진되었다.

　1938~1939년에는 1930년대 '조선공업화'하에 진전을 보였던 화학공업[유안]과 전력, 석탄 생산량에서 계획목표량을 상회하는 성과를 보였다. 반면 철강 부문에서는 생산목표량을 채우지 못했다. 그러나 1941년에는 초기에 성과를 보였던 유안, 전력, 석탄 부문에서 겨우 목표량에 근접하는 정도였고, 특히 전력의 경우는 연료 부족으로 화력발전이 완전히 정지되면서 목표량 자체가 크게 감소했지만, 수력발전도 목표량에 크게 못 미치는 상황이 되었다. 반면 조선에서 주력 생산품이 된 철강 부문에서 성과를 보였고, 특히 철광석은 목표량이 전년도보다 2배로 급증하면서 철광석 채굴에 열을 올렸다.

　이처럼 기초소재 물자의 증산은 추진되었지만 수송산업이나 기계공작산업의 확충은 매우 미진했다. 계속적인 생산을 위해서는 공업시설 인프라가 구축되어야 했음에도 기계 및 설비공업은 제대로 이루어지지 않으면서 일본으로부터의 기계류 이입은 더욱 증가해 일본 본국에 대한 의존도는 점점 강해졌다. 그러나 독일, 미국과의 무역이 단절되기 시작하면서 일본으로부터의 기계류 이입도 점차 감소했다. 이에 1940년대 이후 조선에서 기계류의 자급을 추진했지만 이미 자원이나 기술 인력이 고갈되는 상황에서 불가능한 것이었다. 단기적으로 조선의 생산력확충계획은 일본의 요구에 충실히 따라가고 있었으나 장기적으로는 기계류 결핍과 원자재 대일의존을 더욱 강화시키면서 오히려 일본의 전시경제 유지에 부담으로 작용하고 있었다.

　일제는 1941년 12월 진주만 공습으로 아시아태평양전쟁을 도발했다. 일본 본토는 1941년도 4/4분기 물자동원계획부터 비군수용 물자의 배당 감축, 수입대체공업 확대, 산업물자 회수 등을 강조하고 물자동원계획의 기준도 종래 외화보유량에서 사용가능한 선박량으로 전환하며 중요 물자 자급을 위한 조치를 취했다. 그러나 아시아태평양전쟁 이후 각종 운송수단의 징발에 따른 수송력 격감으로 북방엔블록이나 동남아시아에서 원자재를 조달하기 어려워지면서 일본 본토의 물자동원계획은 계획대로 진행될 수 없었다. 1942년 2월 중 폭약보급량은 예상의 50%에 불과했고 항공기 정비는 8,417대 목표에 실적은 6,365대였다. 증산과 수입 병행을 전제로 책정한 물자동원계획은 1943년 4/4분기부터 완전히 정지되었다.[70]

1941년에 '제1차 생산력확충계획'이 종료되었고 1942년 이후 '제2차 생산력확충계획'[1942~1946]이 입안·실시되었다. 2차 계획의 입안에서는 "대동아전쟁의 진전에 따라 일만지(日滿支) 자급권 안에서 기본적 산업의 생산확충 필요가 더욱 긴급하게 됨에 비추어 … 일만지를 통해 종합적 중점적 생산확충 제2차 5개년 계획을 확립"하고 '동아공영권의 완성'을 목표로 '일·만·지·남방(南方)'을 그 권내에 포괄하는 계획이었다.

2차 계획의 특징은 첫째, "선박의 신조(新造), 조선(造船) 능력의 확충, 철강 증산 및 설비 확충을 최우선적으로 단행한다"는 것으로 선박 건조가 철강 증산과 같은 수준의 비중으로 가장 중요한 과제가 되었다. 둘째, "농산품에 대해서는 극력 그 증산을 도모할 것"으로 식량 증산을 주요 목표로 정했다. 특히 만주·화북·화중에서 농산물 증산이 중요 과제 하나로 대두되었다. 셋째, 1차 계획과 마찬가지로 여전히 철강, 석탄 등 군수 기초물자의 확충은 중요 과제였다. 다만 보통강 강재를 예를 들면

---

70 김인호, 2000, 『식민지 조선경제의 종말』, 도서출판 신서원, 288-289쪽.

1946년까지 일본 740만 톤, 만주 73만 톤, 중국 7만 톤, 합계 820만 톤을 목표로 설정했다. 그러나 '제1차 생산력확충 4개년 계획'[1938~1941]의 강제 생산달성 목표는 843만 톤이었다. '제2차 생산력확충계획'의 목표 달성은 원래 1차 계획에서 이미 달성해야 할 목표였다.[71]

조선총독부도 아시아태평양전쟁 발발과 함께 "영미에 일방적으로 의존하는 물동 구조에서 탈각"을 목표로 안정적인 물자 수급을 위한 가공산업의 확장을 꾀했다. 그러나 수송력 격감이 생산력확충의 가장 큰 걸림돌이었다. 당시 조선의 중요 물자 150종에 대한 자급 물자는 40종으로 자급률은 25%에 불과할 정도[72]로 조선의 공업화는 여전히 일본 본토의 원자재를 기반으로 하고 있었기 때문에 수송력 격감은 조선의 생산력확충에 치명적일 수밖에 없었다.

이러한 상황은 1942년 6월 미드웨이해전을 기점으로 더욱 악화되었다. 일제는 군수물자 확보를 위해 조선경제의 재편성을 요구했다. 1942년 9월 개최된 '동아경제조선간담회'에서는 "대동아 자주경제 건설에 관한 산업 배분은 국책으로 명시된 바이다. 각 지역의 특성을 최고도로 발휘해 국가계획에 따라 생산력을 확충함으로써 필승불패의 군비 증강을 기함. 조선경제는 북방에서의 국방경제 확립을 위해 그 사명이 더욱 크다"라는 성명을 발표했다. 여기서 조선에 분배된 산업은 첫째, 농업

71　小林英夫, 1975, 앞의 책, 385쪽.

72　近藤釰一 編, 1964, 『太平洋戰下の朝鮮(5)』, 財團法人 友邦協會 朝鮮史料編纂會, 7쪽. 자급이 가능한 물자는 보통강 주강(鑄鋼), 보통선(普通銑), 저린선(低燐銑), 철광석, 망간광, 텅스텐광, 몰디브광, 니켈광, 코발트광, 연, 아연, 알루미늄, 운모, 형석, ピッチ, 인상(燐狀)흑연, 마그네슘, 면화[방적용·제면용], 양모, 아마, 저마, 대마, 우피, 돈피, 탄닌재료, 차량선박용재목, 일반용재목, 가성소다, 농초산, 희초산, 시멘트, 純벤졸, 토루올, 카바이트, 아세톤, 메탄올, 초산암모니아, 석회질소, 쌀보리(裸麥)였다.

으로 "대동아공영권의 식량 확보를 위해 치산치수를 도모하며 관개배수 시설을 강구해 미곡증산을 주(主)로 일만화(日滿華) 식량교류를 원활하게 하기 위해 협력한다" 둘째, 광업으로 "광물자원의 개발 특히 특수광의 급속한 증산을 도모해 정련 및 가공시설을 정비하고 군수 및 생산자재 충족에 협력한다" 셋째, 전력(電力)으로 "풍부히 부존하는 수력전원을 종합계획에 기초해 개발을 촉진하고 국방공업 및 기타 공업 발전에 협력한다" 넷째, 화학공업으로 "전력 및 자원에서 조선의 입지적 우위성에 기초해 기술을 향상시켜 남방자원도 활용하고 특히 경공업 및 유기합성공업의 발전에 협력한다"는 것이었다.[73]

조선에서 실시된 제2차 생산력확충계획의 실적을 살펴보자.(〈표 9〉 참조) 1942년의 실적은 제1차 생산력확충계획의 마지막 해인 1941년과 유사한 패턴을 보였지만 유안, 전력, 석탄의 생산량이 조금씩 감소했다. 아시아태평양전쟁으로 해상 수송력에 문제가 생기자 중국과 만주에서 동원한 군수물자를 조선의 철도를 이용해 일본으로 수송하려는 방침을 마련하면서 조선에서 철도차량 생산을 확대하고자 했으나 시간이 갈수록 실적은 부진했다. 철광석과 강재 생산은 총독부가 가장 주력했던 종목인 만큼 약간의 생산량 증가가 있었다. 한편 제2차 생산력확충계획 기간 조선에서 주목을 받게 된 종목은 텅스텐·니켈·망간 등의 군수 광물이었다. 텅스텐은 1942년 목표량이 3,500톤이었으나 실적은 173%로 거의 2배에 달했다. 이후 1943년에는 아예 목표량을 상향 조정했고, 생산량도 그것을 상회하는 수준이었다. 니켈과 망간의 경우도 목표량보다 생산량이 많은 종목이었다. 1943~1944년도 생산력확충계획에서 텅스

---

73 「共榮圈建設에 對한 朝鮮의 協力策을 聲名」, 『每日新報』, 1942.9.27.

<표 9> 조선의 제2차 생산력확충계획[1942~1946]과 실적

	1942년			1943년			1944년 상반기		
	계획	실적	실적률(%)	계획	실적	실적률(%)	계획	실적	실적률(%)
유안(톤)	516,000	435,469	84	460,000	399,418	87	207,900	200,810	106
전력(kw)	249,300	180,300	72	194,000	149,000	77	83,850	47,000	56
유연탄(천 톤)	3,000	2,780	91	2,900	2,432	84	1,320	1,276	97
무연탄(천 톤)	4,100	3,931	96	4,200	4,159	99	2,250	2,265	100
알루미늄(톤)	7,500	4,441	59	15,839	12,528	79	9,325	8,719	94
마그네슘(톤)	1,750	314	18	1,325	750	55	897	829	92
철광석(톤)	2,700,000	2,276,619	84	3,050,000	2,364,274	78	1,952,000	1,887,340	97
보통강강재(톤)	100,000	110,170	110	106,000	101,922	96	44,900	44,591	99
보통강강괴(톤)	130,000	127,841	98	126,000	107,534	82	58,300	57,216	98
보통선철(톤)	396,000	365,367	92	679,000	517,892	76	356,000	310,062	87
특수강강재(톤)	20,000	17,271	86	20,000	20,067	100	12,500	10,619	85
텅스텐(톤)	3,500	6,063	173	6,000	6,933	116	3,500	4,909	140
니켈(톤)	42,000	3,577	9	24,000	26,271	109	10,920	19,238	176
망간(톤)	18,000	12,751	71	19,600	24,293	114	13,000	17,305	133
철도 기관차	12	3.4	28	27	5	19	-	5.5	-
철도 객차	30	18.5	62	28	4	14	-	8.2	-
철도 화차	2,400	2,147	89	3,600	2,747	76	-	936	-

출처: 近藤釰一 編, 1964, 「生産擴充計劃産業別生産實績調」, 『太平洋戰下の朝鮮(5)』, 財團法人 友邦協會 朝鮮史料編纂會, 11-14쪽.

텐·니켈·망간 등 군수 광물만이 목표량을 초과하는 실적을 내고 있었다. 철광석과 함께 조선의 주요 광물자원이 일본제국주의의 전쟁 수행을 위해 철저히 수탈되고 있었다.

1943년 고이소 구니아키(小磯國昭) 총독은 신년 시무식에서 징병제 실시를 위한 '수양연성(修養鍊成)의 철저한 실천'과 '생산 전력(戰力)의 결승적 증강', '서정(庶政) 집무의 획기적 쇄신'을 주장했다. 생산력 측면에서는 식량·광공업·교통·경제통제 분야에서 급속한 증산이 필요하다는 것으로 광공업 분야에서는 경금속 공업의 발전, 무연탄을 이용한 제철 소형용광로 증설을 통한 철광 증산, 중요 광물의 급속한 증산, 염전 확충을 통한 소금 증산을 도모해 생산 전력을 증강시켜 병참기지로서의 조선의 사명을 다해야 한다고 주장했다.[74]

조선의 생산력확충[戰力증강] 시책은 1943년부터 '5대 초중점산업'으로 철·석탄·경금속·선박·비행기를 설정하고 이들 전략물자 증산을 우선 목표로 삼았다. 석탄은 조선에서 생산량이 많은 무연탄을 적극 활용할 것, 일본 전체 철광석의 60%가 생산되는 조선에서 무연탄을 이용한 소형용광로 설치를 통한 철강 증산, 텅스텐·코발트·니켈·형석·석면·흑연 등 일본 본토에서는 거의 나오지 않는 군수광물에 대한 전면적인 증산, 경금속 제조에는 전력(電力)이 사업을 좌우하는 중요 요소인 만큼 풍부한 전원 개발을 요구했다.[75]

1943년 2월 솔로몬 제도 과달카날섬에서 일본군이 철퇴한 후 미군에게 연이어 패배하면서 일본은 제해권·제공권을 상실했다. 일본은 대외무역[동남아시아·중국·만주]으로 석유·인광석·생고무 등 중요 물자를 공급받았으나 무역로가 두절되면서 생산력확충에 심각한 차질이 발생했다. 조선총독부도 이러한 상황에서 조선 생산력확충계획의 저해 요인을 다음과 같이 정리했다.

① 주요 자재의 부족, 주로 중요 기계류의 입수 지연 및 불능

---

[74] 近藤釖一 編, 1962, 「昭和18年 御用始めに於ける總督訓示(1943.1.4)」, 『太平洋戰下の朝鮮(1)』, 財團法人 友邦協會 朝鮮史料編纂會, 57-60쪽.
[75] 近藤釖一 編, 1963, 「昭和18年度朝鮮總督府豫算について(水田直昌)」, 『太平洋戰下の朝鮮(2)』, 財團法人 友邦協會 朝鮮史料編纂會, 21-25쪽.

② 기술자·숙련공 및 노무자의 수요 급격 증가에 따른 부족 및 징용 실시, 기타 수입(收入) 관계 등에 따른 노무자 이동과 질 저하
③ 태평양전쟁 진전에 따른 수송력 특히 소운송 및 해상 수송력 부족에 따른 자재 원료의 입수 불원활
④ 석탄 부족 및 탄질 저하
⑤ 기타 설비의 일부 개조 과정에 있는 것 및 기술적 결함 등으로 설비 지연 및 생산 감소[76]

이에 대한 대응 방침으로 "①자재 배급은 극도의 중점주의를 채택해 5대 중점산업 부문에 대한 물자·노동력·자금·수송 등에 관한 관청 시책의 집중 강화를 기함과 동시에 기계공업, 수리공장 등의 확충 정비 도모, 또한 미가동 물자 전·활용의 급속한 실시 ②기술자는 극도의 중점주의에 따라 할당함과 동시에 일본 본국에서 공급 확보, 숙련공 양성기관 확충 ③식량 부족은 중요 공장 및 사업장을 지정해 식량 특배 및 급식 등을 실시, 노무자 부족은 이동 방지를 도모함과 동시에 중점산업에 대한 노무자 알선 모집 강화, 일반 징용에 따른 보충 ④수송력 확보는 선박·철도·자동차·우마차 등 해륙(海陸) 수송설비 능력 증강 및 그에 부대한 항만시설 정비에 대한 시설의 통일 강화 ⑤각종 어려움을 정신력으로 극복하고 시국하 결전 태세를 깊게 인식"[77]시킨다는 것이었다.

1942년 이후 생산력확충계획은 전황 악화로 '생산력'을 높이는 것이 불가능했고, 그에 따라 계획목표 자체를 낮게 설정했지만 그것마저도 달

---

76 近藤釖一 編, 1964, 앞의 책, 6쪽.
77 近藤釖一 編, 1964, 위의 책, 6쪽.

성하기 어려운 상황이었다. 이러한 결과는 무엇보다 물자동원계획이 파탄났기 때문이었다. 미국의 대일(對日) 금수조치 이후 기계류 수입이 두절되었고, 그것을 자급하는 것도 불가능한 상황에서 수송력을 기반으로 한 '대동아공영권' 내의 무역도 제대로 이루어지지 못했다. 아시아태평양전쟁을 도발하면서 구축한 '대동아공영권' 영역은 1943년 이후 축소되기 시작했고 다시 북방 엔블록권인 중국[화북]·만주와 식민지[조선·대만]을 중심으로 한 생산 확보에 매달렸지만 이것도 불가능한 상태가 되었다.[78]

---

78 小林英夫, 2004, 앞의 책, 189쪽.

제3장
전시 광물자원 동원과 강제저축

1. 광물자원 증산과 금속회수

1) 광물자원 증산정책: 석탄, 철강을 중심으로

중일전쟁 이후 일제는 전시 총동원체제를 구축하면서 '물자동원계획'과 '생산력확충계획'을 마련했다. 그러나 중일전쟁의 장기화, 아시아 태평양전쟁으로 무리한 전쟁을 도발하면서 '물자동원'은 파탄나고 이를 바탕으로 추진한 '생산력확충' 역시 불가능해졌다. 1930년대 우가키 가즈시게 총독이 조선을 조공업(粗工業)지대로 설정했으나 일제의 조선 식민 통치는 '식량·원료 공급기지' 확보라는 목적이 기본이었다. 1937년 중일전쟁 도발 이후 '병참기지'라는 명칭으로 전환되었고 조선에서는 군수 식량과 공업원료, 노동력 확보가 주된 목표였다.

일제는 군수물자 생산을 위해 조선의 지하자원 개발과 수탈에 주력했다. 이를 위해 1938년 5월 기존의 「조선광업령」을 개정해 '광부의 보호 취체[단속]에 관한 규정' 삭제, '취업 및 노무의 제한' 조처를 규정해 지하자원 개발을 위한 노동력 확보에 나섰다. 또한 중요 광산물의 증산을 도모하기 위해 「조선중요광물증산령」[제령 제20호, 1938.5.12]을 공포했다.[1] 1939년 4월 오노 로쿠이치로(大野綠一郞) 정무총감은 도지사회의 훈시에서 생산력확충계획의 일환으로 조선 지하자원 개발에 대해 다음과 같이 언급했다.

---

1   『朝鮮總督府官報』, 1938.5.12.

"석탄, 철광 기타 각종 중요 광물에 대해 증산계획을 수립하고, 조선산금령(朝鮮產金令), 조선중요광물증산령, 제철사업법 등 각 법령 제정, 각종 장려금 교부, 일본 산금진흥주식회사 설립 등 제반 방도를 강구하고 있는바, 이들 제 계획의 효과를 온전히 하기 위해서는 당사자의 참된 자각을 기대하지 않고 단순히 관의 명령조치만으로는 완벽을 기하기 곤란하다. 그런데 광업자 중에는 광업권을 단순한 재산권으로 보고 쓸데없이 이를 전매(轉賣)해 뜻밖의 이익을 쫓는 것을 일삼고, 혹은 광업을 투기적 사업으로 경단(輕斷)해, 자칫하면 날림의 기업계획하에 물자를 낭비하고 마는 등의 자가 아직도 적지 않은 것은 참으로 유감으로 생각하는 바이다. 광업은 이제 결코 단순한 영리사업이 아니라 다분히 공익적 성질 띤 국가사업으로 일찍이 관계법령을 제정 실시한 이유도 역시 전적으로 이에 있는 것이다."[2]

일본 본토와 조선총독부는 전쟁 수행에 필요한 광물자원 증산을 위한 각종 법령 제정과 계획을 수립해 위로부터 강제적으로 진행하면서 이윤 추구가 아닌 '공익적 국가사업'이라는 인식하에 자본가·노동자의 '자발적' 참여와 협조를 요구했다. 그러나 실제 진행 상황은 법령과 행정적 통제·강권에 따른 동원과 수탈 과정이었다.

1940년 조선총독부는 적극적인 중요광물증산계획[1940~1944]을 수립했다. 유럽에서 제2차 세계대전이 시작됨에 따라 독일·영국·미국에 의존했던 기계기구·자원의 수입이 막히면서 '조선에서 중요광물증산은 현하 긴급한 일'이 되었다. 총독부의 중요광물증산계획 실적은 어떠했을

---

2 『朝鮮總督府官報』, 1939.4.19.

<표 1> 1938~1940년 중요광물증산계획 및 실적

(단위: 톤(瓲))

광물명	1938년 계획	1938년 실적	1939년 계획	1939년 실적	1940년 계획	1940년 실적	비고
철광	850,000	770,664	1,150,000	1,019,281	1,740,000	1,300,000	茂山의 계획은 자재부족으로 계획대로 실행 불가능
텅스텐광	2,500	2,625	3,950	3,969	4,500	4,500	
수연광	130	118	180	196	250	200	주요 광산의 광황 악화
동광	20,000	18,615	36,000	41,900	40,000	40,000	
연광	2,800	3,540	7,900	4,731	6,000	6,000	금광에 딸린 부분은 제외
아연광	11,500	9,169	31,900	15,761	24,800	24,800	
유화철광	130,000	132,614	300,000	181,679	290,000	270,000	선광 및 운반설비의 지연
운모	120	158	220	343	350	104	40년 계획은 屑(부스러기) 제외
형석	34,000	37,937	44,000	28,156	40,000	29,180	39년 대광산의 광황 악화, 40년은 운반의 불원활, 기타 일반적 자재, 노력 부족
麟狀흑연	9,000	12,746	12,000	16,336	15,000	17,000	
인광	-	-	-	-	20,000	7,000	운반 불원활로 예정 출광보다 감산

출처: 「重要物資增産計畵」, 『大野綠一郎文書』

까. <표 1>은 1938~1940년까지 진행된 광물증산계획과 그 실적을 정리한 것이다.

조선에서 산출되는 대표적 광물인 철광은 1938년 이후 한 번도 계획량을 달성하지 못했는데, 새로 개발된 무산철광의 자재 부족이 주요 원인이었다. 반면 텅스텐·동·연·아연은 대체로 계획량을 채워나갔다. 1938~1939년 상반기까지는 광물 생산이 순조롭게 진행되었지만 1939년 하반기부터 1940년에 들어서는 현저히 정체되고 있었다. 그 원인은 "광업 채산의 저하, 자재 입수난 및 기술노동력 등 인적자원 부족" 때문이었다. 1939년 하반기 이래 물가·노임의 앙등은 광업의 채산을 현저히 저하시켰고 광산용 자재로서 철강·기계기구류·선광유·시멘트·

갱목·기타 광산용 일상물자·침금(針金)·정(釘)·아연철판·작업화[地下足袋]·고무화 등의 입수난이 점차 심각해졌다. 또한 광산기술자 및 광산노동자의 부족도 심해졌다.[3]

자재·기술·노동력의 결핍을 제거하지 않는 한 증산 목표 달성은 곤란한 실정이었다. 그러나 자재·노동력 등은 다른 산업과도 연관되어 있어 광업 부문에만 집중하는 것은 불가능했다. 이에 가능한 범위에서 자재·노동력을 공급하는 한편 한정된 자재·노동력의 효율성을 최고도로 발휘시키는 것이 문제였다. 결국 행정권력을 통한 통제와 강제동원밖에 방법이 없었다. 이러한 상황 속에서 1940년 수립된 '중요광물증산계획'의 연차별 목표는 〈표 2〉와 같다. 1941년 증산 목표는 〈표 1〉의 1940년 실적을 바탕으로 설정되었고, 이후는 희망 계획이었는데 이미 자재·기술·노동력의 결핍이 심각해지는 상황에서 아시아태평양전쟁으로의 확전과 전황 악화는 실제 생산과 계획목표와의 괴리를 점점 크게 만들었다.

아시아태평양전쟁이 발발하면서 일본제국권 안의 자원 수급 상황은 크게 악화되었다. 이에 일본 본토와 식민지를 중심으로 자원 자급에 주력했다. 총독부는 1942년 9~10월 2개월에 걸쳐 '전시광산증산강조운동' 캠페인을 벌이며 광물자원을 증산하는 데 열을 올렸다. 증산 대상은 금·은, 철, 석탄을 필두로 광물을 7종으로 나누어 지정했다.[4] 증산 방법

---

3 全國經濟調査機關聯合會朝鮮支部 編, 1943, 『朝鮮經濟年報(昭和16·17年版)』, 改造社, 135쪽.

4 제1종 금·은, 제2종 철, 제3종 석탄, 제4종 텅스텐·수연·코발트·니켈·망간(滿俺), 제5종 동·연·아연, 제6종 운모·형석·석면·흑연, 제7종 유화철·重晶石·硼鑛·인광·마그네사이트

<표 2> 중요광물증산계획의 연차별 증산 목표　　　(단위: 톤(瓲))

광종	품위	1941년	1942년	1943년	1944년
철광	50%	2,750	3,650	4,050	4,300
텅스텐광	65%	5,000	5,300	5,800	6,000
수연광	90%	200	240	280	320
동광	5%	50,000	65,000	85,000	90,000
연광	60%	7,000	15,000	30,000	30,000
아연광	50%	30,000	50,000	90,000	90,000
유화철광	40%	290,000	350,000	380,000	400,000
운모		160	220	350	400
형석	80%	4,200	50,000	55,000	60,000
鱗狀흑연	80%	19,000	22,000	24,000	25,000
인광	25%	60,000	100,000	150,000	350,000

출처: 「重要物資增産計畵」, 『大野綠一郎文書』

의 최우선은 '노무자 확보'였다. 이를 위해 "주택 확보, 복리시설 개선, 성적 우량자에 대한 급여·임금의 특례 등 우대 방법을 강구하여 노무자의 이동 방지와 작업능률 증진을 도모, 또 각 광산 직장애국반의 조직을 완성해 단체적 직역봉공의 마음을 앙양하는 한편 도(道)광산연맹에서 각 광산에 근로봉사대의 조직적 파견, 총독부 직원 및 연맹 간부 등의 독려대 파견 계획도 수립"[5]한다는 것이었다. 이것은 노동력에 대한 강제동원의 필요성을 강조한 것이다.

1943년 9~10월에도 '중요광물 비상증산 강조기간'으로 설정하고 광물 증산을 위해 '비상한' 조치를 취했다. 대상 광종은 금·은을 제외한 '철, 석탄, 텅스텐, 수연, 코발트, 니켈, 망간, 동, 연, 아연, 운모, 형석, 석면, 흑연, 인광, 유화광의 16종'이었다. 1942년 증산운동과 마찬가지로

5　朝鮮總督府 情報課, 「戰時鑛山增産强調運動」, 『通報』 121호(1942.8.1), 12-13쪽.

1943년 비상증산운동도 노동력 확보가 중심에 있었다. 그 내용은 "경영수뇌자 이하 간부의 진두지휘를 철저히 할 것, 현장직원 및 노무자의 사기 앙양 및 능력의 최고 발휘를 도모, 노동력 확보에 만전의 방책 강구, 우량광산·우량종업원 및 유효창의공부자 및 증산협력자를 표창"[6]하는 것이었다. 1942년 이후 광물자원 증산 방법은 노동력 확보와 그것의 최대한 활용에 맞춰졌다. 이것은 현원징용·근로보국대·징용 형태의 강제 노동력 동원이 일본제국주의 전쟁 수행의 가장 핵심적인 부분이었음을 보여주는 것이다.

한편 전시 물자동원에 어려움이 커지면서 1943년 조선에 부과된 광물자원 증산 및 동원목표로 3가지가 강조되었다. 첫째는 특수광물의 긴급 증산이다. 군수물자 생산을 위해 조선에 의존하는 특수광물은 일본에서 전혀 생산되지 않는 붕광[硼鑛, 붕산], 운모가 있고 대부분을 조선에 의존하는 것으로 텅스텐, 수연, 형석, 석면, 흑연이 있다. 일본에서도 상당히 생산되지만 조선에서 개발이 기대되는 것으로 니켈, 코발트 등이 있다. 이러한 특수광물에 대한 급속한 증산을 꾀하는 것이었다. 둘째는 철의 긴급 증산, 특히 무연탄 소형용광로 건설이다. 현재 제련에 사용되는 석탄[코크스]은 거의 만주와 중국에 의존하고 있어 수송하는 데 어려움이 커지자 조선에서 많이 생산되는 무연탄을 활용한 소형용광로를 만든다는 것이었다. 이에 닛데츠(日鐵), 동척, 가네보(鐘紡), 일본강관(日本鋼管), 조선제철, 이원철산(利原鐵山), 와타나베추고(渡邊鑄工) 등 각 회사가 소형용광로를 건설하도록 했다. 셋째는 무연탄의 철저한 활용 보급이다.

6　朝鮮總督府 情報課, 「重要鑛物非常增産強調期間の實施に就て」, 『通報』 146호(1943. 9.1), 31쪽.

조선의 생산량이 많은 무연탄을 적극 활용하기 위해 조선의 난방인 온돌을 모두 무연탄식으로 개조하도록 했다. 우선 경성에서 약 2만 8,000개분을 개조하도록 준비했고, 모든 난방기구는 무연탄 사용기구로 개조하도록 했다.[7]

(1) 석탄 수급 상황

일본제국권[엔블럭] 안에서 생산·동원되는 중요 광물의 하나인 석탄에 대해 살펴보자. 조선총독부는 1937년 12월 '조선석탄수급 5개년 계획'을 수립했다.[8] 계획 수립에서 총독부는 향후 조선에서 전개될 식민지 공업화, 특히 전시 생산력확충계획의 중요산업이 될 제철, 인조석유, 화력발전, 시멘트 산업과 철도 수송 확대에 따라 유발될 석탄 수요를 예상했다. 총독부는 전시 중요산업에 대해 일본기업을 유치해 진행하고자 했고 이로부터 유발된 석탄 수요를 이 계획에 반영했다. 이러한 수요에 대응해 유연탄과 무연탄을 1941년까지 1936년보다 각 2.1배, 4.2배 증산할 계획이었다. 총독부는 무연탄 액화사업을 포함해 무연탄 소비 증가를 염두에 두고 있었다. 그러나 조선 무연탄은 점결성(粘結性)이 없는 분탄(粉炭)이어서 사용 용도와 방식이 제한되었기 때문에 무연탄 활용기술 개발을 통해 이 문제를 극복해야만 대량의 소비 증가가 가능했다. 계획 당시 무연탄 소비 증가를 계획한 것은 기술에 대한 낙관과 기대에 기반

---

7 朝鮮總督府 情報課, 「地下資源開發の緊要性-戰力增强に對する半島の 責務」, 『通報』 133호(1943.2.1), 8-11쪽.

8 '조선석탄수급 5개년 계획' 수립의 배경과 내용에 대해서는 박현, 2009, 「조선총독부의 戰時經濟政策, 1937~1945-자금·생산·유통 통제를 중심으로」, 연세대학교 경제학과 박사학위논문, 96-113쪽 참고.

한 것이었으므로 이후 무연탄 증산계획에는 수급 불균형이 발생할 가능성이 내포되어 있었다.[9]

조선총독부는 '조선석탄수급 5개년 계획'을 통해 먼저 무연탄을 증산해 일본에 공급하고 조선의 석탄 자급률을 높이려 했다. 유연탄도 증산계획을 세웠지만 조선공업화에 따른 유연탄 수요를 조선 유연탄으로 충족시키지 못할 것으로 예상하고 대량의 유연탄을 만주와 중국 화북 지역에서 조달할 것을 구상했다. 이 계획 달성을 위해서는 사업자금·기술자·노동자·자재·전력 등의 필요량을 예측하고 그 확보를 위한 적절한 대책이 필요했지만 실제 확정된 지원정책도, 구체적인 실천 계획도 마련하지 못했다.

1939년 조선 중남부와 일본 지역에서 발생한 대가뭄으로 수력발전이 멈추면서 '전력기근'이 발생하고 화력발전용 석탄도 부족해져 석탄 수급에 대한 적극적 대책이 수립되었다. 1940년 3월 일본 각의에서는 일본과 식민지에서 각각 600만 톤, 350만 톤의 증산을 계획한 '석탄증산긴급대책'을 결정하고 이에 기초해 1940년도 석탄 생산력확충 실시계획을 확정했다. 조선총독부도 이에 호응해 1940년 11월 '석탄 증산시설 장려금 교부규칙'을 마련해 신갱(新坑)개발조성금, 증산장려금, 생산보상금을 지급하기로 했다. 또한 '노무긴급대책'을 수립해 석탄광업을 다른 생산력확충 산업보다 우선하고, 상황에 따라서는 군수 노무에 우선해 노무자를 알선하는 방침을 정하고 그 노동자 모집에 관련된 규제와 제한을 최대한 완화했다.[10]

---

9 박현, 2009, 위의 글, 100-101쪽.
10 박현, 2009, 위의 글, 106-107쪽.

1941년 7월 일본이 남부 타이를 침공하자 미국과 영국은 일본의 해외자산을 동결시키고 대일 석유 수출을 전면 금지했다. 이에 모든 생산력확충정책은 일본 본토 중심으로 변화했고, 해상 수송 감소로 수입에 의존한 조선의 유연탄은 공급 부족이 예상되었다. 반면 조선에서 생산되는 무연탄은 일본으로 이출이 어려워지면서 저탄이 증가해 생산에 제약을 받았다. 이에 총독부는 무연탄 소비를 확대시키기 위해 사업별로 소비규정률을 적용해 유연탄 소비를 억제하고 유연탄 사용자가 무연탄을 사용하도록 지원하며 공장 신설은 무연탄 사용을 조건으로 허가하는 등 무연탄 소비촉진책을 강구했다. 만주와 화북 지역으로 무연탄 수출도 확대했다.

　조선총독부는 1942년부터 시작하는 제2차 석탄 생산력확충계획을 수립했다. 해상 수송력 제한으로 엔블록 생산력확충계획에서 조선 석탄의 중요성이 감소하는 상황에서 조선 안의 석탄 수급을 고려해 유연탄과 무연탄의 동일한 증산을 목표로 했다. 그러나 2차 계획은 수요 면에서는 무연탄 활용기술의 개발 성과와 해상 수송능력에 따라, 생산 면에서는 자재·노동력 확보, 즉 엔블록 물자동원계획과 노무동원계획에 따라 제약을 받아야 했기 때문에 성공 여부는 불투명했다. 석탄 생산력확충계획이 진행되면서 기업들의 자재 수요가 증가했지만 공급이 충분하지 않았다. 그럼에도 1941년까지는 자재 공급이 일부 이루어지면서 탄광 설비투자가 확대되었는데, 확대된 설비투자는 일부 탄광, 특히 조선무연탄주식회사[11]의 신규 탄광에 집중되었다.

11　1927년 2월 15일 설립된 조선무연탄주식회사는 사이토 총독 주관하에 단행된 제1차 무연탄합동으로 자본금 1,000만 원 이상으로 창립되었다. 조선무연탄주식회사의 설립목적은 조선의 주요 탄광을 쉽게 통제하기 위해 하나의 회사에게 광업권을

〈표 3〉 제1차·제2차 석탄 생산력확충계획 및 실적   (단위: 천 톤)

	연도별	유연탄		무연탄		계	
		예정계획	실적	예정계획	실적	예정계획	실적
제1차 계획	1938년	1,727	1,666	1,919	1,595	3,646	3,261
	1939년	2,226	2,262	2,509	2,909	4,732	5,171
	1940년	2,600	2,639	4,200	3,457	6,800	6,096
	1941년	2,900	2,854	4,100	3,948	7,000	6,802
제2차 계획	1942년	3,000	2,730	4,100	3,931	7,100	6,661
	1943년	3,200 (2,900)*	2,430	4,500 (4,200)	4,159	7,700 (7,100)	6,589
	1944년	3,000 (2,600)		5,100 (4,500)		8,100 (7,100)	
	1945년	4,530 (3,460)		6,100 (5,890)		10,630 (9,350)	
	1946년	4,730		6,710		11,440	

출처: 近藤釖一 編, 1964, 『太平洋戰下の朝鮮(5)』, 財團法人 友邦協會 朝鮮史料編纂會, 36-37쪽.
비고: ( )*의 수치는 제2차 계획이 시국의 추이에 따라 목표 달성이 곤란해져 수정한 수치

〈표 3〉은 제1차·제2차 석탄 생산력확충계획 목표와 그 실적을 정리한 것이다. 앞에서 살펴본 바와 같이 제1차 계획기간[1938~1941]은 계획목표에 근접한 실적을 보였다. 1940년부터 함북 무산탄광이 개발되면서 무연탄 생산량이 유연탄을 크게 앞섰다. 그러나 제2차 계획이 실시된 1942년부터는 오히려 1941년보다도 생산량이 감소했고 결국 1943년부터 목표량도 하향 조정했지만 그 역시 달성하기 어려워졌다. 1944년

주어 일제의 필요에 따라 석탄을 이용하려 한 것이었다. 1935년 12월 조선무연탄주식회사는 평양무연탄(주)를 합병해 자본금 2,000만 원의 '(新)조선무연탄주식회사'가 되었다. 이 과정에서 동척계 자본이 대거 진입해 동척계가 전체 주식의 32.1%로 미쓰비시(三菱)계의 28.7%를 압도했다. 1941년 2월에는 3,000만 원을 증자하여 자본금 5,000만 원의 거대회사가 되었고 조선에 본점을 둔 유일한 자본금 5,000만 원 이상의 광업회사가 되었다(김은정, 2007, 「일제의 한국 석탄산업 침탈 연구」, 이화여자대학교 사학과 박사학위논문, 62-72쪽).

상반기에는 생산책임제를 실시하고 증산에 모든 힘을 기울여 어느 정도 생산량을 유지했지만, 하반기부터 유연탄이 자재 부족으로 생산량이 크게 줄었다. 이에 대해 총독부는 '국민징용을 단행'하는 응급증산대책을 실시한다는 방침이었다.[12] 그러나 조선 유연탄 생산량은 감소되어 조선 내 유연탄 수요의 일부만을 담당하는 정도에 그쳤다. 무연탄 생산량은 증가했지만 이출량은 1940년도의 150만 톤을 정점으로 감소해 1944년에는 24만 8,000톤으로 급감했고 1945년 상반기에는 4만 3,000톤에 그쳤다.[13] 조선에서의 석탄 생산은 부족한 자재와 기술력을 극복하지 못한 상황에서 오로지 노동력에만 의존했기 때문에 증산의 한계는 분명할 수밖에 없었다.

(2) 철 수급 상황

다음으로 철의 증산 상황을 살펴보자. 철은 1930년대 후반 한반도 북부 지역을 중심으로 철광산이 적극 개발되기 시작했다. 함북 무산, 평남 개천, 함남 이원 등을 중심으로 철광석이 많이 매장되어 있었다. 이곳에서 채굴되는 철광석은 일본으로 다량 이출되었지만 1941년 이후 해상 수송이 곤란해지면서 철광석을 조선에서 직접 제련하는 것이 추진되었다. 그러나 철을 제련하기 위해서는 막대한 양의 석탄[코크스]이 필요한데 이에 적절한 석탄은 한반도에서는 거의 산출되지 않고 만주와 중국 화북 지역에서 수입해야 했다. 반면 조선에서 가장 많이 생산되는 것

---

12 近藤釰一 編, 1964, 『太平洋戰下の朝鮮(5)-終政期=生産·貯蓄·金融·輸送力·勞動事情議會說明資料修編』, 友邦協會, 36쪽.

13 박현, 2009, 앞의 글, 140쪽.

은 화력이 높지 않은 무연탄이었다. 그러나 절대적인 철강 부족에 직면한 일제는 조선에서 무연탄을 이용한 소형용광로를 만들어 출선[出銑, 용광로에서 철을 뽑아내는 것]하는 미봉책을 추진했다.

아시아태평양전쟁 발발 이후 조선의 철광석은 그 중요성이 점점 커졌다. 동남아시아·태평양 지역에서 해전이 이루어지면서 일제는 선박 부족에 시달리게 되었고, 이 지역에서 조달해야 했던 철광석이 두절되면서 조선의 철광석에 의존해야 했다. 1943년도 조선의 철광석 생산량은 236만 톤이었지만, 1944년에는 일본으로의 이출량 170만 톤, 만주국 수출량 57만 톤, 조선 내 수요량 약 250만 톤으로 총 약 480만 톤이 필요했다. 이에 1944년도 총 생산목표량은 550만 톤으로 계획되었다. 이는 전년도에 비해 목표량이 2배 이상 증가한 것이다. 그러나 1944년 상반기를 지나면서 생산 조건이 악화되어 1944년 생산량은 408만 톤으로 추정되었다.[14]

1944년도 철광석 생산은 최대한의 노동력을 동원해 무리한 채굴을 강제하며 증산되었지만, 이것을 철강으로 만드는 과정에는 석탄이 절대적으로 필요했다. 살펴본 바와 같이 조선에서 채굴된 철강석은 그 자체로 일본에 이출되어 일본의 대형용광로를 통해 제철이 이루어졌지만 점차 수송력이 악화되면서 조선 안에서 직접 제련해 철강을 생산하는 방향으로 전환되었다. 그러나 조선에는 화북 지역에서 생산되는 석탄[북지탄]을 이용한 닛데츠(日鐵)의 겸이포제철소와 무산·만주 밀산 석탄을 이용한 청진제철소가 핵심이었다. 이 외에 전력을 이용한 원철·합금철·특수강을 제조하는 공장이 있었다.

---

14 近藤釰一 編, 1964, 앞의 책, 17-18쪽.

일제는 조선에서 많이 생산되는 무연탄을 이용한 용광로 제작 방안을 강구했다. 무연탄은 화력이 낮아 대형용광로를 운영할 수 없었다. 1942년 하반기부터 '소형용광로 건설사업'이 시작되었다. 이는 1943년 이후 일제 전쟁지도부가 벌인 '비합리적 생산증강정책'의 대표적 사례이다. '경제성'을 무시한 '증산' 일변도의 사업으로 일제는 소형용광로를 이용한 제철 방식이 경제성과 기술적 측면에서 근본적 문제가 있음을 인식했음에도 자원동원, 대형용광로보다 현격히 짧은 공사기간, 원료 산지에 건설하는 입지적 유리함 등의 이점에만 주목해 사업을 밀어붙였다.[15]

이 사업의 목적은 핵심 군수물자인 철강의 증산, 그리고 나날이 심각해지는 운송난에 대한 대책이었다. 철광석 산지에 소규모 용광로를 건설해서 선철(銑鐵) 생산을 늘리고, 그것을 일본에 공급해 철광석 수송의 부담을 경감시키겠다는 구상이었다. 사업 내용은 1943년 연내에 20톤급 소형용광로 181기를 조선, 중국[화북·화중], 몽골, 대만 등지의 철광석·석탄 산지에 집중 건설하여 50만 톤의 선철을 생산해 일본에 공급하는 것이었다. 건설과 경영 주체는 국책회사 닛데츠(日鐵)가 중심이었고, 일본 재벌 및 현지제철소·탄광회사 등 제철 관련회사가 나눠 맡았다.[16]

조선에 건설될 소형용광로는 75기가 예정되었다. 1943년 현재 건설을 완료한 것은 55기, 가동 중인 것은 27기로 1944년 안에 완성 61기, 가동 38기를 예정했다. 이 소형용광로에서의 출선(出銑) 상황은 1944년도 상반기 6만 1,000톤으로 책임 출선량 10만 5,000톤의 58%, 물동계

---

15 배석만, 2016, 「태평양전쟁기 일제의 소형용광로건설사업 추진과 귀결」, 『인문논총』 73-1, 서울대학교 인문학연구원, 199쪽.
16 배석만, 2016, 위의 글, 226-227쪽.

획량 6만 4,000톤의 96%로서 1일 1로(爐)당 평균 13톤, 최고 출선량은 49톤이었다. 용광로 연료인 무연탄은 일본무연탄제철주식회사 진남포 공장에서 80~90%, 해주공장에서 50~60%, 이원제철에서 60%를 사용했다.[17]

소형용광로사업의 실적은 생산목표 대비 30% 미만으로 저조했다. 그나마 생산된 선철도 운송난으로 50% 정도만 일본에 공급되었다. 사업이 저조했던 이유는 용광로 조업상의 기술적 문제, 건설에 필요한 기자재 공급난, 기술자·숙련공의 인력 부족 등이 원인이었다. 지역별로는 조선의 경우 무연탄을 연료로 사용하는 문제가 해결되지 않았고, 중국의 경우 담당 기업의 문제와 현지 사정에 따른 잦은 계획 변경이 부진의 원인이었다. 이런 우여곡절 속에 생산된 선철은 운송난으로 70%, 대형 고로(高爐) 생산 선철을 포함할 경우 50% 미만 정도만 일본에 공급되었다. 운송대책으로 시작된 소형용광로사업이 최종적으로 운송난으로 좌초하고 있었다.[18]

2) 민간의 금속회수와 일상의 파탄

1930년대 조선공업화 과정에서 조선총독부는 '조공업지대'로서 그를 위한 자원개발과 원자재의 안정적 공급을 추진했다. 그러나 일부 자연자원을 제외하고 중간재는 일본에 의존하는 구조였다. 이에 총독부는 각종 언론매체나 학교교육을 통해 폐물 수집·이용과 근검한 생활을 강

17　近藤釰一 編, 1964, 앞의 책, 25쪽.
18　배석만, 2016, 앞의 글, 227쪽.

조했다. 1937년 중일전쟁의 발발로 자원 수급문제가 본격화되면서 자원 동원수단으로 '폐품회수'가 홍보되기 시작했다.

1938년부터 일본 정부는 기획원 내 자원회수위원회를 중심으로 특별회수를 단행하는 한편, 물자회수를 위해 물자별 일원적 배급기구 정비, 회수업자의 지도통제를 추진했다. 조선에서는 먼저 애국부인회·농촌진흥회·청년회 등의 관변단체와 학교를 중심으로 '계몽적' 형태의 회수운동을 전개했다. 이와 함께 폐품회수를 위한 통제조직으로 폐물이용보국회, 폐품이용갱생회, 폐품이용갱생조합 등의 관변단체를 조직했다.[19]

이처럼 1938년부터 조선에서도 각 도별로 폐품회수단체가 결성되었지만 전국의 일원적 조직이 없어 효과적으로 운용되지 못했다. 1938년 8월 22~28일 '경제전강조주간'을 설정하고 그 실천 요강으로 '1.물자의 소비절약 2.물(物)의 애용 3.폐품이용·회수 4.저축 실행 5.생활쇄신 6.물가앙등 억제에 대한 협력'을 발표했다. '폐품이용·회수' 방안은 ①폐품 이용가치에 대한 인식을 갖게 할 것 ②폐품을 사장(死藏) 또는 소각하지 말고 고물상에 팔 것 ③폐품회수를 용이하게 하기 위해 폐품을 종류별로 정리해둘 것이었다.[20] 폐품을 이용·회수해야 하는 이유는 "군수공업원료의 사용 제한, 제조금지를 실행해 자원을 확보하고 일반 국민의 자원애호사상과 자원인 폐품회수를 통해 자원 획득과 국민생활의 원활을 기한다"는 것이었다.

1939년 1월 각 도 산업과장 회의에서 호즈미 신로쿠로(穗積眞六郞)

---

19 김인호, 2008, 「중일전쟁 시기 조선에서의 폐품회수 정책」, 『한국민족운동사연구』 57, 219쪽.

20 「경제전강조주간 실천 요령, 폐품의 애호와 회수 재생산기업도 확충」, 『東亞日報』, 1938.8.12.

식산국장은 폐품회수기관을 강화해 회수 증대를 결정하면서 전국적으로 폐품을 회수할 것을 강조했고,[21] 4월 오노 로쿠이치로(大野綠一郎) 정무총감도 도지사회의 훈시에서 폐품 활용·대체품 이용 장려를 천명했다. 이 시기까지 회수하는 폐품 종류는 섬유·고무·종이·비철금속 부스러기가 대부분이었다. 그러나 1940년 이후 주요 군수자원의 수입이 막히면서 금속류를 회수하기로 했다.

폐품수집 방식은 1939년까지는 대개 가정에 남아도는 섬유나 종이 등을 폐품회수조합이 지정한 고물행상을 통해 수거하거나 각 관청 공무원, 학교, 애국부인회 등을 통해 헌납하는 것이었다. 그러나 1940년부터는 폐품회수가 마을[洞里·町] 단위로 일원화되고 애국반을 통해 회수되었다. 또한 폐품회수일을 정해 의무적으로 각 호마다 한 가지 이상 폐품을 가져오게 했다. 이러한 폐품 수집업자는 관청에서 허가하거나 계약한 업자만이 담당하도록 했다. 지정 고물상은 완장, 행상감찰표, 휘장 등을 부착했고, 일반 엿장수·고물행상의 폐품수집을 단속했다.[22]

조선총독부는 1941년 4월 1일부터 '금속류의 특별회수'[23]를 결정하고 철강·동(銅)제품을 회수하기 위해 우선 관공청과 공공단체의 불용품

---

21 1939년 조선의 폐품회수고는 2,775만 3,716관[1,196만 4,710원]이었다(「廢品回收實績」, 『殖銀調査月報』 27, 1940.8, 94쪽).

22 김인호, 2008, 앞의 글, 220쪽.

23 전쟁 수행상 금속류 특히 철·동·연 등은 절대 불가결한 것일 뿐만 아니라 막대한 수량이 요청되므로 기존에는 파손된 냄비, 솥류를 고물상에 버렸지만 이제는 금속제품은 현재 사용 중이지 않아도 이를 버리지 못하도록 했다. 이러한 일반 가정의 폐품과 기계공장·철공소 등에서 발생하는 철·동 등 금속부스러기의 회수는 '일반회수'라 하고, 현재 사용하고 있는 화로, 꽃병, 놋그릇 등을 회수한다거나 철책·철문(鐵扉)을 철거하는 회수는 '특별회수'라 했다[朝鮮總督府 情報課, 「戰力增强と金屬回收」, 『通報』 147호(1943.9.15)].

(不用品)을 회수하기 시작했다.[24] 관청의 물품을 우선 회수하는 것은 일반인들에게는 향후 강제회수의 신호탄으로 인식되었다. 이에 총독부 당국도 "금속류의 특별회수실시는 시국하 민심에 영향이 심대할 것으로 인식되므로 그 취지의 철저, 유언비어 단속, 해당 시책에 대한 민중의 협력 등 각 방면의 지도 단속에 심심한 주의 노력을 요한다"[25]라고 했다.

 물자의 절대적 부족하에서 강제회수 방침이 시행되자 이에 대한 우려와 반발은 커져갔다. "근시 쇠부스러기(屑鐵) 등의 수급 핍박으로 각지에서 당국의 단속망을 피해 상당히 광범하게 암거래가 행해져 부정거래가 성행하고 있으므로 '암[闇, 야미]'의 근절을 위해 전국 일제히 엄밀한 단속을 실시하였는바 위반자 총수는 860명의 다수가 나왔다"[26]고 보고되었다. 한편으로 총독부는 '금속회수'를 각 도별로 할당해 목표를 달성하고자 했다. 황해도의 경우 제1차 특별회수 할당량이 총 7,000톤인데, 1941년 5월 말 현재 1~2개 군을 제외하고 회수가 완료되었다고 했지만, 일반 민중은 회수정책에 협조적이지 않다는 점을 지적했다. 평안북도 5월 말 현재 1만 4,632톤이 회수되어 예정 할당량을 채웠는데, 이는 관공서의 솔선수범에 일반 민중들이 금속류의 중요성을 인식하며 협력 기운이 양성되고 있다고 했다.[27] 도별로 할당량을 부과하고 관리들은 이를 달성하기 위해 행정적 조치로 강제했던 상황을 엿볼 수 있다.

 일본 정부와 총독부가 임의적·강권적으로 진행하고 있던 '금속회수'가 법적으로 규정되었다. 1941년 8월 29일 「금속류회수령」이 제정되었

---

24 「철강, 동제품 회수 本府에서도 대책을 협의」, 『每日新報』, 1941.4.3.
25 警務局 經濟警察課, 「金屬屑類特別回收」, 『情報週間展望』 제5집(1941.4.12).
26 警務局 經濟警察課, 「屑鐵等闇ノ一齊檢擧實施」, 『情報週間展望』 제8집(1941.5.3).
27 警務局 經濟警察課, 「金屬屑第一次特別回收ノ狀況」, 『情報週間展望』 제15집(1941.6.21).

고,²⁸ 이 칙령은 일본에서 1941년 9월 1일 시행, 10월 1일 조선을 비롯한 대만·사할린·남양군도에서도 시행되었다.²⁹ 금속공출이 '애국심의 발로'인 것처럼 선전하면서 꽃병·화로·놋그릇 등 사용 중인 물품도 공출하는 '특별회수'가 전면화되었다. 이와 함께 비군수산업을 대대적으로 정리하고 이로부터 발생하는 유휴금속을 회수했다.

조선 민중들에게 '특별회수' 대상인 금속회수[공출]는 일상의 삶을 흔드는 것이었다. 「금속류회수령」이 제정되자 조선인 가정에서 식기로 많이 사용되고 있었던 놋그릇[眞鍮食器]을 제한없이 공출해야 한다는 우려가 컸다. 놋그릇류는 "조선인 가정에서 빈부를 불문하고 애용하는데 통제의 진의를 오해해 그것의 입수난이 예상되어 소지품을 은닉하거나 무조건 사들이려는 풍조가 있었지만 최근 놋그릇헌납운동 등으로 점차 대용 도자기로 이행하고 있다"³⁰고 했다. 총독부는 「금속류회수령」이 조선에서도 시행되자 더욱 강제적인 '금속회수운동'을 전개했다. 그 실상을 살펴보자.

① 경상북도 경산군 남천국민학교에서는 학교 아동에게 일반 가정에 대한 놋그릇 등의 자발적 헌납을 지도해 1주일간에 16관 정도의 회수성적을 거두었는데, '금속류회수칙령'이 공포되자 일반 민중 중에는 이 법령의 취지를 오해해 금속류는 전부 무상으로 정부에 강제적으로 압수되는 것 같이 추측해 은닉하는 것으로 이해하고 있어 계몽 지도 중³¹

---

28 「金屬類回收令」(勅令 제835호, 1941.8.29), 『(日本)官報』, 1941.8.30.
29 「金屬回收令施行規則」(府令 제260호, 1941.9.30).
30 警務局 經濟警察課, 「眞鍮食器ノ使用激少」, 『情報週間展望』 제26집(1941.9.6).
31 警務局 經濟警察課, 「金屬類ノ回收强化ニ伴フ一般部民ノ動向」, 『情報週間展望』 제28집(1941.9.20).

② 금속류회수운동 제창 이래 일부 하층계급 중에서는 아직 그 취지를 잘 이해하지 못하고 금속류회수령의 공포 시행에 대해 여러 종류의 억측이 행해져 놋그릇류를 은닉한 자가 각지에 산견하고 있다. 이에 대구부회 의원 임상조 등을 중심으로 놋그릇헌납운동을 진행해 놋그릇 4,593관, 고철류 643관, 쇠못부스러기(鐵力屑) 488관, 총 5,724관이 헌납되었다.[32]

③ 함경남도 함흥 지방에서는 일부 민중 중에는 금속류회수령 발포를 보며 일반 가정에까지 강제적으로 이를 회수하는 것으로 오해하고 이를 둘러싼 여러 억설을 만들어 놋그릇을 은닉하는 경향이 농후하다.[33]

총독부는 각 가정에서 사용하는 금속류 그릇이나 일상용품을 모두 강제 공출하는 것은 아니라고 했지만, 각 도별로 할당량을 부과하고 이에 대한 달성을 강제하는 상황에서 관리들은 공권력을 이용해 각 가정의 필수적 용도의 물품도 허용하지 않고 강제로 공출하도록 하는 경향이 많았다. 실제 군면직원 간에 '금속류는 제외 없이 모두 강제적이다'라며 정부의 강제회수, 금속류의 전부 회수라고 공공연히 언급했다. 경상북도의 국민학교 교장은 "학교 작업장 지붕이 함석이라 이를 떼어내서 강제 공출시켰고, 나아가 복도 지붕, 함석 교문과 철책도 공출할 것인데, 이에 대한 비용으로 21원이 지급되지만, 대신 나무문을 만들려면 100원 이상이 든다"[34]라고 하소연했다. 공공기관을 앞장세워 강제로 회수를 하

32　警務局 經濟警察課,「金屬類回收運動ヲ繞ル部民ノ動向」,『情報週間展望』 제30집 (1941.10.4).

33　警務局 經濟警察課,「金屬類回收運動ヲ繞ル部民ノ動向」,『情報週間展望』 제30집 (1941.10.4).

34　警務局 經濟警察課,「廢品回收ニ對スル特異ノ言動」,『情報週間展望』 제40집(1941. 12.13).

는 상황에서 각종 금속류의 부정거래를 절멸한다며 대대적인 단속을 실시했다. 경상북도에서는 1941년 9월 28일부터 3일간의 단속에서 57건의 위반자를 검거했다고 보고했다.[35]

금속류에 대한 실질적인 강제회수가 진행되었지만 성과가 크지 않자 점차 법적 강제가 이루어졌다. 1942년 9월 8일 「금속류회수령」 제6조에 의거한 특별회수와 강제양도명령이 발동되었다. 9월 8일부터 한 달간 지정시설 회수물건의 양도신청을 하도록 했지만 실적이 나빠 다시 12월 1~8일까지 대대적인 단속이 이루어졌다.[36] 양도를 기피하거나 회수물건을 숨기고 팔아버리는 것은 '비국민적 행동'으로 강력히 처벌해야 한다는 것이었다.[37] 1942년 7월 17일 '비상회수실시요강'을 발표했는데, 본격적으로 조선인 가정의 유기제품[식기·제기]을 회수하기 시작했다. 총력연맹과 애국반을 통해 일반 가정의 유기제품을 회수[식기공출]하는 데 박차를 가했다. 이에 대해 조선인들이 심하게 반발하자 총독부는 도자기·비금속제품으로 만든 대용 생필품 증산, 공정가격에 따른 공출, 배급과 연계된 전표제를 제창하며 반발을 무마하려 했다.

이러한 강제회수와 함께 친일적 사회지도층도 함께 협력했다. 앞에서 살펴본 대구부회 의원을 중심으로 놋그릇헌납운동을 했고, 각지에서 이러한 사례는 이어졌다. 보성전문학교 교장 김성수는 "16년 전부터 계동정의 자택을 지키고 있던 철문[120관] 3개를 탄환으로 만들어 나라를 지켜달라고 1일 오후 해군무관부에 헌납, 아울러 마차 1대 분량의 놋쇠

---

35 警務局 經濟警察課, 「金屬類不正取引等ノ一齊取締」, 『情報週間展望』 제33집(1941. 10.25).

36 「불철저한 金屬回收, 8일까지 讓渡申請하라」, 『每日新報』, 1942.12.2.

37 「사설-金屬回收와 强力取締」, 『每日新報』, 1942.12.3.

와 동제(銅製) 식기류도 개인자격으로 동시에 헌납했다."[38] 1941년부터 본격화된 금속회수[공출]에서 가정용 물자는 명목상으로는 강제회수보다는 자발적인 회수를 강조했고, 친일지도층 인사들의 협력을 총독부는 대대적으로 선전했다. 그러나 회수 대상이 주로 생필품으로 이용되는 철·동 또는 황동·적동 등을 함유한 물자였고, 특별회수에 '현용품 회수에 중점을 둘 것'이라고 하여 폐품만이 아닌 조선인이 현재 사용하고 있는 물자를 회수하는 방침이었다. 이에 민중들은 밥그릇마저 강제로 빼앗아 전쟁의 탄환이 되어야 하는 상황을 받아들이기 쉽지 않았다.

1943년 이후 아시아태평양전쟁이 전세가 급격히 악화되면서 일본제국권은 격심한 자재난에 봉착했다. 1943년 3월 일본에서 '금속비상회수요강'이 공포되고 상공성에 금속회수본부가 발족되어 행정권력에 의한 강제회수가 진행되었다. 이에 조선총독부도 1943년 5월 1일 「조선총독부금속류회수위원회규정」[훈령 제35호]으로 정무총감을 위원장으로 하는 '금속류회수위원회'가 발족했고, '금속류회수실시요강'(1943.5.15)도 공포되었다. '요강'의 핵심 내용은 첫째, 회수 강화를 위해 행정기관을 회수에 참여시켰고 둘째, 이미 회수 중인 유휴미가동설비·불요불급설비 외에 가동 중인 생산설비도 긴급한 군수산업에 활용 셋째, 국민 근로보국운동과 연계시킨다는 것이었다.[39]

이어 총독부는 1943년 7월 제2차 '금속류비상회수실시요강'을 결정해 1943년에는 종래 특별회수를 강화 확대하는 데 그치지 않고 기업정

---

38 「鐵の扉を彈丸に」, 『京城日報』, 1943.4.2; 「보전김교장의 垂範」, 『每日新報』, 1943.4.2.
39 김인호, 2010, 「태평양전쟁 시기 조선에서 금속회수운동의 전개와 실적」, 『한국민족운동사연구』 62, 334쪽.

비에 따른 설비 회수, 미가동 유휴설비·불요불급설비 회수 등 적극적인 금속류 회수에 중점을 두었다. 이러한 방침을 강제하기 위해 1943년 8월 11일 「개정 금속회수령」[칙령 제667호]을 공포해 일본에서는 즉일 시행, 조선에서는 9월 1일부터 시행했다.[40] 이와 함께 일본 정부는 '전력 (戰力)증강기업정비요강'(1943.6)을 결정해 기업정비를 본격화하면서 모든 방면에서 유휴설비 및 자재를 총동원했다.

「개정 금속회수령」의 주요 내용은 첫째, 기업정비 대상이 된 사업 및 물자는 일본에서는 81업종, 40종의 물자를 지정했지만, 조선에서는 기업정비 실시계획이 입안 중으로 그 결정에 따라 사업 및 물자를 별도 부령으로 지정한다. 둘째, 종래 회수된 금속류는 철·동을 주요 재료로 한 물자였지만 새로이 연(鉛)과 그 합금을 추가한다. 셋째, 종래 지정설비 외에 새로 도·부·읍면 등의 공공단체에 속한 설비 등을 추가하고, 회수물건의 범위도 철물(鐵物) 18종, 동물(銅物) 25종, 연물(鉛物) 14종을 새로 추가했는데 이들 물자의 소유자는 전용증명서와 교환하거나 회수기관으로 양도하는 것 외에는 양도 기타 처분 또는 이동을 금지시킨다. 넷째, 기업정비에 따른 설비회수는 도지사가 책임을 지며 회수과정을 지휘 감독한다는 것이다.[41] 회수 대상품목 증가와 함께 지정품목의 경우 소유한 자들의 어떠한 대항력도 인정하지 않았다. 이 과정을 도지사 책임하에 둠으로써 강제력은 더욱 강화되었다.

이러한 기업정비 추진기관으로 1943년 12월 조선중요물자영단[42]이

---

40 『朝鮮總督府官報』, 1943.9.1.

41 朝鮮總督府 情報課, 「戰力增强と金屬回收」, 『通報』 147호(1943.9.15).

42 「朝鮮重要物資營團令」(제령 제54호, 1943.12.14), 『朝鮮總督府官報』, 1943.12.14.

설립되었다. 조선중요물자영단은 "전시 군수생산력 증강과 국민생활 안정을 기하기 위해 산업설비 활용, 기업정비에 관해 전폐업하는 상공업자 등의 자산부채 정리, 전시 생활필수물자 기타 긴요물자의 저장을 확보해 저장 중요물자 이용을 유효 적절하게 처리, 금속류 회수 및 중요물자 가격 조정을 행하는 것을 목적으로 하는 특수법인"[43]으로 설립되었다.

1944년 들어 일본 본토와 조선에서 전면적인 기업정비가 단행되었다. 즉 종래까지 금속회수는 기업정비가 실시되지 않은 까닭에 민간 또는 관공서·공장 등의 금속제 소비생활품, 고철 등 금속붙이 수집에 한정되었으나 이제 본격적으로 기업정비가 단행되면서 설비회수가 가능해졌다. 이에 제1차 기업정비가 추진되는 1944년 3월 총독부는 장래 유휴설비 발생이 예상되는 23업종과 그와 연관된 35개 품목의 물자를 「금속회수령」에 따라 회수물건으로 지정해 경금속·철강사업으로 전용하기로 했다. 이는 제1차 기업정비대상인 16업종에 7업종이 추가된 것이었다. 지정물자에는 위 사업체들이 사용할 수 있는 거의 모든 기계류가 망라되었다.

일본이 전쟁에서 패색이 짙어지던 1944년 7월에는 총독부가 제2차 기업정비와 함께 '결전회수요강'을 공포해 더욱 가혹한 설비회수가 이루어졌다. 1944년부터는 항공기공업·조선공업 등 '중점산업' 육성이 강조되면서 금속회수도 종래의 철·동·유기 등의 회수와 더불어 항공기산업에 필수자재인 백금(1944.11), 니켈(1945.3), 은(1945.3) 등의 회수가 강요되었다.[44]

---

43 朝鮮總督府 情報課, 「朝鮮重要物資營團令」, 『通報』 153호(1943.12.15).
44 김인호, 2000, 「조선에서의 제2차 생산력확충계획과 실상(1942~1945)」, 『한국민족

기업정비와 금속·설비회수를 전담한 중요물자영단은 '높게 사고 싸게 판다'라는 가격 조작으로 기업정비, 물자확보, 금속회수 등의 사업을 추진한다고 했지만 실제는 영단에서 기계 등을 매수할 경우 가격이 고철 가격과 거의 차이가 없었고 소유자에 대한 손실보상도 없었기 때문에 설비회수를 당하는 기업은 파산할 수밖에 없었다. 이를 면하기 위해서라도 기업가들은 군수물자 생산에 전력을 기울여야 했다.

품목별로 회수 상황을 보면 철은 1944년 전반기까지 일반회수가 많았으나 점차 특별회수가 많아졌다. 이는 전쟁이 진행되면서 폐품·고물 등의 자원회수가 아닌 가정이나 기업에서 현재 사용되고 있는 물품을 강제로 공출해갔던 상황을 보여준다. 특히 1943년 이후 구리 등 비철금속 회수가 강조되어 이들 품목에 대한 특별회수가 급증했다.[45] 일제는 자신들의 치적을 선전하고자 각지에 세운 동상·기념비를 '애국'의 이름으로 스스로 뽑아갔다.

조선총독부의 군수 물자동원은 1930년대 폐품회수에서 1940년 이후로는 금속회수로 확대되었고 1943년 이후는 기업정비와 연계된 설비회수로 확장되었다. 설비회수는 1943년 이후 총독부의 물자동원정책이 설비 확장이나 기계화를 통한 생산력확충이 아닌 기존 설비 안에서 일방적인 노동력 착취로 수량적인 물자 증산을 획책했던 양상을 잘 보여준다. 이 과정에서 조선 민중들은 자신의 일상을 지켜온 밥그릇, 제기(祭器), 지붕, 문짝까지 잃어야 했다. 직접적인 폭격이 없더라도 평범한 일상이 무너지고 있었다.

　　운동사연구』 26, 190쪽.
45　김인호, 2010, 앞의 글, 365쪽.

2. 강제저축을 통한 자금 수탈

1) 민간자금 흡수-'국민저축조성운동'

1937년 중일전쟁 이후 일제는 조선을 대륙전진병참기지로서 산업을 군수공업 중심으로 재편하고자 했으며, 이를 위한 자원 및 자금 동원이 필요했다. 군수공업화에 필요한 자금을 조달하기 위해 1937년 10월부터 조선에도 「임시자금조정법」이 적용되었다. 이를 통해 생산력확충, 국제수지, 생산능력 등을 기준으로 각종 산업을 甲·乙·丙 3종으로 구분해 자금 공급의 우선순위를 정하고 군수공업 이외의 부문에 대해서는 자금 조달을 규제했다.[46] 또한 군수산업으로의 자금 공급은 '국내 자금의 사용을 조정'해 이루어지는 금융의 자급자족체제를 전제로 했다.

이러한 「임시자금조정법」을 근거로 '저축장려'정책이 실시되었다. 저축장려는 "잉여 구매력을 흡수해 통화 팽창을 억제하며 국민경제의 악성인플레로의 전입(轉入)을 사전에 방지하고, 다른 한편 국채 소화 내지 생산력확충의 필수 자금을 공급하기 위해 절대로 필요하다"[47]는 이유로

---

46 「임시자금조정법」은 "자재 및 자금의 사용에 대해서는 국가 전반의 목적 수행이란 견지에서 낭비없이 최고의 능률을 발휘하도록 신규 고정투자에 적당한 조정을 가하고, 자재 및 자금이 국방 기타 시국에 緊切한 방면에 윤택하게 공급될 수 있도록 하는 것을 목표로 하고 있다". 본법은 全文 21조로 자금 조정, 흥업채권 발행한도 확장, 金資金의 운용범위 확장, 시국산업회사, 저축채권 발행, 자금 사항에 관한 조사 등을 포함하고 있다(朝鮮金融組合聯合會, 1941.7, 『調査資料 第24輯-臨時資金調整法及銀行等資金運用令に關する資料』, 46-47쪽).

47 朝鮮殖産銀行調査課, 1941.5, 「朝鮮に於ける國民貯蓄に就て」, 『殖銀調査月報』 36호, 33쪽.

조선총독부가 앞장서 적극적으로 추진했다. 조선에서는 전쟁수행 자금을 식민지 현지에서 조달하려는 목적도 있었다.[48]

1938년 4월 8일 도쿄에서 열린 '전국저축은행정시(定時)회원총회'에서 가야 오키노리(賀屋興宣) 대장대신이 '국민저축액을 1년에 78억 목표로 한다'고 한 것[49]을 계기로 저축 목표액을 설정하고 강제적으로라도 그것을 달성한다는 '저축장려'정책이 실시되었다. 조선에서도 1938년 5월 총독부 저축장려위원회에서 2억 원의 저축 증가를 목표로 하는 저축장려 방침이 결정되면서 '조선국민저축조성운동'[이하 '저축조성운동']이 시작되었다. 이것은 '저축장려계획요강'(1938.5.21)을 통해 구체적인 방침이 결정되었다.[50] 총독부는 이를 실현하기 위해 국민정신총동원조선연맹을 통해 '국민정신총동원 총후보국강조주간'을 설정해 대중운동을 전개했고 이를 실행할 하부 조직으로서 식산계와 저축조합을 전국적으로 설치했다.

1941년부터 저축실행기관인 저축조합을 조직적으로 강화하는 방침이 마련되었다. 국민총력운동의 하부조직인 정동리부락연맹을 기반으로 저축조합을 설치하고 부락연맹의 중심인물이 저축조합의 조합장을 맡게 했다. 이에 외형적으로 전국에 9만여 개의 저축조합이 결성되었지만

---

48 국민저축운동은 산업자금의 현지조달주의에 따라 조선 내의 축적자금을 증가할 필요에서 중요한 의미를 가진다. 일본 장기자금시장의 경색 상태에 따라, 특히 장기자금의 이입(移入)이 원활히 이루어지지 않는 사정에서 장기자금의 현지 조달이 문제로 되는 것이다(下川春海, 1941.9, 「資金動員計劃と國民貯蓄」, 『金融組合』 155호, 24쪽).

49 李健赫, 1938.6, 「長期戰下의 大衆生活-消費節約과 貯蓄獎勵問題」, 『朝光』 4-6, 32쪽.

50 朝鮮金融組合聯合會, 1940.8, 「貯蓄獎勵ニ關スル件」(1938.5.21)」, 『調査資料 第17輯 -國民貯蓄造成運動に關する資料(第1輯)』, 19쪽.

저축조합 중에는 "그 활동이 적극적이지 않거나 장부 등의 정리가 충분하지 않아 그대로 두기에 적당하지 않은" 조합이 많았다.[51] 총독부는 전체 조선인을 조합원으로 흡수해 강력한 호별 지도를 실행할 수 있도록 저축조합을 재정비했다. 이에 1941년 10월 30일 「조선국민저축조합령」[제령 제31호, 이하 저축조합령]과 시행규칙이 공포되었다.

국민저축조합은 ①정동리부락연맹, 애국반을 단위로 설립하는 지역조합 ②관공서, 학교, 사무소, 영업소, 공장 등에서 설립하는 직역조합 ③산업조합, 상업조합, 공업조합 등의 단체에 설립하는 산업단체조합 ④재향군인, 청년단, 소년단, 부인회, 학생, 생도, 종교단체 신도 등을 조합원으로 설립하는 기타조합의 4종류로 구분되었다. 이에 따라 조선인은 최소한 하나 이상의 국민저축조합에 가입되어 할당된 저축 목표액을 달성해야 했다. 1941년 저축조합령 공포 이후 저축운동은 저축조합을 기반으로 저축 목표할당액을 채우고 난 후 나머지 잔액으로 생활하는 철저한 내핍생활을 강요하며 개인소유 현금을 저축으로 흡수했다.[52]

조선총독부는 1938년부터 매년 저축 목표액[53]을 설정하고 조직적이고 대중적인 선전과 캠페인, 새로운 저축 방안 등을 마련하며 저축 증강

---

51 岡村竣(財務局管理課長), 1941, 「朝鮮國民貯蓄組合令の概略」, 『朝鮮國民貯蓄組合令に關する資料』, 10-12쪽.

52 문영주, 2003, 「1938~1945년 '국민저축조성운동'의 전개와 금융조합 예금의 성격」, 『한국사학보』 14, 394쪽.

53 저축 목표액은 "이론상 국민소득을 기초로 산정되어야 하지만 그에 관한 정밀한 기초 자료가 없기 때문에 조선에서는 총독부 예산, 금융기관 대출고, 산금(産金) 자금, 민영공사, 회사사업설비자금 인허가액, 금융기관 투자, 금(金) 매입고 등을 참고해 산정했다"(朝鮮殖産銀行調査課, 「朝鮮に於ける國民貯蓄に就て」, 『殖銀調査月報』 36호 (1941.5), 28쪽).

에 매진했다. 저축장려운동은 '성전(聖戰)'의 목적을 달성하기 위해서는 절대 불가결한 것으로 "①중일전쟁 이래 전비(戰費)를 중심으로 한 다액의 공채 소화 ②장기항전, 동아신질서 건설에 필요한 생산력확충 자금 확보 ③물자 소비를 절약하여 물가 등귀를 억제하고 국민생활 안정을 도모"한다는 명분으로 추진되었다. 1939년에는 일본 본국에서 저축 목표액 100억 원을 책정했고, 조선에서도 1939년 저축 목표액을 3억 원으로 결정했다. 3억 원을 저축하기 위해서는 1일당 82만 원, 1호당 70원, 1인당 13원으로 1인 1일 3.6전의 저금을 해야 했다.[54] 그러나 이것은 시작에 불과했다.

〈표 4〉는 1938~1945년까지 일본제국권 전체와 조선의 저축 목표액

〈표 4〉 전시 총동원체제기 일본제국권과 조선 내 저축 목표액 및 실적액[1938~1945]

(단위: 원)

	일본제국권 내		조선	
	저축 목표액	실적액(실적률)	저축 목표액	실적액(실적률)
1938년	80억	73억 3,300만 (92%)	2억	2억 7,100만 (136%)
1939년	100억	102억 200만 (102%)	3억	3억 9,000만 (135%)
1940년	120억	128억 1,700만 (107%)	5억	5억 7,600만 (115%)
1941년	135(170)*억	160억 2,000만 (94%)	6억	7억 5,400만 (126%)
1942년	230억	234억 5,700만 (102%)	9억	9억 9,500만 (111%)
1943년	270억	309억 8,800만 (115%)	12억	15억 2,400만 (157%)
1944년**	360(410)억	345억	18(23)억	16억 8,800만
1945년	600억	-	35억	-

출처: 『每日新報』 해당 연월일 관련 기사; 全智鎔, 1946, 「日政下 朝鮮의 資金計劃」, 『殖銀調査月報』 1-1(1946년 창간호), 65쪽.

비고: 각 연도는 當該年 4월부터 翌年 3월까지의 통계
  * 저축 목표액 중 ( )는 상향 조정된 목표액
  ** 1944년의 실적액은 1944년 12월까지의 통계로서 3半期 만의 통계.

---

54 財務局, 「三億圓貯蓄國民運動」, 『通報』 47호 (1939.6.15.)

및 실적액을 정리한 것이다. 중일전쟁에서 아시아태평양전쟁으로 확전하면서 군수동원에 비상이 걸렸다. 생산력확충이 불가능해지는 상황에서 물적·인적 자원의 강제동원과 수탈만이 유일한 방안이었다. 이것은 저축 목표액 설정에서도 나타났다. 아시아태평양전쟁이 시작된 1942년은 전년에 비해 일본제국권 전체에서 약 100억 원이 증액되었고 조선에서도 전년[1941년] 대비 50%가 증액된 9억 원이었다. 이러한 추세는 매년 강화되었다. 1944년에는 1943년에 비해 역시 50%가 증액된 18억 원으로 결정되었지만, 전황의 악화로 일본 본국에서 임시군사비 추가예산이 성립되면서 일본 전국 저축 목표액이 360억 원에서 410억 원으로 증액되었고 조선에서도 23억 원으로 증액되었다.

그러나 1943년까지는 저축 실적률이 100%를 넘었다. 저축은 살펴본 바와 같이 조직적·강제적으로 진행되었기에 높은 실적을 이룰 수 있었다. 또한 저축은 찾을 수 있다고 생각하기에 증세와는 달리 직접적 박탈감을 상쇄시킨다는 점에서 효율적인 수탈 방식[55]으로 일정 정도의 자발성도 끌어낼 수 있었다.

전쟁 말기인 1944년도 조선의 저축 상황을 도별로 살펴보면 〈표 5〉와 같다. 1944년 당초 저축 목표액인 18억 원에서 점차 목표액이 증액되었는데, 10월까지는 각 도별로 총 19억 5,000만 원의 목표액이 설정되었고 그에 대한 실적을 보면 겨우 50%에 불과했다. 이러한 상황에 대해서 총독부 당국자는 "(조선)반도 2,500만 국민이 저축을 향해 일사분란한 보조를 정비해야 하고, 단 1인이라도 이 전열에서 이탈하는 것은

---

55 정태헌, 1997, 「일제하 財政·金融機構를 통한 資金 흐름의 실태」, 『한일간의 미청산과제』, 아세아문화사, 33쪽.

〈표 5〉 1944년도[4~10월] 조선의 각 도별 저축 목표액 및 달성액

(단위: 천 원)

도	1944년도 저축 목표액	1944년도 저축 달성액	달성비율(%)
경기도	600,000 (490,000)	251,755	41.9
충청북도	33,000 (22,000)	22,048	66.8
충청남도	74,000 (54,000)	33,824	45.7
전라북도	95,000 (72,000)	30,178	31.7
전라남도	125,000 (90,000)	70,260	57.0
경상북도	125,000 (102,000)	69,859	55.9
경상남도	200,000 (154,000)	105,279	52.6
황해도	100,000 (70,000)	39,475	39.4
평안남도	155,000 (117,000)	75,976	49.0
평안북도	115,000 (84,000)	61,221	40.8
강원도	68,000 (49,000)	45,966	67.6
함경남도	140,000 (102,000)	75,341	53.8
함경북도	120,000 (94,000)	70,118	58.4
기타	(300,000)	34,332	
합계	1,950,000 (1,800,000)	985,631	50.5

출처: 近藤釰一 編, 1964, 『太平洋戰下の朝鮮(5): 終政期=生産·貯蓄·金融·輸送力·勞動事情』, 財團法人 友邦協會 朝鮮史料編纂會, 103-104쪽.

적의 모략에 빠진 것"이라며 "근래에 수입이 증가한 자유노무자계층 등 소위 신흥소득자계층 중에는 아직 저축의 면에서 잊고 있는 자도 상당하다. 금후는 이들 계층을 향해 강력하게 저축의 실행을 촉구할 생각"이라고 했다. 또한 "본년도[1944] 목표액의 증가 부분을 종래의 법만으로 기계적으로 할당한 것은 경계하고, 소득이 흘러 들어가는 모든 장소에 흡수 목표를 두어야 한다"고 했다.[56]

1944년 10월까지 당초 목표액[18억 원] 대비 실적은 50%에 그치고

56　財務局 管理課, 「貯蓄の新目標と獎勵方策に就て」, 『通報』 160호 (1944.4.1)

있었는데, 총독부는 오히려 최종 목표액을 23억 원으로 증액하고 더욱 더 저축에 박차를 가했다. 1944년 말 3주간에 걸쳐 '추격저축23억필성(必成)운동'을 실시했는데, 실행 방안은 ①멸적(滅敵) 결전생활 단행 ②수지(手持)현금 일소 ③저축 공동책임 강조 ④상여금의 고율저축으로 관계기관·단체와 협력해 대대적인 국민운동을 전개한다는 것이었다.[57] 실행 방안으로 제시된 이른바 '결전생활'이란 극도의 궁핍생활로 현금은 1전도 소지하지 말 것, '공동책임'이라는 명분하에 감시와 강제, 월급이나 상여금에 대해 고율의 강제저축을 강요하는 것이었다. 특히 '수입이 증가한 자유노무자계층'은 징용[모집·관알선·현원징용 등 강제 노동력 동원 대상 포함]으로 강제동원된 노동자들로 이들의 고된 노동의 댓가를 '저축'이라는 명목으로 수탈하는 것이었다.

전쟁이 장기화되면서 각종 물자 부족 심화와 그로 인한 물가 상승, 암거래 확대 등 인플레 경향이 확대되는 상황에서 예금은 바로 손실을 의미했기 때문에 저축을 기피하는 경향이 나타났다. 이에 대해 총독부는 조선인들의 시국 인식이 부족하기 때문이라며 각종 매체를 동원해 선전에 열을 올렸고, 나아가 강제적인 방법으로 저축을 강요했다.[58] 강제저축이 바로 저축 실적률을 높일 수 있었던 방법이었다.

---

57 近藤釰一 編, 1964, 앞의 책, 100쪽.

58 전시체제기 저축 증가에 대해 당시 총독부 재무국장이었던 水田直昌은 다음과 같이 그 강제성을 인정했다. "예금이 많이 증가했다는 것은 저축장려라는 것을 國策으로 했기 때문이다. 그러나 그것은 실제로 강제였다"(近藤釰一 編, 1962, 「朝鮮産業の資金形成(第6話)」, 『財政金融政策から見た朝鮮統治とその終局』, 財團法人 友邦協會 朝鮮史料編纂會, 104쪽). "저축장려라는 것도 대장성에서 결정해 조선은 이 정도로 해야 한다는 것으로 늘 10%, 20%, 30% 초과(달성)했다. 그것은 좋게 말하면 심하게 통제를 한 것이고 나쁘게 말하면 폭력으로 수탈한 것이었다"(近藤釰一 編, 1962, 위의 글, 111쪽).

2) 강제저축의 수탈성

1938년 '저축조성[장려]운동'이 실시된 이래 무리한 저축 목표액을 설정하고 이를 실현하기 위해 조선총독부는 관권을 동원해 저축을 강제하는 다양한 방법을 만들어냈다. 1938년 정무총감 통첩에 따르면 "농산어민에 대한 저축장려 방법은 종래 실시해온 부업저금·수확저금·절미(節米)저금·공동판매저금 등 개인저금에 속하는 것 외에 공동경작지에서의 수익금, 애국일 등에 실시하는 공동출역 노임, 기타 공동저축에도 노력할 것"[59]을 지시했다. 개인저금 외에 공동작업으로 생기는 수입은 예전에는 마을 단위에서 공동기금의 형태로 자치적으로 관리되었으나 이것을 저금으로 흡수하려는 것이었다.

전쟁이 장기화·확대되면서 자금 동원 방법으로 저축을 더욱 강조했다. 1940년에는 "저축장려운동 개시 이래 3년째로 지금까지 준비시대를 거쳐 이제부터 확충시대로 향하도록 노력하는 '저축장려강화년도'로서 지금까지의 방책을 한층 강화"[60]한다는 방침을 세웠다. 이에 더욱 강조된 것이 '천인저축(天引貯蓄)', '응능저축(應能貯蓄)'과 같은 강제저축의 시행이었다.[61] 전시 총동원체제기에 시행된 강제저축의 종류 및 내용은 〈표 6〉과 같다.

---

59 朝鮮金融組合聯合會, 1940.8, 앞의 글, 20쪽.
60 朝鮮金融組合聯合會, 1940.8, 위의 글, 12쪽.
61 1940년도 저축장려의 중점은 다음과 같다. ①저축증가 목표액의 설정 및 충실 ②天引貯蓄의 강행 ③應能貯蓄의 철저 ④저축계속의 장려실행 ⑤신규저축방법의 실행 ⑥저축에 대한 장애 제거 ⑦저축태세의 강화(「貯蓄獎勵に關する件」(1940.5.15, 政務總監通牒), 朝鮮金融組合聯合會, 1940.8, 위의 글, 25-29쪽).

⟨표 6⟩ 전시 총동원체제기 조선에서 행해진 강제저축의 종류와 내용

저축 종류	저축 내용
천인저금 (天引貯金)	**원천저금(源泉貯金), 선제저금(先除貯金)**: 금융조합에서 실시, 각종 고정수입과 임시수입에 대해 일정비율을 먼저 공제해 저금하도록 한 것, 대표적으로 농산물 공출 대금에 대해 실시
이자차액저금 (利差貯金)	**차액저금(差額貯金)**: 금융조합에서 돈을 빌리는 경우 금융조합의 이자는 고리대 이자의 반밖에 되지 않으므로 그 이자의 차액을 저금하도록 한 것
곡물저금 (穀物貯金)	수확시에 일정한 양의 벼 등 곡물을 금융조합에 맡겨 이것을 적당한 시기에 판매함으로써 저금하는 방법
절미저금 (節米貯金)	금융조합의 지도를 받는 부인회가 중심이 되어 한 끼에 쌀 몇 숟가락씩을 절약해 저축하는 방법
응능저금 (應能貯金)	**능력저금**: 개인의 수입상황, 자산상황, 가정사정 등에 따라 개별적으로 저축능력을 측정하고 최대한도의 저축을 흡수하려는 방법, 주로 도시상공업자 대상
보국저금 (報國貯金)	面에서 各戸에 저금을 할당하는 등급별 할당제, 면장으로부터 정해진 기간까지 할당금액을 저축하라는 개별통지를 받으면 여러 명이 모여 할당액을 맞추기 위해 '銃後報國貯金實行組合'을 조직, 금융조합이나 우편소 등은 이 보국저금을 흡수하기 위해 노력
1전저금 (一錢貯金)	애국부인회가 1938년경부터 시작한 것으로 매일 야채 등과 같은 식료품을 절약해 1전씩 저축하도록 한 것
우표저금 (切手貯金)	통화 증가에 따른 부동구매력의 흡수를 위해 우편저금을 증가시키려는 방법의 저금
매물저금 (買物貯金)	**유흥저금, 흥정저축, 포합저축(抱合貯蓄)**: 물건을 매입할 때나 유흥장에 출입할 때 일정액을 저축하도록 하는 것
감사예금 (感謝預金)	물자의 배급권을 받은 경우에는 그 교환 전에 저축기관에 일정액의 저축을 하고 그 증명을 받아 현품과 교환하도록 하는 방법

출처: 權大雄, 1986, 「日帝末期 朝鮮貯蓄運動의 實體」, 『民族文化論叢』제7집, 영남대 민족문화연구소, 68-70쪽.

강제저축 중 가장 대표적인 것이 강제공제저축['天引貯蓄'][62]으로 각 계각층의 모든 수입에 대해 원천 공제해 강제저축하도록 하는 것인데,

---

62 '천인저축'에서 천인(天引)은 임금이나 급료에서 일정액을 미리 공제하는 것을 의미한다. 전시체제기 천인저축은 공제한다는 의미 이상으로 정책 당국이 일방적으로 공제율을 결정했고, 그 실시도 강제적으로 이루어졌다. 이에 이 책에서는 강제공제저축으로 명명했다.

<표 7> 농림수산물의 강제공제저축률[天引貯蓄率]

종류	단위	天引率	시행년월일	비고
벼	판매가격	10% 이상	1940.8.23	
	1叺	1원 70전(13%)	1941.10.29	玄白米는 1叺當 2원 70전
	1叺	3원 70전(28%)	1943.9.9	玄白米는 1叺當 5원 90전
보리	판매가격	10% 이상	1940.8.23	
	1叺	1원 30전	1943.6.22	
	1叺	2원 90전	1944.5.20	
밀	판매가격	10% 이상	1940.8.23	
	1叺	2원 30전	1943.6.22	
	1叺	5원 00전	1944.5.20	
	1叺	5원 70전	1944.6.18	
쌀보리	판매가격	10% 이상	1940.8.23	
	1叺	2원 70전	1943.6.22	
	1叺	4원 90전	1944.6.18	
라이맥	판매가격	10% 이상	1940.8.23	
	1叺	15% 이상	1943.6.22	
	1叺	3원 40전	1944.6.18	
면화	판매가격	10% 이상	1940.8.23	
기타 농산물	판매가격	10% 이상	1940.8.23	
	판매가격	15% 이상	1943.6.22	
	판매가격	25% 이상	1943.11.20	
해태(김)	판매가격	10% 이상	1940.8.23	
	판매가격	15% 이상	1943.6.22	
기타 수산물	판매가격	10% 이상	1940.8.23	
임산물	판매가격	10% 이상	1940.8.23	
축산물	판매가격	10% 이상	1940.8.23	소, 돼지 판매업자에 대해서는 상황에 따라 줄일 수 있다.
	판매가격	5% 이상	1943.6.22	
부업생산물	판매가격	10% 이상	1940.8.23	

출처: 朝鮮金融組合聯合會, 1944.12, 『調査資料 第34輯-國民貯蓄造成運動に關する資料(第5輯)』, 39-40쪽.

농민들에게는 농산물 공출대금에 대해 일정 비율을 원천 공제해 저축하도록 했다. <표 7>은 농어촌에서 생산되는 농림수산물에 대한 강제공제저축률[天引率]을 정리한 것이다. 1940년 산미부터 공출이 시작되었는데, 그 공출대금에 대해 강제공제저축을 실시하기 위해 1940년 8월 모든 농림수산물의 판매가격의 10%를 강제공제저축률로 정했다. 공출 농산물 중 가장 중요한 쌀에 대해서는 1941년 「벼(籾)천인저축실시요강」이 공포되어 저축률이 13~15%로 상승되었고 이후 계속 상승해 1943년 이후에는 25% 이상이었다. 보리·밀 등의 주요 잡곡과 기타 농림수산물의 강제공제저축률도 10%에서 계속 상승해 1943년 이후는 20~25% 정도에 달했다.

1940년부터 강제저축이 본격적으로 확대 실시되었는데 농어촌 지역에서 이것을 담당한 기관이 바로 촌락금융조합이었다.[63] 농산어촌의 각종 생산물에 대해 강제공제저축이 본격적으로 실시되기 시작한 1940년에 경북 경산금융조합의 저축 현황을 살펴보면 다음과 같다.

"임산품으로 송엽(松葉) 1車는 10원 정도였으나 금일은 30원이다. … 그래서 최근 산(山)지대의 현금수입은 결코 적지 않다. 신탄(薪炭) 배급조합과 협력해서 다소를 불구하고 천인(天引)해 예금부담의 공평화를 기하도록 했다. 계란도 축산물의 하나이다. … 1호당 여러 마리의 양계로 연간 많은 사람들로 70~80만 원의 저금이 나왔다. 또 농산물로는 금년 밀 공판에서 약 4,000원에 가까운 저금이 나왔고 벼 한 가마니에 1원을 천인(天引)해 3만 5,000원 정도의 저금이 나왔다. 산(山)지대의 한 면(面)에서는 임산물 천인(天引)의 방도를 계

---

63 전시 총동원체제기 금융조합의 농업대출과 강제저축에 대해서는 문영주, 2001, 「일제말기(1937~1945) 금융조합 농업대출금의 운용실태와 성격」, 『역사문제연구』 6; 이경란, 2002, 『일제하 금융조합 연구』, 혜안 참고.

획하고 있다. 물론 천인(天引) 이외에 일반저금도 노력하였다. 12월 말 현재까지 총 예금은 75만 원이 되었다."[64]

생산물의 가격 상승으로 현금수입이 늘어나는 것을 저금으로 흡수하기 위해 벼·밀과 같은 농산물뿐만 아니라 숯과 같은 임산물, 계란 등의 축산물도 강제공제저축을 통해 일정액을 강제저축하는 방안을 강구하고 실시했음을 알 수 있다. 이처럼 촌락금융조합은 농민들의 생산물에 대한 강제공제저축으로 매년 예금이 증가했다. 〈표 8〉과 같이 1940년에 예금액이 급증했고, 1943년에 다시 한 번 급증하는데 이는 1943년 이후 강제공제저축률 변동과 관련이 있었다. 저축률이 25% 정도로 상승해 예금액이 급증한 것이었다.

1943년 이후 강제공제저축률이 대폭 상승되었지만 농촌자금을 더

〈표 8〉 전시 총동원체제기 촌락금융조합의 예금 증가상황[1936~1944]

연도	예금액(천 원)	지수	구좌수
1936	110,890	100	3,598
1937	121,752	110	3,971
1938	156,355	141	5,773
1939	205,204	185	6,379
1940	288,939	261	7,555
1941	407,419	367	8,927
1942	527,097	475	10,196
1943	837,356	755	11,989
1944	1,322,192	1192	13,024

출처: 『金融組合統計年報』 각년판.

64　酒井國太郎, 1941.3, 「時局下の國民貯蓄と金融組合」, 『金融組合』 49호, 49쪽.

철저히 흡수하기 위해 1944년 10월 「농림수산물 공판대금의 통장지급(通帳拂)에 관한 건」[재무·농상국장통첩, 1944.10.5]을 발포해 벼의 공판대금뿐만 아니라 각 지방 실정에 따라 맥류·잡곡·기타 농림수산물의 모든 공판대금을 통장으로 지급하도록 했다.[65] 이제 농민들은 생산물을 공출하고도 그나마 1전의 현금도 직접 만져볼 수 없게 되었다. 예금된 공판대금은 자유롭게 인출할 수 있다고 했지만 지리적으로 금융기관[금융조합]이 가까이 있지 않았고 이용에도 익숙지 않았던 농민들에게는 공판대금을 전액 강제저축하는 것과 다름없었다.

농촌지역의 강제저축인 강제공제저축['天引貯蓄']은 채권 소화에도 이용되었다. 고액의 채권은 수입이 많지 않은 농민들에게 강요할 수 없었으므로 이른바 '꼬마채권'이라 불린 1원짜리 채권을 발매해 강제공제저축으로 판매했다.[66] 전쟁 수행자금 동원을 위한 저축장려에서 채권으로 강제공제저축을 하면 일정 기간 인출이 불가능해 더욱 저축 효과를 높일 수 있었다. 이렇게 진행된 농촌지역의 저축률은 도시지역보다 높았다.[67] 이는 농민들은 땅을 생산과 삶의 근거로 했기 때문에 이동이 적고, 자연촌락 단위의 공동체적 사회윤리가 강했던 농촌지역이 통제와 조직화가 쉬웠기 때문이다. 총독부는 상호 연대와 감시 기제를 통해 소기의 목적을 보다 쉽게 달성할 수 있었다.

이러한 강제저축이 농민 생활에서 차지하는 규모는 어느 정도였으며

---

65 朝鮮金融組合聯合會, 1944.12, 『調査資料 第34輯 - 國民貯蓄造成運動に關する資料(第5輯)』, 38쪽.

66 「백만원의 꼬마채권, 농촌에 주력 來 11월 全鮮에 발매」, 『每日新報』, 1941.10.10; 「先除貯金에 채권, 꼬마채권으로 先除에 충당할 계획」, 『每日新報』, 1941.10.10.

67 「金組貯蓄 11억 돌파, 도시보다 농촌 성적 우월」, 『每日新報』, 1944.4.22.

〈표 9〉 금융조합원 농가의 저축률[1938]

	생계비지출액(저금액 포함)	저금 및 보험액	비율	차입액
자작농	886원	147원	16.6%	291원
자소작농	567원	47원	8.2%	261원
소작농	261원	14원	2.3%	70원

출처: 朝鮮金融組合聯合會, 1940.7, 「組合員農家收支狀況調」, 『調査彙報』 10호, 3-5쪽.

어떤 영향을 미쳤을까. 〈표 9〉는 1938년 금융조합 조합원 중 '비교적 우량한' 자작농·자소작농·소작농 합계 140호를 선정해 농가 수지 상황을 조사한 자료에 나타난 각 농가의 저축률이다. 자작농은 상당히 많은 액수를 저축해 16.6%에 달했지만 소작농은 2.3%에 그치고 있다. 절대액으로도 자작농은 저금을 뺀 생활비가 739원이지만 소작농은 247원으로 자작농의 1/3에 불과했다. 1938년은 일시적인 전쟁 경기와 인플레로 수입도 증가하고 그로 인한 농가경제도 약간 호전될 수 있었던 시기였음에도 소작농들은 저축할 여유가 없었다. 반면 차입액을 보면 자작농은 저금액의 약 2배 정도였지만 자소작농은 5배, 소작농은 4배로 상당히 많은 액수를 빌려 쓰고 있었다.

그러나 총독부가 강제적으로 저축을 장려한 1942년 이후는 소작농이라 하더라도 저축률이 상당히 증가했다. 1942~1943년의 소작농가 현금지출 상황에서 저금·보험액이 전체 가계비 지출액에서 차지한 비율은 1942년 8.75%, 1943년 9.15%로 증가했다.[68] 이것은 각종 농산물 공출 때 이루어진 강제공제저축과 간이생명보험 등의 강제성 저축에 따른 것이었다.

---

68 朝鮮金融組合聯合會 調査課, 1944, 『第2回 小作農現金支出生計費調査』, 4-5쪽.

개별 농가에 내핍을 강요하고 그로 인해 발생한 잉여액을 저축으로 흡수했지만, 한편으로 농가 부채는 여전히 농민들에게 커다란 부담이었다. 1930년대 농촌진흥운동에서도 고리채 정리[차금 퇴치]는 농가경제 향상에 주요한 요인으로 강조되며 '고리채 정리사업'을 시행했지만 농가 부채에서 고리채 비중은 높았다. 정책 대상 농가인 '갱생지도농가'의 경우도 1940년 조사 결과 전체 지도농가의 40.4%가 고리부채를 지고 있었고 호당 평균액은 66원이었다.[69]

농민들의 농업자금 대출기관이자 자금 흡수기관인 금융조합은 강제저축으로 예금이 증가해 자금 운용이 윤택해졌다. 그러나 자금 운용의 중점이 농업대출 중심에서 국채를 비롯한 유가증권 매입으로 바뀌었다. 촌락금융조합은 식산계를 통해 담보를 제공할 수 없는 소작농민까지 조합원으로 포섭하며 조합원 증용 방침을 확대했는데 이는 자금 흡수와 공출·배급을 위한 통제 및 조직화를 위한 것이었고, 조합원에 대한 농업대출은 오히려 점점 정체 내지 감소되었다.[70] 금융조합의 대출은 대부분 자작농지 설정자금이나 고리채 상환자금 등 정책자금으로 생산적 부채의 성격이 강했지만 그러한 대출은 점차 감소했다. 이에 농민들은 소규모 영농자금 및 생활을 위한 소비자금을 고리부채에 의존할 수밖에 없었다. 이것은 강제저축이 이루어지지 않았다면 생활자금에 여유를 가져 고리부채를 필요로 하지 않는 경우가 많았다고 볼 수 있다. 강제저축과 함께 고리부채 증가라는 모순이 함께 존재했다.

---

69 農林局, 1941.9, 「更生指導農漁家の高利債現在高調(昭和15年)」, 『朝鮮總督府調査月報』 12-9, 38쪽.
70 이경란, 2002, 앞의 책, 225-228쪽.

농가 저축 및 부채 상황의 구체적 실태를 살펴보자. 1944년 전남 나주군 금암부락의 경우, 73호 중 19호가 부채농가[26%]로 2호는 지주였고, 17호가 일반 농가였다. 이 중 금융조합에서 대부받은 호수는 4호로 모두 자소작농층이었다. 소작농계층은 금융조합의 대출 대상이 되지 못해 계나 개인 부채를 이용했다. 계에서 돈을 빌리는 경우가 4호[호당 평균 53원 70전], 개인 고리부채가 8호[호당 평균 110원]였다. 이들의 부채는 농업 경영 확장이나 개량 등의 적극적 영농자금이 아닌 돼지·비료 구입자금, 배급품 대금 조달 등 소비자금의 성격이 강했다.[71]

조선총독부는 전 인구의 80%를 차지하는 농촌지역에서 각종 농산물 공출대금에 대해 강제공제저축[천인저축] 실시에 열을 올렸지만, 광공업 부문에서 군수물자를 생산하는 노동자계층의 임금에서도 강제저축을 실시했다. 노동자들은 자신의 수입이 저축의 원천이 된다는 인식이 낮기 때문에 이들을 '저축조직화'해야 한다는 것이었다. 이에 대한 방책으로 첫째, 공장·사업장·광산에서 노동자로 조직된 직역저축조합을 강화했다. 각 사업장 단위로 '직역저축조합'을 결성하게 하고 아직 만들어지지 않은 경우 '강력하게 권장'하는데 이에 따르지 않으면 저축조합령에 근거해 조직 명령을 발동했다. 이는 강제로 저축조합을 만들어 임금의 일정 비율을 강제저축시키려는 것이었다.

둘째, 노무보공회(勞務報公會)의 저축조합 결성이다. 조선 내 주요 도시의 자유노동자[일용노동자]를 회원으로 '노무보공회'를 결성하게 하고, 이들 노동자의 인력시장[寄場, 직업소개소]마다 저축조합을 조직해 지불

---

71 岩田龍雄, 1945.1·2, 「戰時下朝鮮農村に於ける負債と貯蓄の實相」, 『殖銀調査月報』 79호, 4-7쪽.

되는 임금의 10%를 저축하게 하는 것이었다. 셋째, 기타 자유노동자의 임금 지불 시의 저축이다. 저축조합 결성이 곤란한 경우에는 청부업자, 기타 노무사용자 또는 공급업자가 직접 임금의 10%를 강제공제저축하게 하거나 저축권으로 임금을 지불하도록 했다.[72] 도시의 최하층이라 할 수 있는 '날품팔이' 노동자를 포함해 어떠한 형태의 노동이든지 임금이 지불되면 이것의 일정 비율을 무조건 강제저축하도록 한 것이다. 농촌과 도시를 불문하고 어떤 형태의 노동에 종사하던, 그 댓가[임금·판매대금]를 받는 것에 대해 '결전생활'이라는 명분으로 극도의 궁핍을 강요하고 그 나머지를 모두 강제저축하도록 했다.

1938년부터 시작된 '저축조성운동'은 종래의 '도덕적인 근검저축 정신을 기조로 한 개인적인 예금'에서 '전시 국민경제의 지상명령에 순응하는 국가적 사명'으로 진행되었다.[73] 저축은 전시인플레이션 방지를 위한 구매력 흡수와 전시 생산력확충 자금 공급을 위한 전쟁협력 즉 '애국' 행위로 포장되었다. 더 이상 저축은 미래의 여유롭고 편안한 삶을 위한 개인의 선택 행위가 아니었다. 전시 총동원체제기 조선인에게 강요된 저축은 조선인이 식민지에서 살아가기 위해 지불해야 하는 생존 비용이었다. 금융조합이나 저축조합에 예금한다는 것은 자신의 삶을 위해 화폐를 축적하는 경제행위가 아닌 조직적으로 강제된 '식민지 국민'의 의무를 수행하는 것이었다.[74]

72　近藤釰一 編, 1964, 앞의 책, 99쪽.

73　大熊良一, 1940,「金融組合から見た國民貯蓄造成運動」,『朝鮮』300호, 30-32쪽.

74　문영주, 2003, 앞의 글, 411쪽.

제4장
전시 식량 증산정책의 전개와 파탄

1. 전시 쌀 증산정책의 전개

1) 전시 식량문제의 대두와 조선증미계획: 1939~1941

일제강점 이후 조선의 식민농정은 조선을 일본 자본주의 발달에 필요한 식량·원료 공급기지로 만드는 것이었고, 특히 일본의 식량 수급사정을 원활히 하기 위해 쌀 생산을 증가시켜 일본 시장에 제공하는 데 중점을 두었다. 이를 위해 조선 쌀의 품종을 일본에서 보급하고 있는 것으로 바꾸어 일본인 입맛에 맞는 쌀을 생산하고자 했다.

1918년 일본에서 발생한 '쌀폭동'으로 쌀 증산의 필요성이 커져 조선에서는 1920년 산미증식계획이 실시되었다. 산미증식계획으로 쌀 생산량은 일정 정도 증가했지만 수이출량도 따라 증가했다. 특히 일본으로의 이출량이 전체 수이출량의 90% 전후로 조선 쌀은 대부분 일본으로 이출되고 있었다. 총생산량에 대한 수이출량 비율은 1910년대는 10%대였으나 1920년대 들어 급증해 40%를 넘었고 1936년에는 53%에 이르렀다.[1] 생산량 증가분을 초과해 일본으로 이출이 이루어져 조선 내의 쌀 소비량은 계속 감소했다(〈그림 1〉 참조). 조선인 1인당 쌀 소비량은 1912년 0.77석에서 1936년에는 0.39석 수준으로 감소했다(〈그림 2〉 참조). 쌀 이출량이 늘어나는 만큼 조선인의 쌀 소비는 줄어들었던 것이 '식민지 조선'의 현실이었다.

---

[1] 富田晶子 外, 1984, 「植民地期朝鮮社會經濟の統計的研究(1)」, 『東京經大學會誌』 139, 31쪽.

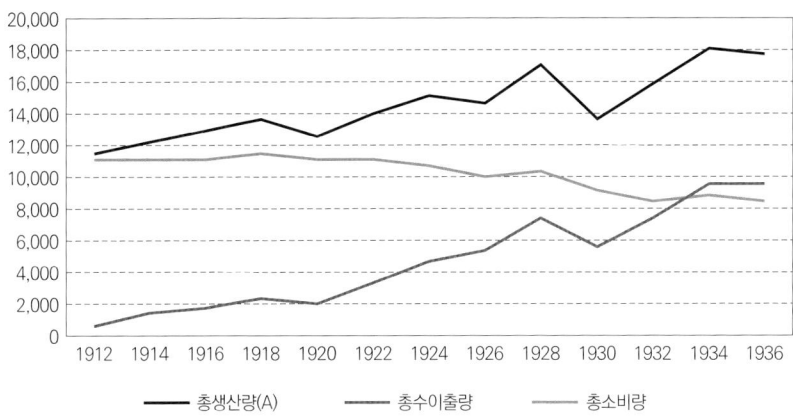

〈그림 1〉 일제강점기 조선의 쌀 생산과 소비[1912~1936]

출처: 富田晶子 外, 1984, 「植民地期朝鮮社會經濟の統計的研究(1)」, 『東京經大學會誌』139, 31쪽.

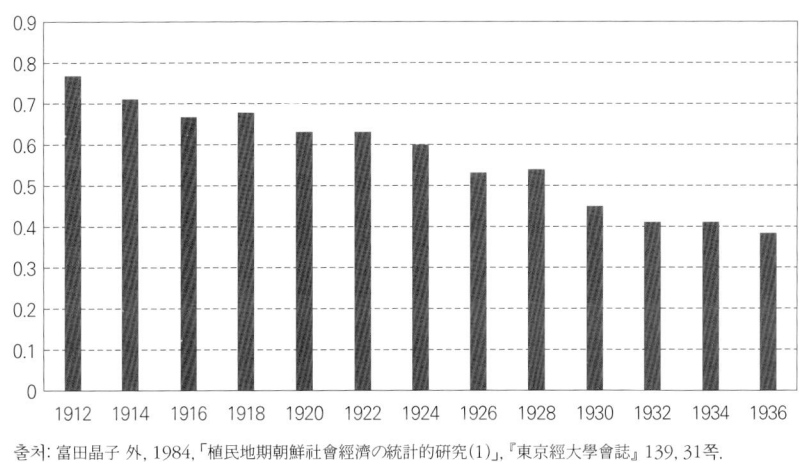

〈그림 2〉 일제강점기 조선의 1인당 쌀 소비량[1912~1936]

출처: 富田晶子 外, 1984, 「植民地期朝鮮社會經濟の統計的研究(1)」, 『東京經大學會誌』139, 31쪽.

반면 일본의 쌀 소비는 식민지 쌀의 유입으로 여유로워졌다. 1900년대 이후 식민지 대만과 조선, 동남아에서 쌀을 수입하면서 생산량보다

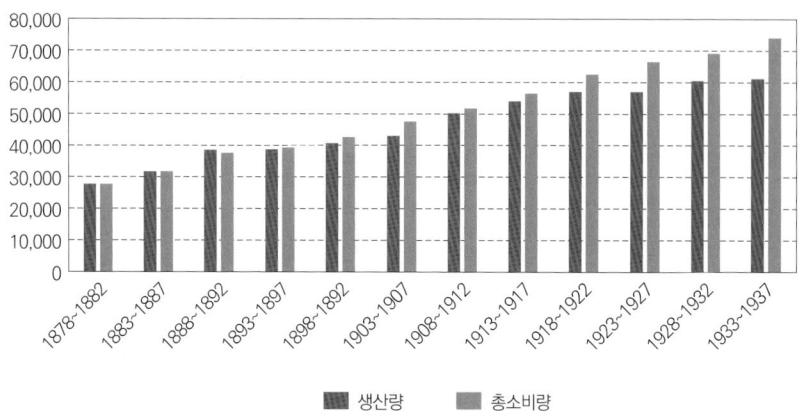

〈그림 3〉 일본의 쌀 생산량과 소비량[1878~1937]

출처: 持田惠三, 1970, 『米穀市場の展開過程』, 東京大學出版會, 52쪽.

소비량이 늘어나기 시작했다. 1910년대 이후 조선 쌀이 이입되면서 쌀 소비량이 일본 내 생산량을 크게 초과했다(〈그림 3〉 참조). 1870년대 일본의 1인당 쌀 소비량은 조선에서 산미증식계획이 실시되기 직전 5년간(1915~1919) 평균 1인당 소비량과 거의 같은 0.7석 정도였다.[2] 그러나 일본은 이후 계속 소비량이 증가해 1900년대 1인당 소비량은 1석 정도였고 이후에도 꾸준히 증가했다. 일본은 조선·대만의 식민지에서 쌀을 이입해 생산량을 초과하는 소비 수준을 이어갈 수 있었고 1인당 소비량도 꾸준히 증가할 수 있었다.

조선인들의 실제 식생활에서 쌀과 함께 많은 비중을 차지했던 것은 보리·조·콩 등의 잡곡류였다. 쌀 소비량이 줄어든 만큼 잡곡이 그것을

---

2 1874~1878년까지 일본의 1인당 쌀 소비량은 평균 0.698석이었다(東畑精一·大川一司, 1937, 『朝鮮米穀經濟論』, 94쪽).

보충해줄 수 있었을까. 잡곡 생산량은 식민지 기간 동안 정체 내지 감소 추세였고 잡곡의 전체 소비량과 1인당 소비량도 계속 감소했다. 조선인들의 식습관에서 잡곡의 비중이 컸지만 총독부는 쌀 증산에 집중하면서 잡곡에 대해서는 방관적 태도를 취했다. 이에 쌀 소비량 감소 이상으로 잡곡 소비량도 감소해 조선인의 식생활은 열악해질 수밖에 없었다.

조선 쌀이 일본 쌀의 수급안전판 역할을 하면서 조선의 농업정책과 식량 사정은 일본 본국 요구에 따라 규정되었다. 1929년 세계대공황과 농업공황으로 농산물 가격이 폭락해 미작(米作)과 양잠을 기축으로 하고 있던 일본 농업은 심각한 타격을 입었고 일본 농촌사회는 심각한 위기를 겪게 되었다. 1920년대 크게 증가한 식민지 쌀의 일본 시장 유입은 농업공황기 일본의 쌀 공급 과잉과 쌀값 하락을 가속화시키는 요인으로 지목되면서 1930년대 초반 조선 쌀의 일본 유입을 통제하는 '과잉미 대책'이 마련되었다.

1937년 중일전쟁으로 다시 일본제국권 내의 식량 사정은 변화하기 시작했다. 1937년 쌀 작황은 대만 평년작, 일본 풍작, 조선 대풍작이었고, 1938년도 조선 쌀의 일본 이출량은 기록적으로 1,000만 석을 돌파했다.[3] 이 때문에 전쟁 초기까지 일본 정부는 농업공황기 이래의 미곡 과잉 상태가 지속되리라는 낙관적인 견해를 갖고 있었다.[4] 그러나 일본 농림성은 1938년 이후 비료공업의 군수공업으로의 전환에 따른 비료 공급

---

3 全國經濟調査機關聯合會朝鮮支部 編, 1940, 『朝鮮經濟年報』(昭和15年版), 改造社, 55쪽.

4 1938년 시국대책조사회에서 조선 측 위원이 제안한 전시체제 장기화에 따른 전시 식량문제 해결을 위한 증미계획은 일본(內地) 측 위원의 일본제국권 내의 식량 자급 전망에 대한 낙관론에 밀려 오히려 계획이 축소되었다(大藏省管理局, 1946, 「戰爭と朝鮮統治」, 『日本人の海外活動に關する歷史的調査』朝鮮篇, 第9分冊, 33쪽).

감소, 군용말의 징발, 징병에 따른 농업노동력 감소 등을 막을 수 없다고 판단해 '농업생산력의 유지 증진'에 대한 대책을 마련하기 시작했다.

1939년 일본 정부는 '미맥(米麥) 및 기타 생산계획'으로 쌀·밀·보리·쌀보리·고구마·감자의 증산 방침을 마련했다.[5] 이러한 일본 본국의 증산계획에 따라 조선에서도 1939년 미곡증산계획[증미(增米)계획]이 실시되었다. 이 증미계획은 3개년 계획으로 조선에서 쌀 200여만 석을 증산한다는 것이었다.[6] 방법은 농지의 개량·확장에 따른 증산이 아닌 농업 경영의 집약도를 높여 단보당 수확율을 높이는 것이었다.

그러나 이 계획은 1939년 여름 조선 중남부 지방의 '대가뭄'으로 목적을 달성할 수 없었다. 1939년 대가뭄은 조선총독부에서도 '반도 황정사(荒政史)상 아직 그러한 예를 보지 못한 정도의 심각한 것이었다'[7]고 평가할 만큼 피해가 심각한 재해였다.[8] 1939년 '미증유'의 가뭄이 발생한 이유는 무엇인가. 1939년 기상의 특징은 ①계절풍이 약하고 눈이 적었던 점 ②월 평균기온이 계속해서 평년보다 높고, 특히 7~8월은 매우 혹서기였던 점 ③7월 중부 이남에서 기록적인 최다의 일조량이 관측된 점 ④6~8월 중부 이남 강우량이 평년의 40~70% 수준에 지나지 않은 점

---

5 田中學, 1979, 「戰時農業統制」, 『ファシズム期の國家と社會2-戰時日本經濟』, 東京大學出版會, 346-347쪽.

6 「朝鮮總督府時局對策調査會諮問案參考書-米ノ增産ニ關スル件」(1938.9), 『大野綠一郎文書』, 2-3쪽.

7 朝鮮總督府 司政局 社會課, 1943, 『昭和十四年旱害誌』.

8 피해 지역은 경기도 이남 7도, 수확이 全無하거나 70% 이상 감수한 면적이 69만 3,000정보, 쌀의 減收는 평년작에 비해 900여만 석, 피해 금액은 2억 358만 원, 水稻의 70% 이상 減收로 이재된 호수는 109만여 호에 이르렀다(全國經濟調査機關聯合會朝鮮支部 編, 1943, 『朝鮮經濟年報』(昭和16·17年版), 改造社, 59쪽).

⑤두드러진 저기압이 한반도를 통과하지 않고, 태풍도 겨우 1회만 있었던 점이다. 이것은 이상기후 현상으로 볼 수 있다.[9]

1939년 대가뭄의 피해면적과 수확 실적을 보면, 모내기를 진행한 곳이 약 78만 4,316정보로 전체 모내기 예정면적인 122만 6,921정보 대비 63.9%에 불과했다. 모내기를 못 한 지역을 포함해 모판에서 논으로 모를 옮겨도 물 부족으로 수확하지 못했거나 70% 이상 수확이 감소한 지역을 합하면 전체 모내기 예정면적에 58%가 될 정도였다. 이로 인해 수확량은 평년 대비 46%에 불과했고, 중남부 가뭄피해 지역에서만 900만 석 이상의 감소량을 보였다. 특히 충청도와 전북, 경북 지역은 평년 대비 수확률이 30%대를 밑돌 정도로 심각했다.[10]

수확량 감소는 농민들에게 직접적인 피해를 안기며 수많은 이재민을 발생시켰다. 조선총독부는 재해조사 과정에서 이재 농가를 물 부족으로 모내기를 완료하지 못했거나, 했어도 벼가 말라죽어 70% 이상 수확량이 감소한 경우를 기준으로 집계했다. 이 기준에 따르면 벼농사 농가 중 60%가 가뭄으로 피해를 보았다. 70% 이하의 피해 농가라 하더라도 근근한 살림에 절반 정도의 피해는 삶을 이어나가기 어려운 상황이었다. 다소라도 가뭄 피해를 입지 않은 농가가 없었고 사실상 전 농가가 재해 농가라고 해도 과언이 아닌 상황이었다.[11]

1939년 대가뭄은 일본제국권의 식량 공급기지로서 미곡 단작화가 진행된 조선의 농업구조에서 더 심각한 양상을 드러냈다. 중일전쟁을 도

---

9 朝鮮總督府 司政局 社會課, 1943, 앞의 책, 37쪽.
10 朝鮮總督府 司政局 社會課, 1943, 위의 책, 64쪽.
11 朝鮮總督府 司政局 社會課, 1943, 위의 책, 89쪽.

<표 1> 전시 총동원체제기 일본의 쌀 공급량 (단위: 천 석)

지역 연도	조선	대만	베트남	태국	미얀마	수이입 합계(a)	일본 내 생산	합계(b)	수이입 비율 (a/b)
1937	6,736	4,856	11	-	-	11,815	67,340	79,155	14.9
1938	10,149	4,971	-	-	-	15,217	66,320	81,537	18.7
1939	5,690	3,962	-	-	-	9,949	65,869	75,818	13.1
1940	395	2,784	2,929	1,893	2,802	11,505	68,964	80,469	14.3
1941	3,306	1,970	3,751	2,903	2,916	14,882	60,874	75,756	19.6
1942	5,235	1,702	5,559	3,387	268	16,151	55,088	71,239	22.7
1943	-	1,638	3,719	1,177	120	6,654	66,776	73,430	9.1
1944	3,500	1,300	-	-	-	5,295	62,887	68,182	7.8
1945	1,421	151	-	-	-	1,573	58,559	60,132	2.6

출처: 金子文夫, 1994 「植民地·占領地支配」, 大石嘉一郎 編, 『日本帝國主義史3』, 東京大學出版會, 429쪽.

발하고 전시 식량 수급의 안정을 도모하려는 일본 정부로서는 1939년 조선 대가뭄의 충격은 클 수밖에 없었다. 이는 일본제국권 차원의 식량 조달 문제로 파급되었기 때문이다.

〈표 1〉과 같이 1937~1939년까지는 조선에서는 최고 1,000만 석에서 500만 석 정도 일본으로 쌀이 이출되었다. 그러나 1939년 대가뭄으로 1940년에는 전년도의 7% 수준으로 이출량이 급감했다. 1941년 이후 이출량 확보는 공출을 통한 강제적 물량 확보로 이루어질 수 있었지만, 또다시 1942년 조선의 가뭄·홍수 피해로 1943년은 그나마도 이출할 수 없었다. 조선의 이출량 감소를 대체하기 위해 일본은 1940년부터 점령지인 베트남·타이·미얀마 등 동남아시아 지역에서 쌀을 수입했다. 1943년 이후에는 아시아·태평양 일대에서 일본의 전황이 불리해져 '남방'에서의 제해권, 수송문제가 발생하면서 동남아시아로부터의 쌀 수입도 중단되었다. 전황 악화와 함께 두 차례 조선에서의 재해는 일본제국

식량 수급에 큰 타격을 주었다.

기후 조건에 크게 좌우되는 쌀 수확에서 수리시설과 토지개량 없이 경종법만 개선해 증산하는 것은 한계가 있었다. 1938년 현재 조선 논 총면적은 170만 정보로 그중 94만 정보[56%]가 수리불안전답이었다. 그나마 관개시설이 전혀 없는 천수답이 54만 정보로 전체 면적의 32%를 차지했다.[12] 이러한 상황에서 가뭄과 같은 자연재해의 영향은 클 수밖에 없었다.

1939년 증미계획이 실패하자 총독부는 1940년부터 적극적인 미곡 증산계획인 '조선증미계획(朝鮮增米計劃)'[농림국장담, 1940.1.9]을 실시했다. 이것은 1940~1945년까지 6개년 계획으로 증산 방법은 "1920년대 산미증식계획이 토지개량사업을 주로 하고 경종법 개선을 부수적인 것을 했던 것에 반해 이번 증미계획에서는 경종법 개선과 토지개량사업을 병행 실시"[13]한다는 것이었다. 1939년 증미계획이 빠른 증산을 목표로 경종법 개선에만 의존했으나 대가뭄에 속수무책이었던 경험을 통해 근본적인 토지개량사업의 필요성을 인식한 것이었다. 하지만 '급속한 증산 실현과 (부족한) 자재 절약'을 고려해야 하는 전시하에서 대규모 수리사업을 통한 증산은 무리였다. 이에 실제 증산 목표는 경종법 개선에 따른 것이 75%, 토지개량에 따른 것이 25%로서 경종법 개선에 중점을 두었다.[14]

증산 방법으로 제시된 경종법 개선의 내용을 보면, 산미증식계획에

---

12 「朝鮮總督府時局對策調査會諮問案參考書-米ノ增産ニ關スル件」(1938.9), 『大野綠一郎文書』, 23쪽.

13 朝鮮總督府 農林局, 1942, 『朝鮮の農業』(1942년), 291쪽.

14 朝鮮總督府 農林局, 1942, 위의 책, 290-291쪽.

서는 '금비[金肥, 판매비료] 사용, 종자 갱신'에 중점을 둔 반면 '조선증미계획'에서는 '민도의 향상과 제반시설 정비'를 관민일체로 실현한다는 것이었다.[15] 전시기 증미계획에서도 경종법 개선 중심의 증산정책을 계획했지만 전쟁이 진행되면서 많은 노동력과 비료 사용을 전제로 하는 생산력 증가는 한계에 부딪히게 되었다. 이에 농업생산 지도와 교육, 공동작업, 지주에 대한 생산책임 부여 등 전시 동원과 통제가 농업생산력 부문에서도 강조되었다.

한편 토지개량에 대해서는 "주로 기존 논의 관개개선에 중점을 두고 신규 개답(開畓)은 관개개선과 동시에 실시하는 것이 유리한 경우에만 실시한다"[16]는 방침이었다. 총독부는 쌀 증산을 위한 근본적 방안으로 토지개량사업의 중요성은 인식하고 있었지만 전시 물자 부족 상황에서 가능한 선에서의 사업을 추진할 뿐 경지면적 확대에는 소극적이었다.[17] 조선증미계획 토지개량사업[6개년 계획]의 1940~1941년 2개년간 실적을 보면 관개개선 2만 7,000정보, 용배수 시설은 경지정리 6,000정보, 암거

---

15 조선증미계획의 내용은 ①계획의 실행단위 설정 ②지도력의 충실 정비 ③경종법의 시설개선 ④다수확 우량품종의 육성 및 暗渠排水 조사 연구 ⑤판매비료 배급의 적정 및 합리적 施用方法 철저 ⑥地力 維持增進을 위한 深耕과 秋耕의 실시 및 자급비료 증산시설 ⑦勞力 및 灌漑水의 배급조정 확립 ⑧適期作業의 勵行 獎勵 ⑨부락공동작업 실시의 장려 ⑩미곡증산품평회의 개최 ⑪지주의 협력이었다(朝鮮總督府 農林局, 1942, 위의 책, 291-294쪽).

16 朝鮮總督府 農林局, 1942, 위의 책, 295-296쪽.

17 1940년 조선증미계획에서의 토지개량사업은 주로 소규모 관개배수시설 중심이었다. 대규모사업은 7만 정보로 면적상 전체 토지개량사업 면적의 43% 정도를 차지하지만 신규사업은 2만 7,500정보에 그치고 나머지 4만 2,500정보는 산미증식계획의 중단으로 시행되지 못한 수리조합사업을 부활시킨 것이었다(朝鮮總督府 農林局, 1942, 위의 책, 296쪽).

〈표 2〉 조선증미계획[1940~1945]의 연차별 증산 목표량   (단위: 천 석)

연도	기준 생산량	경종 개선 증 산량	토지개량 증산량			자연 증가량	증산량 총계	총 생산량	작부 면적 (千町步)	반당수 량 (石)
			지목 전환	경지 개량	계					
1939	22,838	1,200	-	-	-	-	1,200	24,038	1,599	-
1940	同	2,055	-	180	180	144	2,379	25,217	1,599	1.577
1941	同	2,626	20	227	247	287	3,161	25,999	1,600	1.625
1942	同	3,038	60	309	370	431	3,884	26,722	1,603	1.677
1943	同	3,426	118	428	546	575	4,546	27,384	1,606	1.705
1944	同	3,654	256	672	928	719	5,201	28,139	1,615	1.743
1945	同	3,768	337	859	1,196	682	5,826	28,664	1,618	1.771

출처: 久間健一, 1943, 『朝鮮農政の課題』, 成美堂書店, 390쪽.
비고: 1) 기준 생산량은 과거 18년간(1921~1938) 생산고의 직선식 추세치
2) 자연증가량은 과거 18년간의 직선식 추세치로서 1937년 이후는 2/3로 함

배수 2,000정보, 소규모사업 4,000정보[18]로 대체로 예정 계획대로 시행되었다. 이 시기까지는 전시 물자 및 노동력 부족이 심각해지지 않은 상황에서 그나마 계획대로 진행되고 있었다. 그러나 1939년 증미계획과 1940년 조선증미계획의 전체 실적은 증산 목표를 달성할 수 없었다.

〈표 2〉와 같이 조선증미계획 수립시 추정한 기준 생산량은 2,280만 석이었는데, 1940년 쌀 생산량은 2,150만 석으로 기준 생산량에도 미치지 못했다. 1941년은 2,480만 석으로 평년작 이상이긴 했지만 그해 증산 목표인 2,600만 석에는 역시 미치지 못하는 수준이었다. 농업자재 및 노동력 부족이 예상되는 가운데서 무리하게 증산 목표를 설정했던 것이고 그나마 이 정도의 생산량을 유지한 것이 다행이었다. 1942년부터는 다시 자연재해와 생산 조건이 더욱 열악해지면서 미곡 생산량이 격감해

---

18 乾明, 1942.7, 「土地改良と增米計劃」, 『朝鮮總督府調査月報』 13-7, 6쪽.

〈표 3〉 조선증미계획[1940]과 조선증미개정계획[1942]의 증산 목표 비교

	조선증미계획	개정계획	
	계획완성년차(1950/A)	계획완성년차(1955/B)	증가율(B/A)
증산 목표 수량	680만 석	1,138만 3,000석	167%
- 경종법개선	511만 석 (75.1%)	518만 7,000석 (45.6%)	102%
- 토지개량	169만 석 (24.9%)	619만 6,000석 (54.4%)	366%

출처: 乾明, 1942.7, 「土地改良と增米計劃」, 『朝鮮總督府調査月報』 13-7, 5쪽.

2,000만 석을 밑도는 수준에서 벗어나지 못했다.

조선증미계획이 계획목표를 달성하지 못하자 경종법 개선 중심의 증산계획에 대한 비판이 제기되었고, 식량 수요도 계속 증가함에 따라 총독부는 1942년에 조선증미계획에 대한 '개정계획(改訂計劃)'[1940~1952년까지 12개년 계획]을 수립했다. '조선증미개정계획'[이하 개정계획]은 조선증미계획의 내용 중 토지개량사업을 확대시킨 것이었다. 〈표 3〉은 조선증미계획과 개정계획의 증산 목표를 비교한 것으로 개정계획의 목표는 쌀 총생산량을 1.67배 더 증가시켰다. 경종법 개선에 따른 증산량은 조선증미계획과 거의 비슷한 수준이었으나 토지개량사업에 따른 증산량은 거의 4배에 이를 정도로 대폭 상향 수정했다. 경종법 개선과 토지개량사업 간의 비율도 75: 25에서 46: 54로 역전되어 토지개량사업 중심의 미곡증산정책을 추진했다. 그러나 아시아태평양전쟁 발발 이후 물자수급 악화와 노동력 동원으로 이 계획은 도저히 실현될 수 없는 미몽에 그치고 말았다.

2) 조선증미개정계획과 토지개량사업의 한계: 1942~1945

전시 총동원체제기 농업생산량 감소 원인 중 무시할 수 없는 것이 자

연재해왔다. 1939년 대가뭄과 1942년 가뭄, 기타 지역별 가뭄, 홍수 등이 어느 시기보다 심하게 발생했다. 산미증식계획 기간 동안 조선에서 상당량의 토지개량사업을 추진했지만 여전히 부족한 상태에서 일본 본국의 요구에 따라 1934년에 중단되었다. 벼농사는 물을 절대적으로 필요로 하며 관개·배수는 수확에 가장 중요한 조건이다. 그러나 관개·배수시설의 신설·개량은 주로 공공 하천을 활용해 종합적인 국토계획적 규모로 사업이 설계되기 때문에 대량의 자재 및 노력, 거액의 자금을 필요로 한다.[19] 이러한 조건은 전쟁 확대와 장기화로 자재 및 노동력 부족 현상이 심각해지는 상황에서 산미증식계획과 같은 대규모 토지개량사업을 시행하기 어렵게 하는 요인이었다.

1926년 산미증식갱신계획은 대지구 중심의 관개개선, 즉 수리조합을 통한 관개시설 확충과 지목 변환, 개간·간척 등의 외연적인 경지 확장을 통한 증산을 꾀했다. 그러나 조선증미계획에서는 대규모 관개개선사업도 있었지만 절반 이상이 용배수 시설 개선이나 경지정리 등의 소규모 토지개량사업으로 '단기간에 준공되는 즉효주의(卽效主義)에 따른 토지개량사업'[20]이 중심이었다.

1942년에는 농업생산력 확충을 위해서는 토지개량이 필요하다는 인식과 조선증미계획 기간 동안의 토지개량 실적이 순조로웠던 것을 토대로 토지개량사업을 확대한 개정계획이 수립되었다. 개정계획의 토지개량사업은 10년간 관개개선 28만 정보, 개간 및 지목변환 12만 정보, 간척 3만 2,000정보, 경지정리·암거배수 등 10만 정보, 총 53만 2,000정

---

19 乾明, 1942.7, 앞의 글, 2쪽.
20 久間健一, 1943, 『朝鮮農政の課題』, 成美堂書店, 366쪽.

보를 시행하는 것이었다.[21] 이 계획에서 관개개선과 개간 및 지목변환 시행면적은 총 40만 정보인데 그중 대지구 사업[300정보 이상]이 30만 정보였다. 대지구 사업은 사업 조성 및 감독은 조선총독부가 하고 사업 주체는 조선농지개발영단[22]이 맡았으며, 사업기간은 1지구에 2~3년이었다. 소지구사업은 사업 조성·감독은 도(道)가 맡고 사업 주체는 수리조합 또는 계로 하며 공사기간은 1~2년이었다.[23] 이 계획이 완성되면 수리불안전답의 안전화률은 32%로 상승한다는 것이었다.

개정계획에서는 개간 및 간척을 통한 경지확장 계획이 추가되었다. 식량의 절대적 증산을 위해서는 토지생산성을 높이는 방법 외에도 경지면적의 절대적 확대가 필요하다는 의견에 따른 것이었다. 특히 간척사업은 일거에 대규모 경지를 확보할 수 있는 점은 있지만 단보당 공사비가 300~400원 정도로 토지개량사업 중에서 가장 많은 비용이 드는 사업이다.[24] 개간·간척사업은 경지 자체를 확대해 증산할 수 있는 확실한 방법이었지만 많은 공사비와 자재·노동력이 요구되기 때문에 1942년 이후 전쟁 확대와 장기화로 심각한 물자 및 노동력 부족에 처해 있던 상황에서 계획대로 시행될 수 없었다.

농림국장 시오타 마사히로(鹽田正洪)는 "전국(戰局)의 추이와 함께 공사에 필요한 강재·시멘트·목재 등의 자재가 나날이 옹색하게 되고 돈

21　乾明, 1942.7, 앞의 글, 5-6쪽.
22　조선농지개발영단은 '조선증미계획' 추진기관으로「조선농지개발단령」에 따라 설치된 특수법인이었다. 주로 大地區 토지개량사업을 국가를 대신해 시행하는 것으로 1943년 1월 13일 설립되었으며 자본금은 1,000만 원이었다(京城日報社,『朝鮮年鑑』(1945년), 114쪽).
23　乾明, 1942.7, 앞의 글, 7-8쪽.
24　乾明, 1942.7, 위의 글, 13쪽.

은 있어도 일은 조금도 진척되지 않는 정세가 되어 (조선농지개발)영단 간부의 일은 자재 확보에 분주할 뿐이었다 … 부족한 자재가 군수 지정공장에 절대 우선으로 할당되는 강제적 조치가 행해지면서 2~3년 후에나 효과가 나타나는 식량 증산시설은 어쩔 수 없이 2차적으로 대우하는 곤경에 빠져들지 않을 수 없었다"[25]고 했다.

이러한 상황에서 1943년 10월 발표된 「외지(外地)에 있어 제2차 식량 증산대책요강」에서는 '토지개량사업의 급속 확충' 방안으로 응급 시설에 대한 급속한 실시가 추진되었다. 수리불안전답에 대한 간이(簡易) 수원시설, 개전(開田) 사업, 야계(野溪) 개수에 따른 경지보전사업, 소하천 보수에 따른 황폐지 복구사업 등을 빠르게 실시함과 동시에 이미 설치된 수리시설 보수사업도 병행 실시한다는 것이었다. 이에 따라 간이용수원공사는 1943~1944년 2년에 걸쳐 20만 정보 실시가 목표였고, 1943년에 12만 3,000정보가 준공되었다.[26] 이것은 물자 부족 상황에서 강재·시멘트 등 자재 이용 없이 농민·기타 학생들의 노력 동원으로 이루어진 최대한의 성과였다.

조선증미계획과 개정계획하에 이루어진 토지개량사업의 전체 실적을 살펴보자. 〈표 4〉의 토지개량사업 실적을 보면, 1940~1941년은 착공면적이나 준공면적에서 계획량을 상회하는 실적을 올렸다. 증미계획 단계에서는 경종법 우선으로 토지개량사업의 시행면적이 높게 책정되지 않았고, 아직 물자 수급도 어느 정도 원활한 상황이었다. 이를 바탕으

---

25 古庄逸夫, 1960, 『朝鮮土地改良事業史』, 友邦協會, 168-169쪽.
26 近藤釖一 編, 1963, 『太平洋戰下の朝鮮(4)-朝鮮總督府豫算「食糧」關係重要文書修編』, 12쪽.

<표 4> 전시 총동원체제기 토지개량사업 계획과 실적[1940~1944]

(단위: 정보)

연도	사업종류	착공			준공		
		계획(A)	실적(B)	비율(B/A)	계획(A)	실적(B)	비율(B/A)
1940	관개개선	9,100	10,379	114%	6,700	8,068	120%
	용·배수시설	4,000	3,987	99	4,000	2,918	73
	소규모 사업	2,000	1,931	97	2,000	1,918	96
	계	15,100	16,297	108	12,700	12,904	102
1941	관개개선	24,600	25,653	104	11,900	13,497	114
	용·배수시설	4,000	4,207	105	4,000	4,020	101
	소규모 사업	2,000	2,693	135	2,000	2,166	108
	계	30,600	32,553	106	17,900	19,683	110
1942	관개개선	40,000	54,473	136	15,100	8,887	59
	용·배수시설	8,000	5,206	65	8,000	5,873	73
	소규모 사업	2,000	1,899	95	2,000	2,261	113
	간척	4,000	1,301	33	-	-	-
	계	54,000	62,879	115	25,100	17,023	68
1943	관개개선	40,000	30,739	77	25,000	19,349	77
	용·배수시설	8,000	4,182	52	8,000	4,768	60
	소규모 사업	2,000	1,234	62	2,000	1,099	55
	간척	4,000	7,554	169	-	-	-
	계	54,000	43,709	81	35,000	25,216	72
1944	관개개선	60,000	38,717	65			
	용·배수시설	8,000	300	4			
	소규모 사업	4,000	4,000	100			
	간척	-	-	-			
	계	72,000	43,217	60			
합계	관개개선	173,700	159,961	92	58,700	49,801	85
	용·배수시설	32,000	17,882	56	24,000	17,581	73
	소규모 사업	12,000	11,757	98	8,000	7,444	93
	간척	8,000	8,855	110	-	-	-
	계	225,700	198,655	88	90,700	74,826	82

출처: 近藤釰一 編, 1963, 『太平洋戰下の朝鮮(4)-朝鮮總督府豫算「食糧」關係重要文書修編』, 12-14쪽.

로 1942년 개정계획은 토지개량사업을 확대했지만, 1942년 착공 실적을 제외하고는 계획대비 실적률은 계속 감소해 1940~1944년까지의 전체 실적은 착공 88%, 준공 82%였다.

사업 종류별로 보면 관개개선사업[수리조합사업]은 1942년까지 착공된 것은 계획면적을 상회했으나, 점차 준공률은 떨어져 1942년에는 준공 계획면적의 59%에 불과했다. 이후로는 착공도 계획대로 진행되지 못했다. 많은 자재와 노동력을 필요로 하는 관개사업은 점차 자재 공급이 두절되고 노동력 보급도 제대로 이루어지지 않았기 때문이다. 반면 소규모 사업은 모든 여건이 어려워진 1944년에 예전보다 많은 면적에서 착공되었고, 사업 실적률도 높았다. 전쟁 수행을 위해 식량 증산은 요구되었지만 이를 위한 토지·농사개량사업에 필요한 자재와 노동력 부족은 점점 심각해졌다. 이러한 모순 상황에서 할 수 있는 선택은 최소의 자재로 노동력에 의존해 소규모사업을 진행하는 것이었다.

전시 총동원체제기 대규모 관개사업으로 진행된 논산수리조합의 경우[27]를 보면 이러한 상황을 알 수 있다. 1941년 3월 13일 설립 인가를 받은 논산수리조합은 나카무라구미(中村組)가 공사를 담당해 계획보다 1년 5개월이 지연된 1944년 8월 31일 완공되었다. 공사 지연 이유는 사업이 진행되는 과정에서 공사비 상승과 물자 및 노동력 부족으로 당초 계획을 변경해야 했기 때문이다. 인가를 받고 사업을 시작했지만 1942년 5월 나카무라구미는 '청부금 대금증액신청서'를 제출했다. 이유는 "소요 강재의 조달은 거의 가능성이 없고 주요 자재인 시멘트 등은

---

[27] 논산수리조합의 사례는 李榮薰 외, 1992, 『近代朝鮮水利組合硏究』, 일조각, 292-297쪽 참조.

조달·배선운반·반입에 고심 참담해 편한 날이 없으며, 그럼에도 운임은 공정가격을 기준으로 해도 상당이 많은 액수의 인상을 필요로 하고 기타 우마차임의 고등, 목재류의 가격 인상과 조달난, 대연기관(代燃機關)에 따른 연료비 증대, 인부 품삯 증가와 능력 저하는 상당 효율의 단가 시정을 필요로 한다"는 것이었다. 공사비와 공사감독비는 당초 예산보다 20% 이상 인상되었다.

공사비 인상에도 불구하고 1943년 4월 나카무라구미는 '공사준공기한 연장원'을 조합장에게 제출했다. "금년도에 들어 소요 철강자재의 배급이 완전히 정체한 데 더하여 농번기 절박성과 함께 노무자의 출역 비율은 군·면·기타 관계 각위의 절대적인 진력(盡力)에도 불구하고 예상외로 적어 기한 안에 준공할 희망이 없는" 상황에 빠졌다는 것이다. 논산수리조합은 공사 초기[1942년까지]에는 '운임·자재·노임의 가격 인상'이 공사 진행의 장애 요소였는데 1943년 이후에는 '자재 공급 두절, 노동력 공급 핍박' 등의 요인으로 변화되었다. 수급 불균형에 따른 가격 인상에서 절대 물자 부족에 따른 공급 두절이라는 상태로 생산 조건이 악화되어 간 것이다.

1943년 조선농지개발영단이 발주한 평안남도 안주군 간척공사에서도 노동력 부족이 심각했다. 1944년경에는 징용이 확대되면서 20대 노동자는 감소하고 중년 이상의 노동자가 많아 노동능률이 낮아졌다. 그나마 모집한 노동자 수도 절대적으로 부족해 주변 중학교나 여학교 학생을 근로 동원했다. 그래도 노동자 부족을 보충할 수가 없어 신의주 형무소의 수인(囚人) 전원[400명]을 간척공사에 동원했다.[28]

---

28 松尾茂, 2002, 『私が朝鮮半島でしたこと』, 草思社, 141-142쪽.

전시 식량 증산을 위해 다시 중요성이 커진 토지개량사업은 물자와 노동력 부족으로 소기의 성과를 거두지 못했다. 앞의 〈표 4〉와 같이 1943년 이후 토지개량사업 실적은 현저히 낮아졌다. 1943년 이전은 수급 불균형에 따른 자재 가격 및 노임 상승이 문제였으나 이후는 자재 및 노동력 공급 자체가 어려워지는 상황이었기 때문에 토지개량사업은 성과를 거둘 수 없었고, 결국 쌀 생산량 감소로 나타났다. 전시 식량 공급을 위해 응급적으로 만들어진 각종 시설들은 부실할 수밖에 없었고, 해방 이후 조선의 농업생산력을 유지·발전시킬 수 있는 기반시설로 활용되는 데 한계가 있었다.

3) 비료 수급 악화와 농업생산력 파탄

(1) 판매비료 수급 악화

일제는 강점 이후 조선에 '개량농법'을 도입해 쌀 증산을 꾀했다. 일본의 식량 공급기지로서 조선에서 생산되는 쌀을 일본 시장에 유통시키기 위해서는 일본인의 입맛에 맞는 쌀을 생산할 필요가 있었다. 이에 조선총독부의 '개량농법'은 품종개량으로 시작되었다. 1910년대부터 보급되기 시작한 개량종은 1912년 2.8%에 불과했으나 1920년 58.5%, 1925년 70.8%, 1930년 72.7%, 1930년 84.8%로 급속하게 확대되었다.[29]

---

29 1910년대 보급되기 시작한 개량종은 와신리키(早神力), 고쿠료미야코(穀良都), 타마니시키(多摩錦) 등이었다. 그러나 이 품종들은 1920년대 후반부터는 보급 속도가 둔화되었고, 1930년대는 후기 개량종인 긴보주(銀坊主), 리쿠132호(陸羽132號)의 보급률이 급증했다. 긴보주(銀坊主)가 조선에 처음 도입된 것은 1922년경이지만 총독

1910년대 보급된 개량종은 '당시 농촌 실정을 감안해 관개가 불량하고 비료 투입이 적은 상황에서 비교적 좋은 성적을 내는' 품종으로 선정되었다. 이런 품종에 대해 1926년 산미증식갱신계획하의 무리한 판매비료 투여는 토지생산성을 감소시키고 도열병과 같은 각종 병충해 피해를 입기 쉬워 오히려 미곡생산성을 저하시켰다.[30] 이에 총독부는 '점차 녹비, 화학비료 기타 판매비료 사용량이 증가해온 결과, 도열병에 대한 저항성, 내비성(耐肥性) 등에서 종래 품종보다 강한 것이 필요함에 따라'[31] 농사시험장과 지장(支場)을 통해 그 지역 풍토와 다비(多肥)에 적합한 새로운 품종을 선정·개발하는 데 박차를 가했다. 그 결과 1930년대는 비료반응성이 높은 다수확 품종-긴보주(銀坊主), 리쿠(陸羽)132號-이 선정되어 급속히 보급되었다. 이러한 후기 개량종 보급은 1930년대 비료 소비 증가와 더불어 조선 미곡생산성 증가의 중요한 요인이었지만, 비료 증투와 관개시설이 뒷받침되지 않는다면 생산량을 확보할 수 없는 생산구조를 만들어갔다.

　1920년대 산미증식계획과 함께 비료에 대한 적극적인 정책이 시행되었다. 자급비료에 대해서는 1926년 '자급비료개량증식 10년 계획'을 수립해 증산을 꾀했다. 판매비료[32] 역시 1926년 산미증식갱신계획에 따

부에 의해 장려 품종으로 지정된 것은 1930년대였다. 긴보주(銀坊主)의 보급 면적은 1930년 3만 6,000정보에 불과했지만 1937년에는 약 50만 정보로 확대되어 고쿠료미야코(穀良都)를 제치고 조선 제1의 품종이 되었다. 리쿠132호(陸羽132號) 역시 1933년 약 3만 정보였지만 1937년에는 19만 4,000정보로 확대되어 제3의 지위를 차지했다(禹大亨, 2001, 『한국근대농업사의 구조』, 한국연구원, 24-26쪽).

30　禹大亨, 2001, 위의 책, 30-31쪽.
31　朝鮮總督府農事試驗場 編, 『朝鮮總督府農事試驗場25年記念誌』(上), 27쪽.
32　판매비료(金肥)는 자급비료에 대응되는 말로서, 일제시기 판매되었던 비료에는 유기

라 적극적인 사용을 장려해 비료 구입 및 기타 농사개량자금으로 저리자금을 융통했다. 1920년대까지 조선에서 제조된 판매비료는 어비류(魚肥類), 미강류(米糠類, 쌀겨) 정도였는데, 1930년대 조선질소주식회사의 흥남공장 설립 이후 유안(硫安), 석회질소, 화성비료, 조합비료 등 각종 비료가 제조되어 본격적인 판매비료 장려정책이 실시되었다.

판매비료 사용량은 1930년대 이후 크게 증가했지만, 농민들이 비료 사용과 품질에 대한 지식과 감별력이 부족한 것을 이용해 일부 상인들이 불량하고 조악한 비료를 판매해 농가의 피해가 심각했다. 이에 1927년 9월 「조선비료취체령」[제령 제14호, 1927.9.30]과 「시행규칙」[부령 제87호, 1927.9.30]을 공포해 1928년 1월부터 시행했다.[33]

1930년대 조선질소주식회사 흥남공장을 통해 화학비료를 생산하면서 비료 공급량이 대폭 증가했으며 수요도 급격히 상승했다. 점차 농가경제에서 비료 구입액이 차지하는 비율이 상승해 비료 소비가 농가경제에 미치는 영향도 증가했다. 1933년과 1938년 '농가경제갱생계획'의 갱생농가를 대상으로 조사한 「농가경제개황조사」에서 전체 현금 지출 중 비료비 비중은 소작농은 7.8%→ 15.4%, 자소작농은 7.1%→ 13.8%로 거의 2배 증가했고 지출 금액은 3배 이상 증가했다.[34]

그렇다면 판매비료 사용이 쌀 생산에 미친 영향은 어떠했을까. 〈표 5〉

질비료[식물질비료, 동물질비료]와 무기질비료[광물질비료], 조합비료 등이 있다. 식물질비료에는 油粕類, 糠類 등, 동물질비료는 魚肥類, 骨粉 등, 광물질비료는 대부분 화학비료로서 유산암모니아(硫安), 석회질소, 과인산석회, 인산암모니아, 염화칼륨, 유산칼륨 등이 있다.

33 京城日報社, 『朝鮮年鑑』(1938년), 367쪽.
34 朝鮮總督府 農村振興課, 1940, 『農家經濟槪況調査』(自作兼小作農家の部, 小作農家の部), 각 84쪽.

〈표 5〉 일제시기 판매비료(金肥) 사용량과 미곡 생산량의 상관관계[1927~1945]

연도	*판매비료 사용량 (단위: 瓩)				쌀 생산량 (단위: 石)		
	질소	인회석	칼륨	총량	쌀 생산량		단보당 생산량
1927	7,710	7,560	1,245	16,515 (100)	17,298,887 (18,848,512)		1,080 (100)
1928	8,251	10,333	1,671	20,255 (123)	13,511,725 (14,936,727)		0,890 (82)
1929	14,062	14,457	1,629	30,148 (183)	13,701,746 (15,384,211)		0,840 (78)
1930	16,433	18,575	1,457	36,465 (221)	19,180,677 (21,834,021)		0,982 (91)
1931	20,810	24,281	1,379	46,470 (281)	15,872,999 (18,326,968)		0,948 (88)
1932	19,459	18,587	1,720	39,766 (241)	16,345,825 (19,137,000)		0,995 (92)
1933	26,617	19,969	1,181	47,767 (289)	18,192,720 (21,352,068)		1,075 (99)
1934	30,557	31,021	1,117	62,695 (380)	16,717,238 (20,095,485)		0,977 (90)
1935	46,391	38,533	1,480	86,404 (523)	17,884,669 (21,752,988)		1,055 (98)
1936	49,093	67,445	2,813	119,351 (723)	19,410,763		1,212 (112)
1937	60,385	72,303	4,583	137,271 (831)	26,796,950		1,635 (151)
1938	68,821	81,169	5,170	155,160 (940)	24,138,874		1,454 (135)
1939	78,823	81,951	5,765	166,539 (1008)	14,355,793		1,163 (108)
1940	69,981	90,587	3,868	164,436 (996)	21,527,393		1,311 (121)
1941	75,521	86,157	3,226	164,904 (999)	24,885,642		1,510 (140)
1942	70,541	44,815	2,286	117,642 (712)	15,687,578		-
1943	61,756	65,963	1,292	129,011 (781)	18,718,940		1,227 (114)
1944	58,545	18,621	-	77,166 (467)	16,051,879		1,213 (114)
1945	46,182	15,663	1,354	63,199 (383)			

출처: 『朝鮮經濟統計要覽』, 1949, 32쪽; 朝鮮銀行調査部, 1948, 『朝鮮經濟年報』, Ⅲ-26쪽; 박섭, 1997, 『한국 근대의 농업변동』, 일조각, 257쪽.

비고: 1) 판매비료 사용량은 해방 후 남한 지역(경기도, 충청남북도, 전라남북도, 경상남북도, 강원도)에 속한 곳의 사용량
2) 쌀 생산량 중 ( )의 수치는 1935년 '미곡생산고 조사 방법'이 변경된 것을 감안해 이전 생산량을 수정한 수치, 수치는 박섭(1997, 『한국근대의 농업변동』, 일조각) 연구의 수정치
3) 판매비료 사용총량과 단보당 생산량의 ( ) 수치는 1927년을 100으로 한 지수

는 판매비료 소비와 쌀 생산량의 상관관계이다. 1920년대 후반 이후 판매비료 사용량이 꾸준히 증가했지만 1935년 이전까지는 생산량이 거의 정체 상태였다. 초기 보급 품종은 상대적으로 비료반응성이 좋지 않아 비료 증투 효과가 크지 않았다. 그러나 1935년 이후는 후기 개량종 보급

과 함께 금비(金肥) 사용량이 증가하면서 생산량도 증가했다. 조선의 벼 농사에서는 비료 사용량 외에도 관개시설 미비로 자연재해의 영향이 매우 컸기 때문에 비료 사용량 증가와 상관없이 쌀 생산량이 감소한 해 [1936·1939]가 있었지만 대체로 비료 사용량 증가와 미곡생산성은 비례 관계에 있었음을 알 수 있다.

1930년대 이후 비료반응성이 좋은 품종 보급은 비료와 쌀 생산량과의 관계를 보다 심화시켰다. 1936년 이후 판매비료, 특히 화학비료 사용량이 크게 증가하면서 1937~1938년의 쌀 생산량은 일제강점기 최대 생산량이 되었다. 화학비료 사용이 늘어나면서 대가뭄이 있었던 1939년을 제외하면 비료 공급이 유지되었던 1941년까지 쌀 생산량은 2,000만 석을 넘는 수준을 유지했다. 그러나 1942년부터 판매비료 사용량이 크게 감소하면서 쌀 생산량도 감소했다. 전시 총동원체제기 농업생산력 저하의 원인 중 하나는 비료 부족이었고, 특히 화학비료의 감소는 생산량 감소의 직접적인 원인이 될 수밖에 없었다.

1926년 산미증식갱신계획 이래 판매비료 소비량은 증가했지만 1936년까지는 비료 수급에 큰 문제가 없었다. 그러나 1937년 중일전쟁 이후 국내 자급이 가능했던 화학비료[硫安]는 폭약 생산으로 그 생산설비의 전용이 이루어지면서 생산량이 감소했다. 또한 자급이 불가능한 비료 원료[인광석, 염화칼륨]의 수입 역시 급속히 감소해 비료 수급에 문제가 발생하기 시작했다.

중일전쟁 이후 비료 공급 부족, 수송 곤란 등의 문제가 발생하자 비료 공급량 확보와 비료 가격의 유지, 원활한 배급 여부가 중요해졌다. 1937년 12월 「조선임시비료배급통제령」[제령 제18호, 1937.12.10]을 공포 시행해 비료의 판매·사용·소비·이동 등을 통제했다. 1939년 3월에는

「조선비료판매가격취체규칙」[부령 제25호, 1939.3.6]을 공포해 무기질비료 12종, 유기질비료 11종에 대해 도소매 판매가격을 공정했고, 1939년 8월 「과인산석회·석회질소·조제(粗製)칼륨염 등 비료의 수출허가규칙」[부령 제129호, 1939.8.9]을 공포했다. 이와 함께 조선 안에서 비료 배급은 도·군·면별로 수량을 할당·통제했다.[35]

비료 공급에 문제가 발생한 것은 1939비료년도[1939.8~1940.7]부터였다. 1939년부터 일본제국권 내의 식량 수급 사정이 악화되면서 본격적인 미곡증산계획이 일본과 조선·대만 모두에서 시행되었다. 식량 증산의 필요성이 커지면서 비료 수요가 증가했지만, 군수물자의 생산력확충이 우선시되면서 역으로 비료 생산량은 감소해 비료 부족 문제가 발생했다. 비료산업은 전시에는 화약 제조 등 군수산업으로 바로 전환될 수 있는 특성 때문에 공장 가동률과 상관없이 평시보다는 비료 생산이 감소할 수밖에 없었다.

〈표 6〉은 조선 내 비료 필요량과 판매비료 사용량이다. 조선에서 주요 농산물의 필요 생산량을 확보하기 위한 비료 주요 3성분[질소·인산·칼륨]의 필요량은 '질소 30만 톤, 인산 16만 6,000톤, 칼륨 28만 2,000톤'인데 판매비료 사용량은 최대 1938비료년도의 질소 12만 톤[40%], 인산 4만 5,000톤[27%], 칼륨 5,000톤[2%] 정도였고, 매년 감소해 1944비료년도에는 질소는 1/3, 인산은 1/10 수준으로 감소했다.[1938비료년도 대비] 이 부족분을 자급비료로 보충한다는 계획이었는데, 1945년 완성되는 '제2차 자급비료증산계획'에 따른 자급비료량을 기준으로 해도 조선 내 비료 필요량에 대한 부족분은 1944비료년도의 경우 질소 16만

35　朝鮮總督府 農林局, 1942, 앞의 책, 63-64쪽.

〈표 6〉 전시 총동원체제기 조선 내 성분별 비료 필요량 및 판매비료 시용량
[1938~1944비료년도]
(단위: 톤)

	비료년도	질소	인산	칼륨
조선 내 필요량		300,000	166,000	282,000
판매비료 시용량	1938	121,681	45,613	5,132
	1939	111,656	30,716	4,430
	1940	109,885	46,621	3,272
	1941	102,411	22,322	2,657
	1942	97,914	14,222	796
	1943	52,000	17,000	-
	1944	43,000	4,000	-
1945년 자급비료 (예상) 생산량		96,000	51,000	274,000

출처: 尾崎史郎, 1940.2, 「半島肥料界の展望」, 『朝鮮農會報』 14-2, 5-6쪽; [묘가타니문서] 77.E190 『關係雜件(昭和18-20)-朝鮮及臺灣ニ於ケル肥料配給機構整備關係』.

톤, 인산 11만 톤, 칼륨 1만 톤 정도였다. 이것도 자급비료 증산이 목표대로 완성되었을 경우이고, 물자 부족이 심각해지면서 비료 부족량은 더욱 커질 수밖에 없었다.

1940년은 조선증미계획 실시 등 전시 식량 증산정책이 본격화되면서 노동력 문제와 함께 비료 수급이 중요해졌다. 그러나 1940비료년도 [1940.8~1941.7] 이후 판매비료 공급은 점점 더 어려워졌다. 1940비료년도의 경우 유안·과인산·칼륨비료·유인안 등의 무기질비료와 질소비료 수급에 차질이 생겼다. 1941년 4월 이후 비료 원료 부족과 콩깻묵의 생산·수입이 원활하지 못해 생산량이 감소했고 그에 더해 포장용 가마니의 생산 지연, 수송기관 폭주 등으로 배급도 제대로 이루어지지 못했다.[36] 1941년 여름, 농촌에서는 이미 할당받은 비료도 실제로는 한 가

---

36 警務局 經濟警察課, 「肥料問題ノ推移」, 『情報週間展望』 제35집(1941.11.8).

마니도 입수가 불가능해 추비(追肥) 시기를 놓쳐 벼농사에 상당한 감수가 예상된다고 아우성이었다.[37] 이러한 비료 부족 상황에 대해 총독부는 "당국의 비료정책에 비난 공격을 가하고 소작지를 지주에게 반환하는 것, 제초를 게을리하는 것, 기타 상당 불온한 언동을 하는 등"[38]의 움직임이 있다며 치안 문제로까지 발전할 것을 염려했다.

비료 공급 부족은 1941비료년도[1941.8~1942.7]에 더욱 심해졌다. "주요 비료 할당 계획에서 그 총수량을 성분상으로 전년도와 비교하면 질소는 4,898톤 증가했지만, 자원의 대부분을 영국·미국·프랑스 등 제3국에 의존하고 있는 인산·칼륨 중 인산은 4,867톤, 칼륨은 1,680톤 감소해 비료 부족이 염려된다. 이런 상황에서 1941비료년도 비료 부족이 완화될 전망이 없고, 그에 더해 중점적인 미맥(米麥) 증산정책에 따라 새로 경지면적 약 2만 5,000정보의 확장 계획도 있어 실제 배급 부족은 1940비료년도보다 더욱 가중될 전망"[39]이었다. 가장 많이 사용되는 질소 비료의 경우 일본은 석탄 부족, 조선은 유화광석 구입난, 만주는 석탄 부족 및 기계 고장으로 감산할 수밖에 없었다. 1943년 이후 비료 수급 사정은 더욱 악화되었다. 이에 대한 실상을 '1944년도 식량생산계획'을 통해 살펴볼 수 있다.

"판매비료의 공급 상황을 보면 본비료년도[1943.8~1944.7] 당초 예상에 비해 유안은 약간의 감산을 피할 수 없는데 특히 무기질 인산비

---

37 警務局 經濟警察課,「肥料不足ト稻作ノ狀況」,『情報週間展望』제22집(1941.8.9).
38 警務局 經濟警察課,「物資ノ需給, 肥料」,『情報週間展望』제9집(1941.5.10).
39 警務局 經濟警察課,「肥料問題ノ推移」,『情報週間展望』제35집(1941.11.8).

료의 원료인 인광석의 공급은 더욱 궁박해져 약 40% 이상 감소되었다. 따라서 조선 안에서 이용하는 인산질비료도 현저히 제약을 받게 되었고, 더욱 유기질비료로서 정어리압착분(鰮粕)은 전혀 생산 전망이 없고 다른 여러 비료도 급격한 증산은 바랄 수 없는 상황이다. … 조선에서 본년도 각종 판매비료의 소비가능수량을 종합하면 질소 약 8만 톤, 인산 약 1만 2,000톤으로 전년보다 질소는 약 20%, 인산은 약 10% 감소되었는데, 이렇게 극도로 압축된 인산비료 중 가능한 수량을 현재 파종한 보리농사에 배급하고 나머지 인산은 묘대용(苗代用), 벼농사 인산결핍지대, 잡곡, 면작 등에 시용하도록 할 것이다."[40]

판매비료 공급량이 감소하는 상황에서 배급 역시 원활하지 않고 그나마 부정·정실 배급이 많아 농민들의 불만은 커졌다. 특히 비료 배급기관이 농회, 금융조합, 시판(市販)의 세 방면으로 나뉘어져 중복 배급이나 배급 과소(寡少) 등 양적 불균형이 발생해 배급기관의 일원화 문제가 제기되었다. 이에 대규모 비료 소비자에게는 행정기관이 직접 할당 배급하는 것과 비료 배급의 국가관리를 위한 '비료영단' 설립이 검토되었으나 실현되지 못했다. 대신 '조선중앙비료배급통제조합'[41]이 조직되어 생산 및 유통 통제를 담당했지만, 말단 배급기관은 여전히 농회-금융조합-시판으로 나뉘어 배급이 이루어졌다. 불완전한 배급 통제는 생산자의 이윤 추구와 말단 배급기관 간의 경쟁 및 중복 배급 등의 문제를 발생시켰다.

---

40 朝鮮總督府 情報課,「食糧と生産」,『通報』157호(1944.2.15), 13-14쪽.
41 '조선중앙비료배급통제조합'의 조합원은 日滿, 片倉, 三菱, 三井, 住友, 朝窒(窒販) 등 비료공업을 장악하고 있는 유력한 재벌들이었다.

이처럼 판매비료 공급이 어려워짐에 따라 소비량도 감소할 수밖에 없었다. 조선과 일본의 판매비료 소비량을 비교해보면 1939년 기준으로 조선에 비해 일본의 비료 소비량은 질소는 약 2배, 인산은 3배, 칼륨은 무려 23배 정도 많았다. 이후 조선과 일본의 판매비료 소비량은 모두 감소했는데 질소와 인산질비료는 조선이 더 큰 비율로 감소했고, 칼륨은 절대량에서 조선이 일본에 비교할 수 없을 만큼 적은 상태로 1943년 이후 조선에는 공급이 거의 두절되었다.[42] 조선의 판매비료 소비량은 그 절대량이 많지 않았지만 감소폭도 컸기 때문에 조선의 농업생산력은 더욱 열악해질 수밖에 없었다.

(2) 자급비료 중심의 비료 확보와 농업생산력 파탄

판매비료의 생산 감소와 공급 부족으로 식량 증산에 차질이 생기자 조선총독부는 적극적으로 자급비료 증산에 주력했다. 총독부는 이미 산미증식갱신계획에서 1926년 '자급비료개량증식 10년 계획'을 수립했다. 1935년까지 퇴비[43] 66억만 관, 녹비[44] 8억만 관의 자급을 목표로 했는데 그 실적은 예정 증산액보다 약 9,000만 관을 초과했다.[45]

'자급비료개량증식 10년 계획'은 계획 이상의 실적을 보였지만 1935년

---

42 『朝鮮經濟統計要覽』, 1949, 31쪽; 大內力, 1960, 『農業史』, 東洋經濟新報社, 284쪽.
43 퇴비(堆肥)는 '두엄'이라고도 하는데 농가에서 마당에 짚 등을 퇴적해 물을 끼얹거나 질소 성분의 비료[재·석회질소 등]를 가하여 발효시켜 만든다.
44 녹비(綠肥)는 '풋거름'이라고도 하며 퇴비와 함께 자급비료로서 중요하다. 종류에는 야생녹비와 재배녹비가 있다. 야생녹비는 활엽수의 어린잎·산야초 등 종류가 많으나 품질과 효과면에서 크게 기대하기 어렵다. 재배녹비로 쓰이는 녹비작물은 주로 콩과식물로서 자운영, 베치, 풋베기콩(靑제大豆) 등을 많이 심는다.
45 小早川九郎 編著, 1959, 『朝鮮農業發達史-政策篇』, 友邦協會. 456쪽.

현재 자급비료 생산액은 경지 단보당 215관 정도로서 지력을 유지하는 데 필요한 수량에 도달하지 못한 상태였기에,[46] 총독부는 다시 1936년 이후 10개년을 기간으로 '제2차 자급비료증산계획'을 수립했다. 1935년 현재 생산 예상량을 기준으로 10개년간 퇴비 29억 2,254만 관, 녹비 3억 8,243만 관, 하비(下肥) 5억 2,919만 관, 회비(灰肥) 9,172만 관, 계 39억 2,088만 관을 증산하며, 경지 단보당 비료 증산량은 각각 66관, 9관, 12관, 2관, 계 89관으로써 완성 연도인 1945년에는 단보당 304관을 시용하도록 한다는 것이었다.[47] 이와 함께 효율적인 비료 시용을 위해 1936년에 한반도 전역에 대한 토성조사를 실시했다.[48]

그러나 계획 전반기[1936~1940]의 실적이 좋지 않아 재배녹비 증산에 주력하는 것을 내용으로 하는 '제2차 자급비료증산갱개(更改)계획'을 수립했다. 1940년 개정된 '제2차 자급비료증산갱개계획'은 1936년에 수립된 '제2차 자급비료증산계획'에 비해 예상 목표량을 하향 조정해 단보당 생산량을 89관에서 57관으로 축소한 290관을 목표로 했다. 퇴비 증산량은 29억만 관에서 16억만 관으로 대폭 축소했지만, 녹비는 재배녹비를 중심으로 3억 8,000만 관에서 5억 2,000만 관으로 예상 증산량을 상향 조정했다.[49]

퇴비는 지력을 상승시켜 토지생산성을 높이는 효과가 있지만 시비 효과가 즉각적으로 나타나기가 어렵다. 그러나 녹비는 칼륨·질소·인산

---

46   京城日報社, 『朝鮮年鑑』(1945년), 113쪽.
47   小早川九郎 編著, 1959, 앞의 책, 588-589쪽.
48   '토성조사'의 조사 면적은 起耕地 440만 정보 중 수리안전답 77만 정보, 밭 83만 정보, 계 160만 정보였다(小早川九郎 編著, 1959, 위의 책, 590-591쪽).
49   朝鮮總督府 農林局, 1942, 앞의 책, 60쪽.

성분을 모두 가지고 있어 화학비료와 같이 시비의 직접적인 효과를 기대할 수 있기 때문에 화학비료가 절대 부족했던 상황에서 퇴비보다는 녹비 재배를 더욱 장려했다.

'제2차 자급비료증산갱개계획' 실시 첫해인 1940년의 자급비료 생산량은 목표량을 크게 미달했다. 특히 녹비의 생산계획량은 7억 5,537만 관이었으나 실적은 4억 4,049만 관으로 계획량의 58% 정도에 그쳤다.[50] 판매비료 공급이 어려워지는 상황에서 자급비료 증산은 식량 증산에 중요했기 때문에 총독부는 국민총력운동을 통해 자급비료 증산운동을 전개했다.

1941년 국민총력연맹은 「자급비료증산운동실시요강」(1941.7.17)을 발표해 자급비료 증산운동을 실시했다. 그 내용은 ①퇴비 증산 ②녹비 증산 ③인분뇨·회류(灰類)·니토(泥土)·비토(肥土)·진개(塵芥) 수집 및 이용으로 퇴비 증산을 위해 분뇨·재·거름흙·각종 쓰레기 등을 농촌뿐만 아니라 도시지역에서도 수집해 비료로 적극 이용한다는 것이었다.[51] 그러한 사례로서 온돌 수선 때 생기는 '그을음'도 비료로 사용할 계획을 세워 군산부에서는 '그을음' 약 2,000가마니를 매집해 가마니당 1원 20전에 매각하기도 했다.[52]

1942년 이후에도 매년 7월부터 10월까지 4개월 기간으로 자급비료 증산운동을 실시했다. 1942년 '퇴비생산배가운동',[53] 1943년 '건초 및

---

50 朝鮮金融組合聯合會, 1941.5, 「十五肥料年度綠肥は大減收」, 『調査彙報』 16호, 64-65쪽.

51 朝鮮金融組合聯合會, 1941.8, 「自給肥料增産運動實施要綱決定」, 『調査彙報』 19호, 51-52쪽.

52 警務局 經濟警察課, 「溫突煤ノ肥料充當」, 『情報週間展望』 제15집(1941.6.21).

퇴비증산운동',[54] 1944년 '건초퇴비증산운동'[55]을 실시했다. 1942년 실적이 건초 3억 7,000만 관, 퇴비는 단보당 150관 정도에 그치자 1943년에는 그 목표를 상향 조정했다.[건초 8억만 관, 퇴비 단보당 300관][56] 전시하에서 자급비료의 중요성이 더욱 커졌기 때문에 목표량을 높게 설정하고 행정력과 전시 통제조직[국민총력연맹]을 이용해 최대한의 성과를 얻고자 했다. 1944년에도 목표량은 더욱 상향 설정되었지만 자급비료 생산에 필요한 노동력이 부족했던 상황에서 그 목표를 달성할 수 없었다.

총독부는 자급비료 증산운동을 실시하면서 "금비가 없는 상황에서 증산은 바랄 수 없다. 헛되이 금비의 배급만을 기다리고 있는 것은 곤란하다. 한발 때 퇴비를 사용하여 논이 원기(元氣)가 있어 훌륭한 수확을 거둔 실례는 각지에 매우 많다. '부지런한 농부는 토지를 비옥하게 하고 게으른 농부는 작물을 살찌운다.' 부지런한 농부는 퇴비 등 자급비료를 부지런히 사용하고, 게으른 농부는 지력의 영구 배양을 생각하지 않고 그것을 착취해 즉시 수확만을 얻으려하는 것이다"[57]라고 선전하며 자급비료 증산을 위한 선전과 교육에 열을 올렸다.

판매비료 공급 감소에 대처하는 유일한 길은 자급비료를 증산하는 것이었다. 자급비료는 농민들의 노동력으로 만들 수 있으므로 총독부는 모든 수단 방법을 동원해 농민들이 자급비료를 생산하는 데 전력을 기울일 것을 강조했다. 실제 농민들이 자급비료 생산을 위해 투여해야 할 노

---

53 「堆肥를 적극증산, 8월부터 생산배가운동 전개」, 『每日新報』, 1942.7.17.
54 朝鮮總督府 情報課, 「乾草及堆肥增産運動」, 『通報』 145호(1943.8.1), 33-36쪽.
55 「乾草堆肥增産運動, 7월부터 4개월간 전개」, 『每日新報』, 1944.7.1.
56 朝鮮總督府 情報課, 「乾草及堆肥增産運動」, 『通報』 145호(1943.8.15), 36쪽.
57 朝鮮總督府 情報課, 「乾草及堆肥增産運動」, 『通報』 145호(1943.8.15), 34쪽.

동량은 전체 농업노동 소요량의 34% 정도로 그 비중이 매우 높았다.[58]

조선의 비료 소비 방식은 판매비료 비중이 점차 증가했지만 여전히 절대량에서는 자급비료가 대부분[98%]을 차지했기 때문에[59] 자급비료 소비량 증가는 전체 비료 소비량 증가로 나타났다. 그러나 양에 비해 시비 효과가 월등한 판매비료, 특히 화학비료 소비량이 감소해 이미 화학비료에 대한 반응성이 높은 품종이 보급되었던 전시 총동원체제기 쌀 생산구조에서 생산량 감소는 피할 수 없었다.

해방 후 농업생산 비중이 높은 남한에서는 판매비료 생산이 원활하지 못했고, 분단으로 흥남 질소비료공장 등에서 생산되는 화학비료가 공급되지 못하는 상황이 이어졌다. 이에 자급비료 중심의 전시 총동원체제기 비료 수급 사정은 해방 후에도 지속될 수밖에 없었다. 자급비료 생산 역시 전시하의 억압적인 통제와 절대적 노동력 부족 상황에서 무리하게 강요된 것이었다. 비료 생산을 위해 많은 노동량이 투하되는 자급비료에 의존하는 구조는 해방 후 급격한 정치적·사회적 변동 상황에서 농업생산력 회복을 어렵게 하는 요소가 되었다. '농민 특히 자급비료 제조에 주역할을 하던 청년층 농민의 정치적 진출과 그 장기적 흥분 상태는 자급비료 조성을 망각할 우려가 있다'[60]는 지적이 있었고, 식민권력의 강압적 조치는 해방을 맞이한 한국인에게는 일단 거부 대상이었다. 분단과 전쟁이 이어지면서 남한의 농업생산력 회복은 지체되었다.

---

58   京城日報社, 『朝鮮年鑑』(1945년), 111쪽.
59   朝鮮總督府 農林局, 1942, 앞의 책, 73-74쪽.
60   朝鮮銀行調査部, 1948, 『朝鮮經濟年報』, Ⅰ-362쪽.

2. '미곡중점주의' 정책 수정과 잡곡 증산

1) 잡곡의 효용성 대두와 '식량전작물증산계획'

　일제강점기 조선 농민들은 환금작물로서의 중요성 때문에 쌀 증산에 매달렸지만 그들의 밥상에 쌀밥이 오르기는 어려웠다. 농민들의 식생활에서 실제로 중요했던 것은 바로 보리·조·콩 등의 잡곡이었다. 잡곡은 콩을 제외하고는 상품작물이라기보다는 주로 자급작물로 재배되어 쌀 부족분을 메웠다.

　일제강점기 조선인들의 식생활에서 잡곡이 차지하는 비중은 어떠했을까. 경성제대 의학부 조교수 다카이 토시오(高井俊夫)는 "조선인의 주식물에서 가장 특이한 점은 쌀만을 주식으로 섭취하는 지방은 매우 적어 전 조선 평균 14%에 지나지 않는다. … 사실 조선인의 식생활을 볼 때 주식으로 쌀만을 섭취하는 것은 도시지역 주민 및 남선 지방의 쌀의 혜택을 받을 수 있는 일부 농촌에 그치고 도회를 한 걸음만 떠나면 대개 주민은 쌀과 함께 보리·조·콩·감자 등 기타 잡곡을 풍부하게 혼식하고 있는 것이 조선인 식생활의 진상이다"[61]라고 했다.

　잡곡이 조선인의 식생활에서 차지하는 비중은 컸지만 그 생산량은 크게 증가하지 않았다. 그나마 쌀과 함께 주식으로 중요했던 맥류는 생산량과 재배면적이 약간 증가 경향을 보였지만 또 다른 중요 식량인 기

---

[61] 中谷忠治, 1942.10, 「朝鮮の住民食に關する若干の考察(上)-統計を基礎としての推算」, 『朝鮮總督府調査月報』 13-10, 15쪽.

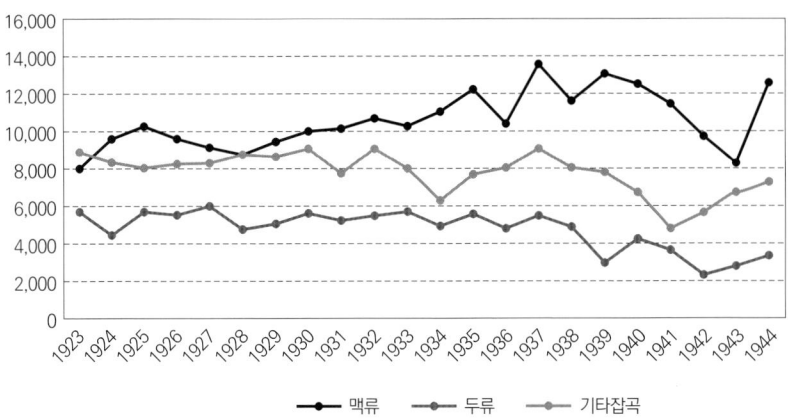

〈그림 4〉 일제강점기 조선의 잡곡 생산량[1923~1944]

출처: 朝鮮銀行調査部, 1948, 『朝鮮經濟年報』, Ⅲ-26, 27쪽.

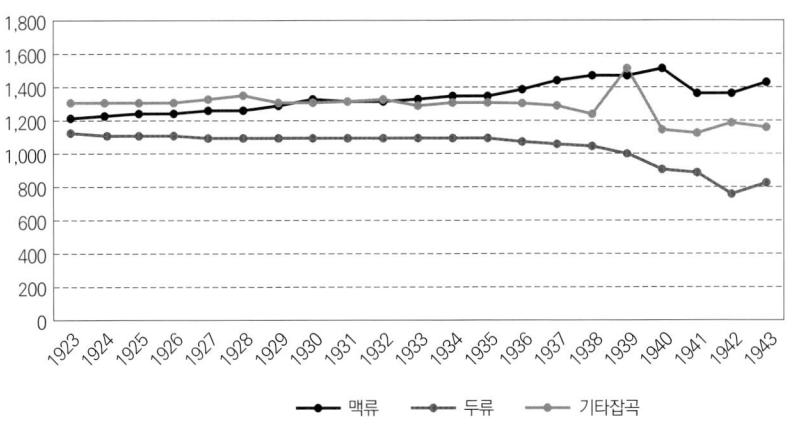

〈그림 5〉 일제강점기 조선의 잡곡 재배면적[1923~1943]

출처: 朝鮮銀行調査部, 1948, 『朝鮮經濟年報』, Ⅲ-26, 27쪽.

타 잡곡류, 콩류는 오히려 감소 추세였다(〈그림 4〉, 〈그림 5〉 참조).

맥류(麥類)는 보리(大麥)·쌀보리(裸麥)·밀(小麥)·라이맥이 있는데 그 중 보리·쌀보리·밀은 농가의 식량으로 중요했고, 밀은 일본에서 수요가 많아 주요 이출 품목 중 하나였다. 맥류의 재배면적은 1920년대 이후 1940년까지 약간 증가했는데, 맥류는 논 이작[裏作, 이모작에서 벼농사 다음에 짓는 밭작물]으로 재배되는 것[70~80%]이 많았기 때문이다. 수확량은 보리와 밀은 정체 내지는 감소 경향, 쌀보리는 증가 경향을 보였다. 쌀보리는 남부 지방[전남북, 경남 일부]에서 논 이작으로 재배되면서 재배면적이 확대되고 일본으로부터 우량품종이 도입되어 생산량도 증가했다.[62]

기타 잡곡류 중 가장 중요한 것은 조(粟)로서 수확고는 평년작이 500만 석에 달하고 있지만 조선 내의 수요를 충족시키지 못해 매년 100~150만 석을 만주 지역에서 수입했다. 조는 보리에 비해 비료를 뿌리지 않아도 수확량이 많았고 조선인들의 기호에도 맞았다. 조를 비롯한 기타 잡곡류는 주로 서북선 지방에서 많이 재배되었는데, 겨울이 춥고 봄과 여름 사이가 매우 건조해 맥류 재배가 곤란한 점, 산간부에 밭 면적이 넓어 비교적 기후 조건에 대한 저항이 강력한 잡곡을 주요 작물로 재배했기 때문이다. 기타 잡곡류는 북부 지방에서는 중요한 곡물이었지만 적극적인 증산정책이 실시되지 않아 수확량이나 재배면적에서 큰 변화가 없었다.

콩류는 조선 풍토에 적합하고 지력 유지에도 좋아 많이 재배되는 작물이었다. 조선 콩의 품질은 일반적으로 중립(中粒) 이상으로 지방 함량은 일본·만주산과 거의 비슷하지만 단백질이 훨씬 많아 식용으로 적합했다. 특히 조선인들에게 꼭 필요했던 된장·간장의 원료로서 중요했다.[63]

---

62 松本武祝·富田晶子·吉野誠·村上勝彦, 1984, 「植民地期朝鮮社會經濟の統計的研究 (3)」, 『東京經大學會誌』 139호, 141-142쪽.
63 京城日報社, 『朝鮮年鑑』(1937년), 366-367쪽.

콩은 개항 이후 쌀과 함께 중요한 수이출품이었지만 수확량은 1920년대 이후 정체 내지 감소 추세였다.

한반도 전체에서 생산되는 쌀을 중심으로 보면 조선의 농업 생산관계는 지주소작관계가 중심이었다. 그러나 잡곡 생산은 자연적·지리적 차이에 따른 지역적 차이가 나타났다. 조선 서부와 조선 북부는 경지면적 비율에서 밭이 더 많은 밭작물지대로 맥류보다 기타 잡곡류를 더 많이 재배했고 특히 함경남도는 감자를 많이 재배했다. 논작물지대라 하더라도 쌀 생산이 압도적으로 많은 곳은 전북과 충남 정도이고 나머지는 30~40% 정도였다. 조선에서 잡곡은 경지면적·재배면적의 60~70%, 생산량의 절반 이상이었고 소비량도 전체 소비량의 50~70% 정도를 차지해 조선인 식생활에서 차지하는 비중도 상당히 높았다.[64]

그러나 일제강점기 조선에서 잡곡은 생산량이나 재배면적에서 전반적으로 정체 내지 감소 경향을 보였다. 그것은 일본으로의 쌀 이출을 가장 중요시했던 식민 농정이 주요 원인이었다. 지주들은 쌀 생산과 판매로 자신의 경제적 기반을 유지할 수 있었기에 밭작물인 잡곡에 대해서는 관심을 갖지 않았다. 잡곡 생산의 정체는 농민 식생활에 큰 영향을 미쳤다. 농민들은 쌀을 기아 판매하고 잡곡으로 그것을 보충해야 했지만 생산량이 증가하지 않아 쌀과 잡곡 모두 1인당 소비량은 계속 감소했다. 일본 본국 중심의 쌀 수급 조정정책으로 조선인의 식생활은 파괴되어 갔고 그것은 전시 총동원체제기에 더욱 심각해졌다.

조선총독부는 1930년대 들어 쌀 과잉과 농촌경제 파탄을 해소하기 위해 농촌진흥운동 실시와 함께 산미증식계획을 중단하고 밭작물[잡곡]

---

64 印貞植, 1940.6, 「朝鮮の農業地帶と土地利用率」, 『朝鮮總督府調査月報』 11-6.

증산에도 관심을 기울이기 시작했다. 이것은 쌀의 과잉 공급 문제를 조정하면서 농민의 식생활을 보전해줄 수 있는 잡곡 증산으로 농민생활의 안정을 도모하겠다는 의도였다. 그러나 지주소작관계하에서 잡곡 증산은 제대로 이루어지기 어려웠다. 논에 비해 밭의 소작지 비율이 낮았고, 밭의 소작료는 논에 비해 저율이고 정액제인 경우가 많아 지주들은 밭작물 증산에 관심을 두지 않았다.[65] 농민들 역시 상품성이 약한 잡곡류에 많은 비용을 투자해 증산을 도모할 수 없었다. 따라서 1930년대 이후 진행된 밭작물[잡곡] 증산정책은 소기의 성과를 거둘 수 없었다.

전시 총동원체제기에 들어 식량 증산이 절박해지자 총독부는 지주들에게 쌀 증산뿐만 아니라 잡곡 증산에도 힘쓸 것을 강요했다. 논의 이모작을 확대하고, 수리시설이 갖추어지지 않은 천수답은 밭으로 전환하거나 벼농사가 아닌 밭작물을 재배하도록 했다. 조선의 소작관행에서 논 이작(裏作)이나 밭의 간작(間作)에 의한 수확물은 대개 소작인이 갖는 경우가 많았다. 점차 지주와 소작인이 나누어 갖는 경향으로 증가했지만 그런 경우에는 표작[表作, 이모작에서의 벼농사]의 소작료가 일정 정도 낮은 것이 보통이었다.[66] 1939년 「소작료통제령」에 따라 일모작 논에 대해서는 40%, 이모작 논에서는 벼농사에는 50%, 보리농사에는 소작료를 받지 못하도록 했다. 이에 대해 벼-보리의 이모작을 많이 행한 경상북도의 경우 지주들이 벼농사는 기후가 좋지 않아 수확이 적고, 그나마 보리

65　밭의 소작료는 생산물로 현물납하는 경우도 많았지만 벼나 다른 작물로 대납하는 경우도 많았다. 이것은 밭은 논과 같이 귀중하게 여기지 않거나 소작료 징수의 편의상, 또는 작물의 윤재 관계에 따라 지주의 자가 충족용으로 징수했기 때문이다. 특히 일제시기에는 벼로 대납하는 경우가 각지에서 격증했다(朝鮮總督府, 1932, 『朝鮮ノ小作慣行』(上), 236쪽).

66　朝鮮總督府, 1929, 『朝鮮の小作慣習』, 197·214쪽.

농사는 수확이 있는데 벼농사에만 소작료를 받고 보리농사는 소작료를 받지 못하도록 하는 것은 가혹하다며 반대가 심해 도에서는 소작료 표준율을 이모작의 경우도 벼농사 40%, 보리농사 30%로 재조정했다.[67] 이처럼 잡곡 생산은 지주 경제에 많은 도움을 줄 수 없었기 때문에 지주들은 잡곡 증산에 소극적이었지만, 총독부는 전쟁 협력이라는 점에서 지주에게 잡곡 증산에 대한 책임을 부과했다. 전쟁 앞에서 식민권력의 보호를 받았던 식민지 지주제도 버티기 힘든 상황이 되었다.

밭작물 증산정책의 전개 과정을 살펴보자. 조선총독부는 1925년에서야 '밭작물(畑作物)개량증식년차계획'을 수립했다.[68] 1929년에는 서북선 6도에 대해 조(粟)를 중심으로 그것과 윤작 관계에 있는 맥류 및 콩의 증산계획을 수립했다.[맥류대두증산계획] 그러나 이 증산계획은 성과를 거두지 못하고 여전히 매년 잡곡 300만 석 정도를 수입해야 하는 상황이었다. 이에 총독부는 1931년 '전작(畑作)개량증식계획'을 수립했다. 이 계획은 맥류·콩·조 세 종류의 작물에 대해 1931~1942년까지 12개년간 총 약 1,100만 석을 증산[1931년 현재 1,800만 석에서 1942년 2,900만 석으로]한다는 것이었다.[69]

이 계획의 대상은 식량작물이었지만 그 실시 이유에 '이들 곡류를 원료로 하는 각종 공업의 진흥을 촉구해 조선 내 산업개발에 도움을 준다'[70]는 것도 있었다. 이것은 단순한 식량 대책으로서만이 아니라 1931년 '만주사변' 발발과 함께 진행된 '조선공업화정책'과 군수 원료

---

67 「이모작의 작료는 3할, 경북도의 표준율 개정」, 『每日新報』, 1941.7.7.
68 小早川九郞 編著, 1959, 앞의 책, 485쪽.
69 小早川九郞 編著, 1959, 위의 책, 487쪽.
70 小早川九郞 編著, 1959, 위의 책, 486쪽.

⟨표 10⟩ '식량전작물증산계획'[1941]의 증산 목표 (단위: 정보, 石)

작물별 구분		현재 수량(1941)	증감 수량	목표 수량(1945)
보리(大麥)	재배면적	870,900	98,000	968,900
	생산량	7,976,820	3,125,485	11,102,305
밀(小麥)	재배면적	350,400	104,000	454,400
	생산량	2,027,095	1,303,936	3,331,031
쌀보리(裸麥)	재배면적	317,700	48,000	365,700
	생산량	2,973,438	1,258,659	4,232,097
조(粟)	재배면적	761,000	-108,300	652,700
	생산량	4,984,550	576,454	5,561,004

출전: 朝鮮總督府 農林局, 1942, 『朝鮮の農業』(1942), 298-299쪽.

확보책으로 전개된 '남면북양정책' 등과 연결된 것이었다.

침략전쟁 확대와 1939년 대가뭄의 여파로 전시 식량문제가 심각해지면서 잡곡 증산의 필요성이 제기되었다.[71] 이에 1941년 5개년 계획으로 '식량전작물증산계획(食糧畑作物增産計劃)'을 실시했는데 증산 작물을 주요 양곡인 맥류 및 조에 한정했다. ⟨표 10⟩과 같이 1941년도 이후 5개년 동안 맥류[보리·밀·쌀보리] 1,800여만 석, 조 550여만 석을 증산한다는 계획이었다.[72] 또한 「긴급식량대책에 관한 건」(1941.9.26)이 일본 각의에서 결정되어 조선에서는 1941~1942년도 불급(不急) 작물의 주요 식량작물로의 전환, 논 이작 확장 및 작부 방식 전환에 따라 맥류의

---

71 총독부에서는 "田作物은 稻作과 달리 수리 시설을 요구하는 것이 적지만 단위당 수량은 극히 적은 만큼 지도 여하에 따라 용이하고 급속하게 생산 증가를 도모할 가능성이 있고 … 예를 들어 고구마 300관은 칼로리량에서 현미 3석에 필적한데, 고구마는 반당 300관의 수량을 쉽게 달성할 수 있지만 반당 3석의 현미 수확은 곤란하다"라고 했다[朝鮮總督府 情報課, 「全鮮府尹郡守島司會同における皇國農道の昂揚と官公吏の自己鍊成-總督訓示要旨」, 『通報』136호(1943.3.15)].

72 朝鮮總督府 農林局, 1942, 앞의 책, 298쪽.

적극적 증산을 도모해 약 100만 석을 증산한다는 계획이 수립되었다.[73]

경작 방식 변화에 따른 증산뿐만 아니라 외연적인 경지 확장도 꾀해 1942년부터 '개전(開田) 5개년 계획'을 세워 민유 임야를 매년 1만 정보씩 5년간 5만 정보를 밭으로 전환하도록 했다.[74] 개전 사업은 수리 시설을 동반해야 하는 개답 사업보다 저렴한 비용에 공사도 쉬워 효과가 있을 것이라 예상했다. 이후 식량 사정이 점점 급박해지자 1943년부터 이 계획을 확대해 10년간 10만 정보의 밭을 개간하는 '전지(畑地)개간계획'을 수립했다. 종래 억제되어 온 임야의 화전식 개간도 일부 인정하고, 증림(增林) 지대의 일부도 밭으로 전환·개간해 식량 증산에 박차를 가했다.[75]

2) 잡곡 우선의 긴급 증산

1940년 이후 쌀과 잡곡에 대한 증산정책에도 불구하고 식량 생산량이 크게 증가하지 않았고, 1942년에는 가뭄으로 생산량이 대폭 감소했다. 더 이상 쌀 중심의 식량정책으로는 전시 수요를 감당하기 힘들어지자 쌀·잡곡을 불문하고 전체 생산량을 증가시키는 것이 가장 중요했다. 1941년 '식량전작물증산계획'으로 이미 잡곡 증산을 꾀했지만 1943년 이전까지는 여전히 쌀 증산이 우선이었다. 그러나 쌀 증

---

73 「朝鮮に於ける昭和十七米穀年度食糧需給推算」(1941.10.10), 『大野錄一郎文書』.
74 朝鮮金融組合聯合會, 1941.10, 「開田5個年間5萬町步計劃樹立」, 『調査彙報』 21호, 32쪽.
75 朝鮮金融組合聯合會, 1943.3, 「田10個年10萬町步開墾計劃に着手」, 『調査彙報』 38호, 23-24쪽.

산은 비료·관개시설 등 많은 비용이 필요했기에 생산 조건이 악화되는 1943년 이후는 쌀보다 잡곡을 우선으로 식량 생산량을 늘리는 데 주력했다.

1942년 10월 다나카 다케오(田中武雄) 정무총감은 '식량 배급에서 조선 전주민에게 적정한 분배가 이루어지도록 할 것과 생산 부문에서는 종래의 '도작(稻作)제일주의'를 시정하고 밭작물 장려를 적극적으로 하여 잡곡의 30% 증산을 꾀하는 것'[76]을 식량 대책으로 제시했다. 개항 이후 '미면교환체제'로부터 시작된 일본의 조선 쌀에 대한 요구와 정책이 전시하에서 식량이 절대적으로 부족해지자 공식적으로 1943년 이후 '도작제일주의[미곡중점주의]'를 수정하게 된 것이다. 쌀은 1942년 이후 계속된 가뭄과 노동력·비료 부족 등으로 생산량이 1,500만~1,600만 석 정도로 평균작[1937~1941년 5개년 평균 약 2,200만 석]의 70% 수준에 그치고 있었다.

1943년 10월 수립된 「외지에 있어 제2차 식량 증산대책요강」[1943. 10.15 이하 「2차 대책요강」]에서는 잡곡에 대한 적극적인 증산정책이 제시되었다. 그 내용은 1944년 증산 목표를 농업생산책임제와 연관해 쌀 160만 석, 맥류 33만 석, 감자·고구마 3,540만 관으로 하며,[77] 응급적이고 급속한 식량 증산을 위해 식량 밭작물과 감자·고구마의 증산을 강조했다. 구체적 방침으로 응급적 토지개량사업과 '상습 한발답의 밭농사[田作]로의 전환, 논 이작의 적극적 활용, 토지이용 강화, 감자·고구마의

---

76 「식량 배급에 만전 강구, 稻作第一主義 是正코 잡곡 3割 증산 획책」, 『每日新報』, 1942.10.8.

77 朝鮮金融組合聯合會, 1943.10, 「第二次食糧緊急增産對策決定」, 『調査彙報』 46호, 33-34쪽.

획기적 증산'[78]이 제시되었다. 중부 이남 지역에만 천수답이 약 50만 정보에 달해 이를 적극적으로 활용해 식량을 확보하고자 했다.[79] 많은 물자와 노동력·자금을 필요로 하는 관개사업보다 천수답을 밭으로 전환시켜 잡곡 생산량이라도 늘리는 방안이 마련되었다.

이에 따라 「2차 대책요강」에서 상습 한발답[천수답 50만 정보 중 7만 2,000정보]의 밭농사로의 전환 방침이 마련되었다. 1944년 11월 「한발답에 대한 긴급대책요강」을 발표해 상습 한발답의 경우 1945년 3월 말까지 밭으로 10만 정보를 전환하고 한발답 21만 정보에는 건도(乾稻)나 다른 잡곡류로 바꿔 심도록 했다.[80] 이와 함께 맥류, 잡곡의 증산을 위해 논 이작의 적극 활용과 조선 서북부 지역의 2년 3작 장려, 과수원 및 밭의 간작 장려 방침도 마련되었다. 그러나 〈표 11〉과 같이 식량 밭작물[잡곡]의 증산은 계획대로 이루어지지 않아 1944년은 목표의 70~80% 수준에 머물렀다.

단위면적당 식량 가치가 가장 높고[81] 풍흉의 차도 적어 생산량 증가

---

78 [묘가타니문서] 81.E238 『本邦農産物關係雜件 農作物作柄狀況:外地關係』, 「第二次食糧增産對策要綱說明資料(1943.9)」.

79 이러한 천수답 대책으로 "작황이 불안정한 稻作 대신 50만 정보에 보리를 심으면 반당 1석 5두로 750만 석, 고구마는 반당 300관으로 15억만 관의 수확을 거둘 수 있다. 이에 천수답을 국가관리로 옮겨 재배 책임을 邑·面으로 하고 국가가 경작비·종자·비료대를 충분히 국고로 보조해야 한다. 보리의 비료로 반당 5관의 硫安을 무료 배급하고 고구마 비료는 자급비료를 사용하게 하면 적은 비용으로 많은 식량을 확보할 수 있다"는 의견이 제시되기도 했다(朝倉昇, 1945.1, 「戰時型農業經營의 動向」, 『金融組合』 192호, 11쪽).

80 「상습한발답을 田으로 전환, 식량증산촉진, 예정면적 10만 정보」, 『每日新報』, 1944.11.1.

81 주요 식량농작물 중 일정 면적당 생산열량을 비교해보면 현재 수량으로서도 고구마가 제1위이고, 미곡이 2위, 감자가 3위이다[朝鮮總督府 情報課, 「本年度の食糧增産計

〈표 11〉 잡곡 생산 목표 수량 및 예상 수확량[1944]

	1944년 목표 수량	1944년 예상 수량
맥류(麥類)	16,259,000석	12,908,000석 (79%)
조(粟)	5,496,000석	3,917,000석 (71%)
고구마	182,500,000관	110,264,000관 (61%)
감자	282,810,000관	237,560,000관 (84%)

출처: 近藤釰一編, 1963, 『太平洋戰下の朝鮮(4)-朝鮮總督府豫算「食糧」關係重要文書修編』, 5-11쪽.

가능성이 높은 고구마를 증산하기 위해 1939년부터 5개년을 기간으로 제1기 '고구마(甘藷)증산장려계획'을 실시했다. 고구마는 식량 이외에도 주정 원료, 전분 등 각종 공업원료로 필요하고 줄기와 잎은 가축사료로도 중요했다. 이 계획에 따르면 기존 재배면적 2만 3,000정보에 매년 1만 정보씩 5만 정보를 확장해 7만 3,000정보를 목표로 하고, 목표 수량도 단보당 수량을 250관[종래 235관]으로 늘려 모두 1,825만 관을 생산한다는 것이었다.[82]

「2차 대책요강」에서도 감자·고구마의 효용성을 인정하고 증산 방안을 마련했다. 재배면적 확장과 단보당 수량 증가를 통해 고구마 3만 8,114천 관, 감자 5만 594천 관, 계 8만 8,708천 관을 증산한다는 것이었다.[83] 이러한 방침에 따라 1944년 다시 계획을 확충해 제2기 '고구마(甘藷)증산장려계획'을 실시했다. 3개년 계획으로 계획 완료 연도인 1946년에 재배면적 4만 정보, 수확량 1억 3,700만 관을 증가해 목표 재배면적 10만 정보, 생산 목표 2억 5,000만 관을 확보한다는 방침이

劃について」, 『通報』 137호(1943.4.1)].

82　朝鮮總督府 農林局, 1942, 앞의 책, 302쪽.

83　[묘가티니문서] 81.E238 『本邦農産物關係雜件 農作物作柄狀況:外地關係』, 「第二次 食糧增産對策要綱說明資料(1943.9)」.

었다.[84] 감자(馬領薯)도 1944년부터 3년을 기한으로 채종사업 확충 강화,[85] 작부면적 증가, 경종법 개선 등의 종합적 증산 방법으로 1946년 완성 연차에 재배면적 3만 정보, 수량 1억 5,380만 관을 증가해 목표 재배면적 17만 정보, 목표 생산고 3억 4,000만 관을 확보할 방침을 세웠다.[86]

    1943년 이후 조선의 식량 사정, 나아가 일본제국권 전체의 식량 사정은 전체적으로 생산량은 감소하고 전시 수요는 계속 증가하는 수급 불균형이 심화되었다. 조선총독부는 각종 증산대책을 마련해 식량 생산량을 늘리기 위해 애를 썼지만 1942년부터 예년에 비해 1,000만 석 이상 생산량이 감소했다. 강력한 통제와 강제적 방법으로 증산을 꾀했지만 전시 물적·인적 자원의 동원이 심해지면서 생산 조건이 열악해져 도저히 정책목표를 달성할 수 없었다. 그간 상대적으로 등한시되었던 잡곡 우선의 증산정책을 실시하며 식량 생산량의 절대적 증가를 꾀했지만 그 역시도 실현되지 못했다. 식량 공급이 절대적으로 부족한 상황에서 식량 문제 해결의 유일한 방법은 조선인들의 소비를 무리하게 줄이는 내핍과 수탈뿐이었다.

---

84 近藤釖一 編, 1963, 앞의 책, 10쪽.

85 감자도 고구마와 같이 단위면적당 식량 가치가 높은 작물인데 조선 중남부 및 서북부 평지대에서는 감자의 퇴화 현상이 현저하여 그 수량이 점차 감소했다. 그 방지책으로 種薯를 매년 일본에서 이입하여 갱신하고자 했으나 해상 수송력 약화로 이입이 곤란하므로 1943년 이후는 조선 서북부 고지대에서 매년 1,500정보의 채종포를 설치하여 210만 관의 無病 無傷 健全한 種薯를 생산하여 다른 지역의 감자 종자 갱신을 행하여 퇴화로 인한 減收를 방지하고 조선 내 種薯의 자급자족을 도모하여 증산을 기한다는 것이었다(近藤釖一 編, 1963, 위의 책, 11쪽).

86 近藤釖一 編, 1963, 위의 책, 11쪽.

제5장
식량 및 기타 농산물 공출

1. 식량 공출정책의 실시

1) '생산과잉 지역' 우선 공출: 1940~1942

식민지를 포함한 일본제국권 안에서 식량의 유통 통제[국가관리]가 본격적으로 시작된 것은 1937년 중일전쟁 이후였다. 시장을 통한 자유 유통이 아닌 국가가 가격 및 유통량을 조절하는 식량의 국가관리[1]가 이루어진 것이다. 유통 통제는 국가가 일정한 가격[공정가격]으로 일정한 생산량을 사들이는 형태인 공출(供出)제도로 진행되었다. 이를 위해 가격과 유통기구 통제가 이루어지고 나아가 생산 조정[사전할당제, 생산책임제]까지 행하게 되었다.

식량관리제도는 일본에서 먼저 시작되었고 식민지에서는 해당 지역 사정에 따라 그에 대응하는 조치를 취했다. 일본에서는 1918년 쌀 폭동을 계기로 「미곡법」(1921.4.20)을 제정해[2] 쌀 가격을 조절하는 간접통제 방식의 식량관리를 시작했다. 1920년대 말 대공황과 농업공황으로 공급

---

1   식량관리제도[식관제도]의 원형은 정부가 식량[미곡]의 가격·유통을 전면적·직접적으로 관리하는 것으로, 유통되는 식량 전량을 정부가 직접적으로 집하·배급되는 시스템이다. 이것은 '①공정가격제도 ②정부유통관리 ③정부무역제도'라는 3가지 규제의 축으로 성립되었다. 식관제도는 시장원리를 전면적으로 배제하고 통제원리에 따라 일원화된 직접통제의 전형이었다. 일본[식민지 조선 포함]에서의 식관제도는 1939년부터 시작되어 1960년대 전반까지 굴곡은 있었지만 유지되었다(佐伯尙美, 1987, 『食管制度-變質と再編』, 東京大出版會, 2쪽).

2   「미곡법」에 따른 쌀값유지정책은 쌀값 하락시 정부가 쌀을 매입하고 반대로 쌀값 상승시는 매입미를 시장에 방출함으로서 쌀값 안정을 꾀하는 것으로 쌀값의 평준화가 그 목적이었다.

과잉에 따른 쌀값 폭락 사태가 발생하자 과잉 대책으로 「미곡통제법」(1933.3.29)과 「미곡자치관리법」(1936.5.27)을 제정해 일본산 쌀뿐만 아니라 식민지 쌀에 대해서도 식량관리를 강화했다.[3] 1937년 중일전쟁으로 전시 식량 수요가 증가하는 가운데 1939년 조선 중남부와 일본 서부 지역의 대가뭄으로 식량 부족 문제가 발생했다. 이후 전시 식량관리와 통제가 시작되었고 1942년 「식량관리법」[법률 제40호, 1942.2.21]이 제정되면서 전면적인 식량관리가 이루어졌다.

전시 총동원체제기 미곡 통제정책의 시작은 1939년 「미곡배급통제법」(1939.4.12)이 제정·시행되면서부터였다. 이 법률의 목적은 시장[유통]기구를 국가 통제하에 두고 가격을 철저히 통제하는 것이었다.[4] 이어 1939년 11월 '미곡의 배급 통제에 관한 응급조치에 관한 건'으로 정부

---

3   공황기 과잉미대책으로 「미곡통제법」과 「미곡자치관리법」이 제정되었다. 「미곡통제법」은 정부가 매년 쌀의 최저가격과 최고가격을 공정하고 이를 유지하기 위해 민간의 요구에 따라 공정가격으로 매입과 매도를 무제한적으로 행하는 것을 핵심적 내용으로 한 것으로서, 종래의 「미곡법」에 비해 훨씬 강력한 쌀값유지정책이었다. 그러나 이 법은 일본산 쌀에 대해서는 강력하게 통제했지만 식민지 쌀에 대해서는 쌀의 계절적 출하수량을 조절하기 위한 매입과 매도, 잡곡의 수입제한 또는 수입세의 증감을 규정하는 데 그친 이출입통제책으로서는 미온적인 것이었다. 이러한 문제를 보완해 「미곡자치관리법」이 제정되었다. 이 법은 일본·조선·대만 모두의 과잉미를 통제하기 위해 일본·조선·대만에서 쌀을 자치적으로 관리하도록 했다. 내외지를 일관하는 방침하에 공평한 통제방책을 강구함과 동시에 생산자로 하여금 자치적으로 미곡을 조절하고 정부와 민간이 협력하여 미곡 통제의 목적을 달성한다는 것이었다.

4   「미곡배급통제법」은 종래의 시장기구를 정리해 새로 일본미곡시장주식회사를 설립하도록 했다. 이것이 미곡시장을 개설하게 하고, 거래 방법을 제한해 투기를 억제하는 동시에 거래 가격의 범위를 한정함으로써 적정한 가격을 유지하고자 한 것이었다. 이 법은 본격적인 식량[미곡] 통제정책 단계는 아니고 '항구적 미가조절시대'[미곡통제법시대]에서 '식량 국가관리시대'로의 과도기라 할 수 있다(田剛秀, 1993, 「植民地 朝鮮의 米穀政策에 관한 硏究-1930~45년을 중심으로」, 서울대학교 경제학과 박사학위논문, 132쪽).

의 강제 매입 및 강제 출하 권한이 법적으로 확립되었고 1940년에 들어 「임시미곡배급통제규칙」(1940.8.20) 「미곡관리규칙」(1940.10.24)이 제정·시행되었다.

이 시기 식량관리가 본격화된 것은 쌀 공급량 부족 때문이었다. 침략 전쟁을 확대하면서도 식량 수급에 대해 낙관적 전망을 했던 일본 정부는 1939년 식량 부족이 현실화되자 응급적·임시적 정책을 시행했다. 최고가격 규제라는 느슨한 통제로 시작했다가 점차 강력한 가격 규제·유통 규제로 나아갔다. 그럼에도 식량 수급 문제가 심각해지자 개별적으로 시행되던 여러 법령을 통합한 「식량관리법」을 제정해 식량에 대한 전면적인 국가관리가 이루어졌다.[5]

일본에서 실시된 식량의 국가관리[통제]는 조선에서도 시행 시기의 차이는 있으나 비슷한 방식으로 진행되었다. 1939년 대가뭄을 계기로 식량, 특히 쌀에 대한 유통 통제와 소비 통제 방침이 마련되었다. 이것은 가뭄 피해에 대한 임시적 조치로 가격, 유통 및 배급기구, 소비 통제책이 마련되었고 생산물에 대한 출하 통제[공출]는 시행되지 않았다. 미곡 통제가 법령의 뒷받침하에 전개되기 시작한 것은 일본의 「미곡배급통제법」에 대응해 제정된 「조선미곡배급조정령」[제령 제23호, 1939.12.27]에 의해서였다. 이것은 1943년 「조선식량관리령」이 제정되기 전까지 조선 미곡 통제의 유일한 법적 근거였다.

조선에서도 유통 통제는 가격통제로 시작되었다. 1939년 대가뭄이

---

5 「식량관리법」은 ①통제 대상이 쌀·보리뿐만 아니라 잡곡, 저류(藷類), 가공식품 등 주요 식량의 대부분이 포함되었다. ②생산자의 정부에 대한 쌀·보리류 매도 의무를 부여해 정부의 일원적 관리체제를 명확히 했다. ③배급기관으로서 식량영단을 설치해 유통 통제를 강화했다(佐伯尙美, 1987, 앞의 책, 75쪽).

예상되면서 7월경부터 쌀의 투기와 매점매석으로 쌀값이 크게 오르자[6] 조선총독부는 쌀값 폭등 억제대책을 마련했다. 영농자·지주 등에 대해 신규 미곡자금을 억제하고 투기성 자금의 대출은 최대한 경계하라는 통첩(1939.7.6)을 발표하고, 경무·농림국장 명의로「폭리취체령」에 따라 투기·매점매석에 대한 단속을 각 도지사에게 지시했다.(1939.7.19) 가격 단속과 함께 식량 공급량을 늘리기 위해 만주에서 조(粟)를 수입해 농촌에 저렴하게 공급하겠다는 방침을 밝히는 등 응급적인 행정조치가 시행되었다.[7]

이와 함께 암거래가 횡행하자 미가대책근본방침[8]을 발표했고(1939.7.29), 전 조선에 걸쳐 벼 가격 및 백미의 공정소매가격을 발표했다.(1939.8.20) 1939년 11월 20일 쌀과 잡곡에 대해「가격등통제령」제7조에 바탕을 둔 최고판매가격[공정가격]을 발표했다. 이는 이전의 '자숙가격(自肅價格)'이라는 '자발적 통제'가 아닌 위반자는 처벌을 받는 강제조치였다.[9]

가격통제에 이어 유통기구에 대한 정비와 통제가 이루어졌다.「조선미곡시장주식회사령」[제령 제15호, 1939.9.22]을 제정해 "현재 미곡 사정은 배급방면 시설 개선이 필요하고, 일본 본국 정책에 호응해 현재의 거

---

[6] 1939년 4월경까지 경성 시내 白米 시세가 33원이었는데 매월 급등하여 9월에는 39원 65전에 달했다(岩田龍雄·金子永徽, 1943.9,「戰時下朝鮮に於ける米穀政策の展開(上)」,『殖銀調査月報』64호, 4-5쪽).

[7] 岩田龍雄·金子永徽, 1943.9, 위의 글, 5쪽.

[8] ①거래소에 벼의 거래등록을 인정할 것 ②거래소에서 벼 및 현미의 최고가격을 잠정할 것 ③농장 지주 등의 저장벼 출하를 종용할 것 ④대용 식량을 확보할 것 ⑤잡곡 가격을 적정하게 할 것 ⑥조선 내 소비미의 도정 정도를 저하할 것 ⑦대용식 및 혼식 장려(岩田龍雄·金子永徽, 1943.9, 위의 글, 6쪽).

[9] 朝鮮金融組合聯合會, 1944,『公定米價の變遷に關する調査』, 24쪽.

래기구를 개선해 배급의 원활과 적정한 가격 구성을 기함과 동시에 사태가 급박해지면 언제라도 바로 국가 통제에 적응할 수 있는 체제로 정비"했다.[10] 미곡시장을 조선미곡시장주식회사에서만 경영하도록 하고 기존 미곡 거래시장은 폐지했다.

그러나 미곡시장회사 기능만으로는 유통 부문의 통제가 제대로 이루어질 수 없었다. 이에 "미곡 배급기구를 조정해 원활한 배급과 가격의 적정을 기하고 국가 비상시기에는 언제라도 즉시 강력한 통제에 적응할 수 있도록 하는 것"을 목적으로 「조선미곡배급조정령」을 공포했고[11] 「미곡배급통제에 관한 건」[부령 제226호, 1939.12.27]에 구체적인 내용을 명시했다. 이것에 기초해 강제보관령, 강제판매명령, 도외반출금지령도 발표되었다. 미곡시장회사 설립과 「조선미곡배급조정령」을 통해 쌀의 이동 조정과 가격에 대한 법적 조치[공정가격제]가 이루어져 조선 쌀은 국가관리체제로 들어가게 되었다.

잡곡에 대한 유통기구 통제는 가뭄 대책으로 만주 잡곡의 수입이 적극 추진되면서 이것을 담당할 기관으로 '조선수이입잡곡중앙배급조합'[12]

---

10 京城日報社, 『朝鮮年鑑』(1941년), 326쪽. 「조선미곡시장주식회사령」에서는 회사 설립에 대해 "현재의 미곡취인소 또는 正米시장은 전부 폐지하고 새로 정부 및 민간 공동출자하에 자본금 500만 원으로 미곡 배급의 통제를 도모하기 위해 미곡시장 경영을 목적으로 하는 조선미곡시장주식회사를 설립한다"라고 하였다.

11 京城日報社, 『朝鮮年鑑』(1941년), 325쪽. 「조선미곡배급조정령」의 주요 내용은 ①미곡배급업자의 허가제 ②미곡의 배급 통제 ③미곡수이출조합 설립-주요항구 6개소에 미곡수이출조합을 조직하고 미곡수이출조합중앙회를 조직하여 업무상 지도와 회원 상호간의 연락, 기타 회원업무의 발전을 도모할 것이었다.

12 수이입 잡곡에 대한 통제를 담당할 기관으로서 총독부 감독하에 약간의 유력 곡물 수이입업자로 중앙배급조합을 조직하기로 결정하여 1939년 11월 25일 '조선수이입잡곡중앙배급조합'이라는 이름으로 설립되었다. 그러나 실제 이 조합은 만주잡곡 수입 실적이 있는 三井物産(京城支店)과 豊國製粉으로 조직되었다(朝鮮食糧營團 編,

이 조직되었고(1939.11.25), 수입 잡곡의 말단 배급 기관으로 (식량)배급 조합이 부·군 단위로 조직되었다. 이후 잡곡류 중 가장 주요 식량인 보리 통제를 위해 「맥류배급통제요강」(1940.6.18)을 발표했다. 통제 대상은 보리·쌀보리·밀·라이맥·귀리였다.[13] 잡곡류와 쌀을 일괄적으로 배급 통제하기 위해 「조선잡곡배급통제규칙」[부령 제176호, 1940.7.20]을 공포해 보리·쌀보리·밀·라이맥·귀리·조·콩의 배급 통제와 도외 반출 제한, 판매명령 및 보관명령, 그 외 배급 통제상 필요한 조치를 취할 수 있게 했다.[14] 밀가루[小麥粉]에 대해서도 「소맥분배급통제요항」(1940.10.1)으로 배급 통제가 실시되었다.[15]

　식량에 대한 본격적인 유통 통제는 1941미곡년도[1940.11~1941.10]부터 시행되었다. 일본의 「임시미곡관리요강」에서 "외지(外地)에서도 (식량) 대책의 효과를 완전하게 하기 위해서 적당한 조치를 강구할 것"이라 하여 식민지에서도 일본 본국과 같은 조치가 시행되었다.[16] 조선에서는 「1941미곡년도 식량대책」[17]이 공포되어(1940.10.14) 쌀에 대한 국가관리가 시작되었다.

　　 1944, 『朝鮮食糧營團』, 2쪽).
13　「麥類配給統制要綱案」(1940.6.18), 『大野錄一郎文書』.
14　朝鮮金融組合聯合會, 1940.9, 「雜穀等配給規則實施」, 『調査彙報』 11호, 48-49쪽.
15　朝鮮金融組合聯合會, 1940.11, 「小麥粉配給統制實施」, 『調査彙報』 12호, 77쪽.
16　全國經濟調查機關聯合會朝鮮支部 編, 1943, 『朝鮮經濟年報』(昭和16·17年版), 改造社, 251쪽.
17　이 대책의 목표는 ①국민 식량의 수급 조정 ②국민생활 안정 ③군수 충족이며, 내용은 ①출하 통제 ②집하 ③배급 ④수이출입 ⑤도양곡배급조합의 강화 ⑥감독 및 조성 ⑦자금 알선 ⑧가격 조작 ⑨소비 규정으로 구성되어 있다(朝鮮金融組合聯合會, 1940.11, 「來年度の食糧對策最高方針決定」, 『調査彙報』 12호, 73-75쪽).

이 대책에서 쌀 공출과 관련해 중요한 것은 통제 대상을 '과잉 지역의 과잉 수량'으로 한다는 것이었다. 그러나 통제미 이외의 쌀도 할당량 공출이 종료될 때까지는 자유판매를 금지했다. 총독부는 먼저 도별 소비량[18]을 산정하고 그것을 각 도 생산량과 비교해 과잉도와 부족도를 결정한 후 과잉도의 과잉미는 총독부 지휘로 부족도에 공급하거나 이출 및 특수 수요에 충당했다. 생산농가의 공출미에 대한 대금 지불은 10%를 우선적으로 강제공제저축['天引貯蓄']하고 여기에 비료 대금, 조합비, 차금(借金) 등을 뺀 후 나머지를 공출자에게 지급했다.

공출과 배급 담당 기구를 확충 강화했다. 1940년에는 쌀과 잡곡의 수이입 및 수이출을 일원적으로 담당할 '조선양곡중앙배급조합'을 설립했고 그 업무는 조선미곡시장주식회사가 대행하도록 했다.[19] 조선 안의 식량 수급을 담당할 유통기구는 1939년 말부터 결성된 식량배급조합을 해산하고 '도양곡배급조합'을 조직했다. 도양곡배급조합은 도지사가 지정하는 양곡업자 및 거래 실적이 있는 양곡 생산자[일부 지주]로 조직되었고 그 업무 및 운영은 도지사의 지휘·감독을 받게 했다.[20] 도양곡배급조합에는 미곡부와 잡곡부를 두어 쌀과 잡곡을 일원적으로 통제하도록 했다. 도양곡배급조합은 대자본의 미곡상을 중심으로 조직되었고, 중소 미곡상은 부군도(府郡島) 배급조합의 조합원이 되거나 소매상으로 명맥을 유지하다가 점차 통제가 강화되면서 도태되어갔다.[21]

18　도별 소비량은 연초에 평균 1인당 연소비량을 결정하여 그것을 각 도의 인구수와 곱하여 결정.
19　朝鮮食糧營團 編, 1944, 앞의 책, 4쪽.
20　朝鮮食糧營團 編, 1944, 위의 책, 4-5쪽.
21　朝鮮食糧營團 編, 1944, 위의 책, 5쪽.

잡곡에 대해서는 「맥류통제요항」(1941.6.28)으로 보리·쌀보리·밀을 통제 대상으로 하여 보리와 쌀보리는 군수에 우선 할당하고 민수는 주로 생산자의 자가용 식량이기 때문에 도시 혼식용으로 필요한 것만 총독부에서 통제하도록 했다.[22]

1942미곡년도[1941.11~1942.10]에도 공출 증대를 목표로 「1942미곡년도 식량대책」[23]이 공포되었다.(1941.9.11) 이 대책에서 쌀 공출은 원칙적으로는 전 미곡년도의 '과잉 지역의 과잉 수량'에 대한 통제를 유지했으나 통제 정도가 강화되었다. 첫째, 전년도에는 공출 종료 후에는 통제미 이외의 미곡은 자유시장에서 판매가 가능했지만 1942년도 대책에서는 시기에 관계없이 자유판매가 금지되었다.

둘째, 공출 촉진을 위해 장려금이 지급되었다. 장려금 교부대상은 1941년 산미 중 총독부나 도의 통제미로 장려금은 생산자에 대한 생산장려금과 공출자에 대한 출하장려금[매상가격 인상분]으로 나누어 지급되었다.[24] 생산장려금은 늦게 출하할수록 액수가 증가했다. 이는 쌀의 평균 출하를 위해 늦게 출하하는 쌀을 더 높은 가격으로 매입하는 것이었다

---

22 朝鮮金融組合聯合會, 1941.7, 「本年産麥類統制要綱發表」, 『調査彙報』18호, 37쪽.

23 이 대책은 통제대상, 통제주체, 양곡기준소비량, 통제양곡의 공출, 양곡집하, 양곡배급, 통제기구, 집하양곡의 대금결제, 양곡금융, 양곡가격, 국고보상, 소비규정의 12항으로 이루어졌다(朝鮮金融組合聯合會, 1941.10, 「昭和十七米穀年度食糧對策なる」, 『調査彙報』21호, 25-28쪽).

24 장려금 교부에 대해 '장려금은 일본의 경우 증산에 기여하는 바가 큰 경작자에게 교부하는 원칙[생산장려금]이었지만, 조선의 경우는 사실상 증산에 열의가 있는 우량지주의 공헌을 부정할 수 없어 지주가 경작을 겸한 자에게도 그것을 교부했다. 이에 직접생산자에게는 생산장려금을 지주에게는 출하장려금을 교부했다'(朝鮮金融組合聯合會, 1941.9, 「米穀調査委員會の收穫」, 『調査彙報』20호, 37쪽)라고 했다. 이는 일제의 식민지 지배정책 일환으로 조선에 진출해 있던 일본인 대지주(농장지주)등에 대한 정치적 배려와 그를 통한 공출 촉진을 도모하기 위한 것이라 할 수 있다.

〈표 1〉 공출미에 대한 월별 장려금 [1942미곡년도]   (벼 1석당)

월별	생산장려금	출하장려금	합계
11월	1원	50전	1원 50전
12월	1원 25전	50전	1원 75전
1월	1원 50전	50전	2원
2월 이후	1원 60전	50전	2원 10전

출처: 朝鮮金融組合聯合會, 1941.11,「統制米月別獎勵金決定」,『調査彙報』, 22호, 29-30쪽.

(〈표 1〉 참조). 그러나 당장 현금 수요가 절박한 농민들은 추수 후 몇 달씩 기다릴 여유가 없었다.

장려금 교부로 생산자에 대한 공출미가와 소비자미가의 '2중미가제'가 실시되었다. 이 중 공출미가는 장려금을 직접 생산자에게 지급하는 생산장려금과 지주 등의 출하자에게 지급하는 출하장려금으로 구분되었기 때문에 공출미가는 다시 생산자미가와 지주미가로 구분되어 생산자미가-지주미가-소비자미가의 '3중미가제'가 되었다. 2중미가제는 국가가 재정을 통해 생산 농민에게는 생산비와 최저 이윤을 보전할 수 있는 적정가격을 보장해주고, 일반 소비자에게는 저렴한 가격으로 식량을 공급해주는 시스템이다. 전시 식량 부족으로 생산 증대와 최대한의 공출량을 확보하기 위해 '당근책'으로 장려금을 교부한 것이다.

셋째, 공출미에 대한 강제공제저축[천인저축]이 '농촌에서 부동구매력을 흡수'한다는 명목으로 더욱 철저하게 실시되었다. 저축률도 장려금 지급으로 인상된 공출가격에 따라 인상되었다. 그야말로 조삼모사(朝三暮四)와 같은 상황이었다. 「벼(籾)천인저축실시요강」[농림국장통첩, 1941.10.29][25]에 따라 저축 금액은 벼 1가마니당 1원 70전으로 강제공제

25　朝鮮金融組合聯合會, 1941.11,「籾天引貯蓄實施要綱決定」,『調査彙報』22호, 25-

저축률[天引率]을 10%에서 15%로 올렸다. 공출미에 대한 강제공제저축은 총독부가 추진한 강제저축에서 상당한 부분을 차지했다.

경기도 양주금융조합의 경우 1942년 강제저축으로 할당받은 액수가 33만 원이었는데 그중 공출미의 강제공제저축액이 17만 원[공출미 10만 가마니×1원 70전]으로 전체 액수의 50%를 넘었다. 이외에 면화·양잠·대마·보리·밀·밤 등의 공출에 대한 강제공제저축도 실시되었다.[26] 공출미에 대한 장려금 지급으로 공출가격을 인상했다며 공출을 독려했지만 실제 농민들이 공출 후 받는 대금은 각종 공제금으로 인해 오히려 감소했다. 구체적으로 살펴보면 "벼 1가마니에 가산금은 출하장려금 50전, 생산장려금 75전[3등급품 기준]이지만 공제금은 곡물검사소 수수료 3전, 비행기헌납금 20전, 협회비 1전, 운반인부임 2전, 금조수수료 3전 5리, 천인저금 1원 70전"[27]으로 장려금 1원 25전에 각종 공제금은 2원으로 실제 공출쌀값은 오히려 1가마니당 75전이 낮아졌다. 다른 공제금은 제외하더라도 강제공제저축액이 장려금보다 많았기 때문에 장려금 지급은 말 그대로 '빛 좋은 개살구'에 다름 아니었다.

넷째, 식량 유통 통제기구의 변동이 있었다. 중앙 차원의 조선양곡중앙배급조합[조선미곡시장회사가 대행]과 각 도의 도양곡배급조합 간에 인적·자본적 연계가 없어 도(道)블럭화 경향이 심화되고 있었기에 중앙과 지방의 일원적 통제를 꾀했다. 중앙에는 조선양곡중앙배급조합을 해산하고 조선양곡주식회사[조선미곡시장주식회사가 대행]를 설립하고, 각 도

26쪽.

[26] 下脇光夫, 1943.2, 「籾の供出を現地へ觀る-殖産契を中心に」, 『金融組合』 171호, 96쪽.

[27] 下脇光夫, 1943.2, 위의 글, 97쪽.

에는 도지사 감독하에 도양곡배급조합을 도양곡주식회사로 개편했다.[28] 도양곡주식회사는 개별업자의 집합체인 조합제에서 독자적인 법인제가 되었다. 이제 회사에 참여한 미곡상들은 독립성을 상실하고 단순한 출자자에 머물거나 회사 임원으로서의 역할을 하게 되었다. 또한 도양곡주식회사는 도양곡배급조합에서 문제가 되었던 정미(精米) 기능을 최대한 흡수했다. 중앙의 조선양곡주식회사는 각 도양곡주식회사에 일정 비율의 출자를 하고 감사역 중 1인을 파견해 중앙에서의 통제를 강화함으로써 각 도의 '블럭화' 경향을 완화하고자 했다.[29]

2) 전농민에 대한 강제 공출: 1943~1945

일본에서는 1942년 2월 「식량관리법」이 공포·시행되었고 그와 동시에 식량영단이 중앙 및 지방에 설립되어 일원적이고 종합적인 식량관리가 이루어짐에 따라 조선에서도 이에 따른 식량대책을 마련했다. 1943미곡년도[1942.11~1943.10]에 처음으로 '자가보유미제도'가 도입되었다.[30] "1942년 산미의 집하에서는 자가소비 이외의 쌀은 일단 전부 매입하고 그 후에 식량이 부족한 도는 되사게 한다"[31]는 것이었다. 공출

---

28 朝鮮食糧營團 編, 1944, 앞의 책, 8쪽.
29 田剛秀, 1993, 앞의 글, 161쪽.
30 일본에서는 1940년 「미곡관리규칙」에 따라 자가보유미제도가 시행되었으나 조선에서는 1943미곡년도부터 시행되었다. 조선에서 자가보유미제도 1942년에 가뭄이 심각했던 지역(전남·경남·경북 등)에서 우선적으로 시행되었다(田剛秀, 1993, 위의 글, 151-152쪽).
31 朝鮮金融組合聯合會, 1942.6, 「食糧管理は自家消費以外全部買上か」, 『調査彙報』 29호, 22쪽.

대상이 '과잉 지역의 과잉 수량'에서 '전농민의 과잉 수량'으로 확대된 것이다.

총독부 농림국은 「1943미곡년도 식량 대책요강」[32] 및 「양곡 수하·배급의 구체적 방법」[33]을 발표했다.(1942.10.19) 이와 함께 여러 조치를 통해 1943미곡년도부터는 식량에 대한 전면적인 국가관리와 공출 강화 조치가 취해졌다.

1943미곡년도 대책에서는 통제 대상에서 빠져 있던 싸래기[碎米], 쭉정이쌀[屑米] 및 잡곡에서 호밀 등이 추가되어 거의 모든 양곡이 통제되었다. 이것은 1942년 가뭄으로 식량 수급 사정이 더욱 열악해진 상황을 반영한 것이었다. 집하 면에서 종래 공출 시기가 11월부터 다음 해 7월까지였던 것을 11월부터 2월까지 수확 초기에 전량 매입하게 했고, 보관이 확실한 농장·대지주 것에 한해서 2월 이후의 공출을 인정했다. 생산장려금은 선고제[先高制, 추수 시점을 기준으로 늦게 출하하는 미곡을 높은 가격으로 매입]를 폐지하고 시기를 불문하고 일률적으로 벼 1석당 1원 50전[현미 1석당 3원]으로 해 조기 공출하도록 했다.[34]

「수하·배급의 구체적 방법」에서는 '부락책임공출제'라는 새로운 제도가 도입되었다. 종래의 할당 방법을 바꿔 도 → 부·군 → 읍·면 → 각 부락[마을]으로 공출량을 통고하고, 마을에서는 마을 안 논의를 거쳐 각 농가의 할당량을 결정하도록 했다. 그러나 각 농가의 공출 여부에 상관

---

32 朝鮮金融組合聯合會, 1942.11, 「明米穀年度食糧對策成る」, 『調査彙報』 34호, 31-33쪽.
33 朝鮮金融組合聯合會, 1942.11, 위의 글, 33-34쪽.
34 岩田龍雄·金子永徽, 1943.10, 「戰時下朝鮮に於ける米穀政策の展開(下)」, 『殖銀調査月報』 65호, 9-10쪽.

없이 각 마을에 할당된 공출량은 마을 공동책임으로 공출하도록 했다. 이것은 공출할당량을 개별 농가의 책임이 아닌 마을 전체의 연대책임으로 해 마을 주민 간의 상호 통제를 의도한 것이었다.

이처럼 「1943미곡년도 식량대책」에서는 모든 양곡에 대한 대책이 마련되었고, 절대적 식량 부족에 따른 조기 공출과 '부락책임공출제'와 같은 공출강요책이 시행되었다. 조선에서의 식량관리는 일본에 비해 부분적이고 불완전한 형태로 진행되었지만 실제 집행력에서는 오히려 행정계통을 이용해 강력하고 강제적으로 추진되었다.[35]

일본의 식량관리는 정부에서 21억 엔의 특별회계로 정부가 직접 농민들의 전 판매량을 사들이고, 집하는 법규에 따라 산업조합 계통기관이 담당했다. 그러나 조선에서는 총독부가 직접 매상·관리하지 않고 민간자본과 총독부 정책금융의 공동출자로 국책회사를 설립해 통제하는[36] 재정 부담없는 식량 통제가 이루어졌다. 법률적으로도 일본은 '미곡관리규칙' 및 잡곡에 대한 각각의 통제법령 등 세밀한 법규에 따라 통제가 이루어졌지만 조선은 행정 조치로 추진했다.[37] 이것은 실제 시행과정에서 자의적 조치를 취할 수 있는 체제로 생산량이 감소하는 상황에서 공출량을 확보하기 위해서는 폭력적이고 강제적인 양상이 나타날 소지가 많았다.

〈표 2〉는 조선과 일본의 쌀 생산량과 공출량을 비교한 것이다. 공출

---

35   조선에서는 '공출령은 문자 그대로 지상명령으로서 공출의 완수는 장려보다는 강압 강권을 가해 강력히 추진하는 경우가 극히 많았다'(水野直樹 編, 2000, 「都市及農村ニ於ケル食糧事情」, 『戰時期植民地統治資料』 第7卷, 柏書房, 29쪽).

36   土屋傳作, 1942.4, 「朝鮮に於ける統制糧穀の共同販賣」, 『金融組合』 162호, 3쪽.

37   土屋傳作, 1942.4, 위의 글, 2쪽.

<표 2> 조선과 일본의 미곡 생산량 및 공출량[1941~1945미곡년도] (단위: 천 석)

미곡년도	조선							일본				
	생산량 ⓐ	할당량 ⓑ	공출량 ⓒ (ⓒ/ⓐ)	농가보유량 ⓐ-ⓒ	공출진척률 (ⓒ/ⓑ)	수이출량 ⓓ (ⓓ/ⓒ)	군용미 ⓔ (ⓔ/ⓒ)	생산량 ⓐ	할당량 ⓑ	공출량 ⓒ (ⓒ/ⓐ)	농가보유량 ⓐ-ⓒ	공출진척률 (ⓒ/ⓑ)
1941	21,527	-	9,208 (42.8)	12,319	-	3,241 (35.2)	991 (10.7)	54,967	29,903	28,867 (54.4)	25,800	96.5
1942	24,886	-	11,255 (45.2)	13,631	-	5,299 (47.0)	979 (8.7)	66,663	41,107	39,970 (61.5)	26,693	97.4
1943	15,687	9,119	8,750 (55.8)	6,568	95.6	-	1,303 (11.6)	62,816	39,059	39,682 (62.5)	23,134	101.7
1944	18,719	11,956	11,957 (63.9)	6,763	100	2,737 (22.9)	1,384 (11.6)	58,559	37,250	37,294 (63.5)	21,265	100.1
1945	16,052	10,541	9,634 (60.0)	5,511	91.4	1,487 (15.4)	269 (2.8)	39,149	25,240	19,561 (64.5)	19,588	77.5

출처: 『朝鮮經濟統計要覽』(1949), 38쪽: 농업협동조합중앙회, 1963, 『한국농업금융사』, 90쪽: 大內力, 1960, 『農業史』, 東洋經濟新報社, 257쪽.

비고: 1941·1942미곡년도에는 조선에 공출 사전할당제가 적용되지 않았으므로 할당량이 없다.

률[공출량/생산량]은 일본이 54.4%에서 1945년 64.5%로 상승했고, 조선은 42.8%에서 1944년 63.9%로 상승했다. 일본과 조선 모두 매년 공출률이 상승했는데, 일본은 1944년까지는 생산량이 6,000만 석 내외로 유지되었고, 농가보유량도 거의 일정하게 유지되는 수준에서 생산량 대비 공출량을 할당했다. 일본은 공출할당량이 농가의 식량 사정을 유지할 수 있는 정도로 정해졌고, 전쟁 동원에 대한 '자발성'도 있었기에 큰 무리없이 할당량대로 공출되는 상황이었다.

반면 조선은 1942년 대가뭄 이후 1943미곡년도부터 생산량이 크게 감소했다. 생산량의 급격한 감소로 공출이 어려워지자 총독부는 부락책임공출제, 사전할당제를 실시해 공출을 강제했다. 조선의 공출할당량은 농가보유량을 절반 정도로 낮추는 수준에서 정해 조선 농촌은 그야말로 기아공출 상황이 되었다. 그럼에도 할당량 대비 실제 공출량[공출실적률]이 거의 100%에 달했다는 것은 공출의 강제성과 수탈성을 짐작할 수 있다.

조선 농민들의 식량을 줄여가며 공출된 쌀은 1942미곡년도까지는 일본과 만주로 수이출량이 많았고[최고 47%], 1943미곡년도 이후는 생산량의 절대적 감소로 수이출량은 줄었지만 군용미로 사용되는 양이 증가했다. 조선 식량관리의 주목적이 전시 수요에 대응한 군용미와 이출량 확보에 있었음을 알 수 있다.

1942년 이후 식량 생산량이 절대적으로 감소하면서 최소한의 소비 강제와 공출량 확보를 위해 식량의 전면적 관리체제를 확립하는 「조선식량관리령」[제령 제44호, 1943.8.9]과 「시행규칙」[부령 제280호, 1943.9.11]을 공포했다. 「조선식량관리령」과 「시행규칙」에서 공출 관련 부분을 보면 첫째, 쌀, 맥류 및 조뿐만 아니라 주요 식량 전부[잡곡·전분·곡분·고구마·기타 가공품·면류·빵]를 통제 대상에 포함시켰다. 이제 모든 식량은 법령에 따라 통제되었고, 자유로운 식량 유통과 소비는 허용되지 않았다.

둘째, 공출 수량의 할당과 집하는 국가 행정기구를 통해 이루어졌다. 총독부 → 도 → 부군 → 읍면의 행정체계를 통해 국가[총독부] 명의로 각 농가에 할당량을 통보하고 집행을 담당했다. 농촌단체[농회 및 금융조합]는 출하 독려 및 공출 알선 등의 보조적 역할만을 담당해 농촌사회 내부의 최소한의 '자율성'마저도 배제되는 강력한 국가관리체제가 갖춰졌다.

셋째, 식량 유통 통제기관으로 조선식량영단[38]을 설립했다.(1943.10.5)

---

38 조선식량영단의 사업 범위는 '조선총독부가 정하는 식량배급계획에 기초한 주요 식

종래는 조선미곡시장주식회사 및 각 도양곡주식회사가 식량 공출을 담당했는데 이것을 해산하고 강력한 식량 통제기관으로 조선식량영단을 설립해 식량 수급을 원활하게 한다는 것이었다. 이제 「조선식량관리령」에 따라 조선 내 전농민[지주 포함]은 자신의 소유미 중 일정량[자가소비량을 제외한 전량]을 공출해야 할 법적 의무를 지게 되었다.

3) 농업생산책임제와 사전할당제

1943년 이후 식량 생산량이 크게 감소하고 전황이 악화되면서 외미의 수입도 어려워져 일본제국 전체 식량 사정은 더욱 악화되었고, 이에 조선에서 더 많은 양의 식량을 확보하기 위해 강력한 공출정책이 시행되었다. 그 방안으로 1944미곡년도[1943년 생산미]부터 공출 사전할당제가, 1945미곡년도[1944년 생산미]에는 추가로 농업생산책임제와 공출장려금제도[보장제]가 실시되었다. 공출의 사전할당제는 종래 수확 직전에 이루어졌던 공출량 할당을 심을 때 미리 결정하는 것이었는데 실제 시행과정에서 여러 문제점이 나타났다. 심을 때 할당을 하면 풍흉을 예측

량을 배급함과 동시에 조선총독이 지시하는 식량을 저장하기 위해 ①정부에 대한 주요 식량 매도 수탁 ②주요 식량 매입 및 매도 ③조선총독이 지정하는 식량의 저장 ④조선총독이 지정하는 식량 가공 및 제조 ⑤전 각호에 부대하는 사업 ⑥전 각호 외 영단의 목적 달성상 필요한 사업을 행한다"라고 규정했다. 이에 더해 1944년 2월에는 가공·도정 부문[정미소·정맥소·地方賃搗所 등]도 식량영단에 통합했다. 또한 식량영단의 총 출자금은 3,000만 원으로 하고, 단 조선총독의 인가를 받아 그것을 증가할 수 있다. 그중 정부는 1,000만 원 한에서 본 영단에 출자하는 것으로 되었다. 식량영단은 중앙사무소를 경성부에 두고 지부를 경성부, 청주읍, 대전부, 전주부, 광주부, 대구부, 부산부, 해주부, 평양부, 신의주부, 춘천읍, 함흥부 및 청진부에 두었다 (京城日報社,『朝鮮年鑑』(1945년), 108-109쪽).

할 수 없어 추수 결과에 따라 할당을 변경하든가 추가 할당을 해야 했다. 전년도 생산량을 기준으로 설정되는 공출개념수량[공출할당량][39]은 9월 20일 제1회 작황 보고 후 10월 초에 농가에 할당했다. 그러나 1944미곡년도 작황은 1,872만 석으로 각 도 공출량이 '개념수량[할당량]'을 채우지 못했다. 이에 농가보유량을 1인당 4합에서 3합 3작으로 줄여 공출량을 증대시켰다. 이처럼 사전할당제는 농민의 희생을 강요한 수탈책이었다.

1945미곡년도에 실시된 사전할당제는 농업생산책임제 및 보장제와 결합되었다. 사전할당제는 생산량을 예측해 그를 토대로 할당량을 결정하는 것으로 생산량의 오차가 발생하면 실제 공출량을 확보하기 어려웠다. 이에 생산량마저 강제로 정하는 농업생산책임제를 실시했고 그 책임생산량을 토대로 공출량을 할당해 강제집행하는 것이었다. 이것은 「농업생산책임제실시요강」[40](1944.2.6)으로 구체화되었다. 책임 품목은 쌀·보리·잡곡 등 군수(軍需), 기타 필수 농산물자를 망라한 13개 품목이고, 책임수량은 쌀·보리·잡곡에 대해 농가보유량 및 공출량을 기준으로 농업관계자의 노력으로 달성할 수 있는 최저수량으로 한다는 것이었다. 그 책임자는 지주로 하고 경작자인 농민들은 마을 단위로 책임수량 생산을 완수하도록 했고, 할당도 마을 단위로 했다.

그러나 '생산 달성 최저수량'으로 한다는 책임수량 역시 현실에 맞지 않았다. 〈표 3〉은 조선에 부과된 생산책임수량이다. 쌀은 1944년 생산

---

39 공출개념수량=평년작 수량-농가보유량 [1인 1일 쌀·잡곡 합하여 4합 기준, 종자벼 포함]

40 朝鮮總督府, 1944.5, 「農業生産責任制實施要綱」, 『朝鮮』 348호, 2-5쪽.

〈표 3〉 조선의 생산책임수량[1944~1945]　　(단위: 천 석)

	쌀	맥류	잡곡	감자·고구마(千貫)
1944	26,000	10,637	9,333	462,636
1945	23,000	10,500	-	530,000

출처: 大藏省管理局, 1946, 『日本人の海外活動に關する歷史的調査』朝鮮篇, 第9分冊, 59·61쪽

책임수량으로 2,600만 석이 결정되었으나 1944년 생산량은 겨우 1,605만 석으로 생산책임수량과는 무려 1,000만 석의 차이가 있었다. 이처럼 과대 산정된 책임생산수량과 사전할당량에 따른 공출은 목표를 달성하는 것 자체가 불가능했지만, 행정당국과 경찰을 동원해 최소 필수 식량마저 빼앗아가는 기아공출이 강행되었다. 그 결과 조선의 농가에는 쌀 한 톨도 남아 있지 않은 극악한 상황이었지만, 공출 사전할당제와 생산책임제로 1943년 이후 생산량에 대한 공출량 비율은 상당히 증가했다(〈표 2〉 참조).

총독부는 사전할당제, 농업생산책임제 실시와 함께 식량 증산과 공출 극대화를 위해 공출가격 인상이라는 '당근책'을 제시했다. 〈표 4〉는 전시 총동원체제기 일본과 조선의 쌀 공정가격을 비교한 것이다. 대체로 조선 쌀값은 일본 쌀값에 비해 현미 1석당 3원~7원 정도 낮았다. 1943년 5월 「조선에서의 1943년 산미 가격대책요강」(1943.5.25)에 따라 쌀값이 인상되어 1943년 생산미 매입가격이 현미 1석당 11원이 인상되었다. 매입가격이 3원 인상[41원→44원] 인상되었는데 이 인상분은 소비자에게 전가되어 소비자 배급가격이 인상되었다. 생산장려금 3원은 그대로 유지되었고, 출하장려금 1원 대신 보급금이란 명목으로 9원이 지급되었다. 이렇게 전년도보다 11원이 인상되었지만 강제공제저축률['天引率']도 인상해 벼 1가마니당 3원 70전으로 지난해[1원 70전]보다 2원이

<표 4> 일본, 조선의 공정미가[최고생산자 판매가격] 변천상황

(현미 1석당)

일본		조선	
연월일	최고가격	연월일	최고가격
1938.12.17	35원 40전	1939.7.29	38원 40전
1939. 8.25	38원	1939.9.23	35원 84전
1939.11.6	43원	1940.11.1	40원 84전
1941.8.14	최고가격　　44원	1941.10.4	최고가격　　40원 84전
	생산장려금　　5원		생산장려금　　3원
	품종정리　　1원		출하장려금　　1원
	계　　50원		계　　44원 84전
1943.4.21	최고가격　　47원	1943.5.25	최고가격　　43원 85전
	장려금　　5원		생산장려금　　3원
	보급금　　10원 50전		보급금　　9원
	계　　62원 50전		계　　55원 85전

출처: 朝鮮金融組合聯合會, 1944, 『公定米價の變遷に關する調査』, 143쪽.

인상되었다.[41] 쌀값을 올려 공출량을 늘리겠다는 것이었지만 생산량 자체가 1,800만 석 정도로 농가의 자가소비량을 극단적으로 줄이지 않는 한 공출량을 늘리는 것은 한계가 있었다.

　　1942년 가뭄을 계기로 1943~1944년 계속 식량 생산량이 감소하자 조선총독부는 또 다른 공출촉진책을 강구했다. 1944년산 양곡부터 생산장려를 위해 생산자에게만 지급하던 생산장려금과 보급금을 통합해 공출수량에 대해 공출장려금[보장금]을 지급했다. 그러나 공출장려금은 공출할당량 초과분에만 지급되는 것이었기에 실제 농민들에게는 '그림의 떡'이었다. 1944년산 맥류의 경우 「1944년산 맥류의 공출확보에 관한

41　朝鮮金融組合聯合會, 1943.10, 「籾の天引貯金率を改正」, 『調査彙報』 45호, 27쪽. 그 내역은 벼 1가마니당 2원 20전으로 인상, 나머지 1원 50전은 보급금에서 저축시키는 것으로 했다.

〈표 5〉 1944년산 맥류의 공출장려금

	공출할당량 초과 7% 이내의 것	同 7% 이상의 것
보리(大麥) 1석당	7.50원	17.00원
쌀보리(裸麥) 1석당	11.00원	25.00원
밀(小麥) 1석당	11.00원	25.00원

출처: 近藤釰一編, 1963, 『太平洋戰下の朝鮮(4)-朝鮮總督府豫算「食糧」關係重要文書修編』, 112쪽.

건」(1944.5.5)에 따라 마을 단위의 공출할당량을 기준으로 그 초과 수량에 대해 〈표 5〉와 같이 보리는 1석당 공출할당량 7% 이내 수량에는 7.5원, 그 이상은 17원을 지급하도록 했다. 그러나 할당량도 채우기 힘든 상황에서 초과분에 대한 공출장려금을 받는 농가는 거의 없었다.

이어 양곡 전체에 대한 공출장려금의 종합적인 조치로「조선에 있어서 양곡의 증산 및 공출장려에 관한 특별조치요강」(1944.7.29)[42]을 발표해 공출수량의 90~100%는 장려금을, 100% 이상이면 보장금을 지불하기로 했다. 쌀은 1석당 장려금 23원·보장금 80원, 맥류는 장려금 7원·보장금 23원, 잡곡류는 장려금 4원·보장금 12원이었다. 그러나 과다하

---

[42] 주요 내용은 ①공출에 대한 보장적 조치는 '장려금과 보장금' 2가지를 기본으로 해 현미 1석당 장려금 23원·보장금 80원, 보리는 장려금 7원·보장금 23원, 잡곡은 장려금 4원·보장금 12원으로 한다. ②공출수량의 사전할당은 부락을 단위로, 쌀의 경우 최근 수년간의 實收高에 생산 및 수급상의 諸 조건을 감안해 결정한다. ③장려금 및 보장금 교부는 각 부락에 대한 공출의 사전할당량을 기준으로 부락의 공출량이 할당 수량의 90%를 초과할 때는 100% 이하의 범위 안에서 90%를 초과하는 공출미에 대해 석당 23원의 장려금을 교부하고, 공출량이 할당 수량의 100%를 초과할 때는 그 초과분에 대해 석당 80원의 보장금을 교부한다. ④할당량 이상의 증산을 한 경우는 그 수량에 대해 보장금과 함께 면포·고무신·비누 등의 생활물자를 특배한다"는 것이었다. 단 부재지주의 공출미에 대해서는 장려금과 보장금을 교부하지 않기로 했다(『殖銀調査月報』76호, 51쪽;『殖銀調査月報』77호, 27-28쪽).

게 책정된 공출할당량의 90% 이상 공출할 때만 지급되는 장려금과 보장금을 받는 경우는 거의 없었기 때문에 1945년 6월 실효성 없는 공출장려금과 보장금 제도를 폐지하고 매입가격과 생산자에 대한 보급금을 인상하기로 했다.[43] 이것은 1945년 해방으로 실시될 수 없었다.

공출 유인책으로 면포·양말·고무신·비누·건명태 등 생필품과 비료·농기구 등을 공출 성적이 좋은 농가 및 마을에 우선 배급하고 술도 특배했다. 이러한 '특배'나 '우선배급'제도는 물자 입수가 매우 곤란한 상황에서 농민들에게 공출에 대한 동기부여로서 일정한 효력이 있었다[44]고 평가할 수도 있다. 그러나 생필품에 대한 일상적 배급을 오히려 공출에 대한 인센티브나 강제하는 도구로 사용하는 것은 농민들의 삶을 더욱 힘들게 하는 것이었다.

전라북도의 경우 "공출 독려에서 부··군·읍·면 직원 중에는 그 완수에 급급한 나머지 각종 필수물자의 배급 사무를 관장하고 있는 것을 이용해 성적불량자에 대해서는 이유 여하에 상관없이 감배 혹은 모두 정지하는 등 공출 장려행정을 하지 않고 있다. 또한 퇴비 증산 장려를 위해 면포 200반을 일반 배급량에서 공제해 우량자에게 수상하고, 가마니 생산 독려를 위해서는 물자 배급을 정지하거나 호적 및 제증명 발급에 응하지 않는 것, 비료 배급에서 가마니공출 우량자 표창을 위해 소요량을 처음부터 공제하는 등의 일이 있다"[45]고 했다. 총독부 스스로도 일상적 배급도 제대로 이루어지지 못하는 상황에서 수상·표창 등의 이벤트로

---

43 「종래보다도 농가수입 쌀 6할, 맥잡곡 7할, 보장금과 장려금제는 폐지하기로」, 『毎日新報』, 1945.6.22.

44 松本武祝, 1998, 『植民地權力と朝鮮農民』, 社會評論社, 224쪽.

45 警務局 經濟警察課, 「第一線行政部門ノ行過ギ」, 『經濟治安週報』 제53집(1942.5.9).

는 반감만 커질 것을 우려하고 있었다.

공출 독려를 위해 시국 강연을 하고 즉시 배급, 균일 배급을 선전했지만 실제로는 "공출량을 충족시키면 즉시 배급한다고 식언하는 것이 예사였고, 가족 4~5명의 10일간 배급량이 2~3승, 1인당 10일간의 분량이 겨우 6합으로 3일간의 죽거리에 불과한 실정"[46]이었다고 실제 경험을 기록하고 있다. 이처럼 '자발적' 공출을 유도하기 위해 실시한 공출가격 인상과 보급금·공출장려금[보장금]제도는 공출할당량 자체가 생산량에 비해 많았으므로 실효성이 없었고, 특배나 우선배급제도 역시 공출 강제를 위한 도구로 사용되었다. 이러한 유인책과 함께 전 행정기관·경찰·지역유지를 총동원한 강제적이고 폭력적인 집행이 이루어졌다.[47]

---

46 『定岡日記』 1942년 8월 29일; 1942년 12월 23일; 1943년 12월 19일; 1944년 6월 7일(김영희, 2000, 「일제말기 향촌 儒生의 '日記'에 반영된 현실 인식과 자화상」, 『한국근현대사연구』 제14집, 112쪽에서 재인용).

47 공출 촉진을 위한 조치는 (1)사전할당 ①부락 또는 애국반의 공동 탈곡의 勵行 ②부락 공동 蒐荷 및 공동 출하 장려 ③포장용 가마니 생산 독려 혹은 구입 알선 ④양곡 공출대장 정비 ⑤양곡 공출에 관한 각종 회의 개최 ⑥말단 할당의 正否에 관한 사찰 실시 (2)공출 독려에 관한 사항 ①도·군 및 면직원의 책임 담당구역 설정 ②도청원 일제 독려반의 군면 파견 ③독려 통첩 또는 독려전보 발송 ④도내 유식자층 동원 ⑤농상국 간부의 일제 독려 ⑥도 및 군 간부의 부락에 迫入·독려 ⑦경찰관헌의 적극적 원조 협력 ⑧각종 지도기관의 총력적 응원 ⑨부정반출의 사찰 취체 (3)포상에 관한 사항 ①부군 및 읍면에 대해 지사 표창 및 상금 수여 ②우량 부락에 대해 생활필수물자 특배 ③도시에서 농촌에 대해 공출 감사물품의 증여 (4)공출 성적불량자에 대한 조치 ①불량 부락에 대해 물자 배급의 일시 정지 ②불량자의 군으로의 소환 및 공출 서약서 徵取 ③공출 미완료에 관공리 징벌(近藤釰一 編, 1963, 「供出促進措置要綱と不振の原因」, 『太平洋戰下の朝鮮(4)』, 90-91쪽).

2. 의류작물 공출: 면화, 대마

1) 면화 증산과 공출

개항 이후 조선 농촌은 '미면교환체제'에 편입되면서 식량 및 의류의 자급자족체제가 흔들리기 시작했다. 일본의 조선 경제침탈과 식민지화는 조선 쌀의 수탈이 주목적이었던 만큼 전체 농업생산물 중 쌀의 상품화 비중은 커져갔지만 1910년 강점 당시 농가경제는 여전히 자급자족 부분이 많았다. 그러나 조선총독부는 농가경영을 농업과 수공업의 유기적 결합체로 파악하지 않고 쌀과 공업원료 생산이라는 측면에서만 파악해 이에 대한 생산정책을 농정의 중심에 두었다. 조선의 면화·견·마류 등 의류작물은 일본제국주의 발전을 이끈 섬유·방적공업의 원료로 주목받았는데, 총독부가 무시했던 의류작물의 부업적 수공업 생산이 '의외로 많이 존재한다는 것을 발견한' 것은 군복이나 각종 군수물자로서 그 필요성이 증대한 1937년 이후 전시 총동원체제였다.[48]

먼저 일제강점기 면화 생산 및 유통정책을 살펴보자.[49] 일본은 청일전쟁과 러일전쟁을 거치며 산업자본주의 단계로 발전했고 나아가 제국주의 반열에 들어섰다. 1905년 조선에 대한 배타적 지배권을 획득하고

---

48 이송순, 2011.12, 「1910년대 식민지 조선의 농가경제 분석」, 『사학연구』 104호, 96-97쪽.

49 일제의 육지면 증산 및 재배정책, 강제적 집행, 공동판매를 통한 수탈과정에 대한 연구는 권태억, 1989, 「제3장 일제의 육지면 재배강제와 한국산면 수탈」, 『한국근대면업사연구』, 일조각 참고.

'보호국화'라는 명목으로 실질적인 식민 지배가 시작되었다. 이 당시 일본에서는 면방직 공업이 급속히 발달해 공업 중 제1위를 차지하고 있었는데 원면은 거의 수입하는 실정이었다. 조선총독부는 그 원료 면사를 조선에서 공급하고자 했다.

개항으로 조선에 진출해 있던 일본인은 1904년 목포항 건너편 고하도(高下島)에서 미국종인 육지면을 시험적으로 재배했다. 재배 성적은 기대 이상으로 양호했고, 이에 본격적으로 한반도 남부 지방에 육지면을 보급 재배하고자 했다. 일본은 1904년 한일의정서에 따라 재정고문으로 와 있던 메가타 다네타로(目賀田種太郞)를 통해 한국 정부의 보조금으로 육지면 재배 보급에 나섰다. 1906년 통감부가 설치되면서 권업모범장 기사를 목포에 주재시키며 곳곳에 면채종포를 설치하는 등 적극적으로 육지면 보급을 시작했다.[50]

강점 이후 조선총독부는 1912년 '육지면 재배 6개년 계획'(1912~1917)을 수립했다. 이 계획은 6년 동안 육지면 재배면적 10만 정보, 재래면 재배면적 2만 정보를 달성해 생산량도 육지면 1억 근, 재래면 1,500만 근을 수확한다는 것이었다. 이 계획의 중점 대상지역은 전라도·경상도·충청도였고 특히 전남·전북·경남이 중심이었다. 이 세 지역에 할당된 육지면 재배면적은 전체 계획면적의 85%인 8만 5,000정보였는데, 계획 연한이 1년 연기되면서 재배면적이 13만 정보로 확대되었다. 계획의 결과 1918년 육지면 재배면적은 9만 4,000정보, 재래면 재배면적은 3만 5,000정보로, 육지면 재배면적은 계획에 미치지 못했고 생산량도 육지면은 계획의 60%에 그쳤다.[51]

---

50   朝鮮總督府 農林局, 1942, 『朝鮮の農業』(1942), 104쪽.

그러나 총독부는 일정의 성과를 거두었다고 평가하면서 1919년부터 10년 기간으로 '제2기 면작장려계획'을 세웠다. 조선 남부 지방에는 계속 육지면을 장려하고, 육지면이 적합하지 않은 조선 북서부[평안도·황해도·경기도] 지방에는 재래면을 개량 장려한다는 것이었다. 기후와 토양 등 자연조건이 한반도에서 육지면 재배에 적합한 지역은 한계가 있었고, 자가용 면포 제조를 위해 재배하던 면화를 육지면으로 바꾸면서 강제적으로 상품화하는 상황은 농민들의 삶을 위협했다. 이에 농민들은 육지면 재배를 거부하는 경우가 많아 행정 및 경찰력을 동원한 강제 보급이 이루어지고 있었다. 제2기 면작장려계획은 10개년간 재배면적 25만 정보에, 재배법 개량으로 총생산량을 대략 2억 5,000만 근으로 설정했다. 결과는 최종 연도인 1928년에 재배면적은 육지면 13만 7,600정보, 재래면 6만 7,700정보 합계 20만 5,300정보, 생산량 1억 7,000만 근으로 재배면적은 계획 대비 80%, 생산량은 70%에 그쳤다.[52]

1920년대 국제 면화가격 변동이 심해 육지면 재배 농민들은 재배 이익을 제대로 보장받기 어려웠고 1929년 세계대공황으로 면화가격이 폭락해 면화 농민들의 피해는 극심했다. 이에 1931년 이후 육지면 재배면적은 대폭 감소했다.[53] 세계대공황 이후 서구 선진제국주의 국가들의 블록화 경향이 심화되자 일본제국주의는 '일만지(日滿支) 블록'을 구상하면서 대륙침략을 감행하기 시작했다. 1931년 부임한 조선총독 우가키 가즈시케(宇垣一成)는 조선을 일선만(日鮮滿) 블록하의 조공업(粗工業)지대

---

51 이영학, 2015, 「1910년대 조선총독부의 농업정책」, 『한국학연구』 36집, 562·565쪽.
52 朝鮮總督府 農林局, 1942, 앞의 책, 105쪽.
53 이영학, 2018, 「1920년대 조선총독부의 농업정책」, 『한국민족문화』 69, 16쪽.

로 설정하고 '농공병진' 전략하에 기존 쌀 중심의 산업개발정책에서 농촌진흥운동, 북선개척 15개년 계획, 면양장려 10개년 계획, 면작장려 10개년 계획과 '조선공업화'를 추진했다.

1933년 다시 '면화 증산 제1기계획'이 10년 기간으로 재배면적 50만 정보, 생산량 6억 근[實綿]을 목표로 수립되었다. 1933년에는 장려구역인 경기·충남북·전남북·경남북·황해·평남의 9도[남부 6도는 육지면, 경기 이북 3도는 재래면 재배]에 대해 재배면적 25만 정보, 실면생산량 3억 근을 목표로 착수했지만, 곧 1934년 강원도와 평북을 추가해 11개도[함남북만 제외]에서 1942년까지 재배면적 35만 정보, 단보당 수량 140근, 총생산량 4억 9,000만 근으로 계획을 확충했다.[54] 계획 실시 직전까지 평균 단보당 수량 85근, 재배면적 20만 정보, 실면생산량 약 1억 5,000만 근이었던 것과 비교하면 계획의 무모함이 드러난다.

이러한 증산계획 달성을 위해 면화 증산을 전담하는 전임직원을 총독부와 해당 도에 배치하고, 그동안 육지면에 대한 각종 시험조사를 실시했던 농사시험장 목포지장 외에 (평남)용강면작지장을 신설해 재래면에 대해서도 시험조사를 실시했다. 총독부와 도 차원의 면화 증산기구 확충과 함께 현장지도 강화를 목적으로 '면작지도군(棉作指導郡)' 제도를 실시했다. 면화 증산장려 112개 군[1934년 이후 165군]을 3개 그룹으로 나누고, 먼저 1개 그룹을 지도군으로 지정해 3년간 '특별히 농후한 지도·장려'를 행하고, 4년째 다음 그룹으로 옮겨 시행하는 것으로 9년이 지나면 모든 군이 지도군이 된다는 것이었다.[55]

---

54 朝鮮總督府 農林局, 1942, 앞의 책, 306쪽.
55 朝鮮總督府 農林局, 1942, 위의 책, 307-308쪽.

그러나 면작장려사업은 농민 스스로의 요구도, 설득이나 동의도 없이 상명하달식으로 진행되었다. 목표 자체가 과대하게 설정되었고 그것이 도 → 군 → 면으로 할당되면 관료기구 속성상 상명하복에 개인의 영달을 위한 업적세우기가 겹쳐 장려는 '강제집행'이 되는 경우가 허다했다. 각 면에 배당된 재배면적은 다시 마을로, 개개 농가로 할당되었고, 그것은 '면작고지서'라는 형태로 강제되었다.

"본도 면작장려방침에 의거하야 기본조사를 한 결과 貴殿의 田耕 면적은 ( )평이므로 그중 前記 ( )평은 면작예정지로 결정하였으니 來春 棉作에 대한 제반 준비를 진행할 事"(경산군농회, 1933년 12월 付「棉作告知書」)[56]

조선총독부의 면작장려, 면화증산계획은 어느 정도 성과를 거두었을까. 〈표 6〉을 보면 조선에서는 재배되지 않던 육지면을 1905년 이후 일본이 도입해 강제로 재배를 '장려'한 결과 1910년대 육지면재배장려계획 기간 동안 육지면 재배는 상당히 증가했고 반면 재래면은 점차 감소하기 시작했다. 그러나 육지면은 기후와 환경적 제약이 커서 남부 지역을 제외하면 한반도 전 지역에서 재배하기에는 불가능했다. 이에 1919년부터 시작된 2기 계획에서는 육지면뿐만 아니라 서북부 지방의 재래면 재배도 장려해 전체 면화 재배면적과 생산량이 증가했다. 그러나 이러한 결과는 계획목표에는 못 미치는 성과였고 그 과정에서 행정권력의 강제적 집행이 이루어지면서 농민들의 원성이 컸다. 1929년 세계대

---

56 권태억, 1989, 앞의 글, 116쪽.

〈표 6〉 육지면·재래면의 재배면적, 생산량, 단보당 수확량[1912~1942]

연도	육지면			재래면			비고
	재배면적 (千町)	총생산량 (千斤)	단보당 수량(斤)	재배면적 (千町)	총생산량 (千斤)	단보당 수량(斤)	
1912	7	7,216	99	57	27,346	54	1기 육지면 재배 6개년 계획 (1912~1918)
1914	24	13,445	85	51	22,001	53	
1916	54	31,331	58	37	16,239	52	
1918	94	60,681	64	36	17,224	60	
1920	107	88,461	83	40	26,256	78	2기 면작장려 10개년 계획 (1919~1928)
1922	104	88,778	85	47	29,930	79	
1924	118	106,927	91	53	30,928	81	
1926	152	118,265	78	65	43,820	75	
1928	138	121,771	88	68	49,096	83	
1930	132	127,329	96	60	41,442	87	
1932	100	111,909	112	59	42,369	97	
1933	117	114,313	97	59	45,102	90	면화 증산 제1기 계획(10개년) (1933~1942)
1934	133	120,774	91	60	34,261	80	
1936	164	89,392	54	64	47,983	60	
1938	189	180,083	95	46	30,287	65	
1940	279	180,223	65	14	6,618	46	
1942	332	210,279	63	8	3,774	47	

출처: 권태억, 1989, 『한국근대면업사연구』, 일조각, 118쪽.

공황의 여파로 면화가격이 폭락하며 농민들의 피해는 커졌고 이에 면화 재배면적은 감소 추세로 돌아섰다.

1931년 '만주사변'을 일으키며 침략전쟁을 계획하고 있던 일제는 조선에서 면화생산을 다시 다그치기 시작했다. 1933년 면화 증산 10개년 계획을 수립해 육지면·재래면을 불문하고 최대한의 면화 증산을 꾀했다. 1937년 중일전쟁 도발 이후 전시 총동원체제가 가동되면서 면화 증산은 수단과 방법을 가리지 않고 추진되어 일정의 성과를 거두었으나,

그 과정은 '강제적 장려'로 농민들의 안정적 삶을 유지하는 데 도움이 되지 못했다.[57]

　총독부는 육지면 재배를 강요하는 한편 생산된 면화를 수집할 장치를 마련했다. 공동판매[공판]제도[58]가 그것이다. 육지면 재배 지역 그중에서도 다량 생산 지역부터 공동판매를 강요해 생산자 농민 개개인의 자유 시장판매를 금지시켰다. 면화 공판은 면작조합[59]에서 담당했다. 면작조합은 조합 구역 안의 시장[장터] 또는 면화 집산에 편리한 장소를 택해 면화 공동판매소를 설치하고 대체로 5일 간격으로 판매일을 정했다. 농민들은 판매하고자 하는 면화를 공판소로 직접 가져갔고 조합주사, 기타 조합역원들이 판매를 담당했다. 이렇게 사들인 면화는 다시 지정매수인에게 매각되었다. 1926년 이후 면화 공판을 담당하는 주체가 면작조합에서 농회로 바뀌었다.[60] 군도(郡島) 농회는 공판 알선의 주체로서 도

57　조선의 농민들이 육지면 재배를 기피한 원인과 조선총독부가 육지면 재배를 강제한 이유에 대해서는 권태억, 1989, 앞의 글, 124-134쪽 참고.

58　공판제도는 관제조직인 면작조합이 위임이라는 형식으로 권한을 도에 위탁하고, 도는 이에 기초해 매매에 관한 제반규정을 결정했다. 이로써 생산자와 소비자 간에 시장에서의 자유로운 매매는 금지되어 다수의 綿商[면화수집상]이 시장에서 배제되고 시장가격 형성도 불가능하게 되었다.

59　면작조합은 육지면 장려 및 수집에서 핵심적인 기능을 담당한 조직이었다. 육지면 재배사업의 출발지이나 중심지인 전남·경남 지역에 중점적으로 조직되었다. 전남 면작조합의 모범규약(1913)을 보면 조합의 업무로 ① 육지면 종자의 수집 ② 조합원이 생산하는 육지면의 공동판매였다. 조직원의 의무로서 "생산한 면화는 자가용에 충당하거나 소작료로 지불하는 외에는 모두 … 조합의 공동판매에 부친다"라고 규정했다(권태억, 1989, 앞의 글, 136쪽).

60　지정공판제 실시로 다수의 면화상인들의 합법적 매수 기회를 잃게 되어 밀매를 했고, 농민들도 '벌칙'을 감수하면서 이에 응했다. 이에 公入札공판법을 도입하거나 일부 지역에서 자유판매가 이루어졌지만 결국 1924년부터는 면화가 생산되는 9개 도에서 모두 지정공판제가 실시되었다(권태억, 1989, 위의 글, 138-142쪽).

내에 조면공장을 가진 조면업자 중 도지사가 적당하다고 인정한 자에게 일정 지역을 정해 면화매수를 지정했고 판매가격은 매년 총독부에서 각 도 및 매수인의 의향을 청취해 결정했다.[61] 지정공판제가 강화·확대되면서 지정매수인도 정리되어 면화는 점점 더 극소수의 대조면(大繰綿)·방적(紡績) 자본가에게 집중되었다. 가장 대표적인 매수인은 미쓰이(三井) 계열의 조선방적(朝鮮紡績)과 남북면업회사(南北綿業會社)였다.

면화는 1910년대부터 공업원료로서 총독부 차원에서 육지면 재배와 유통을 통제하기 시작했다. 이로 인해 재래면으로 자가 의류를 자급자족하거나 가내 부업으로 가계를 유지하던 조선 농민들의 삶은 안정성을 잃어갔다. 1931년 '만주사변' 도발 이후 일제는 미국·영국 등으로부터 원면 공급에 차질이 생겼고 1937년 중일전쟁은 상황을 더욱 악화시켰다. 마침 1937년 면가가 폭락해 공판도 순조롭지 않았다. 전쟁 확대로 일반 물가, 특히 식량 가격은 크게 올랐지만 면가는 오히려 하락하거나 상승률이 곡물가격에 미치지 못해 증산정책에 지장을 초래했다.[62] 지나친 면가의 하락은 공판에 대한 거부뿐만 아니라 농민들의 증산의욕을 떨어뜨려 면화의 공급량을 확보할 수 없는 상황을 만들었다.

이에 1939년부터는 모든 공판기간에 동일한 공판기준가격을 적용했고, 1941년부터는 면화의 최고판매가격이 법으로 규정되었다.[63] 면화의

---

61 朝鮮總督府 農林局, 1942, 앞의 책, 106쪽.

62 육지면의 실면공판가격(斤당)은 1935년 16.95원, 1936년 16.55원, 1937년 13.44원, 1938년 17.52원, 1939년 20.96원, 1940년 22.31원이었다 (朝鮮總督府 農林局, 1942, 위의 책, 108쪽).

63 "종래 鮮內 면화 공판가격은 뉴욕 면화시세에 의거해 오사카 가격을 산출하고 여기에서 조선에서 오사카까지의 모든 비용, 면실의 비중 등을 참작해 조면업자·道·총독부 3자가 협의해 결정했는데 면제품의 국내판매 금지, 기타 섬유사정의 변화 또는

공정가격제가 실시되었다. 면화공판제에 대한 농민들의 불만과 저항이 계속되고 있는 상황에서 중일전쟁 이후 공판 강제와 공정가격제 실시는 농민들의 의류 자가소비도 어렵게 했다. 면화는 농민들의 생활필수물자였지만 중요 군수물자였기에 일제는 조선에서 증산과 공판을 통해 최대한의 면화를 확보하고자 했다.

1939년 제2차 세계대전의 발발, 1940년 독일·이탈리아·일본의 추축동맹 결성, 1941년 아시아태평양전쟁 도발로 일본은 외국의 면화 수입이 완전히 두절되었다. 이런 상황에서 '물자 확보'가 지상 과제가 되면서 면화에 대해서도 수탈적 동원이 이루어졌다. 1941년부터는 공정가격제와 함께 공판이 아닌 공출[강제수집]이 실시되었다. 공출은 사전에 계획수량을 확정하고 이를 달성하기 위해 행정권력이 동원되는 시스템이었다. '계획수량 공출'은 관리들의 피할 수 없는 명령이 되었다.[64] 1942년 경남에서는 면화 공출 독려를 위해 ①출하장려금 교부 ②출하격려회 개최 ③면화 반출 및 소작면화 방지 ④밀매매 단속 ⑤수조기(手繰器, 씨아) 사용 제한이 지시되었다.[65] 출하장려금이나 격려회 등의 당근책도 있었지만 핵심은 공출을 피해 반출하거나 소작료로 지급되는 것, 암거래나 자가소비를 단속하는 것이었다.

이러한 공출 독려는 현장에서 폭력적인 형태로 이루어지는 경우가

증산 촉진의 견지에서 1938년에는 위의 산출기준을 변경 … 그 후 섬유사정은 이미 뉴욕시세를 기초로 하는 것이 무의미해져 올해(1939)부터는 총독부 단독으로 ①국내 면포 및 대용품의 시세 ②特免純綿의 시세 ③면화 증산 등을 감안해 적당한 값을 산출하기로 했다"(朝鮮農會, 1939.9, 「棉花の共販價値」, 『朝鮮農會報』13-9, 95쪽).

64 朝鮮農會, 1941.1, 「지방통신: 강원도」, 『朝鮮農會報』 15-1, 81쪽.
65 朝鮮農會, 1942.12, 「지방통신: 경상남도」, 『朝鮮農會報』 16-12, 54쪽.

많았다. 전북 순창군 농회기수 OO喜正은 1942년 1월 23일 금과면에 출장을 가 벼와 면화 공출을 독려하면서 '국가의 명령에 따르지 않는 자는 비국민이다', '면화 공출 독려를 위해 도(道)로부터 채찍[소의 음경으로 만든 것]이 11개 군에 도착해 금일 중 각 면에 1개씩 교부된다. 면화를 공출하지 않은 자는 이 채찍으로 때리고 상당히 엄중히 할 것이다'라고 위협했다.[66] 공출 과정에서 폭력적 상황뿐만 아니라, 면화 공출로 생산 농민들조차 암거래로 옷감을 확보해야 하는 실정이었다. 전북 진안군 진안면의 농민 OO在文은 1942년 5월 전주부 시내에서 배급면을 다량 휴대한 혐의로 체포되었는데 부내 포목상으로부터 블라디보스톡에서 들여온 면 5관을 산 것이 문제였다. 이유는 "면화 공출로 자가용 수방포를 제조하기 어려워 매수한 면 1관을 원료로 하면 수방면포 55척 정도를 제조할 수 있고, 그 면포는 1척당 70전 정도에 암거래된다는 것"이었다.[67]

1940년 이후 외국 면화의 수입 단절 속에서 조선의 면화 증산은 전시 물자동원에서 중요한 부분이었다. 1940년 이후 조선의 면화 생산상황을 보면 재래면 생산량은 유지되고 있었지만, 육지면 생산량은 1938년[약 3,000만 근]과 비교해 1940년 660만 근, 1942년 380만 근으로 20~10% 수준으로 격감했다(〈표 6〉 참조). 1940~1944년간의 평균 재배면적은 23만 8,000정보, 총생산량은 1억 7,757만 근으로 1938년 [재배면적 18만 9,000정보, 총생산량 2억 1,037만 근]과 비교하면 재배면적은 5만 정보 정도가 증가했지만, 생산량은 3,000만 근 정도 감소했다. 강제

---

66 警務局 經濟警察課, 「籾棉花供出二對スル郡面職員ノ行過キ及不正配給」, 『經濟治安週報』, 제56집(1942.5.30).

67 警務局 經濟警察課, 「配給綿ヲ使用セル手紡綿布ノ闇取締」, 『經濟治安週報』, 제58집(1942.6.15).

〈표 7〉 1940~1945년 면화 재배면적, 총생산량, 단보당 수량

연도	재배면적(千정보)	총생산량(千斤)	단보당 수량 (斤)
1940~1944년(평균)	238	177,568	74.8
1945년	180	112,137	62.2

출처: 조선은행 조사부, 1948, 『朝鮮經濟年報(1948)』, Ⅰ-45쪽.

로 재배면적은 증가시켰지만 생산력은 떨어지는 비효율적 상황이었다.

이러한 상황에서 일제 패망 직전인 1945년 조선의 면화 책임공출량은 2억 3천만 근으로 책정되었다.[68] 그러나 1945년의 면화 재배면적은 1938년 수준으로 돌아갔고 생산량은 1억 1,214만 근으로 무려 1억 근 정도가 감소했다(〈표 7〉 참조). 1943년 이후 전시 동원계획은 점점 더 현실과 멀어지면서 '국가의 명령에 따르지 않는 자는 비국민'이라는 관리들의 언사가 공공연해지고 이를 경제사범으로 처벌하는 상황으로 이어졌다.

2) 대마 생산과 공출

면화와 함께 한국인의 주요한 의류작물인 대마(大麻)의 생산 및 유통 상황을 살펴보자. 한반도에서 대마[삼]는 삼한시대 이래로 재배되었다고 하고, 통일신라시대부터는 대마포[삼베]와 저마포[모시]를 구별해 생산했다고 한다. 면화가 전래되기 전까지 삼베는 민중들의 주요한 여름용 옷감이었는데, 대마[삼]는 대부분 집에서 자가용 삼베로 직조되었고, 지역적으로 가내수공업 원료로 사용되었다. 일제강점기 이후 중국에서 염

---

[68] 近藤釖一編, 1963, 『太平洋戰下の朝鮮(4)-朝鮮總督府豫算「食糧」關係重要文書修編』, 29-30쪽.

가의 저마포[모시]·저마섬유 또는 의마포(擬麻布, 유사삼베)가 수입되자 매년 생산이 줄어들었다. 대마는 조선 남부 지방에서 주로 논의 이작(裏作)으로 재배되었고, 조선 서북부 지방[평안도·황해도·함경도]에서는 밭에 재배하는 등 모든 도에서 재배되었지만 생산량이 많고 품질이 양호한 점에서는 강원도의 대마가 가장 유명했다.

중일전쟁 이후 모든 수입 원료 공급이 감소 내지 두절되면서 일본제국권 안에서 필요한 마류(麻類) 공급에 문제가 발생했고 그에 따라 조선에서 대마 증산을 계획, 독려하기 시작했다. 조선총독부는 대마 증산과 수급 조정을 위해 「대마수급조정규칙」[부령 제191호, 1940.8.6]을 발포해 대마 매수인을 지정함과 동시에 그 수급 상황에 대해 엄격하게 감독했고, 1941년 이후 적극적 증산계획을 실시했다.[69]

1941년 수립된 대마증산계획은 5개년 계획(1941~1945)으로 1945년 조선에서 대마의 수요를 770만 관 정도로 추정했는데, 1941년 현재 총생산량은 300만 관 정도로 그 절반에도 미치지 못하는 상황이었다. 증산계획의 목표는 재배면적 3만 정보, 총생산량 700만 관, 단보당 수량 23관이었다. 이를 위해 조선총독부농사시험장과 각 지방농사시험장에 전임 직원을 배치해 품종개량, 각종 시험조사 등을 시행하고, 도와 군에서는 도 산업기수, 군농회 직원을 통해 증산장려, 기술적 지도를 한다는 것이었다. 또한 대마의 집약재배 보급 및 철저한 기술 지도를 위해 대마 재배면적 100정보당 10개소 비율로 공동경작포[1개소 1정보]와 공동예피장 시설을 설치한다는 계획이었다.[70]

69　朝鮮總督府 農林局, 1942, 앞의 책, 109쪽.
70　朝鮮總督府 農林局, 1942, 위의 책, 308-309쪽.

대마증산계획이 발표된 1941년 대마 최대 생산지인 강원도의 상황을 살펴보자. 1941년 대마 생산면적은 7,450정보, 생산 예상고는 775만 근[124만 관],[71] 공출량은 602만 근[96만 관]으로 상정되었다.[72] 강원도의 대마 생산량은 1941년 현재 조선 전체의 대마 총생산량[300만 관]의 41%를 차지했다. 1941년 9월 말 현재 강원도의 대마 공출량은 450만 근으로 목표 공출량[602만 근]에 미치지 못했다. 이에 목표 수량을 달성하기 위해 공출을 강제했지만[73] 1941년 대마 공출량은 520만 근에 머물렀다. 이러한 1941년 상황에도 불구하고 강원도에는 1942년 대마 생산면적 7,400정보, 생산 예상량 736만 근이 할당되었다. 실제 대마 생산상황은 이 해 가뭄이 심해 신장도(伸張度)는 대개 평년보다 2척 정도 감소했고, 섬유가 제대로 형성되지 않아 평년작 중량(重量)의 약 30% 감소가 예상되는 등 생육상황이 매우 불량했다. 이에 8월 20일부터 개시된 공출 성적은 9월 10일 현재 268만 근으로 공출할당량의 48.5%에 그쳤다. 공출 최성기를 지난 10월 현재 공출 집행을 강제했지만 할당량의 60%를 채우기도 어려운 상황이었다.[74] 1941년 공출실적은 할당량의 86% 정도였고, 1942년에는 60% 정도에 머물렀다.

    대마 공출 부진의 기본적 이유는 생산 조건 악화와 생산량 감소였지만, 공출에 대한 농민들의 기피 경향도 컸다. 1941년 춘천군에서 농민들은 대마 공출에 대해 다음과 같은 반응을 보였다.

---

71 무게 도량형인 근(斤)과 관(貫)의 환산율은 1근=0.16관이다.
72 警務局 經濟警察課, 「大麻供出ニ伴フ農民ノ言動」, 『情報週間展望』 제27집(1941.9.13).
73 警務局 經濟警察課, 「大麻ノ生産狀況」, 『情報週間展望』 제35집(1941.11.8).
74 警務局 經濟警察課, 「大麻ノ供出狀況」, 『經濟治安週報』 제76집(1942.10.19).

"① 공출 대마의 규격 사정에 대해 사정원의 정실적 취급이 있다.
② 저금의 천인율이 각인에 대해 차별이 있어 수긍하기 어렵다.
③ 사정이 가혹함을 넘어 즉 건조 불충분한 것은 실량의 1/6이 감근되는 경우가 있다.
④ 入目[소용비용, 경비]에 대한 감근(減斤)은 일정율에 따라야 하는데 총량에서 무조건 2근씩을 감근하는 것은 관청의 횡포다."[75]

공출 과정에서 행정관리들의 횡포와 자의적 처분이 많았고 건조나 공출비용을 핑계로 실제 중량에서 많은 양을 깎아 농민들에게 지급되는 공출대금을 축소했다. 그나마 수령한 공출대금의 상당 비율을 강제공제저축[천인저축]하도록 했는데 이 역시 자의적으로 이루어져 농민들의 불만이 많았다. 1년 농사의 결과를 강제로 공출당하면서 그 공출비용을 농민이 부담해야 했고, 공출대금도 저축이라는 명분으로 다 지급받지 못하는 상황이었기에 농민들의 불만은 커질 수밖에 없었다. 이는 쌀이나 기타 식량작물 공출과 다를 바 없는 상황이었다.

불합리하고 농민들의 일방적 손해를 감수해야 하는 공출에 비해 대마를 이용해 직접 베[마포]를 짜서 파는 것이 경제적으로 유리했다. 도시나 농촌지역 모두 옷감이 절대 부족해져 배급이 실시되었지만 수요에는 턱없이 부족한 상황이었다. 농촌지역은 배급이 이루어지지 않아 자가에서 직조하는 면포·마포를 직접 짜서 사용해야 했는데, "대마의 공판가격은 다른 작물 가격에 비해 저렴할 뿐만 아니라 마포로 직조해도 그 공정가격은 다른 직물류에 비해 현저히 싸기 때문에 대마를 공출하는 것보다 마포

---

[75] 警務局 經濟警察課, 「大麻供出ニ伴フ農民ノ言動」, 『情報週間展望』 제27집(1941.9.13).

로 짜서 암거래하는 것이 유리해 농가에서 매우 많은 양의 대마를 보유하고 있음에도 불구하고 공출을 기피하는 경향이 현저[76]한 실정이었다.

경상북도 영주군의 경우 1941년도 대마 재배면적은 72정 9단보, 수확 예상량은 단보당 20관으로 총 1만 4,078관이 예정되었는데, 도 당국에서는 수확예상량을 단보당 30관으로 대폭 상승시키고 그에 따라 총 수확량보다 많은 1만 7,000관을 공출할당했다. 지역에서 생산되는 총량보다 많은 양을 공출하기 위해서는 다른 지역에서 생산되는 대마를 구입해야 하는 무리한 상황이었다. 이에 1941년 8월 25일 현재 공출 수량은 겨우 1,000근(160관)으로 할당량의 1%에도 미치지 못했다. 이후 월말까지 영주군 관리의 공출 독촉 활동이 어떠했을지는 짐작할 수 있다. 군직원은 "현재 상황으로는 도저히 할당 책임수량 공출은 어렵다고 인식되어 극력 자가소비량을 삭감하고 공출시키도록 독려 중이지만 일반 농촌에서는 장래 순마(純麻) 제품 입수난을 우려해 자가소비에 충당할 수 있도록 피마(皮麻) 그대로 낡은 가마니 등에 넣어 온돌 아래 숨기고 그 자취를 은닉하는 등 모든 수단으로 공출을 피하는 경향이 있다"라고 했다.[77]

면화와 함께 대마는 여름철 농번기에 조선 농민들의 일상복·노동복의 재료인 삼베의 원료로 농민들의 삶에서 중요한 의류제품이었다. 그러나 상품 가치가 높지 않아 면화와는 달리 총독부의 정책 대상이 되지 않아 농민들은 필요에 따라 자유롭게 재배하고 소비하는 품목이었다. 전쟁 발발 이후 대마 역시 군수물자에 포함되면서 총독부 차원에서 증산계획

---

76 警務局 經濟警察課, 「大麻ノ供出狀況」, 『經濟治安週報』 제76집(1942.10.19).
77 警務局 經濟警察課, 「大麻供出ニ對スル郡職員ノ言動」, 『情報週間展望』 제27집(1941.9.13).

을 실시하며 이를 통제하고, 생산물에 대해서는 공출이라는 강제 매수를 실시해 농민들의 의생활은 상당한 타격을 입게 되었다.

3. 공출에 대한 농민 저항

조선의 식량 공출제도는 농민들의 생산물 판매 이익은 고사하고 필수적 식량소비도 어렵게 할 정도의 수탈성을 드러내며 전개되었다. 전시 총동원체제기 조선의 농업 생산통계는 '대체로 농촌진흥운동 시대에 편찬된 통계 숫자를 기준으로 하고 있어 일반적으로 과대 견적되었다'라는 것에 대부분 동의하는 실정이었다.[78] 이처럼 불완전한 조사에 입각해 결정된 각 도 공출량을 토대로 말단 각 농가에 할당되는 수량은 각 농가의 생산량에서 일정 보유량[소비량과 종자사료 등을 포함한 양]을 뺀 공출 가능 수량과 일치하지 않았다. 공출할당량을 맞추기 위해서는 농가의 소비량을 줄일 수밖에 없었다. 전쟁 전 1인 1일 1승(升)을 먹었다는 농가의 경우, 1일 4합(合)에도 못미치는 소비량을 기준으로 공출량이 결정되었다.[79] 이렇게 결정된 공출 수량을 채우기 위해서 농민들은 기아상태를 면치 못했고 그로 인한 공출에 대한 반감과 거부는 당연했다. 총독부도 조선에서의 공출이 일본으로의 이출량을 맞추기 위해 무리하게 강제적

---

78   水野直樹 編, 2000, 앞의 글, 28쪽.
79   大藏省管理局, 1946, 「戰爭と朝鮮統治」, 『日本人の海外活動に關する歷史的調査』 朝鮮篇, 第9分冊, 51쪽.

으로 시행되었음을 인정했다.

> 공출이 농민대중에게 불평을 사기에 이른 근본 원인 혹은 최대의 원인은 일본에서 1940년 작황이 심히 불량하고 쌀값도 올라 1941미곡년도의 1인 1일당 소비량을 2합 3작으로 하는 일본과 조선 양 당국 간 당초의 협정에 따라서는 도저히 그 년도를 넘기는 것이 곤란해 일본·조선 동시에 1인당 1일 소비량을 2합 1작으로 절하했는데, 조선에서는 4월 이후 7개월분의 잉여 수량을 일본으로 증송(增送)하는 것으로 협정을 고쳐 추가공출의 할당을 한 데 있다. … 이것이 제일선의 관청 및 농민 일반에서는 '정부는 재공출 할당을 하지 않겠다고 약속했으면서도 그것을 깼다. 그리고 이미 농가가 대부분의 쌀을 먹어버린 때에 할당하는 것은 도저히 그 수량을 확보하는 것이 곤란하다' 하여 심하게 격분을 사기에 이르렀다. 그러나 총독부는 일본에 대해 약속한 수량을 이출하지 않으면 안 되는 책무가 있고, 도·군도 또한 총독부로부터 할당받은 수량은 절대로 공출을 확보하지 않으면 안 된다는 결의하에 심하게는 죽창을 가지고 가택 수색을 하고, 농가는 농가대로 혹은 변소에, 굴뚝 아래에, 밭 가운데에 숨기는 식으로 음참한 공기가 지방 일대에 있어 살벌한 광경이 각 곳에서 전개되어 인심은 현저히 동요하기에 이르렀다.[80]

1940미곡년도부터 실시되었던 식량 공출제도는 절대량이 부족한 상태에서 식량의 적절한 수급과 분배를 위한 것이었음에도 전시 식량 공

80　大藏省管理局, 1946, 위의 글, 52쪽.

급기지로서의 역할이 부과되었던 조선에서는 조선 내 수급사정보다는 일본 이출과 군수 식량 확보를 위해 공출을 실시해 그에 대한 반발과 저항이 클 수밖에 없었다. 1942년은 조선 남부 지방과 강원도, 함경남북도 지역에 1939년 대가뭄에 버금가는 가뭄 피해가 발생해 쌀과 잡곡을 합한 전체 곡물 생산량이 1939년 생산량보다도 적었다. 그에 따라 1942년 10월 15일 현재 보리 공출 성적은 경북은 80%를 달성했지만 전남은 겨우 20%, 남선 평균 50% 정도였다. 밀은 황해도와 평안남북도에서 주로 공출되는데 그 역시 60% 정도에 머물렀다.[81]

이러한 상황을 반영해 1943미곡년도부터 '부락책임공출제'가 시행되었고, 실행 주체로서 부락연맹과 애국반·식산계를 이용했다. 평안북도에서 실시된 1942년 산미의 '미잡곡출하독려계획'에 따르면[82] 모든 농민을 애국반이라는 조직에 소속시켜 생산 과정부터 공출량할당, 공출에 대한 책임까지 부락민 또는 애국반원 전체가 연대책임을 지게 했다. 각 지방금융조합의 실행 단위로 증설되었던 식산계를 단위로 공출이 이

---

81 朝鮮金融組合聯合會, 1942.11, 「麥類集荷狀況停頓」, 『調査彙報』 34호, 36쪽.
82 공출량의 결정: 도-군-면-부락연맹에 할당하고 부락연맹은 각 애국반에 할당, 애국반은 반원회의를 개최해 주지한 공출의 확보를 계획한다.
    집하 장소: 애국반장 庭先(앞마당), 부락연맹이사장댁
    집하의 영수: 군·경찰·면의 직원 입회하에 애국반장이 수령
    집하물 보관: 애국반원이 교체로 번을 한다.
    공출의 칭량: 공출자와 애국반장이 입회한다.
    공출물의 운반: 반드시 애국반의 공동운반, 애국반장이 인솔하며 拔取가 없도록 주의
    독려 방법: 2월 3일부터 매일, 식료대책위원회, 독려위원회를 군·읍·면에서 개최하고, 2월 7일에는 애국반장회의를, 同日에 반상회를 개최한다.
    제재: 형편이 좋지 않은 자에 대해서는 바로 합법적 처분·제재의 수속을 할 것
    포상: 성적이 좋은 애국반에 소주·면포·고무신 등을 배포한다.
    (樋口雄一, 1998, 『戰時下朝鮮の農民生活誌 1939~1945』, 社會評論社, 41쪽).

루어지기도 했다. 식산계 단위로 공출을 하면 '농민들이 개인적으로 장거리 운반을 해야 하는 어려움, 농민들의 지식 부족으로 인한 벼검사의 불합격, 공출대금 낭비와 그로 인한 가정불화도 방지할 수 있다. 이를 통해 개인의 수고가 줄어 생기는 노력의 잉여를 다른 생산 노력에 활용할 수 있고 식산계 주사에게 일체의 책임을 지워 책임 관념을 기르고 공동일치의 정신을 배양할 수 있다'[83]라고 선전했다.

'부락책임공출제'는 효율성을 앞세워 농민간의 연대책임을 지워 서로 감시하고 통제하도록 하는 교묘한 농민 통제수단이자 공출 확보책이었다. 공출과 증산 활동에 관한 애국반의 활동은 각종 신문 보도, 잡지 등에 미담으로 기록되어 있다.

"강원도 김화군 근남면 사곡리 애국반장 황수만은 그 리의 본년도 (1942) 수확이 약 2할 감수하여 할당 공출이 상당히 곤란하다고 생각 '시국하 이것이라도 공출하지 않으면…'이라고 결심하고 먼저 미·잡곡의 암반출이 자주 일어나고 있는 주민에 대해 황씨가 중심이 되어 합의하여 반원들은 감시원이 되어 경계 … 할당 전량의 공출에 만전을 기하고 있다."[84]

"함경남도 흥남읍 송상리 정회(町會)장 東良太郎은 정내(町內)에 방치되고 있는 소택 3만 평을 간척하여 벼를 이앙하려고 생각하여 작년 봄부터 열심히 정회원에게 호소해 일부 반대자도 있었지만 단호히 솔선수범하여 배수·간척에 노력하고 애국반원의 근로봉사에 따

---

83 下脇光夫, 1943.2, 앞의 글, 92·95쪽.
84 「割當てもない貧農が進んで果す供出」, 『京城日報』, 1942.12.24.

라 제언을 만들어 작년 여름 1만 평을 간척하여 벼 20가마니를 수확했다."

"전남 보성군 회천면 벽교리 松村之午는 작년 한발에 7두락은 4분작 정도에 지나지 않았음에도 불구하고 3석의 공출 명령을 받고 전부를 공출하고, 또 同 부락 내 金雲采石 외 여러 명이 공출난에 있음을 알고 자기는 공출 완료했지만 부락 내 미공출자가 있다면 부락의 수치라고 자가소비로 공제하고 있던 벼 중에서 1석 2두를 미공출자분으로 보충 원조하여 부락 20여 호의 할당량을 완전히 공출했다."

"전북 임실군 임실면 이도리 이영대는 논 소작 2두락을 경작하며 딸 한 명과 빈곤한 생활을 하고 있는데 소작 2두락의 전수확량 3석에 대해 2석의 공출할당을 솔선 실행했지만 또 5두를 더 공출하고 자기는 오로지 대용식을 먹으며 절식(節食)에 노력하고 있다."[85]

조선총독부 차원에서 언론과 행정기구를 동원해 공출 확보를 위한 각종 선전과 행정적 지원책을 내놓았지만 대다수 농민들은 무리한 공출할당량에 다양한 방식으로 저항했다. 공출할당량이 과대했음은 공출을 강제하고 있던 경찰이나 총독부에서도 인정하고 있었다. 경상북도 경찰부장이 경무국장·각 도 경찰부장에게 보고한 문서(1942.9.8)에 따르면 "농촌 식량 부족은 … 공출할당 수량의 과대와 농촌 식량융통 불능 등을 주요한 원인으로 인정하는 바이다. 본년도(1942) 본도(경북) 맥류 공출할당에서는 생산량 106만 1,000석에 대해 44만 1,000석의 공출할당을 받았는바, 도 추산에서도 30만 6,200석의 팽대한 식량 부족을 간과하고

---

[85] 朝鮮總督府 情報課, 「食糧對策に關する美談」, 『通報』 134호(1943.2.15).

있는 바로 공출할당 과대 혐의는 명백하지만 …"[86]이라고 스스로 인정했다.

전라남도 장흥군의 경우도 "1944년 5월 보리 공출량으로 (남상면) 관지리(鸛池里)에 120석이 할당되었는데 그 수량을 공출하면 아사할 정도였다. 촌락에서 자체적으로 120석을 확보하지 못하면 집집마다 수색을 당하는 고초를 겪어야 했다"[87]고 이 지역 유생 일기에 기록되어 있다.

공출량의 과대 할당은 일본인 대농장의 경우도 예외가 없었다. 황해도 연해농장 사업보고서에 따르면 "당국의 수확 예상량은 실수량보다 대개 많아 수확 예상량에 기준한 공출할당량은 종종 실수량을 초과했다. 그러나 당국의 방침에 순응해 최대한 공출한다"[88]고 했다. 〈표 8〉의 연해농장 공출할당량과 실제 공출량을 보면 할당량에 비해 공출량이 면 전

〈표 8〉 황해도 연해농장(延海農場) 공출할당량과 실제 공출비율[1944]

농장명	할당에 대한 공출비율		비고
	면전체	농장전체	
송봉(松逢)	60 %	70 %	
부현(富玄)	60	70	
청계(淸溪)	60	70	
초양(草陽)	50	52	全收穫에 대한 공출실적은 71%
해남(海南)	48	53	全收穫에 대한 공출실적은 62%
용도(龍道)	80	85	
영양(迎陽)	72	87	
일신(日新)	80	80	

출처: 門田協之介(不二興業 企劃課長) 外, 『延海農場業務調査復命書』(1945.2).

---

86 樋口雄一, 1998, 앞의 책, 52쪽.

87 『定岡日記』1944년 5월 11일; 1944년 6월 6일(김영희, 2000, 111쪽에서 재인용).

88 門田協之介(不二興業 企劃課長) 外, 『延海農場業務調査復命書』(1945.2).

체는 60~70%, 농장은 70~80% 정도였지만 50%의 공출실적을 보인 경우에도 그것이 전체 수확량의 60~70%를 차지하는 양으로 공출할당량이 실제 생산량보다도 더 많았음을 알 수 있다.

이러한 과대 공출할당은 농민들의 공출 기피를 초래했다. "황해도 은율군 O田東駿은 1942년도 밀 수확이 2석 5두였는데 그중 1석 5두의 공출할당을 받아 5두만 공출하고 1석을 은율군 河本貞動에게 매각한 것으로 판명"되었고, "황해도 은율군 伊山釜O은 1942년도 밀 수확량 5석에서 공출이 4석 6두였지만 이것을 공출하지 않고 2석 8두를 신영O에게 매각한 것이 판명"되어 모두 경찰에 검거되었다.[89] 두 경우 모두 공출할당량이 수확의 60%, 90%에 달해 가족이 먹어야 하는 식량을 확보하는 것도 곤란했다. 이에 암거래를 통해서라도 높은 가격으로 판매해 다른 식량을 구입하고자 했던 것이었다.

농민들은 자신들에게 필요한 식량을 확보하기 위해 가능한 공출을 회피하고자 했다. 식량 공출을 기피해 은닉하는 방법으로는 ①온돌 구석에 이중벽, 밀실 등을 만들어 숨기는 것 ②항아리에 넣고 된장·간장·김치·장아찌 등으로 위장한 것 ③선반 위, 서랍 또는 옷상자, 취사장, 곳간(광), 변소 등에 은닉한 것 ④숯, 송엽, 짚 등의 속에 은닉한 것 ⑤외양간, 돼지우리 밑에 까는 짚 아래에 구덩이를 파서 항아리를 넣고 돗자리 등으로 덮은 것 ⑥산중에 은닉한 것 ⑦가택 내에 분산 저장하는 것 등이 있었다.[90]

이러한 농민들의 공출에 대한 저항에 총독부는 경찰과 관공리를 동

---

89 樋口雄一, 1998, 앞의 책, 46쪽.
90 警務局 經濟警察課, 「緊急食糧對策關係」, 『經濟治安週報』 제58집(1942.6.15).

원해 가택 수색을 하여 적발해 내었다. 농민들은 적발되어 식량을 뺏기면 강하게 반발하는 경우가 많았고, 이들에 대해서는 경찰력을 동원해 검거하고 형벌을 가했다.

"황해도 서흥군 용평면 金伸五(30세)는 공출할당 수량이 8석인데 공출량은 4석에 지나지 않아 경찰관, 면의 독려원이 창고 등을 조사함에 약 1석이 있고, 다시 외양간 구석에 2두 정도를 주머니에 넣어 풀로 덮어 은폐시킨 것을 발견해 종자용으로 7두를 남기고 8두를 공출하도록 하자 독려원의 면전에서 애써 지은 농작물도 스스로 처분하는 것이 불가능한 백성이 되는 것보다 노동해 식량을 배급받아 먹는 것이 훨씬 낫다는 자폭적 언사를 했다."

"황해도 朴明文(72세)은 밀 공출 수량 3석 중 7두 5승만을 공출하여 조사(수색)하니 밀 1석 2두 5승, 조 3석 5두, 녹두 1두, 보리 1두 3승, 밀가루 3두 3승을 발견하여 그중 밀 8두의 공출을 명하니 '무엇을 먹으라는 말인가, 이 8두를 내면 우리들은 굶어 죽으라는 것인가, 죽여 주시오! 굶어 죽는 것도 맞아 죽는 것도 죽는 것은 같다'고 폭언을 하며 독려원에게 달려들었다." [91]

무리한 강제적 공출에 대해 일선에서 집행하던 경찰이나 관공리도 단순히 식량 부족 문제가 아닌 치안상의 문제가 될 것이고 농업 자체를 포기하는 경우가 생길 것이라 우려했다. 경상북도 경찰부장 보고(1942.10.3)에 따르면 "경주군 양북면 용동리 구장 金原永錫은 … 공출할

---

91 樋口雄一, 1998, 앞의 책, 47-48쪽.

당에서도 벼베기(坪刈) 상황과 작년의 공출 상황을 참고해 공출할당을 결정하지만 작년의 미곡, 본년의 맥류도 공출 완납은 무리이고 할당 수량 완제를 위해 여러번 수색하고 공출하고 있어 보다 확실한 조사에 따른 공출할당 실시를 희망한다. 수회에 걸친 수색 때문에 불안을 느껴 염농 기분도 양성되고 면직원은 농민의 사정을 생각하지 않고 무리하고 있다 … 금후 강제적인 수사는 그쳤으면 한다. 농민의 불안은 결국 생산에 지장을 가져올 우려가 다분하다"[92]라고 했다.

경상북도 경찰부장의 또 다른 보고(1942.9.12)에서도 "맥류 공출 후에 농가 식량 사정은 극도로 핍박하여 이대로 가다가는 언제라도 불측의 사태가 발생할지 예측하기 어려워 치안상 우려되고 있는 상황으로 엄중 주시 중 … 경주군의 보리 공출 상황을 보면 각 부락마다 부락 집하를 철저하게 강행한 결과 농가가 가지고 있는 식량은 더욱 근소하게 되었다. 9월 2일 관하(경주군) 강서면 갑산리의 농가 76호 중 19호에 대해 생활 실상을 조사하니 가지고 있는 식량은 1호당 평균 3두로 금후 10일 정도를 지탱할 정도의 식량을 보유하고 있는 데 지나지 않아 농가의 식량 사정은 극도로 핍박하고 있다 … 공출로 인해 농가의 식량 사정은 그 극에 달해 언제라도 불측의 사태가 발생할지 예측하기 어려워 치안상 우려하고 있는 상황이다"라고 했다.[93]

일제의 농산물 공출은 식량과 의류작물, 가마니와 같은 농산품까지 망라해 이루어졌다. 1940년부터 1942년경까지는 생산량에 입각한 공출이 진행되었지만 1943년 이후가 되면 농민들의 식생활과 의생활을 이

---

92 樋口雄一, 1998, 위의 책, 49쪽.

93 樋口雄一, 1998, 위의 책, 50-51쪽.

어나갈 수 없을 정도로 가혹하고 폭력적인 형태로 진행되었다. 공출은 식량 및 농산물의 안정적이고 효율적인 수급 조절을 위해 실시한다고 했지만 식민지 조선인에게는 수탈과 폭력성, 굶주림을 떠올리는 대명사가 되었다. '공출과 징용'은 일제 조선 식민 지배의 마지막 결과물이었고, 그 트라우마는 식민유제로 남게 되었다.

전시 총동원체제기의 가혹한 공출에 대항해 농민들은 살아가기 위해 온갖 수단을 동원해 공출을 기피했다. 이 과정에서 농민들은 식민권력의 폭력성을 직접 경험하면서 염농(厭農)·반관(反官) 사상 나아가 전쟁 종결과 일제의 패망에 대한 염원을 갖게 되었다. 농민들의 고된 노동과 굶주림을 바탕으로 이루어진 식량 공출은 공출량의 상당부분이 일본으로 이출이나 군수용으로 충당되었으므로 조선 내 소비자에 대한 배급량 역시 점점 줄어들어 더 이상 전쟁을 뒷받침할 수 없는 한계에 도달하고 있었다. 일제의 패전과 패망은 피할 수 없는 길이었다.

제6장
식량 및 생필품 배급과 암거래

1. 소비 통제와 암거래 확산

1) 전시 소비절약 캠페인과 소비 통제

 1937년 7월 중일전쟁 발발로 가장 먼저 서민들의 일상생활에 영향을 미친 것은 생필품 가격의 폭등이었다. 먼저 일본에서 1937년 7월 14일「폭리취체령」을 개정 공포했고, 조선에서도 8월 3일「폭리를 목적으로 하는 매매의 취체에 관한 건」[1]을 개정해 26종의 물품에 대해 폭리를 목적으로 한 매점매석 단속, 정찰제 실시에 따른 물가 감시가 시작되었다. 이어 1937년 9월 10일「수출입품 등에 관한 임시조치법」을 공포해 수출입 제한과 수급관계 조정이 필요한 물품 및 원료로 만든 제품에 대해 통제할 수 있도록 했고, 9월 22일부로 조선 및 기타 식민지에도 적용했다.[2] 이와 함께 조선총독부에서는 관공리를 중심으로 우선 소비절약을 명령하고, 나아가 광범위한 소비절약 실행안을 강구하겠다고 밝혔다.[3]

 1937년 전쟁이 시작되면서 사회 전반적으로 구매 심리는 위축되고

---

1 「暴利ヲ目的トスル賣買ノ取締ニ關スル件」(부령 제98호, 1937.8.3), 『朝鮮總督府官報』 號外, 1937.8.3.

2 「昭和十二年法律第92號ヲ朝鮮,臺灣及樺太ニ施行スルノ件」(칙령 제515호, 1937.9.21), 『朝鮮總督府官報』, 1937.9.28.

3 「조선 내 8만 관공리에 물자절약을 명령, 무엇이나 앗기고 절약하는 게 비상시 국민의 의무」, 『每日申報』, 1937.9.8;「전시체제하 광범위 소비절약을 단행호, 이런 제한이 실시되는 날이면 외래품이 등귀된다」, 『每日申報』, 1937.10.9.

있었다.[4] 아직은 절대적인 물자 부족보다는 총독부 캠페인[물자절약]에 대한 관공리나 상층계급이 '눈치보기식'으로 소비를 자제하는 측면이 컸다. 그러나 향후 양모제품, 광목·옥양목 등의 면제품 같은 생활필수물자의 수입 제한으로 가격이 오를 것이므로 국산 대용품 사용과 소비절약을 각오해야 한다는 주장[5]이 나오는 가운데 실제 생필품 가격이 크게 오르고 있었다.[6]

일본의 중국침략이 장기전으로 돌입한 1938년 이후 후방에서는 강력한 소비 통제와 노동력 동원이 이루어지기 시작했다. 1938년 7월 7일 국민정신총동원조선연맹[이하 정동조선연맹]이 발족하면서, 관민 합동 각종 전시 캠페인을 전개했다. 정동조선연맹은 1938년 10월 '비상시 국민생활개선위원회'를 개최해 전시 생활개선안을 마련했다.[7] 그 개선안의 내용은 다음과 같다.

一. 매일 아침 황거요배를 하여 국체명징에 대한 관념을 굳게 할 것

---

[4] 「물건이 반밖에 팔리지 안어, 총매상고 5할감소, 미곡 柴炭等 필수품은 증가하고 양복과 사치품은 일률로 반감, 종로에 투영된 사변, 상가의 時局色」,『每日申報』, 1937.11.10;「사변영향속 년말상가, 구매력 현저히 감소, 그러나 일용필수품 수요는 의구, 총후절약의 견실상」,『每日申報』, 1937.12.19;「상가에 비친 非常色, 사치품과 요리업은 극히 한산, 완구와 위문용품은 도려 증가, 전체론 1~2할 감소」,『每日申報』, 1937.12.21.

[5] 「명년 3월 전후하여 물가는 폭등할 듯-수입제한이 가정경제에 미치는 영향」,『每日申報』, 1937.12.17.

[6] 「야채류 2할을 필두로 일용품 가격 앙등, 전년 동기 비해 9품종이 등귀, 주방경제 크게 공황」,『每日申報』, 1938.2.6.

[7] 「비상시국민생활을 위한 생활개선위원회, 각계의 권위를 망라, 구체안을 협의결정」,『每日新報』, 1938.10.26.

一. 남자나 여자나 새로 옷을 지어 입지 말고 될 수 있는 대로 헌옷을 고쳐입을 것

一. 남자나 여자나 국민복을 입을 것이며 가정부인들도 국상복을 입을 것

一. 음식은 간결하고 영양 있는 것을 주로 하고 채식을 할 것이며 백미를 식용하지 말 것

一. 부득이 술을 사올 때에는 국산으로 할 것이며 양주를 금할 것

一. 연회는 11시까지로 할 것이고 연회석상에서 술잔을 주고 받고 하지 말 것

一. 각 가정에서는 될 수 있는 대로 부엌을 깨끗이 할 것

一. 총후를 지키는 집 안에는 반드시 방공실로 쓸 수 있는 지하실 같은 것을 만들 것

一. 종래 대문 안에 두는 행랑을 없이 할 것

一. 연말연시의 증답품(贈答品)은 전폐할 것

一. 찾아온 손님에게는 간단한 차를 대접하며 술 같은 것으로 대접하지 말 것

一. 대단하지 않은 견송(見送)과 출영(出迎)을 폐지할 것

一. 음력을 폐지하고 양력을 사용할 것

一. 경제와 또는 풍교상 축첩은 유해한 것이니 이를 전폐할 것[8]

전쟁이 1년 이상 지속되면서 물자 부족과 그에 따른 통제는 강화될

---

8 「채식장려 백미금식 대문안 행랑을 폐지, 國體明徵 고조하야 전시생활규범 확립을 기도한, 생활개선의 답신안내용」, 『每日新報』, 1938.10.25.

수밖에 없었다. 그러나 이것은 시작에 불과했다. 1939년 봄부터 가뭄이 계속되며 흉작이 예상되자 이미 수입제한으로 어려움을 겪던 의류품과 더불어 식량 가격이 폭등하기 시작했다.[9] 1939년 7월 정동조선연맹에서는 '개인 자유주의를 배격하고 국민적·봉공적으로 생활태도를 각오하자'는 생활개선안을 마련했다. 매월 일정일을 '국민생활일'[10]로 설정할 것과 '국민생활제창요강'을 제정하고 실천항목으로 ①아침 일찍 기상 ②보국감사 ③대화협력(大和協力) ④근로봉공 ⑤시간엄수 ⑥절약저축 ⑦심신단련이 제시되었다.[11] 생활개선안의 구체적 실천 사항은 다음과 같다.

一. 국민생활일은 현재 조선에서 실시하고 있는 매월 초하룻날의 애국일로 하고 이날에는 전선의 황군 장병을 생각해 질소 검박한 생활을 하도록 적극 실시할 것

一. 음식점, 요리점 '마찌아이'의 영업시간은 좀 더 자숙자제하는 의미에서 단축시킬 필요가 있으며 또한 '네온사인'은 영업시간 외에는 절대 켜지 않도록 경무국에서 적당한 방법을 세워 단속할 것

一. 여자들의 '파마넨트, 웨이브'(電髮)는 시국에 비추어 도저히 용납할 수 없은즉, 총독부 사회교육과 안에 있는 부인문제연구회를

---

9 「한 가마에 17원 20~30전, 쌀갑 폭등 대중을 위협, 25일부터 공설시장에서도 소매가를 또 올렸다, 한 달 동안에 필경 이 모양!」, 『每日新報』, 1939.5.26; 「엄청나게도 올랏다, 평균 도매 5할4분 소매는 4할3분, 사변전후 도소매가 비교」, 『每日新報』, 1939.6.21.

10 매월 1일로 지정한 후, 1939년 9월 1일부터는 '興亞奉公日'로 개칭되었다. 1942년 1월 기존 '흥아봉공일'을 폐지하고 매월 8일을 '大詔奉戴日'로 지정했다.

11 「공사생활을 쇄신 전시태세화」, 『每日新報』, 1939.7.27.

통해 일반 여성사회에 이것을 통지해 스스로 절제하도록 하며 파마 영업을 하는 사람은 적당한 전업을 시키도록 할 것

一. 연회석상에서나 어떠한 장소를 불문하고 부득이 술을 사용할 때에는 절대로 권주를 하지 않도록 할 것[12]

식량 부족이 가시화되고, 장기전에 따른 물자 부족이 심해지자 총독부는 1940년 7월 「사치품등제조판매제한규칙」[13]을 공포해 사치품 제조는 7월 24일부터, 판매는 10월 7일부터 금지되었다. 이 규칙은 ①전쟁에 필요한 자재·노력·동력·연료 같은 것은 전쟁과 국민생활에 필요한 것에만 충당하고, 기타 생활과 거리가 먼 사치품 제조에는 쓰지 못하도록 할 것 ②국민생활에 불필요하고 급하지 않은 물건 즉 사치품을 사지 못하게 해서 남는 구매력을 저축과 공채 소비에 쓰도록 할 것 ③국민생활을 쇄신 긴장하게 하여 소박하고 간결한 전시 국민생활을 꾸미도록 할 것 ④규격외품의 판매를 금지하고 저물가정책으로 공정가격제도를 철저히 유지 단행하게 할 것"을 목적으로 했다.[14] 1940년 초부터 실시된 미곡 및 생필품, 의류품[면포·신발류]에 대한 배급제와 사치품 제한은 사치품 소비는 줄이고 생필품 소비는 최저한도로 한다는 것이었다. 그러나 문제는 생필품의 최저한도 확보에 있었다.

1940년 들어 일본 군부와 관료, 민간 우익세력들의 군국주의적 파시

---

12 「생활개선의 巨彈, 시간 외 '네온'소등 '電髮'은 自戒 권주는 불요, 초1일을 '국민생활일'로」, 『每日新報』, 1939.7.28.

13 「奢侈品等製造販賣制限規則」(부령 제179호, 1940.7.24), 『朝鮮總督府官報』, 1940.7.24.

14 「사치품 금지령, 제조판매제한규칙 전모」, 『삼천리』 12-8(1940.9.1).

즘체제가 강화되면서 정당 해산을 전제로 하는 이른바 '신체제운동'이 제기되어 1940년 10월 12일 '대정익찬회(大政翼贊會)'가 탄생했다. 이로 인해 기존 모든 정당은 해산되어 천황제 이데올로기에 따른 일국일당 체제가 만들어졌고 국민정신총동원운동 조직도 대정익찬회에 편입되었다. 이러한 파시즘적 정치·사회구조가 대두하면서 조선에서도 1940년 10월 16일 국민정신총동원조선연맹을 국민총력조선연맹으로 전환시키면서 국민총력운동[이하 총력운동]이 시작되었다. 총독부 및 각 도에 총력운동과를 설치하고, 국민총력운동지도위원회를 총독부 내에 조직했다. 정무총감을 위원장으로 관계국과장, 조선군관계관, 총력연맹 전무이사, 기타 위원으로 구성되었다.[15] 이제 총독부 주도로 전시 생활 및 각종 조직에 대한 통제가 강화되었다.

총독부는 '전시국민훈'을 만들어 국민총력연맹[애국반]을 통해 실천하도록 했다. 그 내용은 ①시국의 재인식과 전시의식 앙양 ②간결 생활의 강화 ③전시경제의 협력 강화 ④체위 향상이었다. 총독부는 조선인이 황국신민으로서 전쟁 인식이 부족하다며 '신상도(新常道)운동'을 전개했다.[16] 절대적인 물자 부족하에서 강제적인 통제는 서민들의 최저생활마저 힘들게 하여 '불법적'으로라도 생필품을 구해야 했고, 상인들은 시장을 통한 이윤 추구가 불가능해지면서 암거래[闇去來, 야미]와 다양한 경제범죄에 노출되었다. 민족적 차별 속에서 살아가야 했던 조선 민중들은 갑작스런 '내선일체'와 '황국신민화' 구호에 호응하며 전쟁을 위한 동원

15　國民總力朝鮮聯盟 編, 1945, 『朝鮮に於ける國民總力運動史』, 45쪽.
16　「新商道를 神前 선서, 오늘부터 상업도덕강조주간 실시」, 『每日新報』, 1941.8.20; 「수량과 배급에 '양심', 부내 3만 상인 신상도양양주간」, 『每日新報』, 1941.9.28.

과 희생에 동의할 수 없었다.

일상 소비생활의 주체는 여성[주부]이었다. 일제강점기 여성에 대한 교육이나 사회활동은 상당히 제약되어 있었는데, 전시하에서는 여성을 후방에서 어머니로서, 주부로서 전쟁에 협력하게 하고 나아가 부족한 노동력을 보충하는 보조 노동력으로 활용하고자 했다.[17] 조선에서도 1942년 2월 '부인계발운동'을 전개하며 운동 목표를 '부덕 함양, 자녀 육성, 생활 쇄신'에 두고 실천하도록 했다.[18] 전시 동원을 위해 공권력을 활용해 사회 각 단위에서 민중들을 조직화하는 파시즘적 사회구조가 형성되고 있었는데, 사회적으로 동등한 '시민권'을 인정받지 못하고 있던 여성들에게도 전쟁 협력이라는 의무를 강제하며 동원하게 된 것이다.

전시 총동원체제하 조선인의 일상적 소비생활은 일본 본토와 표면적·형식적으로는 비슷하게 진행되었다. 근로 애호, 사치적 소비 근절, 물자 절약, 생활개선, 준법과 도의 확립 등으로 표현되는 것이었다. 그럼에도 최저생활 확보라는 대전제를 지키지 못하는 가혹한 전쟁 수행은 '국민'되기를 거부하는 결과를 낳았다. 그나마 일본의 국민은 국가의 운명과 자신을 동일시할 수 있는 조건이 있었으나, 식민지 조선인은 '왜'라는 질문을 던지지 않을 수 없었다.[19]

---

17 전시하 일본 및 조선의 여성에 대한 계몽과 협력화의 실태와 의미에 대해서는 소현숙, 2006, 「'근대'에의 열망과 일상생활의 식민화-일제시기 생활개선운동과 젠더정치를 중심으로」, 『일상사로 보는 한국근현대사』, 책과함께; 후지이 다다토시 지음, 이종구 옮김, 2008, 『갓포기와 몸뻬, 전쟁-일본 국방부인회와 국가총동원체제』, 일조각 참고.

18 「전시 가정체제 정비, 3월부터 전선에 부인계발운동 전개」, 『每日新報』, 1942.2.7; 「婦德함양과 자녀육성 전시하의 생활쇄신, 일천이백만 부인계발운동을 전개」, 『每日新報』, 1942.2.18.

전시하 물자 부족에 대한 우선적인 대책은 소비절약[통제]이었다. 일제는 전시하 인플레 방지와 후방 민생의 안정을 위해 '저물가체제'를 유지하고자 했다. 수입의존도가 높았던 일본은 미국·영국 등 연합국의 금수조치와 수송력 부족으로 물자 수입이 원활하지 않게 되면서 물자 부족을 피할 수 없었다. 이에 생산자에 대한 원료 배급과 일반 소비자들의 소비 억제를 위한 생필품 배급을 통해 소비를 통제했다.

먼저 일본 정부와 조선총독부는 군수 식량 확보를 위한 식량 절약 방안을 마련했다. 1938년 국민정신총동원조선연맹에서는 절미운동으로 '① 백미(白米)에서 흑미(黑米)로 전환할 것, 즉 정백미를 6분 정도로 인하할 것 ② 쌀의 낭비를 극력 배제할 것 ③ 대용식의 철저화'라는 3목표의 실천 운동을 전개할 것을 결의했다.[20] 이러한 식량 절약은 과학과 합리성으로 포장되었다. 전쟁 과정에서 식량 부족으로 발생하는 참담한 현상을 제1차 세계대전 당시 전쟁국 국민들의 경험을 통해 알 수 있었으므로 미리 이에 대비해야 하고, 값싼 대용식을 이용하더라도 영양소를 생각하는 과학적이고 합리적인 소비를 해야 한다는 주장이었다.[21]

1939년 대가뭄 이후 패전까지 일본과 조선은 어떤 상황에서도 절미(節米)를 외치는 '절미의 시대'가 되었다. 1939년 8월 이후 대가뭄으로

---

19 이송순, 2011.8, 「일제말 전시체제하 '국민생활'의 강제와 그 실태–일상적 소비생활을 중심으로」, 『한국사학보』 44호, 320쪽.

20 「식량확보를 목표로 절미운동에 착수, 정동조선연맹에서 적극 활동」, 『東亞日報』, 1938.8.17.

21 「조선음식의 영양분과 대용식문제」, 『每日新報』, 1939.1.3·4; 「조선음식에 시험관, 성분 영양 특징을 조사, 국책선상에 등장! '맛'본위에서 '전시 활력소'로」, 『每日新報』, 1939.1.27.

인한 식량 감소가 가시화되면서 절미운동이 본격적으로 전개되었다. 정동 조선연맹과 총독부가 나서 혼식과 대용식을 장려하는 전국적인 국민운동을 전개했다. 정백미가 아닌 6분도미를 섭취하고, 잡곡밥·밀가루 떡·수제비 등의 대용식을 이용해 쌀 소비를 줄이자는 것으로 각 가정이 하루에 1합[150g]을 줄이면 연 50만 석을 절약할 수 있다는 것이다.[22]

총독부는 미곡 소비절약의 법적 강제를 부여하기 위해 「조선백미취체규칙」[부령 제175호, 1939.10.4]을 공포·실시해 7분도 이상 및 혼사미(混砂米) 판매를 금지했다. 이어 「조선미곡도정제한규칙」[부령 제207호, 1939.12.11]도 공포해 백미 판매 금지뿐 아니라 제조도 금지했다.[23] 총독부는 미나미 지로 총독까지 나서 총독부 구내식당에서 7분도미밥과 고구마밥을 먹는 퍼포먼스도 연출했다.[24] 절미캠페인과 쌀 절약은 이후 더욱 강도를 높이며 강제적으로 진행되었다.

1939년 대가뭄 대책으로 시작된 식량 소비절약 운동은 다양하게 전개되었다. 먼저 경성부나 각 도별로 한 달에 1회 내지 2~3회의 '대용식일'을 정해서[25] 그날은 음식점에서는 쌀밥을 팔지 못하게 하고 각 가정

---

22 「혼식과 대용식, 일대 국민운동으로 실천, 정동연맹이 구체방책 강구」, 『每日新報』, 1939.7.31; 「쌀을 6분 정도 전국적 절미운동, 작일 정동이사회에서 협의」, 『每日新報』, 1939.8.17; 「1일 1합식 절약하면 연 50만 석 엇는다, 생활개선과 절미운동」, 『每日新報』, 1939.8.17; 「쌀밥을 덜 지어먹고 밀까루떡도 해먹자, 쌀밥보다 이롭고 손쉽다」, 『每日新報』, 1939.9.9; 「쌀을 절약합시다, 점심에는 수제비를 뜨는 것도 조흔 한 방법」, 『每日新報』, 1939.9.21; 「전선적으로 절미운동전개」, 『每日新報』, 1939.9.23.

23 朝鮮金融組合聯合會, 1941, 『戰時下に於ける農業關係法令の槪要』, 30쪽.

24 「그 밥맛 참 조타!, 백악관의 3,000명 직원 총협력, 고구마밥으로 절미운동」, 『每日新報』, 1939.10.11.

25 「매월 10일 대용식날은 쌀밥을 못판다, 정동경기연맹서 결정」, 『每日新報』,

에서도 쌀밥을 짓지 못하도록 했다. 혼식 장려를 위해 아예 쌀과 보리·잡곡을 섞어서 판매하도록 했다.[26] 그럼에도 식량 부족으로 각지에서 매점매석이 행해지고 암거래가 나타나자 총독부는 쌀과 잡곡을 포함한 모든 식량에 대한 현재 보유량을 조사했다. 각 가정마다 현재 가지고 있는 모든 식량을 신고하도록 하고 위반 시에는 엄하게 처벌했다.[27] 이 조사를 바탕으로 경성부에서는 쌀 5석 이상을 가진 주민에게 절반을 내놓으라고 권고하는 등[28] 지주나 상층 계층에서 필요 이상의 많은 식량을 보유하고 있는 것을 강제로 환수해 식량 부족에 따른 사회적 혼란과 불만에 대처하고자 했다.

쌀 절약을 강제한다 해도 무조건 식사량을 줄이게 할 수는 없었으므로, 1인당 식량 소비량은 일정 정도로 유지하면서 쌀 사용량을 줄이는 방향으로 진행되었다. '흰쌀밥'이 아닌 '거친 밥'을 먹으라는 것으로 방법은 미곡 도정 제한, 혼식, 대용식이었다. 먼저 도정 제한 실태를 살펴보자. 1939년 10월 「조선백미취체규칙」을 통해 7분도 이상의 백미는 판매하지 못하게 해 흰쌀밥을 먹을 수 없게 되었다.[29] 이에 대해 정백미

1940.2.11;「경성부민의 대용식일 한 달에 2~3회 실시」,『每日新報』, 1940.3.9.

[26] 「쌀 한 말에 보리 서 되, 의무적으로 사야 한다」,『每日新報』, 1940.2.12;「팔 때부터 혼식장려의 묘안, 쌀과 보리를 한데 범벅」,『每日新報』, 1940.2.26.

[27] 「오늘 현재의 쌀과 잡곡 가진 대로 신고하라, 식량현재고신고령 금일 시행」,『每日新報』, 1940.2.28;「잡곡현재고 조사하여 자주적 식량책 확립, 4월 1일 전선 일제히 시행」,『每日新報』, 1940.3.6;「집집의 쌀 현재고 조사 전선적으로 실시 방침」,『每日新報』, 1940.3.9.

[28] 「쌀 닷 섬 이상 가진 사람은 반은 내여노라 권고, 부내 각서 관내 소유자를 초집」,『每日新報』, 1940.5.15.

[29] 「흰쌀밥의 식용금지는 정미소서부터 단행, 위반하면 1년 이하 징역 혹은 5천 원 이하 벌금, 府令으로 백미취체규칙 금일 공포」,『每日新報』, 1939.10.5.

는 전시에는 '사치스러운' 것으로 7분도미가 영양학적으로 좋지만, 상인들의 농간으로 7분도가 아닌 6분도·5분도미가 유통될 수 있다는 걱정도 있었다. 7분도미보다 질 낮은 쌀은 국민 건강에 해롭다는 것이었다.[30]

그러나 식량 절약과 영양의 균형에서 7분도미가 적절하다고 했던 주장은 곧 사라지게 되었다. 총독부는 1942년부터 5분도미를 배급하도록 했다. 7분도 이하면 건강에 문제가 될 수 있다고 했던 것과는 달리 5분도미는 밥빛은 좀 검어지나 영양에는 100% 효과가 있다고 선전했다.[31] 곧 이 5분도미마저도 사치가 되었다. 1년 후인 1943년에는 아예 도정하지 않은 현미식을 강요했다. 현미에는 영양분이 많으니 오래 씹어먹으면 보건 위생상 좋으며, 다소 맛이 적은 것은 전시이니 참아야 한다는 논리였다.[32] 어제의 말을 오늘 뒤집는 한 치 앞을 내다보지 못하는 총독부의 주장은 철면피와 같았으나 전쟁의 패색이 짙어지는 속에서 그런 체면을 생각할 여유도 없었다.

쌀의 도정비율을 낮추는 것과 함께 혼식을 강제했다. 1940년부터 식량 배급시 쌀과 잡곡의 비율을 6:4 → 5:5 → 4:6으로 낮추어갔고, 배급받은 쌀과 보리를 분리해 쌀만 먹고 보리는 모았다 싼값에 팔아넘기는

---

30 「7분도미 뒤에 오는 것은? 경계할 정미업자 7분 이하 내면 큰일, 5분·6분도미는 신체에 유해」, 『每日新報』, 1939.10.31.

31 「백미는 5분도로, 배급에는 斗量制를 重量制로, 충남에서 개정 실시」, 『每日新報』, 1942.1.23;「총후의 '食'奉公, 오늘부터 밥빗이 거머진다, 절미·보건·염가의 5분도 배급 개시」, 『每日新報』, 1942.3.26.

32 「절미운동의 방법으로 현미식을 勵行하자, 영양으로 백미보다 훨씬 조타」, 『每日新報』, 1943.3.25;「현미식 상용운동, 국민총력 황해도연맹에서 제창」, 『每日新報』, 1943.3.25.

경우가 있다며 아예 쌀과 보리를 섞어 배급하도록 했다.[33] 쌀과 함께 밥을 지을 잡곡도 조선인들이 상용해왔던 보리 대신 조·콩[만주산]·고구마·감자, 심지어 다시마[해초]까지 제공되었다.[34]

총독부는 백미 사용 금지와 혼식 장려를 강제하면서 실제 각 가정에서 식량을 절약하는 데 학교시스템을 활용했다.[35] 경기도 학무과에서 51교 2만 4,707명의 도시락을 검사한 결과, 백미 밥을 가져온 학생이 2,685명으로 약 10% 정도였는데, 이들 학생의 집주소를 조사해 경찰이 직접 집에 찾아가 엄중 경고하고 소유하고 있는 쌀의 양을 조사했다. 평안남도에서는 혼식하지 않는 학생은 등교하지 못하도록 했다.[36] 이처럼 절미운동은 캠페인 수준에 그치는 것이 아니라 경찰력까지 동원된 강제적인 것이었다. '백반(白飯)계급', '백미당'이란 말로 혼식 등 절미운동에 참여하지 않는 층을 비난하고, 백미를 먹는 것은 '비국민'이라며 배급에

---

33 「미6할, 잡곡4할로 혼식을 적극 장려, 대전서 아동의 점심도 조사」, 『每日新報』, 1940.2.4; 「미4할에 잡곡6할, 평남도서 혼식비율을 인상」, 『每日新報』, 1940.7.3; 「부민의 혼식률 강화, 3일부터 쌀 4할, 보리 6할」, 『每日新報』, 1940.8.4; 「팔 때부터 보리석거, 白飯食 방지 철저대책」, 『每日新報』, 1940.8.19.

34 「맥혼식 대신에, 甘藷혼식론이 대두」, 『每日新報』, 1940.11.2; 「무진장의 만주콩을, 혼식하면 미곡난 해결, 조선서 먼저 실시해 볼 듯」, 『每日新報』, 1940.11.16; 「혼식에 『조』『콩』도 등장, 그런데 먹는 방법은? 평남도연구」, 『每日新報』, 1940.12.17; 「훌륭한 절미식 잡곡대신 다시마」, 『每日新報』, 1942.6.10; 「주식물로 해초 등장, 150만 관은 쌀 4만 가마니에 해당하다, 함북서 적극 채취계획」, 『每日新報』, 1942.6.30; 「감자밥 쌀이 3할은 절약, 양분 보충은 부식물로」, 『每日新報』, 1943.2.26.

35 「학동을 통하야 혼식을 장려, 각가정에 적극 선전」, 『每日新報』, 1939.10.28; 「생도들 점심조사, 대구서 혼식장려책으로」, 『每日新報』, 1940.2.1; 「생도점심에 감시안, 인천부내 20개 초중교를 일제조사」, 『每日新報』, 1940.9.28.

36 「중학생 점심에 白米飯 다수, 학부형의 주소 조사, 經警과 협력 엄중경고」, 『每日新報』, 1940.4.20; 「혼식안는 학도들을 웨 등교시키는가? 평남 山路학무과장 학교장회의에서 엄달」, 『每日新報』, 1940.7.20.

서도 제외시켰다.37 대다수 조선인들은 자신의 의사와 상관없이 강제적으로 거의 도정되지 않은 쌀과 열악한 잡곡을 섞어 지은 거친 밥을 먹어야 했다.

이러한 상황도 1942년을 넘어서면서 '사치스러운' 것이었다. 제대로 된 쌀과 잡곡을 구하는 것이 어렵고, 배급되는 식량은 이른바 대용식이라는 것으로 채워졌다.38 1939년 말부터 밥 대신 죽으로 한 끼를 해결하자는 선전이 시작되었고, 1일 2식을 강요하기도 했다.39 그나마의 식사도 쌀이나 잡곡이 아닌 대용식을 활용하도록 해 여름철에는 참외가 대용식이 되었고,40 콩가루·밀가루로 만든 건빵이나 국수, 도토리묵이 대용식으로 활용되었다.41 농촌에서는 보릿고개에 초근목피가 식량이 되기도 했지만, 이제는 모든 국민이 먹어야 할 대용식에 야초를 활용하도록 했다.42 예전부터 흉년이 들거나 춘궁기에 활용하던 것이 일상의 식사를

---

37 「용서못할 白飯계층, 경기도서 엄벌책 협의」, 『每日新報』, 1940.8.10; 「식량대책 교란하는 白飯계급 적발, 경성부 엄중조사 개시」, 『每日新報』, 1940.8.13; 「白米상용은 비국민 無時로 가정조사, 발견되면 배급을 중지」, 『每日新報』, 1942.2.2; 「白米黨업나? 인천부에서 전격조사」, 『每日新報』, 1942.4.15.

38 전시 총동원체제기 조선인의 대용식 실태에 대해서는 이송순, 2008, 『일제하 전시 농업정책과 농촌경제』, 도서출판선인, 378-386쪽 참고.

39 「절미운동에 '죽'등장, 정동조선연맹에서 4백만 애국반에 혼식·대용식을 대대적 장려」, 『每日新報』, 1939.10.12; 「절미4훈! 죽식과 2식 실행, 철저히 저작하고 음주 자제하라, 신의주부에서 제창」, 『每日新報』, 1940.10.17.

40 「참외로 대용식, 식량대책으로 적극장려」, 『每日新報』, 1940.4.17; 「참외 대용식운동, 경기도서 일반에 장려」, 『每日新報』, 1942.8.8.

41 「生大豆粉과 건빵, 대용식으로 등장, 황해도서 공구알선」, 『每日新報』, 1940.7.29; 「먹자·대용식, 麥粉은 구입 적극장려」, 『每日新報』, 1941.7.31; 「대용식의 총아로 『도토리』한목, 식량확보에 주스라」, 『每日新報』, 1941.9.25.

42 「식봉공에 야초를, 의의깁흔 식용摘草會」, 『每日新報』, 1942.4.21; 「대용식물 채취

대신하게 되었다.

기존의 주식을 대신하는 대용식은 '과학', '영양학'으로 포장되며 만들어졌다. 콩, 밀·메밀, 옥수수, 감자를 가공해 만든 대두미(大豆米), 면미(麵米), 보미(寶米), 감자쌀이 제공되었고, 사료로 사용되던 정어리 부산물로 만든 핏쉬밀(fishmeal),[43] 흥아빵[44] 등을 영양식이라는 명목으로 제조해 대용식으로 사용했는데, 실제 음식으로 먹기 힘든 수준의 것이었다. 이러한 대용식을 한 달에 세 번[10·20·30일] '대용식일'을 정해 강제로 먹도록 했지만,[45] "양미(糧米) 절약도 좋고 대용식도 좋지만 절약에는 한도가 있고 대용식에는 가격문제와 영양문제가 있다"[46]라는 비판의 목소리가 커지고 있었다.

소비절약 캠페인은 자발적 참여를 바탕으로 하는 것이었지만, 실제는 행정력과 관변단체를 동원해 강제적으로 진행되었다. 그러나 확실한 소비 통제와 동원을 위해서는 법적·제도적 장치가 필요했다. 먼저 전시 물자 부족에 따른 가격 상승, 민생 불안을 막기 위한 가격통제를 시행했는데 생산에서 소비까지의 유통과정이 자유방임적으로 이루어진다면 가격통제는 제대로 이루어질 수 없었다. 이에 유통과정에서 매점매석과

장려, 연맹서 2천4백만 애국반원에 飛檄」,『每日新報』, 1942.8.19.

43 「전시의 식량에 一役, 사료를 식량으로 鍾紡서 핏쉬밀 활용의 대공장」,『每日新報』, 1941.12.8.

44 흥아빵은 '흥아봉공일에 먹는 빵'이란 뜻으로 재료는 밀가루, 콩가루, 海藻粉, 魚粉, 채소찌꺼기 등을 넣어 베이킹파우더도 넣지 않고 요상하게 쪄낸 것으로, 맛은 무시하고 영양 본위로 만든 것이라지만 가축 먹이에 가까웠다. 인간용 배합사료라 할 수 있다(齋藤美奈子, 2002,『戰下のレシピ-太平洋戰爭下の食を知る』, 岩波書店, 57쪽).

45 「부민에 절미를 강조, 한 달에 세 번의 절미일 설정」,『每日新報』, 1940.11.28.

46 金明植, 1940.1,「朝鮮經濟의 獨自性」,『朝光』6-1, 206쪽.

같은 투기적 거래를 방지하고 소비량 자체를 제한하는 배급 통제가 실시되었다. 배급제도는 국민들의 최저생활 확보와 군수 물자동원이라는 두 마리 토끼를 잡기 위한 방식으로 제기되었다. 이는 사치적 소비는 줄이고, 생필품 소비에서는 최저생활을 확보하는 '균등한' 분배라는 논리에 따른 것이었다. 그러나 배급의 긍정성이 최대한 발휘되기 위해서는 제도의 완벽한 운영이 전제되어야 한다. 전쟁이 진행되면서 물자 부족이 심각해졌고 배급량도 감소되었다. 또한 배급 과정에서 담당자들의 부정부패, '정실배급', '이중배급' 등의 문제가 일어났고, 암거래도 막을 수 없었다.

2) 암거래[47] 확산

평시의 재화나 용역의 거래는 수요공급 원칙에 따라 가격이 결정된다. 그러나 전시하에서는 군수 조달을 우선으로 하면서 생필품 같은 소비재는 공급 탄력성이 떨어져 수요 증가에 대응하지 못해 물가가 상승한다. 이에 전시 경제통제는 먼저 가격[물가] 통제로부터 시작되어 정책적으로 이른바 공정가격을 결정해 강제적으로 실행되었다. 그런데 전쟁이나 큰 재해 등으로 물자 공급이 크게 감소하면 공정가격을 넘어서서 재화나 용역이 비싸게 거래되는 비공식(informal) 시장이 형성된다. 이것을 암시장이라 하고 암거래가 이루어진다.

전시 총동원체제기 조선의 물가 상승률은 일본보다 심했다. 〈표 1〉과

---

47 암거래(闇去來)의 '闇'은 일본식 한자 표기로서 일본어 やみ에 해당한다. 한국의 한자 표기로는 '闇'은 '暗'으로 된다. 이 책에서는 일본식 한자 표기인 '암거래'로 표기한다.

〈표 1〉 전시체제기 동아시아 주요 도시 도매물가[공정가격] 지수

	도쿄	경성	臺北(대만)	長春(만주)	北京(화북)	上海(화중)
1936					100	100
1937. 6	100	100	100	100		
1937.12	101	104		100		
1938.12	108	123	112	125		141
1939.12	133	151	126	159	261	226
1940.12	132	157	140	198	409	567
1941.12	146	164	146	208	518	1,650
1942.12	151	173	150	232	817	3,399
1943.12	164	193	168	254	1,382	11,066
1944.11	185	216		336	4,622	94,170

출처: 羽鳥敬彦, 1983,「전시하(1937~45년) 조선에서의 통화인플레이션」,『식민지시대 한국의 사회와 저항』, 백산서당, 209쪽.

같이 공식물가상으로 1937년부터 1944년 말까지 도쿄 물가는 1.85배 증가에 그친 반면 조선은 2.17배 증가했다. 주요 원인은 첫째, 만주·북중국 지역의 물가가 조선보다 훨씬 높아 이 지역에 합법·탈법·비합법적으로 물자가 수출되었기 때문이다. 물자가 만주·북중국 지역으로 유출되자 조선의 물가는 오를 수밖에 없었다. 둘째, 조선의 가격통제는 인플레 방어의 역할이 주어지면서 그 실행 과정에서는 행정기관과 관련 경제단체를 통해 말단까지 강력하게 실행되었다. 이에 일본 본토의 생필품 시장가격[암가격]이 조선의 공정가격을 상회하는 것이 많아 생필품이 일본으로 역이출되는 현상이 발생했고 일본 상품의 이입은 감소했다. 이에 조선의 물자 수급은 더욱 어려워지면서 물가가 올랐고 결국 공정가격도 파탄나게 되었다.[48]

---

48 全國經濟調査機關聯合會朝鮮支部 編, 1940,『朝鮮經濟年報』(昭和15年版), 改造社,

전쟁의 장기화와 확대로 물자 부족이 심화되자 1939년 '가격등통제령' 시행으로 이른바 '9·18가격'이라는 공정가격제도를 실시해 물가 상승을 인위적으로 제한했다. 그럼에도 통화량은 증가해 '억제된 인플레이션' 현상을 낳아 물가통제가 강화될수록 가격통제를 받는 공식시장과 자유가격이 형성되는 암시장 간의 가격 격차가 커지게 되고, 공식시장으로의 상품 공급이 감소되는 결과를 낳았다.[49] 점점 암시장에 대한 수요는 증가했고 총독부 통제정책에 대한 불만은 커져갔다.

　　1939년 대가뭄을 계기로 농산물 공급이 감소했고, 기타 생활필수품 역시 공급이 감소되고 있었다. 절대적인 물자 부족에 대처하기 위해 주요 농산물 공출과 생필품 배급이 실시되었다. 그러나 수요에 비해 공급량이 절대적으로 부족했고 배급기구도 제대로 정비되지 않아 일반 민중들의 물자 부족에 대한 체감도는 매우 컸다. 1941년 전남 나주군 남평면 소학교 아동 116명을 대상으로 물자 수급관계에 대해 조사한 결과는 다음과 같다.[50]

문: 물품에는 부자유한 것이 있는가
답: 고무화와 면직물과 비료가 없어 곤란　　　　　　82명
　　가마니(叺)를 짤 짚이 부족　　　　　　　　　　3명
　　석유가 부족하여 곤란　　　　　　　　　　　　11명

　　95-96쪽.
49　金東昱, 1994, 「1940~50년대 한국의 인플레이션과 안정화정책」, 연세대학교 경제학과 박사학위논문, 26쪽.
50　警務局 經濟警察課, 「童心ニ映シタル經濟現象」, 『情報週間展望』 제5집(1941.4.12).

설탕이 없어 곤란	6명
타올이 부족하여 곤란	5명
연초(담배)가 부족하여 곤란	9명

문: 전쟁이 시작되어 제일 곤란한 것은 무엇인가
답: 제일 곤란한 것은 면포와 비료, 고무화 부족   43명
    물품을 싸게 사지 못하는 것이 곤란   32명
    물가가 높은 것이 곤란   25명
    철류의 물품이 없는 것이 곤란   16명

문: 부락에서 제일 많이 이야기가 되고 있는 것은 무엇인가
답: 빨리 전쟁에서 이겨 편안한 생활을 하는 것   6명
    전쟁이 빨리 끝나 물품을 싸게 살 수 있는 것   11명
    미국과 전쟁이 시작되었다는 것   12명
    가마니짜기(叺織)가 곤란하다는 것   23명
    고무화, 비료, 면포를 구할 수 없다는 것   61명

농촌지역에서 아직 식량은 잉여 수량에 대한 공출이 이루어지는 단계여서 크게 문제되지 않는 상황이었지만 신발·옷감 등 생필품 부족이 심각했다. 농업생산에 절대적으로 필요한 비료와 농가부업으로 현금 수입원이자 공출 대상품목이기도 했던 가마니의 재료[짚, 藁] 부족으로 농가 경제의 수입과 지출 모든 면에서 어려운 상황이 전개되고 있었음을 알 수 있다. 특히 면직물 등 기본적인 의료품(衣料品)은 어떤 상황에서도 필요한 것이었으므로 배급량 부족은 암거래를 통해서라도 보충할 수밖에 없었다. 1942년 생필품 공급 상황을 보면 타올[일반 민수용]은 전체 수요량의 40%, 작업용 신발은 60%, 메리야스 내의는 66%, 양말은

45%, 면직물은 24% 정도만이 공급되고 있었다.[51] 그나마 총독부 추산 수요량은 '최소한의 수요'였기 때문에 그 부족 실태는 더욱 심각했고 이런 상황은 시간이 갈수록 더욱 열악해졌다.

물자 부족사태는 결국 광범위한 암시장을 형성했다. 수요에 비해 공급량이 감소하면 할수록 암가격은 더욱 상승할 수밖에 없었다. 암거래가 본격적으로 문제시된 것은 1939년 '9·18가격 정지령'이 실시되면서부터였다. 당시 "소학교 1학년생조차 운동화 한 켤레를 사는데 '야미'가 없이는 안 된다는 것을 중얼거릴 만치 '야미'라는 술어는 자유경제로부터 통제경제로 옮아가고 있는 우리나라 전국민의 입을 통해 들려오는 입버릇이 되었다"[52]고 암거래['야미']가 광범위하게 발생하고 있는 상황을 말해주고 있다.

〈표 2〉는 1940년 1월 현재 암가격인데 공정가에 비해 최고 2.5배인 경우도 있었지만 대체로 1.2배(20%) 정도로 암가격이 형성되고 있었다. 1940년 7월 조선은행에서 경성의 암거래 가격을 조사한 바에도 공정가와 암가격 차가 가장 많이 나는 품목은 의복 및 섬유·유사품[광목·양말·타올류 등]으로 22.7%였고, 식료품 중 소채류가 19.3%, 쌀·잡곡류가 15.8%였다.[53] 암가격이 공정가의 1.3~1.2배 정도로서 아직은 큰 차이를 보이지 않았다.

1940년경까지는 암가격과 공정가격의 차이가 극심하지 않았으나 암

---

51 李庭植, 1992,「日帝末期 병참기지화정책의 遺産」,『水邨 朴永錫敎授華甲紀念 韓國史學論叢(下)』, 464쪽.
52 柳奧台, 1940.11,「闇取引夜話」,『朝光』6-11, 165쪽.
53 「경성 闇시세의 정체, 신고가보다 최고 2할2분강, 조선은행에서 조사결과 발표」,『每日新報』, 1940.9.26.

〈표 2〉 1940년 조선의 공정가격과 암시장 도매가격 비교[1940.1]

지역	품목	공정가격	암시장가격	배수
수원	성냥(1상자)	10전	14전 5리	1.5배
	설탕(1근)	27전	32전	1.2배
	三A면포(30%혼방)	308원 80전	520원	1.7배
청주	설탕(1근)	30전	40-45전	1.3-1.5배
	목장갑	15전	20-30전	1.3-1.5배
충주	벼(1근)	11.83전	13.5-14전	1.2배
	7분도미(1석)	40원 90전	43-55원	1.3배
논산	쌀	4원 20전	4원 60전	1.1배
	면조포(綿粗布)(1필)	17원 20전	22원	1.3배
철원	벼(1두)	10전 2리	12전 45리	1.2배
전주	고무화	1원 16전	3원	2.6배
군산	콩(1석)	32원 66전	36원	1.1배
	쌀보리(1석)	28원 93전	34원 50전	1.2배
	조(1석)	33원 13전	35원 60전	1.1배
광주	전품목	-	-	2.5배
김천	조포(粗布)	17원 20전	27원 40전	1.6배
	성냥	29전	50전	1.7배
	고무화	98전	2원 50전	2.6배
진주	현미(1석)	42원	46원	1.1배
	조포(1反)	15원 44전	30원	1.9배
평양	조포	17원 20전	26원	1.5배
	목장갑(1打)	2원 40전	3원 50전	1.5배
진남포	땔감(100관)	11원 40전	13원	1.1배
	목탄(1俵)	2원 10전	2원 54전	1.2배
	고무방한화	3원 50전	4원 50전	1.3배
	된장(大罐)	3원 80전	6원 80전	1.8배
신의주	선철(1통)	320원 33전	500원	1.6배
함흥	벼(1근)	10전 6리	14전	1.3배
성진	주류	64원	75원	1.2배
	전분	17원	20원	1.2배
	설탕	14원 10전	16원	1.1배
회령	조포	17원 20전	27원	1.6배
	목장갑	2원 40전	3원 50전	1.5배
	사릉(四綾)	14원 50전	22원	1.5배

출처: 朝鮮殖産銀行調査部, 1940, 『地方經濟狀況調査報告』.

거래는 매우 광범위하게 이루어지고 있었고 그에 대한 경찰의 단속도 철저하고 엄격했다. 총독부는 1938년 11월 3일 경무국 경무과 내에 '통제경제의 운영, 특히 물가 단속과 물자 조정을 전담하는 경찰'인 경제경찰을 설치했다.[54] 경제경찰의 활동은 창설 초기 1년간은 '지도방범주의'를 채택해 계도한다는 입장이었다. 점차 경제통제가 강화되면서 이를 위반하는 경우가 증가하자 총독부는 1940년 7월 '전선경제계검사회의'를 개최해 경제경찰 기구를 확충함과 동시에 단속 방침을 '검거강압주의'로 전환했다.[55] 이에 따라 암거래를 포함한 이른바 경제사범이 경찰에 검거되거나 검찰에 기소되는 비율이 매년 증가했다.

〈표 3〉에 따르면 검거강압주의 방침에 따라 경찰에 적발된 경제사범들은 적발 장소에서 즉시 훈계받고 풀려나는 유시(諭示) 건수보다 검거되는 건수가 점차 많아졌다. 검거된 건수 중에서는 즉결 처분이 가장 많았고 검찰로의 송국(送局) 비율은 감소했다. 이것은 강력한 처벌 방침으

〈표 3〉 경찰에 검거 및 유시(諭示)된 경제사범[1941~1943년 각 상반기]

(단위: 명)

	검거				유시(諭示)
	즉결	훈계방면	송국(送局)	합	
1941(1-6월)	2,418(49.8%)	1,092(4.4%)	1,401(45.8%)	4,911(42.6%)*	3,550(57.4%)*
1942(同)	6,215(53.6%)	1,530(5.1%)	2,495(41.3%)	30,240(49%)	31,488(51%)
1943(同)	5,264(62.8%)	1,908(4.7%)	3,029(32.4%)	40,201(57.7%)	29,496(42.3%)

출처: 法務局, 1943, 「昭和十八年 自一月至六月 經濟犯罪の槪要」, 『經濟情報』 5·7-8쪽.
비고: 1) 즉결, 훈계방면, 送局의 ( )비율은 검거인원 합계에 대한 비율
   2) 검거 합계와 諭示의 ( )*비율은 전체 경제사범 인원에 대한 비율

---

54 김상범, 1998, 「일제말기 경제경찰의 설치와 활동」, 『일제의 조선침략과 민족운동』, 국학자료원, 111쪽.
55 朝鮮總督府 情報課, 「闇を絶滅せよ」, 『通報』 91호(1941.4.18), 11쪽.

로 가벼운 범죄에도 훈계 방면보다는 구류·과료·벌금 등의 처벌을 가한 것이었다. 이러한 처벌 강화 방침에도 불구하고 검찰로의 송국 비율이 감소한 것은 대규모이거나 악질적인 범죄보다는 생활범죄 성격이 강한 경범이 많아졌음을 보여준다.

전시 총동원체제기 암거래는 두 가지 범주로 나누어 볼 수 있다. 첫째, 일부 상인이나 브로커들이 물자 부족을 계기로 폭리를 취하기 위해 공정가격을 무시하고 암가격으로 매매하는 것이다. 이러한 암거래는 매매 차익을 통한 폭리를 얻으려는 '경제적 동기'에 따라 비교적 대규모로 이루어졌다. 일본에 비해 배급 품목이 한정되고 배급통제기구가 완벽하게 정비되지 못한 조선의 상황을 이용해 브로커나 도매업자들이 공업물자나 옷감 등 대규모로 보관·유통이 가능한 품목을 암시장을 통해 사들이고 되파는 암거래를 통해 큰 이익을 챙기는 경우였다. 이들은 공정가격과 암가격과의 차이를 통해 폭리를 취하는 것으로 유통 범위도 만주나 북중국 지역으로 밀수출입, 일본과의 밀이입출을 마다하지 않았다. 아래의 경우는 전선(電線), 옷감에 대한 매점매석, 일본으로 밀이입, 암거래를 통해 폭리를 취한 사례이다.

"1942년 4월 충북 제천에서 적발된 전선(電線) 부정매매사건이다. 당시 전선류의 부족이 심각한 상황에서 각종 시국산업의 발흥과 방공시설의 신설 등으로 수요가 더욱 증대하자 업자 중에는 가격을 도외시한 채 입수에 광분하여 지정가격의 2배 내지 10배의 암가격으로 거래한 것으로, 판명된 거래 총액은 약 1,000만 원, 초과액 약 300만 원에 이르고 관계 피의자도 조선 내 거주 업자 118명과 일본 각지 도매상인으로부터 초과 구입하였기 때문에 일본업자 112명이 관련

된 사건이었다."⁵⁶

"金本慶培(34세)는 1943년 1월경부터 경기도 수원군 수원읍 영정(榮町)에서 직물 중간도매상을 경영하고 있었는데 최근 직물류가 점차 품박하게 되어 소매상은 그것을 사들이는데 광분하고 있는 것을 틈타 직물류의 암거래로 거리(巨利)를 얻을 것을 생각해 1943년 9월부터 1944년 3월까지 공정가격으로 사들인 교직(交織) 소매속지 대폭(大幅) 소폭(小幅) 합계 7,827反을 공정가격을 5만 4,000여 원 초과한 28만 5,900여 원에 판매했다."⁵⁷

경제경찰의 단속에 걸리면 기소될 정도의 '악질'적 암거래로 규정된 수천 원에서 백여만 원이 넘는 대규모 암거래는 공산품에서 점차 수요가 많은 생필품으로 바뀌어갔다. 이러한 거래에는 하층민, 농어민, 제조업자, 관공리 및 배급통제단체 직원, 군수공장 노동자, 운수업자 등 다양한 계층에서 통제의 경계를 아슬아슬하게 피하면서 배급물자를 암시장으로 유입시켰고, 자본이 많은 상인이나 브로커들이 이를 수집해 암시장의 영세상인·노점상·행상 등을 활용해 소비자에게 되팔면서 막대한 이익을 챙겼다. 배급이라는 통제를 역이용해 일부 대형 암상인은 오히려 자본을 축적하며 성장하기도 했다.⁵⁸

둘째, 생존에 필수적인 생필품을 구할 수 없어 위험을 무릅쓰고라도

---

56 法務局, 1943, 「朝鮮に於ける經濟統制竝に其の違反の現狀に就て」, 『經濟情報』, 248쪽.
57 高等法院 檢事局, 1944.6, 「織物類多量の闇取引」, 『朝鮮檢察要報』 제4호, 28쪽.
58 이은희, 2014.6, 「1940년대 전반 식민지조선의 암시장-생활물자를 중심으로」, 『동방학지』 166집, 284-285쪽.

필수물자를 구입하려는 민중들의 생존권 차원의 암거래이다. 소규모의 암거래는 물자 부족과 통제로 각 개인이 자신이 필요로 하는 물자를 적정하게 구입할 수 없는 상황에서 생존이 무엇보다 중요한 요인이었다. 이러한 암거래는 행상·노점상 등 소규모 영세상인이나 농민, 일용노동자와 같은 도시 빈민층에 의해 이루어졌다. 앞에서 살펴본 바와 같이 큰 자본을 바탕으로 브로커나 대형상인들이 단돈 한 푼이나 당장의 끼니를 위해 '불법적 행위'도 마다할 수 없었던 하층민들을 이용하는 경우도 있었지만, 개별적인 소규모 암거래를 통해 삶을 이어가고자 하는 경우가 많았다. 이에 상대적으로 단속을 피하기 쉬운 여성들이 암거래에 나서는 경우가 많았고, 배급표 자체가 암거래되거나 배급 과정에서 초과 수량을 취득해 다시 암거래를 하는 등 방법은 다양했다.

> "최근 남자 행상인의 암거래는 비교적 감소했지만 여자 행상인은 항상 시골을 드나들고 또 내방(內房)에서 부녀자를 대하는 관계상 단속의 눈을 피하는 것이 비교적 쉽기 때문에 여자 행상인이 현저히 증가하고 있다. 도매상인으로부터 1회에 수백 원의 옷감류, 화장품 등을 몰래 사들여 시골의 무지한 부녀자를 상대로 공정가격 이상으로 현금 또는 곡류로 교환 판매하여 폭리를 얻는 경향이 있다(전라북도)."[59]

> "근래 경제경찰의 단속은 날마다 강화되어 점포에서 상품의 암거래는 쉽게 감행하기 어려워 최근 각지의 빈민계급은 애국반장으로부터 교부받은 통제물자의 배급표(일반인들의 생활필수품인 고무화·면

---

[59] 警務局 經濟警察課,「女子行商人ノ闇取引」,『情報週間展望』제14집(1941.6.14).

포 등)를 유산계급, 기타 필요자에게 표에 기재된 상품의 공정가격 이상으로 파는 배급표의 암거래가 성행하고 있는 모양이다(경상북도)."⁶⁰

이러한 암거래에 경찰은 '일벌백계(一罰百戒)의 중벌주의(重罰主義)'를 내세우며 단속 처벌했다. "① 행상에게 폭리를 얻을 목적으로 계란 440개를 매점한 일용노동자[징역6월] ② 오이·기타 야채류 120관을 공정가격을 초과한 가격으로 팔아 대금 100원 50전을 부정 수령한 야채행상인[징역4월] ③ 길가에서 바나나 25관을 공정가격을 초과한 가격으로 팔아 대금 100원 58전을 부정 수령한 과일행상인[징역8월]"⁶¹이 단속되었다. 특히 행상인, 노천상인들을 암거래 발생의 진원지라 보고 강력히 단속했다. "그들은 모두 무허가이고 밥상의 파리처럼 쫓을 때는 버스로 도망갔다가 또 어디로부터 모여든다. 경찰력만으로는 한계가 있다"⁶²고 토로했지만 엄중한 단속을 피해 암거래를 하려다 목숨을 잃는 경우도 있었다.⁶³

---

60 警務局 經濟警察課,「切符ノ闇取引」,『情報週間展望』제39집(1941.12.6).
61 法務局, 1943, 앞의 글, 250쪽.
62 法務局, 1943,「各檢事局經濟事犯槪況報告; 淸津地方法院 檢事局」,『經濟情報』, 64쪽.
63 "함경남도 신흥군 동상면 광대리 노귀정(여, 43세)은 이곳이 감자전분의 산지로 그것을 부정 반출하려고 전분 1斗를 가지고 신흥역에서 승차해 함흥으로 향하던 도중 풍상역에 도착해 이곳 경찰서의 단속이 엄하다는 것을 미리 들어 알고 역 단속경찰관의 검색을 피하려고 일단 하차해 급수장에 숨었다가 발차할 때 다시 승차하려 했으나 지면의 결빙으로 발이 미끄러져 궤도상에 넘어져 빠져서 출발하는 열차에 다리가 절단되는 중상을 입었다"(警務局 經濟警察課,「食糧品不正搬出者ノ奇禍」,『經濟治安日報』제26집(1942.1.29)). "해주부 동예리 高山承福(40세)은 같은 마을 부녀자

생필품 확보를 위한 절박한 상황은 "춘천에서는 식량이 적어 암거래가 이루어지는데 그 방법은 부인이 아이를 등에 업고 가는 것처럼 해서 운반하는 경우가 많아 모(某)순사가 아이를 업고 가는 부인을 보고 몰래 운반하는 것이라고 칼을 뽑아 찔러 아이가 죽었다", "경성에서는 식량의 암거래가 성행하고 있는데 사체를 운반하는 것처럼 꾸며 식량을 몰래 운반하고 있다"는 등의 유언비어가 돌았다.[64] 과장된 측면이 있을 수 있으나 이 시기에는 "사실이라도 말하는 것이 유언비어"[65]라고 총독부 스스로 인정할 정도였으므로 당시의 상황을 짐작할 수 있다.

물자 부족과 배급 통제하에서 대자본을 이용해 폭리를 취하려는 '경제범죄'도 있었지만 절대적 빈곤과 배고픔은 민중들의 '도덕적 해이'를 촉발시켰다. 당시 일본과 조선의 암거래 상황을 보면 일본의 경우 1943년경 이욕(利慾)과 준법정신 결여에 기초한 악질적인 것이 전체의 80%를 점하고, 법규를 잘 모르거나 생활난에 기인하는 것은 10%에도 달하지 않으며, 또한 누범의 증가 경향이 있다고 지적했다.[66] 조선에서도 1940년 이후 매년 암거래 단속으로 처벌되는 건수가 증가했고 엄벌주

8명과 함께 해주항 대안의 벽성군 동강면 내의 각 농가를 돌며 잉여 백미를 사들여 해주부내에 가지고 들어가 전매하고자 했다. 이에 백미 1斗의 공정가격이 4원 71전임에도 불구하고 1斗에 19원씩 여기저기서 사들여 합계 1석 5두를 매집해 배삯 1인당 2원씩을 지급하고 4인승 돛단배에 전원이 올라타 해주항으로 향하던 중 풍랑으로 배가 전복되어 선주와 부녀 7명이 익사했다"(高等法院 檢事局, 1944.5,「闇賣女群の遭難溺死事件」,『朝鮮檢察要報』제3호, 28쪽).

64 朝鮮總督府 警務局 秘, 1943,『昭和17年版 朝鮮不穩言論取締集計書』, 117쪽.
65 「준법강조운동실천좌담회, 줄지않는 경제사범, 사실이라도 말하는 것은 유언비어」,『每日新報』, 1942.11.10.
66 加藤秀俊 外, 1985,『昭和日常生活史 1』, 角川書店, 274쪽.

의에 따라 사소한 것이라도 처벌했지만 오히려 기소 건수, 높은 형량을 받는 비중은 감소하고 있음에서 생활과 관련된 경범이 많았다고 볼 수 있다(〈표 3〉 참조).

전시 총동원체제기 생존을 위해 목숨을 걸고서라도 통제의 틈새에서 암거래가 이루어지는 등 경제사범이 증가하자 총독부에서는 각종 캠페인 및 선전을 통해 이를 막고자 했다. 총독부는 조선총력연맹을 앞세워 1941년 8월 21일 '신상업도덕확립주간'을 선포하고 '상업보국(商業報國)', '명랑거래' 등의 슬로건을 내세우며 매점매석이나 암거래를 박멸할 것을 선전·독려했다.[67] 1942년의 '준법강조운동'(11.6~16)은 전국적으로 유언비어를 단속하고 경제사범을 '절멸'시킨다는 것이었다.[68] 1943년에도 '준법강조운동'(11.8~18)이 실시되었고,[69] 1944년에는 '경제도의앙양운동'이라는 명칭으로 실시되었다.[70]

이러한 캠페인에서는 '일억일심(一億一心) 준법 365일' '진충보국정신으로 준법 봉공(奉公)!' 등의 표어와 각종 선전매체를 동원해 '도의적 양심'에 따라 법을 지킬 것을 강조했다. '준법강조운동'에서 가장 역점을 둔 것은 암거래와 유언비어 단속이었다. 그러나 '황국신민'으로서 무조건 전쟁에 협력하라는 캠페인은 조선인의 동의를 얻을 수 없었고, 현실의 삶이 날로 힘겨워지는 상황에서 암거래를 불법적이고 부도덕한 행위로 처벌했지만 '도덕심'은 힘을 가질 수 없었다. 총독부도 해결책은 물품

---

67 「신상업도덕 확립주간」, 『每日新報』, 1941.8.21.
68 「준법에 총력을 발휘하라, 6일부터 전선일제운동 전개」, 『每日新報』, 1942.11.6.
69 「준법강조운동 전개, 래월 8일부터 10일간 전선적으로」, 『每日新報』, 1943.10.23.
70 「경제도의앙양운동, 경기서 암취인 절멸의 자치제를 강화」, 『每日新報』, 1944.8.2.

<표 4> 1944년 조선의 암시장 가격 지수[1944.6]

			경성	조선 중부	조선 남부	호남	조선 서부	조선 북부	전 조선 평균
식료품	제1류	백미	12	7.5	9.5	8	11	13	10
		팥	11	5	6	7	10.5	9	7.5
		깨	15	7	11.5	6	9.5	3	7.5
		평균	12.5	6.5	9	7	10.5	8.5	8.5
	제2류	고구마	5	3	5.5	3	7.5	5.5	5
		감자	5.5	3.5	5.5	2.5	6	6.5	5
		사과	8	6.5	8	1.3	5	6	5.5
		평균	6	4.5	6.5	2.5	6	6	5
	제3류	소고기	3.5	2.5	2.5	2.5	3	3	3
		돼지고기	3.3	2.5	3	2.5	5	3	3
		계란	4	2.5	2	2	3.5	3.5	3.5
		평균	4	3	3	2.5	5.5	3.5	3.5
	제4류(건명태류)		4.5	3	2.5	2.5	3	3	3
	제5류	설탕	10.5	8	8.5	5	17.5	22	12
		고추	-	3	2	2	2.5	6	3
		청주	4	3	3.5	3	4	4.5	3.5
		떡	10	8	7.5	9	12	10	9.5
		평균	8	5.5	5.5	5	9	8	7
	평균		8	4.5	5.5	4	7	6	5.5
의복 및 섬유·유사품		막베(粗布)	11	9	14	9	12	24	11.5
		실	6	10	7	9.5	13	9	10
		바늘	9.5	10	16	15	18	15	15
		구두	2.5	2	3	2	2.5	2	2.5
		타올	5.5	4.5	-	3	5	6.5	4.5
		양말류	4	3.5	3	5	7	7	4.5
		고무신	13	7	6	6.5	13	8	8
		평균	7.5	6.5	8	7	10	8	8
연료		땔감, 기타	3.5	2.5	2.5	2.5	2	3	2.5
잡품		세탁비누	13	7	3	6.5	9	8	6.5
		화장비누	11	13.5	5	15	14	12	12
		성냥	7	4.5	4.5	4.5	7	12.5	6.5
		평균	10.5	8.5	4	8.5	10	11	8.5
총평균			7	5.5	5.5	5.5	7	7	6

출처: 高等法院 檢事局, 1944.8, 「全鮮闇價格等調査表」, 『朝鮮檢察要報』 제6호, 24-26쪽.
비고: 1944년 6월 공정가격을 기준으로 각 지역 闇價格을 지수화한 것

의 배급을 원활히 하는 것이라 했지만 '탁상공론'에 불과한 실정이었다.

1944년 현재 암거래가 아니면 필요량을 구할 수 없는 물자는 양곡류, 땔감, 식육류, 계란, 두부, 고구마, 감자, 사과, 엿, 선어(鮮魚), 겨울철 야채, 구두, 양말, 비누, 타올 등이었다.[71] 이들 품목은 배급을 해주고 있었지만 배급량이 실제 필요량에 미치지 못해 암거래가 이루어진 것이다. 1943년 이후 물자 부족 현상은 더욱 심화되어 철저한 단속과 검거에도 불구하고 암거래는 확대되고 암가격 역시 계속 상승했다. 암가격은 수요 공급 법칙에 따라 가격이 형성되는 가장 적나라한 모습을 보여준다.

〈표 4〉는 1944년 6월경의 암가격 지수를 정리한 것이다. 이 시기 전국적으로 모든 품목의 평균 암가격은 공정가격의 약 6배 정도였다. 식료품에서는 쌀이 10배로 가장 높았고 평균 5.5배 정도였다. 의료품(衣料品)은 작업복이나 일상복을 만드는 데 많이 이용하는 막베(粗布)가 11배로 가장 높았고 평균 8배 정도였다. 세숫비누가 12배로 가장 높은 가격을 보였다. 지역적으로는 경성과 조선 서북부 지역의 암가격이 더 높았다. 이것은 도시와 광공업이 발달한 지역으로서 생필품에 대한 순수 소비자가 많아 상품 수요가 많았기 때문이라 생각된다.

1945년에는 쌀, 설탕, 비누 등은 거의 구입할 수 없었기 때문에 암가격 수준이 100배 이상인 경우도 있었다. 해방 직전인 1945년 6월경 세숫비누는 무려 공정가의 200배, 설탕은 174배에 달하는 것으로 조사되었다(〈표 5〉 참조). 이것은 실제 이렇게 거래되었다기보다 현금이 있다 해도 구입할 수 없는 상황이었다고 할 수 있다. 쌀은 1942년 가뭄 이후 생산량 감소, 공출량 증가로 시장 공급이 거의 두절되었고 배급량도 감소

---

[71] 高等法院 檢事局, 1944.8, 「物資別闇取引調査表」, 『朝鮮檢察要報』 제6호, 28-29쪽.

⟨표 5⟩ 1945년 조선의 공정가격과 암시장 도매가격 비교[1945.6, 京城]

	공정가격 (1945.6)	암시장 가격 (단위: 원)		
		1945.6	1945.3	1944.12
쌀 (1斗)	5.09원	500 (98배)	200 (39배)	110 (22배)
콩 (1斗)	4.30	200 (47)	190 (44)	80 (19)
밀가루 (22kg)	10.78	200 (19)	120 (11)	70 (6)
설탕 (1근)	0.46	80 (174)	50 (109)	30 (65)
쇠고기 (1근)	3.52	30 (9)	20 (6)	10 (3)
배추 (1관)	1.65	15 (9)	15 (9)	10 (6)
소주 (1되)	3.70	80 (22)	60 (16)	40 (11)
광목 (1碼)	0.6	-	25 (42)	25 (42)
연탄 (1瓲)	60.0	900 (15)	750 (13)	300 (5)
세숫비누 (1개)	0.1	20 (200)	8 (80)	5 (50)
빨랫비누 (1개)	0.48	40 (83)	25 (52)	90 (188)
양말 (1足)	0.44	15 (34)	15 (34)	11 (25)
구두 (1足)	26.14	400 (15)	200 (8)	150 (6)

출처: 조선은행조사부, 1949, 『經濟年鑑』, 1-113쪽.
비고: 암시장 가격의 ( )는 1945년 6월 공정가격을 기준으로 산정한 倍數

해 쌀 부족이 심해지는 상황이 암가격에 반영된 것이었다. 한편 설탕, 세수비누 등은 '사치성' 생필품에 해당해 공급이 거의 이루어지지 않았기 때문에 최고의 암가격이 형성될 수밖에 없었다.

암거래와 함께 현금이 있어도 물건이 없어 구입할 수 없는 상황이 계속되자 각종 물자의 물물교환이 나타났다. 농민들끼리, 상인들끼리, 농민과 상인 간에 물물교환이 이루어졌고, 행상인, 자동차 운전수 등도 도시와 농촌 어디라도 잠입하여 물물교환이 이루어졌다. 이미 자본주의적 상품화폐경제가 확대되어 화폐를 통한 상품 구매가 보편화되었던 시점에서 다시 물물교환 형태의 유통이 증가한 것은 암거래와 마찬가지로 민중들 스스로 선택한 생존을 위한 고육책이었다.

"최근 여러 물자의 궁굴화(窮屈化)로 각 업자 간에는 유무상통(有無相通)하여 풍부한 경제생활을 하려는 경향이지만 이 때문에 일반인심에 적지 않은 악영향을 주고 있다. 최근에 사례를 들어보면 진남포부 마사리 선어개(鮮魚介) 소매업자 安山明憲은 최근 농어촌에서 성냥이 현저히 부족한 것에 착목해 자기의 매입처인 어촌에 가서 교환하려고 진남포부 내 잡화상 3호에서 소형성냥 120개를 매점해 반출했다."[72]

"도시에서는 식염, 면포, 주류와 농촌의 쌀·보리를 물물교환하는 것이 점증하고 이것을 교환할 때 쌍방이 공정가를 무색하게 평가하고 있다.(함경남도)"[73]

총독부는 물물교환적 암거래에 대해 "전시 통제경제의 운영을 문란하게 하고 물자 수급의 불원활 및 편재, 간상(奸商)의 유발, 가격 불균형, 화폐가치 하락, 기타 식량 규정에 미치는 폐해 등 국민생활 안정을 저해하는 영향이 적지 않다"며 단속을 강화했다. 당시 경찰은 공산품이나 술과 같은 소비재의 물물교환은 '악질적'인 것이고, 생필품 교환은 '평범한' 것으로 구분했는데, 그 내용은 거의 소소한 일상적 삶을 살아가기 위한 궁여지책들이었다.

(1) 악질 및 특수한 물물교환
① 수방마포(手紡麻布)는 고래 조선인 간에 여름철 및 장의용으로 사

72　警務局 經濟警察課, 「物物交換取引ノ擡頭」, 『經濟治安週報』 제54집(1942.5.16).
73　警務局 經濟警察課, 『經濟治安週報』, 제56집(1942.5.30).

용되고 있었는데 이것의 부족에 따라 수방면포(手紡綿布)와 교환하는 조건하에서 물물교환이 이루어지는데 가격 산정에 있어 마포를 수령하는 사람이 약 30%의 결손을 보고 교환

② 노동자들이 임금으로 미곡, 연료, 의료(衣料) 혹은 소주 등으로 받는 조건으로 취로함

③ 상인 상호 간에 각각 가지고 있는 물자의 물물교환을 하여 상호 생활 궁굴화를 완화

④ 반(半)도읍 지대의 주류판매업자, 음식점 등 술을 배급받고 있는 자가 농촌에서 잡곡 및 땔감을 제공받고 주류와 교환

⑤ 고물 행상인이 농촌에서 가장 부족한 가성소다 및 염간어개(鹽干魚介) 등을 입수해 철부스러기, 곡물 등과 교환

⑥ 식량 부족을 보상하기 위해 농촌의 생활필수물자를 가지고 쌀, 잡곡과 교환

⑦ 광산업자에 있어서는 휘발유 부족에 따라 석유 2관과 쌀 1두를 교환

⑧ 자동차운전수가 연료용 카바이트 1관과 쌀 1두를 교환

⑨ 식염 1두를 쌀 2두 및 좁쌀(精粟) 2두와 교환

(2) 평범한 물물교환
① 조선인이 일본술을 구입해 조선술과 교환
② 염건어개류(鹽乾魚介類)를 쌀, 잡곡과 교환
③ 벽지 농민이 계란, 참기름을 가지고 도회지 일용잡화와 교환
④ 광산지대 노무자의 작업용 신발 입수난에 따라 곡류와 교환
⑤ 꿀(蜂蜜) 1승과 참기름 1승 교환

⑥ 조선소금 1승과 조선술 1승 교환

⑦ 세탁비누 1개와 깨 1승 교환

⑧ 꿀 생산자는 면화 재배지에 가서 꿀 1승과 실면(實綿) 5근 내지 7근을 교환

⑨ 실면(實綿) 16근과 수방면포(手紡綿布) 1반을 교환

⑩ 고물 행상인이 염료와 누더기옷(古襤褸) 교환

⑪ 양초(蠟燭)와 곡물 교환

⑫ 찹쌀과 쌀 또는 옥수수, 좁쌀을 교환

⑬ 석유와 참기름 교환

⑭ 연초(담배)와 땔감 교환

⑮ 석유와 땔감 교환

⑯ 콩기름과 곡류의 교환

⑰ 엿과 철부스러기의 교환[74]

전시 총동원체제기 암거래가 발생한 가장 중요한 이유는 물자 부족이었다. 전시 생산력확충을 내세우며 각종 물자의 증산을 독려했지만 원료 및 생산 기반시설의 원활한 운영이 불가능해진 상황에서 생산력 증강은 불가능했다. 이에 물자의 '적정한' 분배에 초점을 맞추었으나 그 목적 역시 군수물자 확보였기 때문에 일반 민중들의 생활필수품은 턱없이 부족해졌다. 총독부는 이에 대해 '멸사봉공', '공익우선', '준법', '도의' 등을 내세우며 대대적인 선전과 계몽을 했지만 민중들은 생존권 차원에

---

[74] 法務局, 1943, 「各檢事局經濟事犯概況報告: 新義州地方法院檢事局」, 『經濟情報』, 105-106쪽.

서 암거래에 나서지 않을 수 없었다.

　총독부는 암거래, 매점매석 등의 행위를 규제하기 위해 각종 통제법령을 통해 법적인 제재조치를 마련했고 경제경찰을 설치해 경제사범에 대한 철저하고 강압적인 단속을 실시했다. 이러한 과정에서 대다수 조선 민중들은 총독부 당국의 무리한 조치에 대항하며 계속 '불법적인 행위'를 해야만 했다. 전시 통제를 이용해 상류층과 자산가층[상인자본·브로커 등]의 '모리배적' 경제행위가 횡행했고, 하층민중들 역시 삶을 이어가기 위해 '도덕적 해이'와 '불법행위'에 동참해야 하는 상황이 이어졌다. '준법'을 강조하는 것은 역으로 사회가 법을 지킬 수 없는 상황임을 보여주는 것이다. 민족별 차별과 권력에 의한 특혜가 공공연히 힘을 발휘하고 자유롭고 공정한 거래가 이루어지지 않는 시장을 경험한 식민지 조선의 민중들은 살아가기 위해 수단 방법을 가리지 않는 '영악함'을 체득해야 했다. 일제 전시 총동원체제기 암거래의 폐습은 해방 이후 분단으로 인한 사회의 불안과 이어진 전쟁으로 계속되며 '모리배', '정경유착', '브로커'와 같은 시장의 공정과 경제의 민주화를 해치는 독버섯으로 자라났다.

2. 식량 및 생필품 배급

1) 도시지역의 식량 및 생필품 배급

조선에서 식량 배급의 시작은 1939년 대가뭄 대책으로 마련된 「식량배급계획요강」(1939.10.16)에 따라서였다. 이는 가뭄 지역의 식량 대책으로 수립되었지만 잡곡 배급은 가뭄 지역 이외의 도(道)에도 적용되었는데, 쌀 부족을 보충하기 위해 잡곡을 수이입해 구조 필요농가와 일반 소비자에게 배급하는 것이었다.

식량에 대한 배급이 본격적으로 실시된 것은 1940년 5월부터였다. 이후 식량 및 식료품 배급에 대한 각종 법령과 기관별 통제방침이 마련되었고, 그 시행 범위도 점차 확대되었다. 〈표 6〉과 같이 주요 양곡 및 소금은 법규에 따른 배급 통제가 이루어졌고, 설탕·주류·과실류 등은 관련단체 내부 협의에 따른 '자의적' 배급이 이루어졌다. 1943년부터는 부식물인 청과물과 어패류(鮮魚介)에 대한 배급 통제도 실시되었다. "1942년 이래 조선에 가뭄이 매우 심각한 영향을 주어 조선 내 주요 도시는 예외 없이 겨울철 소채(蔬菜) 부족난이 덮쳤고, 더하여 어패류의 생산·출하가 자재·노동력 제약으로 매우 불량해 각 가정이 생선 식료품 입수난에 빠지게 되었기"[75] 때문이었다. 이에 1943년 「조선청과물배급통제규칙」[부령 제302호, 1943.9.30], 「조선선어개(鮮魚介)배급통제규칙」

---

75 農商局, 「朝鮮靑果物配給統制規則, 朝鮮鮮魚介配給統制規則 解說1」, 『通報』 154호 (1944.1.1).

〈표 6〉 조선의 식량 및 식료품 통제법령[1943.6 현재]

물자명	통제방법	통제범위	통제근거	통제기관
쌀	법규	집하·배급	조선미곡배급조정령	조선미곡주식회사, 도양곡주식회사, 부군양곡배급조합
잡곡	법규	집하·배급	조선잡곡등배급통제규칙	同
곡물가공으로 생긴 부산물	법규	집하·배급	곡물가공으로 생긴 부산물 등의 수급조정에 관한 건	조선농회, 조선중앙비료배급통제조합, 조선축산주식회사
밀가루	자치	배급	소맥분배급통제에 관한 건	조선소맥분배급통제협회, 각도 소맥분배급협의회
연유·분유	자치	배급	연분유배급통제에 관한 건	조선연분유이입조합, 각도연분유배급통제조합, 부군연분유배급통제협의회
식료용 소금	법규	배급(전매)	조선염전매령	조선염 원매팔(元賣捌)조합, 부군염어상(卸商)組合
설탕	자치	배급	조선에 있어 사당(砂糖)배급통제실시에 관한 건	조선사당배급통제협회, 도사당배급통제협의회, 부군사당소매상배급통제조합
주류(술)	자치	배급	주류배급기구정비에 관한 건	조선중앙주류배급협의회, 지방주류배급협의회, 지구(地區)주류배급협의회, 소지구주류배급협회
식물성기름	자치	배급	조선에 있어 식물성유지의 배급통제에 관한 건	조선식물성유지배급협의회, 도(道)식물성유지배급협의회
조선산 과일	자치	수이출	과실의 수이출통제에 관한 건	조선과실협회
이입 청과물	자치	배급	이입청과물의 배급통제에 관한 건	조선청과물배급통제협회
전분	자치	배급	이입전분배급통제에 관한 건	조선전분이입배급조합
통조림	법규	집하	통조림(罐詰)판매제한규칙	조선통조림업(罐詰業)수산조합, 사단법인 조선관힐(罐詰)협회
한천(寒天)	법규	제조제한, 배급	한천수급조정규칙	조선한천공판주식회사, 조선과자공업조합, 조선한천수출조합
*청과물(생채소,생과일)	법규	집하·배급	조선청과물배급통제규칙	청과물배급통제위원회(指定地)
*선어개	법규	집하·배급	조선선어개배급통제규칙	선어개배급통제위원회(指定地)

출처: 法務局, 1943, 『經濟情報』, 225-226쪽; * 農商局, 「朝鮮靑果物配給統制規則, 朝鮮鮮魚介配給統制規則 解說 1」, 『通報』 154호(1944.1.1).

[부령 제303호, 1943.9.30]이 공포되어 청과물 중 사과는 1943년 10월 4일부터, 채소는 11월 1일부터, 어패류는 11월 20일부터 각각 통제가 실시되었다. 1943년 10월 「조선축육(畜肉)배급 통제규칙」이 공포되어 가축 수급과 식육 수요도 통제되었다.[76]

일본은 1940년부터 주요 도시에서 배급 통제가 시작되어 통제물자가 10여 종에 달했지만 조선은 쌀·설탕·혼방면포 만이 배급 통제되는 비교적 완만한 상황이었다. 1941년에는 일본은 거의 모든 필수물자가 통제되었지만, 조선은 고무화·타올·육류·세탁비누·연료·고추·유류 등이 추가되었고 1942년에야 대부분의 필수물자가 통제되었다.[77] 이처럼 조선에서 생필품 배급 통제는 시기적으로 지연되었고 배급기구 정비도 빠르게 진행되지 못했다. 곡류·소금 등의 중요 생필품을 제외하고는 말단 배급업자에서 소비자까지의 배급 시스템은 거의 정비되지 못했다. 이에 배급업자들의 자의적 판매나 농간이 발생하며 배급의 공공성이 실현되지 못하는 경우가 많았다. 업자들이 멋대로 배급표를 만들어 지인이나 단골에게만 배급하거나 시간을 정해놓고 줄지어 기다리게 해 판매하는 등 이른바 '정실(情實)배급'이 이루어졌고, 그런 과정에서 암거래나 물물교환도 많이 발생했다.[78]

조선의 배급 통제가 법령에 따르지 않고 상황에 따라 자의적으로 진행되었던 것,[79] 일본에 비해 지연되거나 완만하게 진행된 것은 무엇보다

76　朝鮮金融組合聯合會, 1943.11, 「朝鮮畜肉配給統制規則公布さる」, 『調査彙報』 46호, 41-42쪽.
77　杉山茂一, 1944, 「生活必需物資の配給に就て」, 7쪽.
78　杉山茂一, 1944, 위의 글, 6쪽.
79　1939년 6월 조선무역협회 주최 좌담회에서 조선 경제계의 주요 인물들이 통제경제

도 일본인-조선인 간의 차별적 배급 요구와 그에 따라 발생할 민족적 저항의식에 대한 '눈치보기', 즉 식민 지배를 위한 정치적 고려가 작용했다.[80] 조선의 물자 수급 상황은 전혀 완화되지 않은 상태에서 '자의적' 배급 통제는 배급 시스템의 '부담의 균등화'[고통 분담]라는 긍정성마저 약화시켰다.

경성부·부산부 등 도시지역에서 실시된 배급의 구체적 실상을 살펴보자. 식량에 대한 배급 통제는 1939년 대가뭄을 계기로 1940년 5월경까지 경성 외 각 도시에 양곡 배급방책을 마련해 쌀의 매출표제도, 단골 배급제도 등을 실시하면서 시작되었다. 경성부에서는 「미곡배급통제요항」을 통해 "1940년 4월 하순 인구 조사를 기본으로 도 당국의 방침에 따라 1940년 5월 3일 부내에 일제히 식량을 배급"했다. 방식은 배급표

문제에 대해 다음과 같이 언급했다. "이곳의 통제는 일본(內地)과 달라서 법령적 근거가 없어도 통제적인 생각이 전통적으로 매우 강하다"(朝鮮銀行 調査課, 川合). "대체로 조선인들을 단속함에 있어 역시 자치적인 편이 모든 일에 효과가 있다. 가령 정부에서 이렇게 하지 않으면 안 된다고 할 때는 이곳에서 자치적인 단체를 조직하고 정관을 만들어 그에 따르지 않는 자는 엄벌에 처한다. … 內地에서는 그런 일이 될 수 없지만 여기서는 관청의 방침이 그렇다며 확실한 단체를 조직해서 해나가면 훨씬 나간다"(조선직물협회장, 宮林). 이와 같이 일본인 중심의 대규모 기업가·자본가들은 조선의 통제정책이 '자치적'으로도 잘 운영되므로 더욱 완만한 통제가 이루어져야 한다고 주장했다. 이에 대해 이미 물자 부족으로 통제가 강화되고 있는 상황에서는 철저하지 못한 통제는 부담의 균등화가 깨져 오히려 역효과를 낼 것이라고 우려하는 견해("자유를 許한다 하면 强者가 勝하고 富者가 專恣하는 밑에 貧者의 手足이 結縛되고 만다")도 있었다(金明植, 1939.10, 「朝鮮經濟의 統制問題」, 『朝光』 5-10, 61-62쪽).

80 조선 배급 통제의 지연 이유에 대해 당시 "①조선 물자 사정의 핍박 정도가 곡류 이외에는 일본에 비해 어느 정도 차이가 있었다. ②주민 생활 상태가 조선인·일본인 간에 균등하지 않아 기술적인 어려움이 있었다. ③(식민 지배 안정화라는) 정치적 고려도 요구되었다"고 했다(杉山茂一, 1944, 앞의 글, 7쪽).

제[매출표제]로 실시되었다. 정회가 배급 요구인원을 조사해 중복 배급이나 부정배급을 막고 또 정회를 통해 매출표를 교부하도록 했다. 1회 배급량은 3~5일분 정도로 한정했다. 기본적으로 매출표를 교부받아 구입하도록 했으나 특수 소비자나 단골 소비자에게는 식량 배급통장을 교부해 직접 배달 배급하도록 하여 통장제를 부분적으로 병용했다.[81]

1942년 말 경성부 식량 배급기구 개혁안이 제출되면서 1943년 3월 1일부터 기존의 양곡배급조합을 해소하고 800여 소매업자를 통합해 새로운 조합을 조직해 중앙기관화하고 각 정(町)을 단위로 배급소를 설치해 운용하도록 했다. 배급 방법도 종래 복잡하던 매출표제, 단체·기숙사·합숙소의 특별 배급제를 폐지하고 통장제로 통일시켜 소비자 측에서도 통장을 갖게 하고 배급소에는 소비자 카드를 미리 두고 각 가정에 직접 배달하는 것을 원칙으로 했다.[82] 1943년부터 양곡 배급은 통장제로 일원화되었다.

식량 배급량은 어떠했는가. 1941년 대구부에서 매출표제로 실시된 식량 배급을 보면 "배급 기준은 보통 1인 1일당 2합 7작[쌀 2합, 보리 7작], 노동자 1인 1일당 6합[쌀 3합, 보리 3합]으로 한다. 배급 방법은 단골 판매는 애국반을 통해 가족 수에 따라 1일 소비량을 기입해 식량 매출표를 교부하고 종래의 단골 소매인이 배급하게 할 것, 단골이 아닌 소비자는 매출표에 따라 근처 소매인이 배급하게 할 것, 여관·음식점 등의 업자는

---

81 京城府 總務部 國民總力課, 1942, 『京城府ニ於ケル生活必需品配給統制ノ實情』, 21-26쪽.
82 「쌀배급기구 전면개혁, 소매상폐지 町會마다 배급소 설치」, 『每日新報』, 1942.12.24;
「買出票, 단체배급 폐지, 각 가정에 직접 배달」, 『每日新報』, 1942.12.24.

부윤이 사정해 배급할 것, 관혼·장의 등에 따른 불시 수요는 애국반장의 증명에 따라 배급할 것, 도지사가 지정한 대규모 수요자는 도양곡회사가 배급할 것, 1회 배급량 한도는 10일분으로 할 것, 소비자수는 때마다 조사해 엄정을 기하고 지주·생산자는 매출표를 발급하지 말 것, 1일 배급 예정량은 일반용 8,300석, 노동자용 744석, 영업자용 124석, 임시용 7석, 비상용 300석, 합계 9,475석이다."[83]

1941년 양곡 배급량은 일반 성인 2합 7작, 노동자 6합이었고 1회 배급량은 10일분이었다.[경성부는 5~7일분] 그러나 1942년에는 그 양이 일반인 2합 5작, 노동자 5합으로 감소되었고 음식점도 강하게 제한했으며 쌀 소비 감소를 위해 혼식과 대용식을 강제했다.[84] 식량 사정은 갈수록 나빠져 1943년 이후에는 주식 배급량의 최저 기준인 2합 3작에도 미치지 못했고 만주산 잡곡 등의 수이입에 기초한 혼식과 대용식을 강화했다.[85]

---

83 警務局 經濟警察課,「食料品ノ切符制實施」,『經濟治安日報』(『情報週間展望』이 1941. 12.19부터 개칭) 제5집(1941.12.24).

84 경상북도의 배급 규정에 따르면 "부읍의 양곡 배급량은 최고 1인 1일당 2합 5작, 중노동자 1인 1일 5합, 농촌의 소비량은 최고 1인 1일당 3합으로 한다. 업무용 식량은 최대한 억제해 요리집에는 배급하지 않고 음식점·식당에도 제한한다(米食 판매시간의 제한, 도시락·덮밥 등 1食分의 米飯量 저감, 초밥의 혼식 사용). 대용식과 혼식을 철저히 한다. 종래 월3회의 절미일을 이제 매월 1·6일의 6회로 늘리고 관공서·은행·회사의 점심은 대용식으로 한다"는 것이다. 평안북도 경우에도 배급량은 같고 미곡과 잡곡의 비율이 다음과 같다.

종류	미곡	잡곡	합
노동자	2.5합	2.5합	5.0합
同上 가족	0.8합	1.7합	2.5합
일반인	1.8합	0.7합	2.5합

警務局 經濟警察課,「緊急食糧對策實施狀況」,『經濟治安週報』 제51집(1942.4.24).

85 近藤釰一 編, 1961,『太平洋戰下の朝鮮及び臺灣』, 90-92쪽.

양곡 배급 상황뿐만 아니라 설탕·육류·소금·채소류 등의 부족도 심각했다. 소금(鹽)은 모든 음식의 기본양념일 뿐 아니라 조선인에게 꼭 필요한 간장과 된장의 주원료였지만 수급이 원활하지 못했다. 이에 "명년도[1942]부터 조선의 간장 및 된장은 지정인이나 특수회사를 설립해 그들에게 양조하게 하여 일반 민수용 배급을 감소시킬 것"[86]이라는 말이 퍼졌다. 또한 김장 시기에 소금 부족이 심각해져 이에 대해 전매국에서는 할당제를 실시해 소비를 억제하고 수이입 소금을 확보하는 등의 조처를 취했다.[87]

육류도 식육 구입난이 발생하자 "인천부에서는 매 1일·10일·20일의 3일간을 '고기 없는 날'로 정해 당일 식육업은 휴업하고 각 요리옥·음식점은 물론 일반가정에서도 일절 사용하지 못하도록 했다."[88] 육류 수급, 그중 일반 가정용 식육 수급이 가장 어려워 "평양·진남포부 내 수육 판매업자에 대해 도육(屠肉)의 반은 반드시 일반 가정용으로 판매하도록 하고 이를 확보하기 위해 감시원을 정해 위반자는 조합 내부에서 자치적 제재를 가하도록 했다."[89]

공급량이 크게 감소한 설탕도 배급이 실시되었다. 설탕은 조선인보다 일본인의 소비량이 많았기 때문에 적극적인 배급 방법이 강구되

86　警務局 經濟警察課,「食鹽」,『情報週間展望』제17집(1941.7.5).

87　警務局 經濟警察課,「食鹽ノ需給」,『情報週間展望』제36집(1941.11.15). 대구지방전매국에서는 김장철 수급을 원활히 하기 위해 '일반용 추기염(秋期鹽)적정배급실시요강'을 확립해 부읍별 할당 수량을 결정하고 일부 지역에서는 '배급표'를 발급해 구입하도록 했다[警務局 經濟警察課,「鹽ノ配給統制實施」,『情報週間展望』제31집(1941.10.11)].

88　警務局 經濟警察課,「肉ナシ日設定」,『情報週間展望』제8집(1941.5.3).

89　警務局 經濟警察課,「食肉類ノ配給調整」,『經濟治安週報』제55집(1942.5.23).

었다. 1942년 8월 부산부에서는 설탕 배급 방법이 마련되었는데 일본인은 모두 상용자로 구분하고, 조선인은 상용자[월 1인당 1근], 준상용자[월 1인당 0.5근], 비상용자[월 1인당 0.2근]로 구분해 등록하게 하고 그에 따라 배급했다. 과거의 소비 실적을 기준으로 생활 정도, 사회적 지위 등을 고려해 등급을 결정한 것이라 했지만 일본인은 모두 상용자로 분류하고 조선인은 상용자 1.4%, 준상용자 6.1%, 비상용자 92.5%로 대부분이 비상용자로 분류되었다.[90] 이에 대해 당국에서는 "조선인들 중에는 일부 이론(異論)을 갖는 자도 있었지만 일본인 간에는 호평이 있다"고 했다. 수급 사정이 어려운 품목일수록 배급에서 민족적 차별이 컸다.

양곡뿐만 아니라 주요 식료품 수급이 원활하지 못하고 그 부족 상태가 심각해지자 이에 대한 종합적인 배급 대책이 수립되었다. 1943년 6월 18일 부산부에서는 「부산부식료품배급통제요강」을 발표해 종합배급제가 실시되었다. 부산부에서 식량·식료품을 망라한 종합배급제도를 먼저 실시한 것은 부산부가 조선 다른 어떤 지역에 비해 일본인 비율이 높았던 지역이었기 때문이다.[91] 조선 거주 일본인에게는 일본과 같은 수준으로 주식인 양곡뿐만 아니라 그들 식생활에 필수적인 일본된장, 어패류, 채소류를 일정하게 공급할 필요가 있었다.

그 내용은 배급 식료품을 매일 배급하는 것, 월 3회 배급하는 것, 월

90　警務局 經濟警察課, 「砂糖ノ登錄制實施」, 『經濟治安週報』 제71집(1942.9.14).

91　1927년 10월 부산부에서 실시한 호구조사에서 부산부 현주 인구 11만 1,869인 중 일본인이 36%, 조선인이 63%였다. 1920년대 전반기까지는 일본인 비율이 40%를 넘었다. 일본인 거주 비율에서 일제시기 내내 부산부는 경성부를 상회하는 일본인 최대 거주 지역이었다(橋谷弘, 1993, 「釜山·仁川の形成」, 『近代日本と植民地3-植民地化と産業化』, 岩波書店, 254-255쪽).

1회 배급하는 것, 순환배급하는 것으로 나누었는데, 방식은 기본적으로 통장제로 "배급은 통제물자 구입통장을 소지하는 경우에 한하고, 단 월 3회 이내 배급하는 것과 월 1회 이내 배급하는 것에 대해서는 별도로 구입 배급표를 필요로 한다"는 것이었다. 배급 방법은 "부내를 여러 지구로 나누어 1지구마다 배급소를 설치하고 선어개조류(鮮魚介藻類), 냉동어류, 가마보코(蒲鉾類), 조수육류(鳥獸肉類), 소채류, 덴뿌라류, 두부류, 과물류, 과자[생과자 제외]는 지정배급소[기존 시장 내 업자] 이외에서 판매할 수 없도록 한다. 매일 배급하는 물자에 대해서는 배급받지 못한 자는 다음 날 정오까지 우선 배급을 한다"는 것이었다. 또한 식품 종류별로 1인당 구입 제한량도 규정했다.[92]

총독부는 식료품 배급 통제가 실시되면서 "종래 시장에 나오지 않았던 물자가 시장에 나타나 가정의 밥상에 오르고 혹은 신선 채소류의 풍부한 출하, 과자류의 적시 판매 등 날이 갈수록 배급이 정비되어 도열[줄서기]의 추상(醜相)을 연출해 노력과 시간을 허비하는 것이 다소 진정되었다"[93]고 평가했다. 생필품 배급 통제의 중요한 목적이 '후방의 민생 안정을 통한 총력 발휘'에 있다고 했지만 실제 배급 통제는 물자 부족에 대처하기 위해 조선인들의 내핍을 강요하는 것이었다. 이런 상황에 대해 "통제가 강제요, 절약^미저락^하다, 배급^이배곱프다"[94]라는 풍자가 퍼져나갔다. 배급 통제로 자유로운 물자 구입이 불가능한 상황에서 물자

---

92 法務局, 1943, 「釜山地方法院檢事局: 1943年 4-6月 3.釜山府に於ける生活必需物資の配給制實施狀況」, 『經濟情報』, 147-151쪽.

93 法務局, 1943, 위의 글, 152쪽.

94 警務局 經濟警察課, 「經濟統制ヘノ諷刺語」, 『情報週間展望』 제20집(1941.7.26).

부족은 심각해서 배급량은 점점 줄어들었고 그로 인해 굶주림의 고통을 받아야 했던 상황을 보여주고 있다.

식생활 관련 필수물자 배급과 더불어 의생활에서도 사치품 근절이라는 명목으로 통제와 배급이 실시되었다. 조선시대 이후 한국인의 가장 대중적인 옷은 면직물로 만든 백의의 한복이었다. 이러한 한국인의 의복문화에 대해 총독부는 ① 백의에 대한 통제 ② 학생 교복이나 교원·공무원 제복 등에 대한 통제 ③ 국민복과 근로복 장려라는 형태로 개입하며 통제했다.[95] 특히 백의에 대한 탄압과 색의 장려는 근대화 과정에서 효율성을 중시하는 경제적 이유로 을미개혁 이후부터 시작되었다. 강점 이후 조선총독부는 이른바 문명화의 시각에서 백의를 비효율적·비경제적인 것으로 치부하면서 조선인의 오랜 관습적 생활방식을 깨트려 '근대적 국민'으로 포섭하겠다는 의도가 맞물려 백의를 탄압했다. 1930년대 생활개선운동이 전개되면서 백의 폐지는 농촌진흥운동과 자력갱생운동의 주요 목표로 설정되어 더욱 강제적으로 진행되었다.[96]

1937년 중일전쟁 이후 군수물자 확보를 위해 우선적으로 수출입품에 대한 통제를 실시했는데, 의복의 주원료인 원면과 양모는 주요 수입물품이었고 수입물량도 많아 수입제한품목에 해당되었다. 이에 수입대체물로 스테이플파이버[staple fiber, 스프][97] 혼방 직물을 적극 사용하도록

---

95 일제시기 의복 통제에 대해서는 공제욱, 2006, 「의복통제와 '국민' 만들기」, 『식민지의 일상, 지배와 균열』, 문화과학사 참고.
96 일제시기 백의 폐지, 색복 장려에 대해서는 공제욱, 2006, 위의 글, 142-165쪽 참고.
97 스테이플파이버(staple fiber)는 인조섬유를 짧게 잘라 양털이나 솜과 같은 모양으로 정제(精製)·방사(紡絲)한 섬유 또는 그 섬유로 짠 옷감이나 실로서 모직물 대신으로 쓴다. 줄여서 스프[스프사, 스프직물]라 한다.

장려했다. 당시 면·모직물과 스프사를 혼직한 직물은 '인조견', '인조광목'이라 불리웠고 "이 전차 안 사람이 모두, 아니 장안사람이 모두 인조견 옷을 입었고 종로통 포목상점에 산더미같이 쌓인 물건이 거의 인조견이구려"[98] 라는 풍자가 회자될 정도였다.

그러나 스프 혼직물은 광목 등 천연섬유에 비해 '물건값은 비싸고 질기지 못한데 다만 보기에 윤택이 나는 것뿐'이라는 우려를 낳았다. 이에 시내 각 포목점에서는 오히려 광목과 옥양목의 수요가 많아져 광목값이 많이 올랐다. 스프 혼직물을 꺼리는 주요 이유는 양잿물을 이용하는 세탁방법에 스프 직물이 견뎌낼 수 없기 때문이었다.[99] 총독부는 양잿물과 두드리는 조선인의 전통적 세탁방법이 옷감을 손상시키고 귀한 약품을 많이 쓰기 때문에 국책에 어긋난다며 금지령을 내렸다.[100]

총독부의 스프 혼방 장려에도 불구하고 면직물[광목 등]에 대한 수요는 계속 증가해 옷감 부족이 날로 심해지면서 사회적 혼란이 가중되자 1940년 6월부터 면포·광목에 대한 배급제를 실시했다.[101] 7월부터 강원

---

98 「직물계 신시대의 총아, 털샤쓰·광목·양복까지, 인조견 交織時代來, 면화 부족으로 '스테이플파이버-'로 교직, 외래면 방지대책의 현상」, 『每日申報』, 1937.12.21.

99 「덥허노코 미리 사두는 바람에 비싸지는 광목, 2주일 동안에 1원 80전이 올나」, 『每日申報』, 1938.2.17; 「완연 광목공황시대! 1개월간 90원 폭등, 방직회사는 상여금이 百割! 상가에는 小猝富 頗多, 대중의 주머니만 가벼워저」, 『每日新報』, 1938.5.29.

100 「세탁물과 절연 '양잿물'」, 『每日新報』, 1940.5.25.

101 조선산 면포는 「잠정통제규칙」(1940.6)에 따라 행정조직을 통한 할당을 시작했지만, 배급이 원활하지 않다는 이유로 1940년 7월 시장권 단위 배급을 수정했다. 그것은 지방별 수급실정을 상세하게 파악하기 어렵고 일부 물자는 지방별로 과잉 배급되어 공정가격제를 위협하고 일부 지역에서는 과소배급으로 암거래나 물가폭등이 일어났기 때문이었다(김인호, 2006, 「태평양전쟁기 서울지역의 생필품 배급통제 실태」, 『서울학연구』 26, 90쪽).

도, 황해도 등 각 도별로 구입 배급표를 발행해 당목·광목·색광목·옥당목 등 면포 배급을 실시했고,[102] 경성부도 7월 20일부터 생조포(生粗布)·색조포(色粗布)·생세포(生細布)·옥양목 등에 대해 1년에 1인당 4마씩 구입 배급표를 통해 배급하기로 했다.[103] 하지만 광목 부족에 대한 일반인들의 불안은 커서 배급표를 받는 즉시 상점으로 몰려가 각자 살 수 있는 최대치를 구입해 순식간에 매진되는 상황이 이어졌다. 이에 구입 배급표가 있어도 구할 수 없는 일이 많아 불안은 더욱 커졌다.[104]

1년분 구입 배급표는 일시적인 수요 과다를 초래해 수급을 맞추기 어렵다는 비판이 제기되자 총독부는 1941년 6월부터 연 단위가 아닌 매월 구입 배급표를 발행하기로 했다.[105] 면포뿐만 아니라 수건[타올]과 고무신에 대해서도 배급표제를 실시하기로 했다.[106] 모든 옷감과 옷에 대해 배급표제가 실시될 수 있다는 우려가 커지면서 옷감에 대한 매점 현상이 발생했다.[107] 물자 부족하에서 배급제도가 제대로 시행되지 못하면

---

102 「면포 1인당 4마, 강원도서도 배급 통제」, 『每日新報』, 1940.7.16.; 「면포배급만 건재, 7월 중에 만9백여反, 황해도에서 구입증명서 발급」, 『每日新報』, 1940.7.17.

103 「대망의 면포 전표제, 래20일에 실시결정, 종류는 5종, 수속은 町總代에」, 『每日新報』, 1940.7.17.

104 「서두르는 소비자들, 면포배급 전표가지고 각 상점으로 일시에 쇄도, 매점은 그릇된 생각」, 『每日新報』, 1940.7.25; 「구입표는 잇스나 구할 수 없는 광목, 일부에서 매장하는 것이 원인」, 『每日新報』, 1940.12.12.

105 「배급제도에 대수정, 매월 구입증을 발행, 6월부터 사기 쉽게 되는 광목」, 『每日新報』, 1941.4.15.

106 「고무신, 타올, 광목도 전표로 배급을 통제, 정실과 권력의 부당매점 일소」, 『每日新報』, 1941.3.28; 「가정용의 면포, 수건과 고무화에 배급표제 실시」, 『每日新報』, 1941.4.10.

107 「전표제 실시는 낭설, 일반의 옷감 매점에 당국서 경고」, 『每日新報』, 1943.2.13; 「배급계통만 조정, 옷감전표제 실시 안는다」, 『每日新報』, 1944.5.23.

서 물자 구입이 점점 어려워졌고, 이로 인해 암거래가 확대되는 상황으로 나아갔다.

총독부는 의류품의 절대 부족에 대해 배급과 함께 '사치품' 배격과 전시생활 확립을 이유로 일상복에 대한 통제를 실시했다. 그것은 '국민복' 제정과 여성의 '몸뻬' 장려였다. 일본에서 국민복은 1936년 제정된 만주협화복을 참고로 1937년 내각 정보부가 제안했다. 그러나 국민복이 정식으로 채택되기까지는 여러 혼란이 있었고, 「국민복령」[칙령 제725호, 1940.11.1] 공포로 갑호·을호의 2종류가 결정되었다.[108]

식민지 조선에서는 어떠했을까. 일본에서 국민복 제정을 둘러싸고 여러 혼란이 있었을 때 총독부는 먼저 국민복[제복]을 제정했다. 1938년 2월 총독부는 2,500명 총독부관리의 제복과 전 조선 15만 청년단원 제복, 20만 명의 사회사업단체원과 80만 명의 전 조선 남녀학생복의 개조 통일을 단행하고자 연구 중이라고 밝혔다.[109] 1938년 8월 4일 미나미 지로 총독은 '국민복'을 입고 출근했다. 총독의 결단으로 총독부의 제복이 결정되었는데, 그것이 국민복이라는 것이다.[110] 조선에서 일본보다 먼저 국민복이 제정된 것이다. 이렇게 제정된 조선의 국민복은 일본 '국민복령'에서 채택된 국민복 갑호·을호 중 을호와 같은 모양이었다.[111] 국민복

---

108 공제욱, 2006, 앞의 글, 168-169쪽.
109 「피복에 비상색 일색, 본부 당국 구체안 연구중」, 『每日申報』, 1938.2.23.
110 「새 제복의 南총독, 16원짜리 국민복을 착용」, 『每日新報』, 1938.8.5.
111 "칙령으로 발표되면 조선서도 실시될 것은 물론인데 이 국민복령에 따르면 남자의 제복은 전부 국방식으로 하고 그 형식은 현재 조선에서 입고 있는 국민복의 표준형과 같게 하여 여기에 갑호와 을호의 두 가지를 둔다는 것이다. 갑호는 현재 국민복은 '오리에리'처럼 접어 제치는 것이고 특히 의례장을 걸고 지정된 모자를 쓰기만 하면 궁중에 참내할 수도 있게 된 것이다. 그리고 을호는 현재 조선서 입고 있는 국민복

은 공무원·교원·학생·사회단체원 등에게 반드시 입도록 강제했고, 일반인도 착용하도록 장려했다.

한편 여성복도 일본에서 1942년 2월 부인국민복[표준복] 6종을 결정했고,[112] 조선에서도 이 부인 표준복을 장려하기로 했다. 화복[기모노]과 양복의 장점을 취한 표준복은 조선 여성의 의복과 비슷한 점이 많아 무리없이 입을 수 있다는 것이었다.[113] 그러나 표준복은 조선은 물론 일본에서도 널리 보급되지 않았고 이를 대신한 것이 '몸뻬'[114]였다. 조선에서는 1941년 8월 방공연습시 비상복으로 '몸뻬'를 착용하자는 기사[115]에서 그 용어가 처음 등장했고, 이후 몸뻬는 조선 여성들의 일상 노동복으로 보급되었다.[116] 몸뻬는 바지형으로 치마저고리를 입었던 조선 여성들에게 외관상 어색했지만 일하기 편리하고 저렴해 농촌과 도시의 서민여성들에게 노동복으로 보급되어갔다.

그러나 일본에 비해 조선 여성들은 몸뻬를 많이 착용하지 않았다. 이에 총독부는 1944년 들어 본격적으로 몸뻬를 착용하도록 강제하기 시작했다. 착용하지 않으면 관공서·집회장 출입을 금지하고 전차나 버스도 승차 거절, 관혼상제 등 경조의식에도 꼭 몸뻬를 착용하도록

그대로이나 다만 허리띠만을 두르지 않는 것이 특징이니까 현재 이 옷을 입고 있는 사람은 그냥 국민복령에 의한 제복을 착용한 것으로 볼 수 있다."(「의복부터 신체제운동, 국민복착용의 칙령, 불원 공포되면 조선도 적용」, 『每日新報』, 1940.10.26)

112 「부인국민복 6종을 결정」, 『每日新報』, 1942.2.22.
113 「부인표준복을 입자, 육군창고피복협회서 장려지도」, 『每日新報』, 1942.6.13.
114 몸뻬는 에도시대 일본 동북지방 농촌에서 입던 노동복으로 전시하에서 일본의 여성 표준복의 '活動衣'로 지정되었다(공제욱, 2006, 앞의 글, 181쪽).
115 「일제히 '몸뻬'를 입으시오」, 『每日新報』, 1941.8.10.
116 「'몸뻬'차림도 늠늠히 부인 옥외노동 철저, 高知事 시찰담」, 『每日新報』, 1943.6.23.

했다.[117] 이제 몸뻬 착용은 '싸우는 황국부인의 기개'를 보여주는 것으로 '국민' 여부의 시금석이 되었다.

　조선인들이 가장 애용하는 옷감인 면직물은 군수 수요 확대와 원료 수입 제한으로 우선적 통제물자가 되어 소비절약이 강요되고 배급이 실시되었다. 총독부는 대용직물[스프]을 이용한 국민복을 일본보다 앞서 제작해 관공리·학생·사회단체원에게 필히 착용하게 했고, 여성들에게도 일본식 국민생활복인 몸뻬를 착용하도록 했다. 옷은 가시적인 것으로 전시라는 '시국분위기[時局色]'를 드러내고 사회적 통일성을 강조하는 데 매우 유용한 기제였다. 국민복과 몸뻬는 물자 부족을 만회하기 위한 목적과 함께 군국주의적 전시 총동원체제 형성의 분위기 조장과 이데올로기적 통제에 활용되었다.

　1940년부터 시작된 생필품은 매년 그 배급 품목이 늘어났지만 물자 부족이 심해지면서 원활하게 배급되지 못했다. 그런 만큼 배급통제망을 벗어난 암거래도 증가했다. 이에 총독부 경제경찰은 '부정배급' 단속에 나섰다. 1942년 물자별 단속 건수를 살펴보면 〈표 7〉과 같이 면포·타올·고무화 같은 일상적 생필품이 가장 많이 단속되었다. 단속 건수가 많다는 것은 그만큼 암거래가 많은 품목이었다. 그러나 단속된 후 검거되어 법적 처벌을 받는 경우는 총 단속 건수의 0.4%(12건)에 불과했고 경찰에 불려가 훈방을 받고 나온 건수는 5%(155건)였다. 단속에 비해 처벌을 받는 경우가 5%에 불과할 정도로 그 사안은 경미한 것이 대부분이

---

117 「부인 '몸뻬'필착운동, 안입으면 관공서, 집회장 출입금지, 전차,버스도 승차사절」, 『每日新報』, 1944.8.5;「'몸뻬'는 가정에서도, 필착운동, 전선에 전개, 연맹서 추진」, 『每日新報』, 1944.8.11.

<표 7> 1942년 생필품 부정배급 단속 결과[물자별]

물자별	단속 건수	검거		유시(諭示)		계	
		건수	인원	건수	인원	건수	인원
면포	622	3	3	35	35	38	38
타올	604			26	26	26	26
등유	415			14	14	14	14
고무화	725	1	1	37	37	37	37
설탕	388			16	16	16	16
밀가루	216	2	2	17	18	19	20
기타	46	6	6	10	10	16	16
총계	3,016	12	12	155	156	167	168

출처: 警務局 經濟警察課, 「生活必需物資ノ不正配給狀況調査」, 『經濟治安週報』 제56집(1942.5.30).

었다. 1건당 연루 인원도 대부분 1인으로 조직적인 암거래가 이루어지는 경우는 많지 않았다.

그러나 부정배급사범으로 검거되거나 현장방면(諭示)된 경우, '부정행위'의 주체는 배급업자가 절반을 차지했지만 이를 통제하는 행정권력[관공리]과 각종 통제단체 담당자, 국민총력운동 관계자들도 상당 부분 부정배급과 암거래에 나섰다(<표 8> 참조). 겉으로는 '황국신민'을 말하며 전쟁 협력에 앞장서는 듯했지만, 배급이라는 통제 상황을 오히려 경제적 이득을 취할 수 있는 기회로 활용하는 식민 통치 협력자들의 '면종복배(面從腹背)' 상황을 볼 수 있다.

배급은 물자 부족에 대처한 소비 통제로 '균등한' 분배라는 점에서 어느 정도 기여한 면이 있다. 그러나 이러한 배급의 긍정성이 최대한 발

<표 8> 1942년 주체별 생필품 부정배급사범

통제관공리	통제단체 役·職員	업자	총력운동기관 관계자(관공리 제외)
9	4	46	40

출처: 警務局 經濟警察課, 「生活必需物資ノ不正配給狀況調査」, 『經濟治安週報』 제56집(1942.5.30).

휘되기 위해서는 제도의 완벽한 운영이 전제되어야 한다. 배급 통제의 제도적 결함은 절대적 물자 부족 현상을 완화시키지 못하고 암거래와 같은 '불법적' 현상을 조장할 수밖에 없었다. 또한 배급 통제의 부작용으로 이른바 악평등(惡平等) 관념과 행정적 비효율성이 지적되었다. 한정된 물자를 공평하게 필요에 따라 분배하여 민생 안정으로 도모한다는 목표로 배급제도가 실시되자 계층적[계급적] 차이나 필요성에 따르지 않고 '절대적인 평등'을 주장하는 '악평등주의'가 나타났다는 것이다.[118] "물건을 필요한 사람에게 배급하는 것이 공평하고 바른 평등"[119]이며 '악평등주의'는 오히려 소비를 유발하고 낭비를 촉진하는 측면이 있다는 것이다. 중노동자·청소년기 학생에 대한 특배, 식생활 패턴에 따른 필요 식료품의 차등 배급 등을 배급제도의 불평등성이라 할 수는 없으나 이를 핑계로 조선인·일본인 간의 차등 배급, 행정권력을 이용한 특혜 배급에 대한 비판도 악평등으로 몰아 덮어버리려는 선전적 측면도 있었다.

다음으로 행정적 비효율성이다. 전시 통제 및 동원체제는 자원의 효율적 이용과 최대 동원을 목표로 했지만 이것이 실행되는 과정에서는 많은 행정인력이 필요했다. 특히 경제통제는 시장의 자율성에 맡겨졌던 부분까지 행정적·법적으로 통제해야 했기에 더욱 그러했다. 1940년 이후 '시국업무'를 처리할 말단 행정관리[읍면직원·구장]를 증원했지만 여전히 업무에 비해 인력은 절대 부족한 실정이었다. 생산력 발전을 전제

---

118 '惡平等主義'란 평소 평화시대에는 설탕을 먹지 않은 자도 똑같이 설탕을 배급받고 잡곡을 먹던 자도 쌀을 배급받으며 술을 마시지 않는 자도 술 전표를 받는 것, 그렇지 않으면 차별적이고 평등하지 않다고 생각하는 것이다(杉山茂一, 1944, 앞의 글, 17쪽).

119 法務局, 1943, 「淸津地方法院檢事局: 1943年 4-6月 昭和18年6月闇絶滅遵法懇談會狀況」, 『經濟情報』, 63쪽.

로 구성원 간의 자율적 분배가 이루어지는 것이 아니라 물자의 절대 부족하에서 인위적·강제적 분배를 꾀했기 때문에 이를 담당할 행정인력, 불만과 저항을 막기 위한 경찰 인력이 증가해 그로 인한 사회적 비용 역시 커졌다.

2) 농민들의 자가보유미제도와 환원배급

도시는 식량 및 식료품 소비지로 전시 총동원체제기에는 시장의 자유 매매가 통제되고 배급이 이루어졌다. 반면 농촌은 식량 생산지이고 농민들은 그 생산자였기에 자가 생산분을 자가소비에 사용할 수 있었다. 농촌의 식량 배급은 생산물의 출하통제[공출]와 연관되어 진행되었다. 1942미곡년도까지는 '과잉 지역(道)의 과잉 수량'에 대해 공출을 실시했기 때문에 실제 농민들의 자가소비량 외에도 자유 판매가 가능한 부분이 있었으나 1943미곡년도부터 '자가보유미제도'가 도입되어 자가소비량을 제외하고는 모두 강제적으로 공출해야 했다.

농민들이 생산한 양곡에 대해서는 자가소비량을 인정했기 때문에 도시와 같이 양곡의 배급은 실시되지 않았다. 그러면 농민들의 자가소비량은 어떻게 결정되었는가. 평안북도의 경우 1941년 산미에 대한 농민의 자가소비량은 최고 1일 1인당 3합으로 결정되었다.[120] 도시 일반민의

---

120 농촌 자가소비량에 대한 지역별, 쌀·잡곡의 비율은 다음과 같다.

지대	지명	미곡	잡곡	합
갑	신의주부, 용천군, 철산군, 선천군, 정주군, 박천군	1.5합	1.5합	3.0합
을	의주부, 귀성군, 태천군, 영변군, 운산군	0.7	2.3	3.0
병	기타의 군	0.3	2.7	3.0

1일 배급량 2합 5작보다는 높게 책정되었으나 노동자들의 배급량 5합보다 크게 적은 양이었다. 이 자가소비량은 1942년 가뭄으로 쌀 생산량이 감소하자 3합에서 2합 5작[지주·자작인 1인 1일 쌀 1합 5작·잡곡 1합, 소작인 1일 쌀 1합·잡곡 1합 5작]으로 감소했다. 이에 대해 "일반적으로 농업은 다로(多勞)로서 수입이 박약하고, 특히 가장 중요한 물자 생산에 종사하는 농민에 대해 식량 소비량을 생산하지 않는 자와 차이가 없는 양으로 강화시키는 것은 말단 관공리가 책상에서 만든 계획에 기초한 부당한 공출할당을 위한 것으로 생각된다"[121]라는 비판이 제기되었다. 또한 자가소비량 감소는 농민들의 생활을 악화시켜 "이농해 자유노동자가 되어 증량 배급을 받는 것이 낫다"[122]는 염농의식으로 발전하기도 했다.

이렇게 설정된 자가소비량도 공출량의 과대 할당으로 지켜질 수 없었다. 특히 1944미곡년도부터 공출 사전할당제가 시행되면서 농가의 자가보유량이 지켜지는 것은 더욱 불가능했다. 1943년 산미에 대한 사전할당은 농가보유량[소비량과 종자 사료 등 포함]을 1일 1인당 3합 3작으로 줄여[전쟁 전에는 보통 1승 정도였으나 공출이 실시되면서 약 4합 정도로 감소] 공출량을 산정했다.[123] 1944년 산미의 사전할당제는 농업생산책임제와 결합되어 실시되었는데, 1944년 산미의 책임수량을 2,600만 석으로 설정해 실제수확량 1,600만 석과는 무려 1,000만 석의 차이가 있었다

警務局 經濟警察課,「緊急食糧對策實施狀況」,『經濟治安週報』제51집(1942.4.24).

121 法務局, 1943,「光州地方法院檢事局: 1943年 1-3月, 5.其他管內經濟特殊事情」,『經濟情報』, 169쪽.

122 法務局, 1943, 위의 글, 169쪽.

123 大藏省管理局, 1946,『日本人の海外活動に關する歷史的調查』朝鮮篇, 第9分冊, 57쪽.

(287쪽 〈표 3〉 참조).

이처럼 농민들의 기본적인 생존조차 어렵게 할 정도로 공출이 진행되자 총독부는 '환원배급[환원제의 특배]'이라는 형태로 농민들에게 식량 부족분을 배급해주기로 했다. 전체 생산량을 모두 공출한다 해도 목표 수량을 채울 수 없을 정도로 공출량이 과대 산정되는 상황에서 농가는 공출 다음 날부터 거의 식량이 없는 상태를 맞고 있었다. 특히 영세농일수록 곤궁은 심했다. 춘궁기에 환원배급을 받을 수 있었지만 그 양이 극히 적어 1일 1인당 1합 미만인 경우가 많았다.[124]

〈표 9〉에 따르면 전체 생산량 중 공출량을 제외한 것이 농가보유량으로 그것만으로는 농민들의 생활을 유지할 수 없어 농가에서 필요로 하는 소비량을 보전하기 위해 지급되는 것이 환원배급이었다. 1944미곡년도에는 쌀은 전체 농가소비량의 약 20%, 보리·잡곡을 합한 식량 전체는 약 28% 정도를 다시 배급받아야 했다. 그러나 실제 환원배급량은 극히 적은 양이었고 질적으로도 대부분 만주 좁쌀이나 콩깻묵과 같은 대용식으로 그 품질이 매우 열악했다.

〈표 9〉 환원배급 구성[1944미곡년도]   (단위: 천 석)

	쌀	맥류	잡곡	계
공출	11,957	3,076	2,034	17,067
농가보유	6,762 (81)	5,066 (76)	4,929 (61.5)	16,757 (72.5)
농가소비	8,358 (100)	6,645 (100)	8,015 (100)	23,018 (100)
환원배급	1,596 (19)	1,597 (24)	3,086 (38.5)	6,279 (27.5)

출처: 田剛秀, 1993, 「植民地 朝鮮의 米穀政策에 관한 研究」, 서울대학교 경제학과 박사학위논문, 197쪽.
비고: 환원배급량은 농가소비량-농가보유량

---

124 水野直樹 編, 2000, 「都市及農村ニ於ケル食糧事情」, 『戰時期植民地統治資料』第7卷, 柏書房, 33쪽.

자가소비량은 직접경작자인 농민들뿐만 아니라 지주에게도 적용되었다. 지주의 소작료에 대해서는 소작인이 지주의 자가소비량을 제외하고 나머지는 직접 공출하도록 했다. 이에 지주들은 예전과 같이 소작료를 마음대로 처분할 수가 없었고 겨우 자가소비 분량 정도를 가져올 수 있었다. 이러한 분위기는 당시 경기도의 대지주로서 일제에 적극 협력해 상당한 권력을 누릴 수 있었던 윤치호도 "(1939년 12월 19일) 우리 쌀이 과천에서 서울까지 무사히 당도할 수 있을까 하는 걱정이 앞서, 뜬눈으로 밤을 지새다가 새벽 3시 30분이 되어 비로소 잠이 들었다. 아침 6시 30분 우리 쌀 46가마를 실은 트럭이 무사히 당도했다. 얼마나 기뻤는지 모른다"[125]고 토로할 정도로 첫 공출 시행대상이었던 1939년 산미 처분에 대해 노심초사하고 있었음을 알 수 있다.

1941년 산미까지는 지주의 자가용 쌀 도시 반출을 허용해 지주들은 다른 배급을 받지 않고 자가용 쌀을 소비할 수 있었다. 그러나 자가용 쌀 반출을 위해서는 자기 식구들이 반출일부터 다음 해 10월 말까지 먹을 분량을 계산해 소관경찰서장의 증명을 받은 '자가용미 반출원'을 자신의 소유농지가 있는 지방 군수에 제출하고 다시 그 지방 경찰서장과 협의 후 '반출승인증'을 교부받아야 쌀을 운반해 올 수 있었다. 또한 논밭 소유지와 거주지가 같은 도내에 있을 경우에만 반출이 가능했다.[126]

점차 공출이 강화되면서 1942년 산미부터는 지주들도 일단 소작료를 전량 공출하고 다른 도시 거주자와 같이 배급을 받도록 했다. '경성

---

125 김상태 편역, 2001, 『윤치호일기 1916-1943』, 역사비평사, 450쪽.
126 「경성, 개성, 인천 지주들의 자가용미 작년대로 반출 허가, 11월말까지 경찰서 통해 수속하라」, 『每日新報』, 1941.10.7.

같은 큰 도시에 사는 지주가 자가용 쌀 반입을 할 때는 각 군별로 할당량의 공출을 끝내고, 또한 그 지방 지주 책임량의 공출을 마친 후 남은 것이 있을 때 비로소 반입을 허가하기로 하여 … 지주에 대한 식량 배급의 기본조사를 한 후 배급 신청이 있는 대로 일반 부민과 같이 식량을 배급하기로'[127] 했다. 이처럼 지주들도 예전과 같은 풍족한 생활을 하기는 어렵게 되었지만 일부 유산계급은 종래 가지고 있던 양곡이나 소작료 밀반입 등으로 포식 생활을 하는 경우도 있다고 했다.[128] 일반 농민들의 절대적인 식량 부족에 비해 지주들은 '풍족한' 생활을 누렸지만 불만은 적지 않았다.

지주 및 자산가 계층도 전시 총동원체제하에서 특혜를 누리는 것에 한계가 있었고 오히려 양적으로나 질적으로 확실한 동원 대상이었다. 지주계급은 공출과 배급 과정에서 일방적인 특혜나 풍족함을 누리기는 어려웠고 지주권을 행사하는 데도 많은 제약을 받았다. 이러한 상황에 대해 지방의 대지주나 도회지의 부호계급 중에서는 "일본의 신체제, 통제경제 강화 방침은 공산이론의 실현은 아닌가, 통제라는 명목하에 실제는 공산이론을 실천하는 것은 아닌가라는 일종의 의혹과 공포를 가지고 있는 자도 상당했다"[129]고 보고되었다.

일본에서도 식량 공출과 함께 자가보유미제도가 실시되었다. 모든 농가에 평등한 자가소비를 인정하는 것은 하층 농가나 쌀농사를 짓지

---

127 「자가용미 먹든 지주, 일반부민 同樣 매출표주어 식량배급」, 『每日新報』, 1942.10.25.
128 法務局, 1943, 「平壤地方法院檢事局: 1943년 4-6월, 3.檢擧狀況」, 『經濟情報』, 92쪽.
129 水野直樹 編, 2000, 앞의 글, 21-22쪽.

않는 농가의 쌀 소비를 증가시킬 수 있고, 지주나 상층농가의 자유로운 식량 처분을 부정하는 문제가 있다는 비판도 있었다. 그러나 "생산자에게 평등한 자가소비를 인정하지 않는다면 대다수 농가가 생산 의욕을 잃어 공출량도 감소할 것이라는 우려가 컸다." 생산자의 자가소비 존중이라는 원칙은 생산의 인센티브로서 달리 유효한 수단을 제공할 수 없는 상황에서 용인하지 않을 수 없었던 정책 비용이었다.[130] 일본도 1943년부터는 자가소비량이 감소했지만 쌀과는 달리 맥류·저류(薯類)는 자가소비의 자유성이 상당히 있었고, 채소류 등의 생선 식료품 자가소비 비율도 상승했다.[131] 그나마 일본의 농촌 상황은 도시보다 여유가 있었다고 할 수 있다.

조선에서는 도시의 식량 배급 사정도 매우 열악했지만 농촌의 공출과 자가소비 실상은 일본과 달랐다. "도시에서는 배급제도가 실시되어 2합 4작 내지 2합 3작의 배급을 받아 만복감을 기대할 수는 없지만 식량 두절의 불안감은 없었다. 그러나 농민은 1일 1합 정도의 양곡도 먹지 못하고 있는 것에 비해서 도시인들은 행복하다고 말하지 않을 수 없다. 농민의 창고에는 양곡이 없어도 도시의 식당에는 어떻게든 먹을 것이 갖추어져 있는 실상은 일본[內地]과는 정반대 현상이다"[132]라고 했다. 또한 "도시인 중에는 재력에 여유가 있고 시국 인식이 부족한 자들은 암거래를 통해 백미 및 식료품을 매입해 자기 식생활을 충실히 하고 있는 자

---

130 加瀨和俊, 1995, 「太平洋戰爭期食糧統制政策の一側面」, 『日本の戰時經濟-計劃と市場』, 東京大學出版會, 293-295쪽.
131 加瀨和俊, 1995, 위의 글, 295쪽.
132 水野直樹 編, 2000, 앞의 글, 30-31쪽.

도 상당히 있다. 그러나 같은 암거래를 해도 농민은 자기의 공출 책임완수를 위해 하고 도시인은 자기의 만복을 위해 하는 조선이 아니면 볼 수 없는 진실로 기이한 대조다"[133]라고 조선의 실상을 파악했다.

조선 농촌에서의 공출은 행정력·경찰력을 총동원하고 금융조합·농회 등의 농민단체를 앞세워 생산량에 비해 과도한 공출을 강제했기에 농민들은 암거래를 통해서라도 농산물을 구입해 공출해야 했다. 도시의 가난한 서민들은 할당된 배급량도 구입할 수 없을 경우가 많았고, 이러한 빈곤을 보충할 수 있는 농촌지역과의 가족적 연계도 가혹한 공출로 인해 막히게 되어 비참한 생활을 이어가야 했다.

조선에서는 1940년부터 식량 배급과 공출이 실시되었다. 도시의 식량 배급량은 1인 1일 2합 3작이 기준이었으나 점차 식량 사정이 악화되면서 1945년부터는 약 2합으로 감량되었고 그나마도 잡곡이나 대용식으로 배급량을 채우지 못했다.[134] 농촌에서는 생산물의 자가소비가 일정 부분 인정되었고, 1943년부터는 자가보유미제도를 실시하여 식량 배급은 실시되지 않았다. 그러나 무리한 공출로 자가소비량이 확보되지 못하고 식량 부족이 심각해지자 환원배급을 통해 이를 보충해 준다고 했다. 1944년 이후 공출은 극대화된 반면 배급은 최소화되면서 공출에 대한 인센티브제도나 환원배급제도는 실제 '있으나 없는 것과 같은 상태'가 되었다. 일제의 침략전쟁으로 조선 민중들은 최저 생활도 불가능한 상황에서 모든 노동력을 짜내어 전쟁에 동원되는 최악의 시간을 겪고 있었다. 1945년 8월 15일 일제의 패망과 조선의 해방은 필연적 귀결이었다.

133　水野直樹 編, 2000, 위의 글, 31쪽.
134　金鐘範, 1946, 『朝鮮食糧問題와 그 對策』, 創建社, 9쪽.

결론

이 책에서는 일본제국주의의 침략전쟁이 본격화된 1937년 중일전쟁 이후 전시 총동원체제하에서 식민지 조선을 대상으로 일제가 행한 식량 및 각종 물자동원 시스템과 그로 인한 수탈상을 살펴보았다.

일본제국주의의 전시 동원과 수탈은 제국주의 일반이 가지는 자본주의적 팽창 욕구에 메이지유신으로 성립된 천황제 근대 일본국가의 전체주의적 이데올로기가 결합되면서 강제적이고 폭력적인 형태로 진행되었다. '천황'을 앞세운 일본 지배세력들은 일본 민중과 식민지민을 '국민', '공익'을 명분으로 인권을 압살하고 민생을 파탄시키며 전쟁을 확대해갔고, 그 결과 수많은 인명의 살상과 사회경제적 물적 토대가 붕괴되었다. 일제의 식민지 조선에 대한 36년 식민 지배는 침략전쟁하에 생명과 물자를 동원이라는 이름 아래 수탈당하는 최악의 상태로 종결되었다.

일본은 제1차 세계대전 참전을 계기로 '총력전'으로 진행되는 근대 전쟁을 구상하고 이를 위한 준비를 시작했다. 1918년 「군수공업동원법」이 제정되고 이를 담당할 군수국 설립으로 총력전체제의 서막을 올렸다. 1927년 우가키 가즈시게(宇垣一成) 육군대신[1931년 조선총독으로 부임] 주도하에 자원국이 출범되면서 '국가총동원 구축'이 구체화되기 시작했다. 이를 전격적으로 실현하게 된 계기는 1931년 '만주사변'이었다. '만주사변'은 일본 군부의 일부 세력[관동군]에 의해 촉발되었지만 세계대공황으로 인한 일본제국주의의 위기를 극복하는 방안으로 군부뿐만 아니라 일본 정부 및 지배세력이 주도하게 되었다. '만주사변'으로 성립된 괴뢰 만주국은 일본제국주의 총동원체제의 실험장으로 활용되었.

한편 1931년 6월 17일 육군대장 우가키 가즈시게가 조선총독에 임명되었다. 조선총독이 된 우가키는 자신의 지론인 '일본해 중심론'을 조선 지배정책과 관련해 조선을 대륙정책 추진의 교두보로 활용하기 위한 '일선만(日鮮滿) 블록론'으로 구체화시켰다. 블록 건설의 기본 방향은 일본을 정공업(精工業)지대, 조선을 조공업(粗工業)지대, 만주를 농업·원료지대로 하여 상호 대립 관계를 최소화하고 의존관계를 긴밀하게 한다는 블록분업적 개발론이었다.

이러한 우가키 가즈시게의 조선통치 구상이 실현되기 위해서는 전 인구의 80%를 점하고 있는 농촌·농민의 불안과 불만을 잠재워 농민층이 식민 통치 권력으로부터 이탈하는 것을 막는 한편, 일본 정부의 정책 전환에 따라 조선의 식민 지배정책을 기존 중농정책에서 새로운 역할을 부여하는 정책으로 전환할 필요가 있었다. 이에 우가키는 '사상의 융합과 생활의 안정'을 통치의 기본 방침으로 하여 '내선융화'라는 이데올로기 정책과 빈곤에 빠진 농촌의 안정을 목적으로 하면서 '만주사변'에 따른 일본의 정책 전환과도 합치되는 '농공병진정책'으로 구체화했다.

우가키 가즈시게의 농공병진정책은 '일선만 블록' 노선에 입각해 조선을 제국 전체의 분업관계 속에서 조공업(粗工業)지대로 개발함으로써 장기적으로 '총력전'을 준비하고자 하는 블록개발정책이었고, 이를 위한 통제의 목표는 자원개발과 생산력 증대에 있었다. 이와 함께 우가키 총독은 자신의 정치적 야심을 위해 간사이(關西) 지역 실업가들과 정경유착의 관계를 형성했고 이들 자본의 조선 유치를 통해 전개된 조선공업화정책은 총독부와 일본의 신흥 독점자본 간의 '정경유착적 자치통제'의 성격을 갖게 되었다.

침략전쟁을 통해 세계대공황의 어려움을 극복하고 동아시아의 맹주가 되겠다는 일본의 제국주의적 야심은 1937년 중일전쟁을 일으켰다.

중일전쟁으로 제1차 세계대전 이후 일본 육군 일부 세력을 중심으로 꾸준히 추진해 온 총력전체제 형성, 즉 총동원계획 구상과 실현을 본격화하고 실제 활용해야 할 상황이 되었다. 전시 총동원체제를 담당할 기구로서 1937년 5월 기획청[10월 기획원으로 확대 강화]이 설립되었다. 기획원은 「국가총동원법」을 기획했고, 1938년 4월 공포되었다. 「국가총동원법」은 일본 국내의 총동원에 그치는 것이 아니라 식민지와 만주국, 나아가 군부가 구상하고 있는 '대동아공영권' 전체로 확대 시행할 수 있는 법률이었다. 이제 식민지 조선도 전시 총동원의 법적 의무를 지게 되었다.

중일전쟁기 일제의 전시 총동원은 물자동원계획과 생산력확충계획을 병행하여 진행되었다. 1939년부터 물자동원계획과 생산력확충계획이 함께 실시되었지만 점차 생산력확충에서 문제가 발생하기 시작했다. 1939년 제2차 세계대전 발발과 일본의 추축국 합류로 미국의 대일 금수조치가 이루어지면서 일본은 군수물자 확보에 어려움을 겪게 되었다. 이에 따라 일본제국권 내의 자급체제가 중요시되었다. 1941년 12월 아시아태평양전쟁의 발발로 대영미 무역이 두절되고 외화 획득이 절망적으로 되면서 물자동원계획은 '대동아공영권' 내부의 물자 수송력에 규정되었다. 그러나 일본제국권 내의 원료물자동원[수탈]이 제대로 되지 않아 군수 기초소재 부문의 확충을 기도한 생산력확충계획도 성공적으로 이루어지기 어려웠다.

1942년 미드웨이해전 패배 이후 일본의 제해권이 상실되면서 물자동원계획이 파탄났고 이에 따라 생산력확충계획은 낮게 설정된 목표마저도 거의 이루어지지 못했다. 또한 일본이 마지막까지 믿고 의지한 만주·화북 지역과 식민지 조선·대만을 중심으로 하는 식민지의 생산력확충도 생각할 수 없게 되었다. 일본에서 기계와 숙련노동력의 지속적인 공급, 식민지 미숙련노동력의 강제동원, 이 3자의 유기적 결합에 따른 군수공업 건설이라는 식민지에서의 생산력확충 조건도 수송력 부족이라는 상황하에서 급속히 사라졌다. 생산력확충과 물자동원 양자 모두가 점점 어려워지는 상황에서 후방 민수(民需)의 희생은 더욱 강화되었다.

일제의 침략전쟁 확대는 조선에도 직격탄이 되었다. 1936년 8월 우가키 가즈시게의 추천을 받은 미나미 지로(南次郎)가 후임 조선총독에 임명되었다. 1937년 7월 중일전쟁 발발은 우가키 총독 이래 추진되어 오던 농공병진정책에 전환점이 되었다. 미나미 총독은 전시하 조선의 적극적 역할을 제시하고자 1938년 2월 9일 '조선총독부시국대책준비위원회'를 설치했고, 1938년 4월 「국가총동원법」 제정과 조선 시행에 대처하는 새로운 정책을 제시했다. 농공병진정책의 전시적 재편으로서의 '병참기지정책'을 천명한 것이다. 이와 함께 병참기지정책의 이념으로서 '내선일체(內鮮一體)' 슬로건이 제창되었다. '내선일체'는 조선을 전시 총동원체제의 후방으로 동원하기 위한 국민정신총동원의 황민화 이데올로기였지만 그것은 정치·사상면에 한정된 것이 아니라 물자 총동원을 위한 병참기지정책의 이데올로기이기도 했다.

조선총독부는 전시 총동원을 수행하기 위한 기구를 개편했다. 1937년 9월 관방에 자원과 설치를 시작으로 1938년 8월 식산국에 임시 물자조정과를, 1939년 11월 28일 자원과와 물자조정과 사무를 통합해 새로 기획부를 설치해 전시 총동원계획의 설정과 수행을 담당하게 했다. 1942년 9월 11일 조선·대만 등이 식민지 행정과 총독의 권한을 제한해 식민지 행정에 대한 본국의 직접 통제를 꾀하는 '내외지행정일원화에 관한 건'이 결정되었다. 이에 따라 조선총독부도 행정기구를 개편해 총무국이 신설되었다. 총무국 설치는 국가총동원계획 등 중요한 전시행정의 신속한 기획과 실행을 담당하는 종합적인 행정기구의 필요성에 따른 것이지만 '내외지행정일원화' 방침에 따라 총독의 권한을 제한하기 위한 것이었다. 그러나 조선총독의 권한 제한에 대한 조선총독부와 의회의 반발로 총무국은 1년여 만에 폐지되고 그 업무는 신설된 광공국 기획과와 총독관방으로 이관되었다.

전시 총동원에 대한 법적 체계는 1937년 3월 「중요산업통제법」 및 일부 사업법의 조선 시행이 이루어져 일본 본국에서 진행되고 있는 경제통제가 조선에서도 본격 시행되기 시작했다. 1938년 「국가총동원법」의 조선 적용을 시작으로 이후 총동원 관련 법령은 일본과 조선에서 거의 동시에 시행되었다.

조선에서의 전시 총동원은 일본과 마찬가지로 물자동원과 생산력확충이라는 틀로 진행되었다. 일본 본국에서 전시 총동원을 위한 제1차 생산력확충계획[1938~1941]이 시작되자 조선에서도 본격적으로 생산력확충이 추진되었다. 일본의 생산력확충계획은 더 이상 대규모 전쟁이 발발하지 않는다는 전제로 수립된 것이었으나 중일전쟁의 장기화와 유럽에서 제2차 세계대전이 발발하면서 붕괴되었다. 이로 인해 계획이 축소되고 식민지·본국을 포함해 생산력이 정체 내지 감소되기 시작했다.

제2차 세계대전 발발 이후 1940년 9월 삼국동맹[독일·이탈리아·일본] 체결로 미국의 대일 자산동결·금수조치가 실시되면서 일본의 전쟁 수행을 위한 물자동원과 생산력확충은 난관에 봉착하게 되었다. 이에 일본제국권[일본 본국·식민지·만주·화북 지역]의 자급자족체제 확립이 중요해졌다. 단기적으로 조선의 생산력확충계획은 일본의 요구에 충실히 따라가고 있었으나 장기적으로는 기계류 결핍과 원자재 대일의존을 더욱 강화시키면서 오히려 일본의 전시경제 유지에 부담으로 작용하고 있었다.

아시아태평양전쟁 발발 이후 1942년 설정된 생산력확충계획은 그 계획 목표 자체가 1차 계획 목표에도 미치지 못하는 것으로 낮게 설정되었고, '생산력'을 높이는 것은 불가능했고 생산량 자체를 확보하는 것도 어려운 상황이었다. 이러한 비참한 결과는 무엇보다 물자동원계획이 파탄났기 때문이었다. 미국의 대일(對日) 금수조치 이후 기계류 수입이 두절되었고, 그것을 자급하는 것도 불가능한 상황에서 수송력을 기반으로 한 '대동아공영권' 내의 무역도 제대로 이루어지지 못했다. 아시아태평양전쟁을 도발하면서 구축한 '대동아공영권'의 영역은 1943년 이후 축소되기 시작했고 다시 북방 엔블록권인 중국[화북]·만주와 식민지[조선·대만]을 중심으로 한 생산 확보에 매달렸지만 이것도 불가능한 상태가 되었다.

1931년 '만주사변'은 일본 군부 주도로 이루어진 대외침략 전쟁으로 이를 계기로 일본 안에서는 경제적으로는 독점자본 중심의 경제통제와 정치·사회적으로는 군국주의 파시즘이 형성되기 시작했다. 1937년 중일전쟁의 도발은 일제가 무력적 대륙침략, 즉 전쟁을 전면화한 것이었고, '총력전'을 명분으로 일본제국권 전체 차원에서 파시즘적 질서를 강화하며 정치·경제·사회적 총동원체제를 구축했다. 그러나 일본과 식민지 조선·대만이 가지고 있는 부존자원은 한계가 있었고 전쟁의 확대는 자원과 생산력 모든 면에서 이러한 문제를 곧바로 노정시켰다. 인적·물적 자원의 군수로의 총동원을 강요하며 경제 부문의 강력한 국가 통제, 정치·사회적으로는 천황제를 바탕으로 한 군국주의적 파시즘을 노골화하며 사상·언론·문화 부문에서도 폭력적인 통제와 탄압을 이어갔다. 식민지 조선의 민중들은 일본제국주의의 침략전쟁에 어떠한 형태로도 동의하고 개입할 수 없었음에도 전쟁 수행을 위한 총동원체제에서 일방적인 강제와 폭력, 수탈의 대상이 되어야 했다.

일제는 군수물자 생산을 위해 조선의 지하자원 개발과 수탈에 주력했다. 이를 위해 1938년 5월 기존의 「조선광업령」을 개정해 '광부의 보호 취체[단속]에 관한 규정'을 삭제하고 '취업 및 노무의 제한' 조처를 규정해 지하자원 개발을 위한 노동력 확보에 나섰다. 또한 중요 광산물의 증산을 도모하기 위해 「조선중요광물증산령」을 공포했다. 아시아태평양전쟁이 발발하면서 일본제국권 내의 자원 수급 상황은 크게 악화되었다. 이에 일본 본국과 식민지를 중심으로 자원 자급에 주력했다. 조선총독부는 1942년 9~10월 2개월에 걸쳐 '전시광산증산강조운동' 캠페인을 벌이며 광물자원 증산에 열을 올렸다. 증산 대상은 금·은, 철, 석탄을 필두로 광물을 7종으로 나누어 지정했다. 증산 방법의 최우선은 '노무자 확보'였다. 노동력에 대한 강제동원의 필요성이 적극 제기되었던 이유였다.

조선에서 많이 생산되고 우선적으로 요구된 광물자원은 석탄과 철이었다. 석탄은 1940년경까지는 조선총독부가 설정한 '석탄 생산력확충계획'에 근접한 실적을 보였다. 특히 1940년부터 함북 무산탄광이 개발되면서 무연탄 생산량이 유연탄을 크게 앞섰다. 그러나 제2차 계획이 실시된 1942년부터는 오히려 1941년보다도 생산량이 감소했고 결국 1943년부터 목표량도 하향조정했지만 그 역시 달성하기 어려워졌다. 1944년 상반기에는 생산책임제를 실시하고 증산에 모든 힘을 기울여 어느 정도 생산량을 유지했지만, 하반기부터 유연탄이 자재 부족으로 생산량이 크게 줄었다. 이에 대해 총독부는 '국민징용을 단행'하는 응급증산대책을 실시한다는 방침이었다. 그러나 조선 유연탄의 생산량은 감소되어 조선 내 유연탄 수요의 일부만을 담당하는 정도에 그쳤다. 무연탄 생산량은 증가했지만 이출량은 1940년도의 150만 톤을 정점으로 감소해 1944년에는 24만 8,000톤으로 급감했고 1945년 상반기에는 4만 3,000톤에 그쳤다. 조선에서의 석탄 생산은 부족한 자재와 기술력을 극복하지 못한 상황에서 오로지 노동력에만 의존하였기에 증산의 한계는 분명할 수밖에 없었다.

철은 1930년대 후반 한반도 북부 지역을 중심으로 철광산이 적극 개발되기 시작했다. 함북 무산, 평남 개천, 함남 이원 등을 중심으로 철광석이 많이 매장되어 있었다. 이곳에서 채굴되는 철광석은 일본으로 다량 이출되었지만 1941년 이후 해상 수송이 곤란해지면서 철광석을 조선에서 직접 제련하는 것이 추진되었다. 그러나 철을 제련하기 위해서는 막대한 양의 석탄[코크스]이 필요한데 이에 적절한 석탄은 한반도에서는 거의 산출되지 않고 만주와 중국 화북 지역에서 수입해야 했다. 반면 조선에서 가장 많이 생산되는 것은 화력이 높지 않은 무연탄이었다. 그러나 절대적인 철강 부족에 직면한 일제는 조선에서 무연탄을 이용한 소형용광로를 만들어 출선(出銑)하는 미봉책을 추진했다. 그러나 소형용광로사업의 실적은 생산목표 대비 30% 미만으로 저조했다. 그나마 생산된 선철조차도 운송난으로 50% 정도만 일본에 공급되었다.

지하자원의 수탈에 그치지 않고 일제는 일반인들이 일상에서 사용하는 금속까지 군수물자에 활용하기 위한 '회수'[공출]에 나섰다. 1938년부터 '특별회수'라는 명목으로 기존의 폐품 외에 사용하고 있는 금속류의 일상제품을 거두어들였다. 1941년 8월 「금속류회수령」을 공포해 법적으로 특별회수를 강제하게 되었다. 조선 민중들에게 '특별회수' 대상인 금속회수[공출]는 일상의 삶을 흔드는 것이었다. 「금속류회수령」이 제정되자 조선인 가정에서 식기로 많이 사용되고 있었던 놋그릇[眞鍮食器]과 일상용품들이 제한없이 강제로 공출된다는 우려가 커졌고, 그것은 '자발성'으로 포장되었지만 현실에서는 강제 집행되는 경우가 많았다.

1943년 이후 아시아태평양전쟁이 전세가 급격히 악화되면서 일본제국권은 격심한 자재난에 봉착했다. 이에 조선총독부는 1943년 7월 '금속류비상회수실시요강'을 결정해 1943년에는 종래 특별회수를 강화 확대하는 데 그치지 않고 기업정비에 따라 설비회수, 미가동 유휴설비 및 불요불급설비 회수 등 적극적인 금속류 회수에 중점을 두었다. 이러한 방침을 강제하기 위해 1943년 8월 「개정 금속회수령」을 공포·시행했다. 총독부의 군수물자동원은 1930년대 폐품회수에서 1940년 이후로는 금속회수로 확대되었고 1943년 이후는 기업정비와 연계된 설비회수로 확장되었다. 설비회수는 1943년 이후 총독부의 물자동원정책이 설비의 확장이나 기계화를 통한 생산력확충이 아닌 기존 설비 안에서 일방적인 노동력의 착취로 수량적인 물자증산을 획책했던 양상을 잘 보여준다. 이 과정에서 조선 민중들은 자신의 일상을 지켜온 밥그릇, 제기(祭器), 지붕, 문짝까지 잃어야 했다. 직접적인 폭격이 없더라도 평범한 일상이 무너지고 있었다.

일제는 전시 자금확보를 위해 화폐 증발, 국채 발행, 세금 증징 등의 방안을 강구했지만 저축은 찾을 수 있다는 생각 때문에 증세 등과는 달리 직접적 박탈감을 상쇄시킨다는 점에서 효율적인 수탈 방식이었기에 민간의 자금을 예금이라는 형식으로 뽑아들였다. 그러나 전쟁이 장기화되면서 각종 물자 부족 심화와 그로 인한 물가 상승, 암거래 확대 등 인플레 경향이 확대되는 상황에서 예금은 바로 손실을 의미했기 때문에 저축을 기피하는 경향이 나타났다. 이에 대해 총독부는 조선인들의 시국인식이 부족하기 때문이라며 각종 매체를 동원해 선전에 열을 올렸고, 강제적인 방법으로 저축을 강요했다. 강제저축이 바로 저축 실적률을 높일 수 있었던 방법이었다.

1938년부터 시작된 '저축조성운동'은 종래의 '도덕적인 근검저축 정신을 기조로 한 개인적인 예금'에서 '전시 국민경제의 지상명령에 순응하는 국가적 사명'으로 진행되었다. 저축은 전시 인플레이션 방지를 위한 구매력 흡수와 전시 생산력확충 자금 공급을 위한 것이었다. 전시 총동원체제기 조선인에게 강요된 저축은 조선인이 식민지에서 살아가기 위해 지불해야 하는 생존비용이었다. 금융조합이나 저축조합에 예금한다는 것은 자신의 삶을 위해 화폐를 축적하는 경제행위가 아닌 조직적으로 강제된 '식민지 국민'의 의무를 수행하는 것이었다.

'병참기지' 조선의 중요한 역할은 여전히 식량 공급이었다. 전쟁이 장기화되면서 군수 식량의 확보가 중요해지는 상황에서 1939년 한반도와 일본 중서부의 대가뭄은 식량 수급에 큰 차질을 주었고 이에 따라 식량 증산의 필요성이 적극 제기되었다. 조선에서는 1940년 '조선증미계획' 1941년 '식량전작물(畑作物)증산계획'이 마련되었다. 전시 물자 부족이라는 조건하에서 경종법 개선을 중심으로 추진된 '조선증미계획'이 소기의 성과를 거두지 못하자 1942년 '조선증미개정계획'을 마련해 토지개량을 통한 증산을 꾀했다. 개간 및 간척사업 등 대규모 관개개선사업은 경지 자체를 확대해 증산할 수 있는 확실한 방법이었지만 많은 공사비[자재 및 노동력]가 요구되었기에 1942년 이후 전쟁 확대와 장기화로 심각한 물자 및 노동력 부족에 처해 있던 상황에서 계획대로 시행될 수 없었다. 실제 토지개량사업은 소규모사업 위주로 진행되었고, 응급적으로 만들어진 각종 시설은 부실해 이후 조선의 농업생산력 향상으로 연결될 수 없었다.

또 하나의 중요한 생산 요소였던 비료의 경우, 1940비료년도[1940.8~1941.7] 이후 판매비료의 공급 부족이 심화되었다. 총독부의 '개량농법' 도입과 품종개량은 비료 증투와 수리관개시설이 뒷받침되지 않으면 생산량을 확보할 수 없게 만들어갔다. 그러나 1942년부터 판매비료 사용량이 대폭적으로 감소하면서 쌀 생산량도 크게 감소했다. 이러한 점에서 전시 농업생산력 저하의 중요한 원인은 비료 부족이었고, 특히 화학비료 감소는 생산량 감소의 직접적인 원인이 될 수밖에 없었다.

이처럼 판매비료의 생산 감소와 공급 부족으로 식량 증산에 차질이 생기자 1942년부터는 보다 적극적으로 자급비료 증산에 주력했고, 증산을 위해 행정력과 전시 통제조직[국민총력연맹]을 최대한 이용했다. 그러나 자급비료를 생산하는 데 필요한 노동력이 부족했던 상황에서 소기의 목표를 달성할 수는 없었다. 결국 일제가 만들어 놓은 다노다비(多勞多肥)의 미곡 생산구조로 인해 전시 총동원체제기 농업생산력은 더욱 저하될 수밖에 없었다. 비료가 제대로 투입될 수 없어 지력(地力)은 고갈되어 갔고, 농민들의 고된 노동으로 그것을 대체할 뿐이었다.

쌀 증산이 한계에 부딪히게 되자 총독부는 낮은 비용으로 보다 많은 생산량을 확보할 수 있는 잡곡 증산에 박차를 가하게 되었다. 전시 식량의 절대 부족으로 1943년 이후 '도작(稻作)제일주의[미곡중점주의]' 정책을 수정하게 된 것이다. 1943년 이후 조선 및 일본제국권 전체의 식량 사정은 생산량 감소와 전시 수요 증가라는 수급 불균형 상태가 심각해졌다. 이런 상황에서 그간 상대적으로 등한시되었던 잡곡 우선의 증산정책으로 전환해 절대적인 식량 생산량 증가를 꾀했지만 그 역시도 실현되지 못했고, 식량문제 해결의 유일한 방법은 조선인들의 소비를 무리하게 줄이는 내핍과 수탈뿐이었다.

1939년 대가뭄을 계기로 식량, 특히 미곡에 대한 유통 통제[공출]와 소비 통제[배급] 방침이 마련되었다. 미곡 통제가 법령의 뒷받침하에 전개되기 시작한 것은 1939년 12월 「조선미곡배급조정령」에 따라서였다. 이것은 유통기구 통제기구인 조선미곡시장주식회사 설립과 서로 어울려 쌀의 이동 조정과 가격에 대한 법적 조치[공정가격제]를 취해 조선 쌀은 국가관리체제로 들어가게 되었다. 그에 따른 본격적인 식량 유통 통제는 1941미곡년도[1940.11~1941.10]부터 시행되었다. 1941~1942년의 미곡 통제는 '과잉 지역의 과잉 수량'으로 한다는 원칙하에 잉여수량 우선의 공출을 시행하는 것이었다.

이후 증산정책이 파탄에 이르자 유통·소비 통제는 더욱 강도 높게 시행되었다. 1943미곡년도에는 '자가보유미제도'가 도입되어 이전까지 공출 대상을 '과잉 지역의 과잉 수량'으로 하던 것에서 '전농민(全農民)의 과잉 수량'으로 확대되었다. 또한 '부락책임공출제'라는 새로운 제도가 도입되어 공출할당량을 개별 농가가 아닌 부락민 전체의 연대책임으로 만들었다. 부락[마을]이라는 조직을 통해 농민 자신에 의한 농민의 통제를 의도한, 교묘한 농민 통제수단이었다. 1943년 8월 조선에서도 식량 통제기구를 강화하고 식량의 준전매제도라 할 수 있는 식량의 전면적 관리체제를 확립하는 조치가 강구되어 「조선식량관리령」이 공포되었다.

공출을 강화·촉진하기 위해 1943년 산미에 대해 공출 사전할당제가, 1944년 산미에 대해서는 그와 함께 농업생산책임제와 '보장제(報奬

制)'가 실시되었다. 1943년 이후 생산량에 대한 공출량 비율이 상당히 증가했다는 사실은 공출의 사전할당제와 생산책임제가 수탈적인 공출 강화책이었음을 보여준다. 한편 총독부는 사전할당제, 농업생산책임제 실시와 함께 식량 증산과 공출의 극대화를 위해 공출가격 인상이라는 '당근책'을 제시했다. 공출 유인책으로 공출 성적이 좋은 농가 및 부락에 생필품과 비료·농기구 등을 우선 배급했다. 그러나 자발적인 공출을 유도하기 위해 실시한 공출가격 인상과 보급금·보장금제도는 공출할당량 자체가 생산량에 비해 훨씬 많으므로 실효성이 없었고, 특배(特配)나 우선배급제도 역시 제대로 시행되지 않거나 강제 공출을 위한 도구로 사용되었다.

강점 이후 면화·견·마류 등의 의류작물은 일본제국주의의 발전을 견인한 섬유·방적공업의 원료로 주목받았고, 침략전쟁 이후 병사들의 군복이나 각종 군수물자로 그 필요성이 증대되었다. 1931년 '만주사변'을 일으키며 침략전쟁을 계획하고 있던 일제는 조선에서 면화 생산을 다그치기 시작했다. 1933년 면화 증산 10개년 계획을 수립해 육지면·재래면을 불문하고 최대한의 면화 증산을 꾀했다. 1937년 중일전쟁 도발 이후 전시 총동원체제가 가동되면서 면화 증산은 수단과 방법을 가리지 않고 추진되어 일정의 성과를 거두었으나, 그 과정은 '강제적 장려'로 농민들의 안정적 삶을 유지하는 데 도움이 되지 못했다.

1940년 이후 외국 면화의 수입 단절 속에서 조선에서의 면화 증산은 전시 물자동원에서 매우 중요한 부분이었지만 실제 1940년 이후 면화 생산량은 재래면은 겨우 생산량을 유지했지만 육지면은 1938년 대비 10~20% 수준으로 급감했다. 이러한 상황에서 일제 패망 직전인 1945년 조선의 면화 책임공출량은 2억 3,000만 근으로 책정되었다. 실제 생산량은 1억 1,000만 근 정도였는데 책임공출량은 그 2배에 달하는 것이었다. 1943년 이후 전시 동원계획은 점점 더 현실과 멀어지면서 '국가의 명령에 따르지 않는 자는 비국민'이라는 관리들의 언사가 공공연해지고 이는 경제사범으로 처벌되는 상황으로 이어졌다.

면화와 함께 중일전쟁 이후 모든 수입 원료 공급이 감소 내지 두절되면서 일본제국권 안에서 필요한 마류(麻類) 공급에 문제가 발생했고 그에 따라 조선에서 대마의 증산을 계획, 독려하기 시작했다. 조선총독부는 대마 증산과 수급 조정을 위해 1940년 8월 「대마수급조정규칙」을 발포해 대마 매수인을 지정함과 동시에 그 수급 상황을 엄격히 감독했고, 1941년 이후 적극적으로 증산계획을 실시했다.

대마는 여름철 농번기에 조선 농민들의 일상복·노동복의 재료인 삼베의 원료로 농민들의 삶에서 매우 중요한 의류제품이었다. 그러나 상품으로서의 가치가 높지 않아 면화와는 달리 총독부의 정책 대상이 되지 않았기 때문에 농민들은 필요에 따라 자유롭게 재배하고 소비하는 품목이었다. 그러나 전쟁 발발 이후 대마 역시 군수물자에 포함되면서 총독부 차원에서 증산계획을 실시하며 이를 통제하고, 생산물에 대해서는 공출이라는 강제 매수로 농민들의 의생활이 열악해졌다.

식량과 의류작물 등 농산물 공출은 농민들의 재생산마저도 불가능하게 할 정도의 수탈성을 드러내며 전개되었다. 대다수 농민들은 무리한 공출할당량에 모든 방법을 동원해 저항했다. 과대 공출할당은 농민들의 공출 기피와 저항을 초래했고 이에 대해 총독부는 경찰과 관공리들을 동원해 가택수색을 하며 적발해 내었다. 이 과정에서 염농(厭農)·반관(反官)·염전(厭戰) 사상이 만연했다. 농산물 공출 문제는 더 이상 경제적인 문제가 아니라 치안문제로까지 비화되고 있었다.

1937년 7월 중일전쟁 발발과 동시에 서민들의 일상생활에 가장 먼저 영향을 미친 것은 생필품 가격의 폭등이었다. 이에 1937년 7월 「폭리취체령」을 공포해 물가 감시에 나섰다. 조선총독부에서는 관공리를 중심으로 우선 소비절약을 명령하고, 나아가 전시 총동원체제하 광범위한 소비절약 실행안을 강구하겠다고 밝혔다. 1938년 이후 후방의 생활은 강력한 소비 통제와 노동력 동원이 이루어졌다. 일본에서 이미 '국민정신총동원운동'[정동운동]이 시작되고 있었는데, 조선총독부는 각 하부 행정기관을 통해 그 활동을 조선에서도 따라 시행하도록 했다. 정동운동은 정신적 방면에만 치중하지 말고 물적 방면으로 실천하지 않으면 실효가 없다며 국민 전체 일상생활의 모든 방면에서 소비절약, 저축장려, 자원애호를 실천할 것을 지시했고, 구체적인 생활 실천항목을 제시하며 그 실행을 요구했다.

전시체제하 조선 민중들의 일상적 소비생활은 일본 본토와 표면적·형식적으로는 유사하게 진행되었다. 근로 애호, 사치적 소비 근절, 물자절약, 생활개선, 준법과 도의 확립 등으로 표현되는 것이었다. 그럼에도 최저생활 확보라는 대전제를 지키지 못하는 가혹한 전쟁 수행은 '국민' 되기를 거부하는 결과를 낳았다. 그나마 일본의 국민은 국가의 운명과 자신을 동일시할 수 있는 조건이 있었으나, 식민지 조선인은 '왜'라는 질문을 던지지 않을 수 없었다.

전시하 유통과 소비가 통제됨에 따라 서민들은 암거래를 통해 자신의 생활을 유지해 갈 수밖에 없었다. 이 시기 암거래가 발생한 가장 중요한 이유는 물자 부족이었다. 특히 일반 민중들의 생활필수품은 턱없이 부족해졌다. 총독부는 이에 대해 '멸사봉공', '공익우선', '준법', '도의(道義)' 등을 내세우며 대대적인 선전과 '계몽'을 했지만 민중들은 생존권 차원에서 암거래에 나서지 않을 수 없었다. 총독부는 암거래, 매점매석 등의 행위를 규제하기 위해 각종 통제법령의 법적인 제재조치를 마련했고 경제경찰을 설치해 '경제사범'에 대한 철저하고 강압적인 단속을 실시했다. 이러한 과정에서 대다수 조선 민중들은 총독부 당국의 무리한 조치에 대항하며 계속 '불법적인 행위'를 해야만 했다. 이것은 결국 단순히 생존권 확보를 위한 개인적 영리 추구나 호신책을 넘어 생존의 문제였으며 식민 통치에 대한 불만 및 반감으로까지 발전했다.

전시하의 물자 부족 대책으로 생산력확충과 함께 더욱 힘쓰는 것이 소비 통제이다. 소비 통제를 위해서는 가격 인상, 수입제한, 원료 및 생활필수품 통제가 실행될 수 있다. 전쟁이 확대되면서 미국·영국 등 연합국의 금수조치와 수송력 부족으로 수입이 제대로 이루어지지 않아 물자 공급 부족은 계속 심해졌다. 이 때문에 생산자에 대한 원료 배급과 일반 소비자들의 소비 억제를 위한 생필품 배급제도가 주요한 소비 통제 방법이 되었다. 먼저 1939년 대가뭄 대책으로 각종 식량 소비절약운동이 전개되었고, 1940년부터는 식량 및 식료품에 대한 배급이 각종 법령과 관련 단체의 자의적 조치로 확대 시행되었다. 식량에 대한 배급이 본격적으로 실시된 것은 1940년 5월부터였다. 주요 양곡에 대한 통제와 함께 설탕, 소금 등 필수적인 식료품과 주류, 과자류, 통조림 등에 대해서도 관련 단체의 자의적 통제에 따라 배급을 실시했다.

도시는 식량 및 식료품의 소비지이므로 소비는 전적으로 시장에서의 구입을 통할 수밖에 없는데, 전시 총동원체제기에는 배급을 통해 소비를 이어갈 수 있었다. 반면 농촌은 식량의 생산지이고 농민들은 그 생산자였기 때문에 생산량의 일정 부분을 자가소비에 사용할 수 있었다. 농촌에서의 식량 배급은 공출과 연관되어 진행되었다. 1943미곡년도부터

'자가보유미제도'가 도입되어 생산한 양곡에 대해 자가소비량을 제외하고 공출하는 것을 원칙으로 하면서 도시와 같은 양곡 배급 체계는 갖추어지지 않았다.

총독부는 전시 식량 확보를 위해 증산과 생산물 공출에 심혈을 기울였으나 소기의 성과를 거두지 못하자 식량 소비의 내핍에 중점을 두게 되었다. 양곡뿐만 아니라 주요 식료품 수급이 원활하지 못하고 그 부족상태가 심각해지자 종합적인 배급 대책이 수립되었다. 총독부는 조선 민중들이 만성적인 식량 부족과 춘궁 상태에 있었으므로 배급을 통해 균등하게 식량이 분배되어 효율적이고 합리적인 식량 소비가 이루어졌다고 선전했다. 통제와 배급체제는 '균등한 분배'와 '강제적 평등'의 가능성을 갖고 있지만 전시하의 통제와 배급은 조선 민중의 보다 나은 삶을 위한 것이 아니고 원활한 전쟁 수행을 위해 식량 부족을 '고통 분배' 차원에서 해결하려 했던 것으로 결국 민중은 희생과 동원의 대상이었다.

이 책에서는 식민지 조선의 전시 총동원체제기 물자동원과 생필품 배급 실태 및 그에 대한 조선인의 대응, 역사적 의미를 살펴보았다. 제국주의의 식민 지배는 '문명화', '근대화'라는 미명하에 식민지민들의 인식과 생활·문화·관습을 '야만' 내지는 '민도(民度)가 낮다'는 표현으로 차별과 배제의 지배를 합리화했다. 일본은 청일전쟁과 러일전쟁을 통해 서구 제국주의 국가로부터 '제국주의 국가'로 인정받으며 동아시아의 패권자가 되었고, 독립국가였던 대한제국을 식민지로 만들었다. 일본제국주의는 제1차 세계대전에 연합국 측으로 참전하면서 제국주의 국가 반열에 올랐고 식민지인 조선·대만을 넘어 만주 지역과 중국대륙에 대한 배타적 지배를 꿈꾸게 되었다. 이 과정에서 조선은 일본제국주의의 발전을 위한 식량·원료 공급기지로 설정되어 식민지 경제외적 강제가 통용되는 부등가 교환체제로 수탈의 대상이 되었다. 그러나 자본주의체제를 기반으로 한 제국주의의 식민지지배는 '폭력적 정복과 약탈적 수탈'이 아닌 '문명에 따른 야만의 차별', '개발을 통한 수탈'이라는 프레임으로 이루어졌다. 조선에서의 '산미증식계획', '조선공업화'는 이러한 메커니즘에서 나온 식민정책이었다.

1929년부터 시작된 세계대공황은 자본주의·제국주의체제를 뒤흔드는 위기가 되었고, 이 과정에서 제국주의 국가들은 '각자도생(各自圖生)'의 블록경제체제를 형성하며 대립하기 시작했다. 서구 제국주의 국가의 후원하에 성장한 일본제국주의의 홀로서기가 시작되었으나 일본제국주의의 선택은 반민주적 파시즘체제와 전쟁이라는 최악의 시나리오였다. 1931년 '만주사변'의 성공은 일본 군부와 지배권력에게 '아편'처럼 작용해 결국 1937년 중일전쟁, 1941년 아시아태평양전쟁으로 내닫게 했다. 나아가 유럽에서 독일·이탈리아의 파시즘세력[추축국]의 제2차 세계대전 도발에 일본이 합류하면서 일본제국주의의 정체성이 군국주의 파시즘으로 변모했음을 커밍아웃했다.

제1차 세계대전 이후 국가간의 전쟁이 총력전으로 전개되는 상황에서 일본제국주의가 중국대륙의 스케일을 감당하며 영·미 선진 제국주의 국가와 대적하게 된 것은 비합리적이고 무모한 도발이었다. 일본자본주의의 기술 및 자본 수준은 세계 최고수준에 미치지 못해 고급 정밀기계나 주요 원료는 영국·미국·독일 등에서 수입해야 했고, 주요 동력원인 석유 역시 자급이 불가능했다. 이런 상황에서 전쟁의 확대는 감당하기 어려운 것으로 결국 일본 본국과 식민지 전역에서 기존의 생산력을 최대한 활용하고도 모든 자원을 약탈적으로 동원해야 했다. 이를 위해 행정권력과 관변단체를 동원한 파시즘적 통제를 강화했지만 민중들에 대한 설득과 동의를 얻지 못하면서 '자발적' 동원은 불가능했다. 물적자원뿐만 아니라 노동에 대한 대가는 물론 생명에 대한 안전도 보장되지 않는 노동력의 강제동원이 이루어질 수밖에 없었다.

일제의 조선 식민 지배는 제국주의적 팽창 과정에서 산업의 생산력 상승이나 새로운 산업의 발흥이 있었지만, 1937년 이후 전시 총동원체제하에서 조선의 생산력은 고갈되어갔다. 또한 전시하에서 전쟁승리라는 목표하에 '공익'과 '효율'을 내세운 정책을 수립하고 국민들에게 동원을 위한 인센티브를 제공하기도 했지만, 현실과의 괴리가 점점 커지면서 정책 자체가 비합리적이고 강제적인 형태를 띠지 않을 수 없었다. 식민지 사회는 사회 구성원들의 이해와 요구에 기반하지 않은 정책과 구조가 외부로부터 이식되어 상호 간의 갈등과 모순 관계가 더욱 첨예하게 나타날 수밖에 없다. 이는 전시 총동원체제기에 더욱 노골적으로 드러났다. 총독부는 전쟁 수행에 필요한 생산력 확보에 초점을 맞춘 정책을 시행하고 이에 필요한 체제를 형성하려 했지만, 자신들의 이해관계와는 무관한 전쟁에 대해 조선인들의 지지와 협력을 이끌어낼 수 없었다. '황국신민화', '내선일체'의 이데올로기적 선전과 최소한의 물질적 혜택을 통해 이들을 동원하려 했지만 결국 강제동원과 수탈로 나아가게 되었다. 일본제국주의의 전시 총동원체제기 정책은 일본 자본주의 발전단계에 따라 진행된 식민정책의 일환이며 총결산이었다.

제국주의 일본은 패전과 이어진 미국에 의한 '전후개혁'으로 파시즘적 질서를 청산해 갈 수 있었고, 전시 총동원과 통제의 경험은 '경제성장'이라는 목표하에서 활용되었다. 여기에 동아시아에 형성된 냉전체제의 수혜자로 고도성장과 선진자본주의국가로의 부활이 가능했다. 그러나 여전히 자신들이 행한 전쟁과 그로 인한 식민지와 주변국에 대한 피해에 대해서는 '단절적' 인식 속에서 부인하고 있다. 일본의 전전·전후 역사 인식은 선택적·기능적 연속과 무책임의 단절이라 할 수 있다. '결자해지(結者解之)'의 책임 있는 인식이 필요할 것이다.

한편 식민지였던 조선은 일제의 패망으로 해방을 맞았지만, 제2차 세계대전 이후 형성된 냉전체제의 최전선이 한반도에 걸쳐지면서 분단되었다. 일제 전시 총동원체제기의 역사적 경험은 해방 후 분단과 전쟁, 독재체제 아래에서 필요에 따라 지배계층 및 특정 집단에 따라 다시 이용되며 한국 사회의 여러 모순과 문제점을 파생시켰다.

해방 후 한국사회는 빈곤과 정치적 미숙함, 냉전체제의 이데올로기적 대립이 심화되면서 일제 전시 총동원체제기의 파시즘적 사회질서와 전체주의 이데올로기-'滅私奉公', '公益優先'의 이데올로기-가 여전히 힘을 얻게 되었다. 여기에 남북한 정권 모두 분단과 정치적 혼란의 책임을 면하기 위해 경제적 빈곤의 탈피[급속한 경제성장]를 우선 과제로 설정하면서 파시즘적 전체주의 이데올로기는 '국가와 경제발전을 위해' 계급적 이해관계나 개인의 권리를 억압하는 기제로 이용되었다. 그러나 개인의 자유와 권리를 무시하고 강요에 따라 이루어지는 통제체제는 역으로 많은 사회적 비용을 요구하는 비효율성을 드러냈다. 물자 및 인력동원, 통제를 위한 조사·집행 과정에서 권위주의적 행정, 정경유착적 구조가 만연했다. 그에 대한 저항을 억압하기 위한 경찰력의 증원 등 국가기구·관료층의 비대화를 초래해 결국 사회적 부담을 증가시켰다.

식민유제 청산의 핵심은 이러한 일제의 전시 총동원체제의 파시즘적 인식과 사회질서를 해체하고 자유·평등·인권의 민주주의 시스템을 뿌리내리는 법적·제도적 정비와 사회인식의 변화라 할 것이다. 해방과 함께 반민특위를 통한 친일의 인적 청산 기회를 잃고, 70여 년이 지나 국가적 차원에서 친일반민족행위의 진상을 규명하고 적극적 친일반민족행위자 재산에 대한 국가 귀속을 진행했다. 이를 통해 역사적 평가의 엄중함을 확인했지만, 여전히 사회시스템과 인식에 남아 있는 식민 지배의 부정적 유산은 그 뿌리인 전시 총동원체제의 실상을 명확히 하여 청산해 가야 할 것이다. 해방 이후 한국사회 각 분야에 남아 있는 전시 총동원체제의 유제를 하나하나 철저히 분석하는 작업이 추후 계속되어야 할 것이다.

부록

부록1
일제말 전시 총동원과 물자 통제 관련 자료

　이 자료는 1937년 8월 5일부터 1944년까지 발행된 『통보(通報)』에 실린 조선에서의 전시 총동원과 물자 통제 관련 기사 중 조선인의 일상생활 통제와 관련된 내용을 발췌·번역한 것이다. 조선총독부는 일본제국주의의 침략전쟁 도발과 확대에 발맞춰 조선에서 물적·인적 자원을 강제로 동원·수탈하기 위해 각종 법령을 제정하고 정책을 시행했다. 조선에서의 전쟁 동원은 법과 제도를 통한 강제성을 기본으로 하지만 그럼에도 조선인의 '자발적' 협조가 없이는 효율적 동원을 하기 어려웠다. 이에 조선총독부는 시국선전·홍보라는 명목으로 다양한 매체를 활용해 전쟁협력을 위한 캠페인을 전개했다.

　『통보』는 이러한 목적을 위해 발행된 잡지이다. 『통보』 발간 취지에 대해 "국민정신을 앙양하여 시국에 대한 인식을 강화함으로써 국민의 총결속을 이루는 것이 금일의 급무이다. … 정치·행정을 통해 완전한 관민의 이해·제휴 증진을 급무로 한다. 『통보』는 특히 조선 내 관민의 상식내용 중 섭취해야 할 중요한 시정 사항의 통속해설, 기타 제자료 및 중앙정부에서 공표한 내외정세에 관한 정보 등을 게재하여 두루 사회 각층의 사람들에게 도움을 주고자 하는 것"(『통보』 제1호 (1937.8.5)이라 했다. 『통보』는 관보의 부록으로 조선총독부 관방 문서과에서 발행하다가 전쟁의 장기화로 여론전이 중요해짐에 따라 1941년 11월 26일 여론지도, 홍보·선전, 정보수집, 언론통제 등을 관장하는 기구로 총독관방하에 정보과가 설치(훈령제111호, 조선총독부사무규정 개정)되면서 이후 조선총독부 정보과에서 발행했다.

전시 동원이라는 명목하에 조선인의 일상과 개개인의 생활이 어떻게 규정되고 통제되었는지 아래 자료를 통해 살펴볼 수 있다.

◎ 『通報』 제35호(1938.12.20)
「비상시 국민생활개선기준」, 국민정신총동원조선연맹

1. 의(衣)

1) 의료(衣料) 애호사상의 철저적 함양
2) 의료자원의 배양
3) 사장(死藏) 의료(衣料)의 활용
4) 재제의료(再製衣料)의 동원운동
5) 신조(新調, 새로 만드는 것)의 보류
6) 신조를 그만둘 수 없는 경우는
   (1) 남자 조선복에서는 색복을 기본으로 하여 紐(コルム)를 폐지할 것
   (2) 여자 조선복에서는 조선부인문제연구회안을 기준으로 할 것
   (3) 양복상용자에 있어서는 본연맹 소정의 표준복과 같은 것으로 하여 옷감 및 색깔은 임의로 할 것
7) 길흉 기타 의례의 경우는 평상복으로 본연맹 소정의 휘장을 패용하여 예복에 대신할 것
8) 고재료(古材料)의 공예화(工藝化)에 따른 이용

2. 식(食)

1) 식사는 보건과 영양을 중시하여 간소를 기본으로 한다.
2) 식사 때에는 감사의 뜻을 표하고 전가족 동시각에 식탁에 앉을 것
3) 축제에 따른 향응 및 연회는 질소(質素, 검소하고 소박)를 기본으로 헛된 설비의 성대함을 다투는 것 같은 기분을 배제할 것
4) 손님의 접대에 넘치는 술을 사용하는 것을 폐할 것
   접대에 차를 사용하는 관습을 양성한다. (조선인 가정에서)

3. 주(住)

1) 주거의 청결을 중요시할 것
2) 간단한 움막(穴倉)을 설치해 평소는 창고 등으로 응용하고 유사의 때에는 방공의 목적으로 충당할 것
3) 거실의 통풍채광을 좋게 할 것
4) 조선가옥의 행랑을 폐지할 것
5) 조선가옥 건축의 기준규격제정 방침을 요망할 것

4. 의례

1) 일가(一家)는 매일 이른 아침 황거에 요배하고 황실의 안태를 기원할 것
2) 축제일(祝祭日)의 국기게양은 물론 나아가 신사·신사(神社神祠)에 참배할 것
3) 황국신민의 서사를 기회있을 때마다 낭송할 것
4) 혼례(婚禮) 상의(喪儀)는 그것을 질소엄숙하게 하여 허식에 흐리지 않고 이때 혼례 피로연 기타 각종 축연은 절대 필요의 범위에 그치고 또

한 힘써 간소하게 할 것(조선인 측에서는 총독부 제정 의례준칙에 따를 것)
5) 대개 증답(贈答, 증정답례), 시후견무(時候見舞), 역두(驛頭)에서의 환송 등에 있어 형식적인 것은 단연 그것을 폐지할 것

특히 형식적 분모(盆暮, 우란분재와 연말)의 증답은 그것을 전폐할 것
6) 조용(弔用) 화환 증정은 특수의 것을 제외하고 폐지할 것
7) 사제(師弟) 장유(長幼) 주종(主從) 및 집회의 의례를 바르게 할 것

5. 사회 풍조

1) 물자의 애용과 소비절약
   (1) 폐품의 이용 회수를 위해 각 지방에 폐품회수시설 실행을 촉진할 것
   (2) 군수관계품(면, 종이, 양모, 고무, 피혁, 금속 등)은 물론 생활용품은 애써 새로 만들지 말고 기존에 있던 것을 사용할 것
   (3) 전화(音信)는 절대 하지 않으면 안 되는 경우 외에는 엽서를 사용할 것
2) 사교상의 관례의 개선
   (1) 연회에 대해서는
      ① 오후 11시를 넘지 말 것
      ② 헌수(獻酬, 잔을 올리다)의 전폐
      ③ 주류는 국산품에 한할 것
   (2) 연두(年頭)에는 각지의 적당한 방법으로 명찰교환회 또는 호례회(互禮會)를 열고 동(同)소재지에서 회례(廻禮, 돌아다니며 인사) 및 연하장은 전폐할 것
3) 음력을 폐지하고 태양력을 힘써 행할 것

4) 실해(實害)가 있는 미신 타파에 힘쓸 것
5) 시간을 꼭 지킬 것[특히 엄중히 합의(약속)할 것을 요함]

◎ 『通報』 제45호(1939.5.18)
「경제경찰의 활동」, 경무국

　　근대전은 국가총력전으로 국가 전체의 경제전이다. 일국의 경제력과 일국의 경제력 간의 전능력을 동원해 상박하는 것이 특이성인 근대전에서 최후의 승리를 획득하기 위해서는 어떻게 해서라도 제1선에서 필요한 막대한 군수자재를 풍부·신속하게 공급함과 동시에 일면 총후[후방]의 경제질서를 유지해 국민생활을 안정시켜 전선 장병으로 하여금 뒤를 돌아보게 하는 근심이 없게 해야 한다. 따라서 총후에 강대한 경제력의 존재가 극히 긴요하고 경제력의 우열이 승패의 분기점이 된다고 할 수 있다.

　　우리나라[일본제국주의]에서도 '만주사변' 이래 대륙경영을 위해 착착 준전시 경제체제의 정비를 급하게 해왔지만, 이번의 일지사변[중일전쟁] 발발에 따라 일약 전시경제체제로 이행해 전시경제 수행을 위한 물자동원계획이 수립되어 주요 물자의 생산, 배급, 소비, 수출입, 가격의 각 방면에 걸쳐 통제를 하게 되었다.
　　국민은 충분히 시국을 인식하고 비상시국책에 순응해 성전의 수행, 신동아건설을 위한 큰 결의와 기백으로 먼저 경제전의 승리자가 되는 것을 향해 최선의 노력을 경주하지 않으면 안 된다. 그러나 국민은 종래 자유경제의 조직 속에서 길러져 와서 이번과 같은 급격한 통제는 전혀 새로운 경험이기에 국민을 지도하고 국민과 협력해서 경제통제 제법령의 실시를 확보해 전시경제의 유지·수행을 원활하게 하기 위한 경찰의 한 분야로서 새로 탄생한 것이 경제경찰이다. 내지[일본]에서는 작년(1938) 8월부터 실시되었지만 조선에서는 조금 늦게 기구의 정비를 보아 활동을 개시하게 된 것은 작년(1938) 11월이었다.

경제경찰은 전시경제의 유지·수행을 원활하게 하는 것이 구극(究極)의 목적이라는 것은 서술한 바이지만 오랫동안 자유경제하에서 하등의 압박을 받지 않고 자유롭게 상거래를 해왔던 상공업자가 받는 타격은 심대하고 또 소비자로서 일반 대중의 경제생활에도 큰 영향을 미치는 것이다. 이 때문에 경제경찰의 실시에 당해서는 이 통제법령의 특이성에 비추어 일면 모처럼 발전도상에 있는 조선 산업을 경제경찰의 실시로 위축, 퇴영시키는 일이 생기는 것은 큰일이므로 이러한 것이 없도록 하고 또 조선에서는 민도, 자주성이 결핍된 경제상의 특종사정을 고려해 내지에서의 취급 등도 참작해 위반사건의 검거는 대물주의(大物主義)를 위주로 하고, 경미한 사안에 대해서는 너무 가혹하게 하지 않도록 한다는 것이다. 이렇게 하는 것은 먼저 일반 민중의 지도 특히 상공업자에 대한 방범적 조치에 중점을 두는 방침하에 업자에 대한 시국의 인식과 경제통제의 중요성 및 통제법령의 취지 내용의 주지 철저를 도모하고 경찰 단속과 병행해 업자의 자숙과 협력을 구하는 것으로서 금일에 이르고 있다.

이 방침에 즉해서 각 도에서 개최한 업자와의 간담회 횟수 및 그 인원은 작년(1938) 11월 이후 본년(1939) 3월까지 650회, 3만 5,000인에 달하고 있고 또한 여러 조합의 회합을 이용하며 종래 비상한 실적을 거두고 있는 시국좌담회도 경제경찰의 실시와 동시에 크게 활용하고 있다. 그 외 일반 민중 및 업자의 지도훈련이라는 목적으로 경제경찰강조주간, 정찰려행(正札勵行)데이, 계획일제단속데이, 혹은 공정가격품 전시회 등을 각지에서 실시하고 있는데, 나아가 가격앙등 억지의 방법으로 가격을 공정시킨 상품에만 한하지 않고 기타 상품에 대해서도 각종 동업조합에 적당·타당한 가격을 협정하게 하는 협정가격으로 판매하도록 업자의 자숙을 촉구하고 있는 데 비상한 실적을 거두고 있다.

그러면 이러한 방침하에서 실시하고 있는 경제경찰의 단속상황은 어떠한가. 실시 직후 작년(1938) 11~12월 중에는 검거 7건·유시(諭示) 190건. 본년(1939) 1월 중은 유시 97건, 2월 중은 검거 16건·유시 581건, 3월 중은 검거 19건·유시 1,079건, 합계 검거 42건·유시 1,907건이다. 내지에서는 작년도(1938) 중의 검거 약 9,000건·유시 약 30만 건, 본년(1939) 들어 전국의 건수는 판명되지 않았지만 도쿄·오사카·기타 1·2현의 통계에 따르면 작년에 비해 더 한층 증가를 보이고 있다. 이 내지의 위반 건수에 비교하면 경제상에서 위치에 현격한 차이가 있는 것이 원인이라고 하는 우리 조선은 성적 양호하고 특히 업자가 시국을 잘 인식하여 국책경제에 순응하여 당국의 지시를 준봉(遵奉)한다는 것이 큰 특색으로 조선 시정상에서 진실로 기쁜 현상이라 말할 수 있다.

그러나 이 조선의 현상도 숫자에서 명확하듯이 점차 위반 건수는 증가하는 면이 있는데, 악질적인 위반의 증가 경향이 있어 상당히 우려되

고 있다. 이 원인은

- ○ 물자의 수요가 점점 증대함에 반해 사변 전보다 재고는 점차 판매 소비되고 있음에 배급 통제는 더욱 철저해 물자의 부족이 더욱 현저해지고 있는 것
- ○ 공정가격이 있는 상품에 비해 그렇지 않은 상품의 가격 등귀율이 높음에 따라 공정가격품의 이윤이 적게 되는 것
- ○ 내선 간의 통제에 다소 차이가 있어 가격에서도 차이가 있는 것
  (사정은 다르지만 선만 간에도 같은 상태라고 한다)
- ○ 일반업자가 경찰의 단속에 익숙해져 있는 것, 즉 경제경찰 실시 당초는 단속 방침이 느슨하지 않아 상당 경계했지만 경찰의 단속이 검거적발주의가 아닌 지도교양이라는 점에 있다는 것을 점차 알아가게 되어 이 재량에 편승하는 것

이라고 하는데 가장 중대한 원인으로 인정되는 것에 대해, 경제경찰에서는 이 원인과 위반을 감행하는 수단 방법을 일층 정밀하고 세세하게 탐구하여 경제경찰 전무원(專務員)은 물론 일반 경찰관을 독려해 단속에 만전을 기하고 있는 상황이다.

앞에서 언급한 바와 같이 경제통제가 완전하게 실시되느냐의 여부는 근대 전쟁에서 그 승패를 결정하는 중대한 열쇠로 이번 성전(聖戰)에서도 그 목적 달성상 경제통제의 원활한 운영을 기하는 것이 절대적으로 필요하다. 경제경찰은 총후 상공업자와 일치협력, 그 부족한 것을 보충하고 과오를 시정해 이 중요한 경제통제의 실시를 확보하는 책무로서 생겨난 것이기 때문에 총후 상공업자는 물론 일반 민중도 경제경찰의 임무와 전시경제의 유지·수행에 협력하는 것은 총후에 있어 최고의 책

무로, 구차하게 사리사욕을 쫓아 통제를 문란하게 하는 것은 국책을 벗어난 비국민적 파렴치 행위라는 것을 능히 자각해 경제경찰의 기능 발양에 협력을 바라는 바이다. 경제경찰도 창시 이래 약 반년에 걸친 실적과 경험에 따라 금후 종래의 지도교양에 중점을 둔다라는 방침에서는 하등 변경을 가하지 않지만 다시 그에 박차를 가해 강화 철저를 기함과 동시에 악질 또는 중대한 위반행위에 대해서는 금후 철저하게 배격 규탄하여 경제경찰의 사명 달성에 노력한다는 방침이다.

◎ 『通報』 제58호(1939.12.2)
「경제전강조운동 요강」

1. **취지**

　이번에 구주대전[歐洲大戰, 제2차 세계대전]이 발발했지만 우리나라[일본제국주의]에서는 그에 개입되지 않고 오로지 지나사변[중일전쟁]의 처리에 매진하고 복잡다변한 국제정세에 대처하여 강력 일본을 건설해야만 하기 때문에 더욱더 군비 충실, 생산력확충, 대륙에서의 건설에 한층 진검(眞劒)한 노력을 필요로 한다. 따라서 1억 국민은 구주(歐洲) 전국(戰局)의 추이에 이목을 뺏기지 말고 더욱 종합 국력의 발휘를 향해 매진하지 않으면 안 된다. 이에 세말(歲末)을 앞두고 특히 경제적강조운동을 전개해야 하는 까닭이다.

2. **기간**

　(1939) 12월 1일 ~ 12월 말일까지

3. **실시 사항**

   1) 경제전에 승리하기 위해서는 안으로 우리 경제력을 더욱더 강화하는 것이 간요(肝要)한 이유 및 경제력 강화에 도움이 되는 제정책 특히 물가 인상금지 등 최근의 물가정책에 대한 이해를 십분철저하게 하고 전년적 협력을 강조할 것
   2) 물자 활용 및 소비절약을 장려실행하고 공사(公私) 생활을 쇄신하여 전시 태세화할 것, 특히 세말을 당해 증답품의 폐지, 연회(宴會)류의 절감 등 기타 강조해야 할 사항의 철저를 기할 것
   3) 전시 식량 충실을 기할 것, 특히 쌀의 소비절약을 장려실행할 것
   4) 국민저축의 증가를 기할 것, 특히 본년도(1939) 전반의 저축실적에 따라서 3억 저축 달성을 위해서는 다시 한층 노력을 요한다는 것을 강조하고 연말 상여, 수당 제수익 및 생활쇄신·소비절약으로 얻은 잉여금을 극력 저축으로 향하게 할 것

4. **실시에 당해 특히 유의해야 할 사항**

   1) 도시에서 주력(主力)을 쏟아부을 것
   2) 은진산업(殷賑産業) 관계자 및 사회 상층부의 실천을 특히 촉구할 것
   3) 구주전쟁이 우리 경제계에 미친 영향을 낙관하여 헛되이 전쟁 경기(景氣)를 구가하는 것 같은 것은 가장 경계를 요하는 것임을 강조할 것
   4) 경제통제를 위반하는 행위는 증오해야 할 비국민적 죄악인 이유를 강조할 것

◎ 조선총독부 정보과, 『通報』 제127호(1942.11.1)
「생산력추진계획 실시요강」

1. 실시방침

생산력확충계획에 해당하는 공장, 사업장의 개개에 대해 본년도 (1942) 생산목표 또는 공사완성 예정시기에 조응하여 그 추진상황을 실사(實査)하고 그 달성을 독려하고 또한 진척을 저해하는 제원인을 검토하여 그 대책을 수립해 바로 실행에 옮긴다. 그때 관청 측의 실행에 대해서도 개선을 요구할 점이 없는지 충분히 고려한다. 또한 실사에 당해서는 간절히 협력할 뜻을 전하고 결점의 적발·힐난 같은 태도는 물론 피해야 한다.

2. 계획목표

목표가 된 계획품목, 계획의 공장사업 및 생산목표를 구체적으로 일정하게 하지만 그중의 계획품목으로서는 철강, 석탄, 경금속, 비철금속, 석유 및 대용품 소다 및 공업염, 유안, 시멘트, 철도차량, 선박, 전력 등의 각 부문에서 각각 지정한다.

3. 계획실시기구

조선총독부기획위원회의 운용에 따라 기획부 계획과가 본계획의 종합기관으로서 진두에 서는 것이지만 실시기관으로서는 예를 들면 철강 부문은 식산국 광정과, 석탄 부문은 식산국 연료과, 공업염은 전매국 염업과, 선박은 체신국 해사과(海事課) 라는 것과 같이 각각 부문별로 주무 국과를 정한다.

4. 지도요강

본계획실시의 지도에는 '생산인에 대한 정신방면의 훈련'과 '생산요소와 주목되는 각 사항에 대한 당국의 어떠한 조치'라는 것으로 크게 두 가지로 나뉜다고 할 수 있다. 즉 먼저 기업자 및 종업원에 대한 지도요점으로서 다음 사항이 거론되고 있다.

1) 증산에 대한 열의의 고취: 다나카 다케오(田中武雄) 정무총감은 11월 3일 마이크를 통해 전선(全鮮) 관민 및 생산인에 대해 황군장병의 의기로서 증산에 일로 매진할 것을 호소했고 또한 실시기간 중 총독부 국부장(局部長)은 분담을 정해 현지에 출장 격려를 할 예정이다.

2) 기업 최고 간부에 대한 진두지휘의 촉진: '중역의 진두지휘'를 촉진하기 위해 11월 4일 공장사업장의 최고 간부를 경성에 초치해 총독, 군사령관 이하 각관(各官)이 시국 정세를 설명하고 생산인의 분기(奮起)를 요청할 예정이다.

3) 창의공부(創意工夫)의 발양: 전면적인 업자의 창의공부를 발양시켜 기술의 공개교환, 연구결과 발표 등에 따라 생산력을 일반적으로 확충할 것
   (1) 직장의 정돈과 위안오락 시설
   (2) 현장계원의 훈련
   (3) 노무자의 국체관념의 파악과 자질의 연성

다음으로 생산력확충계획 수행상 일반적 생산목표와 주목되는 다음 사항에 대해서는 담당 국과(局課)에서 주무국과(主務局課)와 연락하여 속히 적당한 조치를 강구하는 것으로 한다.

   (1) 자재 확보
   (2) 원재료 및 제품의 수송

(3) 기술자 및 노무자의 충족과 이동방지

(4) 사업자금의 융통

(5) 식량 및 작업용 필수품의 확보

(6) 공정가격의 개정

(7) 중요광물증산령의 발동

본계획의 취지 철저를 도모하고 그 실효를 거두기 위해 11월 3일을 기해 본부, 도 및 국민총력조선연맹 공동으로 전선 일제히 생산력확충추진운동을 개시하고 우량기술자, 노동자 등을 표창할 예정이다.

◎ 조선총독부 정보과, 『通報』제142호(1943.6.15)
「결전생활(決戰生活)의 철저」

결전의 연속(連續)인 금일, 총후(銃後, 후방)의 생활을 단연 결전적으로 고쳐 이겨내기 위한 전력(戰力) 증강은 어떻게 해야 할까.

근로의 결전화

직장을 가진 자는 총궐기하여 근로에 전능력을 쏟아붓는 것은 물론 1인의 유한자(有閑者) 없이 1억(億)1심(心), 총동원하여 전력증강에 사력을 다해야 하지 않을까

천인저축(天引貯蓄)의 강화

저축은 자신을 위해, 국가를 위해. 저축은 남는 것으로라고 해서는 안 된다. 봉급생활은 월급일에는 천인저축[강제공제저축]을 하는 것이 가장 좋은 방법이다. 농가에서도 현금수입이 있을 때마다 반드시 천인저축을 하는 것이 좋다. 금일까지 천인저축을 했기 때문에 그것도 좋지만 그만두어서는 안 된다. 조선의 결전저축은 금년 12억 원이다. 천인저축도 꼭 인상되어야 한다.

물자 활용의 철저

결전생활에서 새로 만든 의복을 입는 것은 부끄러운 일이다. 특히 背廣服의 신조(新調) 등은 단연코 폐지되어야 한다. 그러나 현재 가지고 있는 것이 있다면 반드시 사장(死藏)할 필요는 없다. 이때 그것을 활용하는 것이 좋다. 그러나 복장의 통일은 총궐기태세에 필요한 것이기 때문에 업자가 가지고 있는 옷감은 힘써 국민복 을호(乙號)에 이용되도록 한다.
자원회수는 지금부터 한층 철저하게 행하고 연료를 할 수 있는 만큼 절약함과 동시에 조선에서는 가능한 한 무연탄을 사용하는 것을 노력해야 한다.

식생활의 결전화

식사를 간소화하는 것은 필요하지만 그 반면 국민체위의 향상을 목표로 하여 영양식을 매일의 밥상에 올리는 것이 중요하다. 외견(外見)의 체제는 어떠해도 좋다. 가능한 한 영양이 있는 식물을 만드는 것이 부엌을 담당하는 주부의 중대 임무이다. 먹을 것은 무엇보다도 영양이 있어야 한다고 생각하는 것이 좋다. 결전생활의 식사는 생선뼈, 무조각도 완전하게 활용해야 한다.
도회 거주자는 이른바 1평 농원을 꼭 만들고 가정 채원은 가족 일동이 아침저녁으로 즐겁게 만들고 스스로 만든 신선한 야채를 먹을 수 있다. 이러한 즐거움은 조금도 다른 곳에서는 찾을 수 없다. 1평의 여지가 없는 사람은 나무상자에 흙을 넣어서 가지 등을 기른다. 농가는 가옥의 주위에 어떻게 해서라도 빈터를 찾을 수 없게 하자. 소채류를 계속 길러 자타(自他) 함께 결전시의 식생활에 기여하지 않으면 안 된다.

결전즉응의 모양새(構く)

방공(防空)훈련의 마을 속을 평복으로 어슬렁어슬렁 걷거나 심하게는 아름답게 꾸민 부인이 용무도 없이 돌아다니는 것이 보인다. 이런 것들은 결전 시의 모양새로서 반성해야 하는 것이다. 언제 어디서 공습이 있을지 판단할 수 없다. 여행할 때는 각반,「몸뻬」를 착용하는 것을 잊지 말기를. 평상의 화복(和服)은 반드시 짧은 소매로 고칠 것, 남자는 환예(丸刈, 삭발), 여자는 자숙형으로 머리를 묶을 것, 이것만큼은 꼭 힘써 실행하자.

	사교의례의 결전화
	혼(婚), 장제(葬祭)는 철저하게 간소화하고 국민총력조선연맹 제정「개선의례기준」의 범위 안에서 특히 간소를 가장 으뜸으로 해야 할 것이다. 연회는 그만둘 수 없을 경우에 한해서 열어야 한다. 유흥의 자숙은 물론, 찻집(喫茶店, 다방·카페)의 출입도 사교상 꼭 필요한 것 외에는 하지 말아야 한다. 총궐기하여 움직이고 있는 낮 중에 영화관에 가는 것은 어림없는 일이다.
	가두(街頭)의 결전색 강화
	광고, 간판, 창문장식은 시국표어 등을 집어넣어 전시국책적인 것으로 하고 미영(米英) 취향의 장식 등은 철폐해야 한다. 또 전기장식도 폐지하고 전력(電力)은 조금이라도 전력(戰力) 증강을 위해 사용하지 말아야 한다. 가두에서 술에 취한자(泥醉者)를 일소하고, 그곳에서는 요리집, 음식점 등은 자숙적으로 영업시간의 단축을 꾀해야 한다. 시내 교통기관은 결전적으로 사용하고 술취한 자의 승차 거절, 짧은 구간의 승차 자숙 등은 꼭 힘써 시행할 것이다.

부록2

일제말 전시 총동원과 물자 통제 관련 연표

연월일			내용	
연도	월	일	일본제국	조선
1918	4	17	군수공업동원법(법률 제38호) 공포	
1927	5	26	자원국 설치	
1931	4	17	중요산업통제법(법률 제40호) 공포	
1931	6	17		우가키 가즈시게(宇垣一成) 총독 임명
1931	9	18	9.18사변('만주사변') 발발	
1932	9	30		'조선총독부농촌진흥위원회규정' 공포
1932	10	8		'농산어촌의 진흥에 관한 건' 공포
1932	12	17		조선전기사업령(제령 제1호) 공포
1935	1			'갱생지도부락확충계획' 발표
1935	5		내각조사국 설치	
1936	2	26	'2·26사건' 발발	
1936	8			미나미 지로(南次郎) 총독 임명
1936	10	20		조선산업경제조사회 개최
1936	12		'만주 산업개발 5개년 계획요강' 결정	
1937	1		하야시 내각 수립	
1937	3			중요산업통제법 조선 실시
1937	5	1		폭리를 목적으로 한 매매취체에 관한 건(부령 제60호) 공포
1937	5	14	내각조사국의 기획청으로 재편 강화	
1937	6		1차 고노에 내각 수립	
1937	6	17		'조선산업개발 5개년 계획' 수립 결정
1937	7	7	'루거우차오 사건'(중일전쟁) 발발	
1937	7	14	폭리취체령 개정 공포	
1937	9			총독관방에 자원과 설치

연월일			내용	
연도	월	일	일본제국	조선
1937	9	10	수출입품등에 관한 임시 조치에 관한 법률(법률 제92호) 공포 시행 임시자금조정법(법률 제86호) 공포 시행	同法 조선 시행
1937	10	25	기획원 발족(칙령 제605호)	
1937	12			조선석탄수급 5개년 계획(1938~1941) 수립
1937	12	10		조선임시비료배급통제령(제령 제18호) 공포
1938				조선 제1차 생산력확충계획(1938~1941) 실시
1938	4	1	국가총동원법(법률 제55호) 공포	
1938	5			조선국민저축조성운동 시작
1938	5	4	국가총동원법 실시	국가총동원법 조선·타이완·사할린 실시
1938	5	12		조선중요광물증산령(제령 제20호) 공포
1938	5	21		저축장려계획요강 발표
1938	7	7		국민정신총동원조선연맹 발족
1938	8	4		미나미 총독 국민복입고 출근
1938	9	6		조선총독부시국대책조사회 개최
1938	10	12		조선물품판매가격취체규칙(부령 제218호) 공포
1938	11	3		경무국 경무과에 경제경찰 설치
1939			'미맥 및 기타 생산계획' 수립	미곡증산계획(3개년 계획) 실시
1939	1	4	히라누마 내각 수립	
1939	1	17	'생산력확충계획요강' 각의 결정	
1939	3	6		조선비료판매가격취체규칙(부령 제25호) 공포
1939	4	12	미곡배급통제법(법률 제11호) 공포 시행	
1939	5~9		'노몬한사건'(할힌골전투) 전개	
1939	8			조선 중남부 대가뭄
1939	7	8	국민징용령(칙령 제451호) 공포	
1939	7	15	국민징용령(칙령 제451호) 시행	
1939	7	29		미가대책근본방침 발표

연월일			내용	
연도	월	일	일본제국	조선
1939	8	20		벼가격 및 백미의 공정소매가격 발표
1939	9	1	독일의 폴란드 침공(제2차 세계대전 발발)	
1939	9	22		조선미곡시장주식회사령(제령 제15호) 제정
1939	10	4		조선백미취체규칙(부령 제175호) 공포
1939	10	16	가격등통제령(칙령 제703호) 공포 시행	가격등통제령 시행규칙(부령 제183호) 공포 '식량배급계획요강' 발표
1939	11	25		조선수이입잡곡중앙배급조합 조직
1939	11	28		자원과, 물자조정과 통합하여 기획부 설치
1939	12			폭리등 행위 취체규칙(부령 제228호) 공포
1939	12	11		조선미곡도정제한규칙(부령 제207호) 공포
1939	12	27		조선미곡배급조정령(제령 제23호) 제정 시행
1940				조선중요광물증산계획(1940~1944) 수립 제2차 자급비료증산갱개(更改) 계획 수립
1940	1	9		조선증미계획(6개년 계획) 실시
1940	3			조선군 내 자원반 설치
1940	6	18		'맥류배급통제요강' 발표
1940	7		제2차 고노에 내각 수립	
1940	7	7	사치품제조·판매 금지법령 공포	
1940	7	20		조선잡곡배급통제규칙(부령 제176호) 공포
1940	7	24		사치품등제조판매제한규칙(부령 제179호) 공포 시행
1940	8	6		'대마수급조정규칙' 발표
1940	8	20	'임시미곡배급통제규칙' 제정 시행	
1940	10	12	대정익찬회 발족	
1940	10	14		'1941미곡년도 식량대책' 공포
1940	10	26		국민총력조선연맹 발족
1940	10	24	'미곡관리규칙' 제정 시행	

연월일			내용	
연도	월	일	일본제국	조선
1940	11	1	국민복령(칙령제725호) 공포	
1940	12		'경제신체제확립요강' 각의 결정	
1941				'식량전작물(畑作物)증산계획' 실시
1941	4	1		금속류의 특별회수 결정
1941	3	31	생활필수물자통제령(칙령 제362호) 공포	
1941	7	17		국민총력연맹 '자급비료증산운동실시요강' 발표
1941	8	30	중요산업단체령(칙령 제831호) 공포 시행 금속류회수령(칙령 제835호) 공포	
1941	9	11		'1942미곡년도 식량대책' 공포
1941	9	26	'긴급식량대책에 관한 건' 각의 결정	
1941	9	30		금속회수령시행규칙(부령 제260호) 공포
1941	10	29		'벼천인저축실시요강' 공포
1941	10	30		조선국민저축조합령(제령 제31호) 공포
1941	12	6	노무조정령(칙령 제1063호) 공포	
1941	12	8	진주만공습(아시아태평양전쟁) 발발	
1941	12	11	기업허가령(칙령 제1084호) 공포	
1942				조선 제2차 생산력확충계획(1942~1946) 실시 조선증미개정계획(12개년 계획) 수립 개전(開田) 5개년 계획 수립
1942	2	21	식량관리법(법률 제40호) 공포 시행	
1942	5			고이소 구니아키(小磯國昭) 총독 임명
1942	5	12	기업정비령(칙령 제503호) 공포	
1942	7	17		'비상회수실시요강' 발표
1942	10	29		'1943미곡년도 식량대책' 공포 '양곡 수하·배급의 구체적 방법' 공포
1942	11	1		총무국 설치
1943	1	13		조선농지개발영단 설립
1943	3		'금속비상회수요강' 공포	
1943	3	30		조선전력관리령(제령 제5호) 공포

연월일			내용	
연도	월	일	일본제국	조선
1943	5	15		'금속류회수실시요강' 공포
1943	6		'전력(戰力)증강기업정비요강' 공포	
1943	8	9		조선식량관리령 공포
1943	8	11	개정금속회수령(칙령제667호) 공포	
1943	9	1		개정금속회수령 조선 실시
1943	9	11		조선식량관리령시행규칙 공포
1943	9	30		조선청과물배급통제규칙 공포 조선선어개(鮮魚介)배급통제규칙 공포
1943	10			'기업정비요강' 확정 조선축육(畜肉)배급통제규칙 공포
1943	10	5		조선식량영단 설립
1943	10	15		'외지에 있어 제2차 식량 증산대책요강'(잡곡증산정책) 수립
1943	10	31	군수회사법(법률 제108호) 공포 시행	
1943	11	1	군수성 발족	
1943	11	30		총무국 폐지
1943	12			조선중요물자영단 설립
1943	12	25	기업정비자금조치법(법률 제95호) 공포	
1944	2	6		농업생산책임제실시요강 발표
1944	7			아베 노부유키(阿部信行) 총독 임명 '결전회수요강' 공포
1944	7	29		'조선에 있어서 양곡의 증산 및 공출 장려에 관한 특별조치요강' 발표
1944	10	28		군수회사법시행규칙(부령 제357호) 시행
1945	1	26	군수충족회사령(칙령 제36호) 공포	
1945	7	2		군수충족회사령시행규칙(부령 제154호) 시행

참고문헌

1. 자료

《每日新報》《東亞日報》《京城日報》

朝鮮殖産銀行調査部, 『殖銀調査月報』.

韓國殖産銀行, 『殖銀調査月報』.

朝鮮農會, 『朝鮮農會報』.

京城日報社, 『朝鮮年鑑』.

朝鮮總督府 情報課, 『通報』.

警務局 經濟警察課, 『經濟治安週報』『經濟治安日報』『情報週間展望』.

法務局, 『經濟情報』(1942)·(1943).

高等法院 檢事局, 『朝鮮檢察要報』.

朝鮮金融組合聯合會, 『金融組合』.

朝鮮總督府, 『朝鮮』.

朝鮮總督府, 『朝鮮總督府調査月報』.

朝鮮金融組合聯合會, 『調査彙報』.

朝鮮日報社, 『朝光』.

『定岡日記』

『宇垣一成日記』, みすず書房

『茗荷谷研修所舊藏記錄』 조선관련 문서철 중 농업관련자료(E235~238)

『大野綠一郎文書』「昭和十四年十月十六日 食糧配給計劃」「朝鮮總督府時局對策調査會諮問案參考書-米ノ增産ニ關スル件」「朝鮮に於ける昭和十七米穀年度食糧需給推算」「麥類配給統制要綱案」「重要物資增産計畫」

朝鮮總督府 農林局, 『朝鮮の農業』(1937~1942).

朝鮮總督府,『朝鮮總督府統計年報』.

朝鮮總督府 警務局 秘, 1943,『昭和17年版 朝鮮不穩言論取締集計書』.

朝鮮總督府, 1929,『朝鮮の小作慣習』.

朝鮮總督府, 1932,『朝鮮ノ小作慣行』(上).

朝鮮總督府, 1936,『朝鮮産業經濟調査會會議錄』.

朝鮮總督府, 1938,『朝鮮總督府時局對策調査會諮問案參考書』.

朝鮮總督府, 1938,『朝鮮總督府時局對策調査會會議錄』.

朝鮮銀行調査課, 1938,『朝鮮工業組合令實施と金融機關との關係』.

朝鮮總督府 農村振興課 編, 1939,『朝鮮農村振興關係例規』.

朝鮮總督府 農村振興課, 1940,『農家經濟概況調査』(自作兼小作農家の部, 小作農家の部).

朝鮮總督府, 1940,『朝鮮に於ける農村振興運動の實施概況と其の實積』.

朝鮮總督府, 1940,『施政三十年史』.

朝鮮總督府, 1941,『重要農産物增産計劃の概要』.

朝鮮總督府 官房文書課, 1941,『諭告·訓示·演述總攬』.

全國經濟調査機關聯合會朝鮮支部 編, 1939,『朝鮮經濟年報』(昭和14年版), 改造社.

_____, 1940,『朝鮮經濟年報』(昭和15年版), 改造社.

_____, 1943,『朝鮮經濟年報』(昭和16·17年版), 改造社.

朝鮮金融組合聯合會, 1940.8,『調査資料 第17輯-國民貯蓄造成運動に關する資料(第1輯)』.

朝鮮金融組合聯合會, 1941.7,『調査資料 第24輯-臨時資金調整法及銀行等資金運用令に關する資料』.

朝鮮金融組合聯合會, 1944.12,『調査資料 第34輯-國民貯蓄造成運動に關する資料(第5輯)』.

朝鮮金融組合聯合會, 1941,『戰時下に於ける農業關係法令の概要』.

岡村竣(財務局管理課長), 1941,「朝鮮國民貯蓄組合令の概略」,『朝鮮國民貯蓄組合令に關する資料』.

京城府 總務部 國民總力課, 1942,『京城府ニ於ケル生活必需品配給統制ノ實情』.

黃海道, 1943,『戰時農民讀本』.

朝鮮總督府 司政局 社會課, 1943,『昭和十四年旱害誌』.

朝金聯 調査課, 1944, 『第2回 小作農現金支出生計費調査』.

三井卓治, 1944, 『戰時下緊急なる生活施策研究に關する意見書』, 每日新報社.

朝鮮食糧營團 編, 1944, 『朝鮮食糧營團』.

杉山茂一, 1944, 「生活必需物資の配給に就て」.

朝鮮金融組合聯合會, 1944, 『公定米價の變遷に關する調査』.

朝鮮金融組合聯合會, 1944, 『朝鮮金融組合聯合會十年史』.

門田協之介(不二興業 企劃課長) 外, 『延海農場業務調査復命書』(1945.2).

國民總力朝鮮聯盟 編, 1945, 『朝鮮に於ける國民總力運動史』.

山內敏彦 外 共著, 1945, 『朝鮮經濟統制法全書』, 大洋出版社.

大藏省管理局, 1946, 『日本人の海外活動に關する歷史的調査』朝鮮篇, 第9分冊.

南朝鮮過渡政府 編, 1948, 『朝鮮統計年鑑』.

朝鮮銀行調査部, 1948, 『朝鮮經濟年報』.

『朝鮮經濟統計要覽』(1949).

朝鮮銀行調査部, 1949, 『經濟年鑑』.

山名酒喜男 手記, 1957, 『朝鮮總督府終政の記錄』, 友邦協會.

朝鮮史料研究會 編, 1959-1961, 『朝鮮近代史料研究集成(1)~(4)』, 友邦協會.

小早川九郎 編著, 1959, 『朝鮮農業發達史-政策篇·發達篇』, 友邦協會.

古庄逸夫, 1960, 『朝鮮土地改良事業史』, 友邦協會.

近藤釼一 編, 1961, 『太平洋戰下の朝鮮及び臺灣』, 友邦協會.

_____, 1962, 『太平洋戰下の朝鮮(1)-朝鮮總督府豫算關係重要文書修編』, 友邦協會.

_____, 1962, 『財政金融政策から見た朝鮮統治とその終局』, 友邦協會.

_____, 1963, 『太平洋戰下の朝鮮(4)-朝鮮總督府豫算「食糧」關係重要文書修 編』, 友邦協會.

_____, 1964, 『太平洋戰下の朝鮮(5)-終政期=生産·貯蓄·金融·輸送力·勞動事情議會說明資料修編』, 友邦協會.

山口盛 述, 1966, 『宇垣總督の農村振興運動』, 友邦協會.

村山智順, 1999, 『朝鮮場市の研究』, 國書刊行會.

민족문제연구소 편, 『日帝下 戰時體制期 政策史 資料叢書』.

水野直樹 編, 2000, 『戰時期植民地統治資料』 1-7권, 柏書房.

2. 단행본

강만길, 1994, 『고쳐쓴 한국현대사』, 창작과비평사.

강만길 엮음, 2000, 『한국자본주의의 역사』, 역사비평사.

공제욱·정근식 편, 2006, 『식민지의 일상, 지배와 균열』, 문화과학사.

權泰檍, 1989, 『韓國近代綿業史研究』, 일조각.

金鐘範, 1946, 『朝鮮食糧問題와 그 對策』, 創建社.

김상태 편역, 2001, 『윤치호일기 1916~1943』, 역사비평사.

김인호, 2000, 『식민지 조선경제의 종말』, 신서원.

文定昌, 1965-1967, 『軍國日本朝鮮强占36年史』(上·中·下), 柏文堂.

민족문제연구소, 2017, 『일제식민통치기구사전-통감부·조선총독부 편』.

박섭, 1997, 『한국근대의 농업변동』, 일조각.

박찬승·김민석·최은진·양지혜 역주, 2018, 『국역 조선총독부 30년사(下)』, 민속원.

방기중 편, 2004, 『일제 파시즘 지배정책과 민중생활』, 혜안.

_____, 2005, 『일제하 지식인의 파시즘체제 인식과 대응』, 혜안.

_____, 2006, 『식민지파시즘의 유산과 극복의 과제』, 혜안.

변은진, 2013, 『파시즘적 근대체험과 조선민중의 현실인식』, 선인.

禹大亨, 2001, 『韓國近代農業史의 構造』, 한국연구원.

이경란, 2002, 『일제하 금융조합 연구』, 혜안.

이상록 외, 2006, 『일상사로 보는 한국근현대사』, 책과함께.

이송순, 2008, 『일제하 전시 농업정책과 농촌경제』, 도서출판 선인.

李榮薰 外 共著, 1992, 『近代朝鮮水利組合研究』, 일조각.

이준식, 1993, 『농촌사회변동과 농민운동-일제침략기 함경남도의 경우』, 민음사.

정병욱, 2004, 『한국근대금융연구-조선식산은행과 식민지 경제』, 역사비평사.

정태헌, 1996, 『일제의 경제정책과 조선사회-조세정책을 중심으로』, 역사비평사.

주봉규·소순열 공저, 1996, 『근대 지역농업사 연구』, 서울대출판부.

지수걸, 1993, 『일제하 농민조합운동연구-1930년대 혁명적 농민조합운동』, 역사비평사.

崔由利, 1997, 『日帝末期 植民地 支配政策 研究』, 국학자료원.

마이클 A. 반하트(Michael A. Barnhart) 지음, 박성진·이완범 옮김, 2016, 『일본의 총력전-1919~1941년 경제 안보의 추구』, 한국학중앙연구원출판부.

매슈 휴스·윌리어 J. 필포트 지음, 나종남·정상협 옮김, 2008, 『제1차 세계대전』, 생각의 나무.

宮田節子 著, 李熒娘 譯, 1997, 『조선민중과 「황민화」정책』, 일조각.

미야타 세쓰코 해설·감수, 정재정 번역, 2002, 『식민통치의 허상과 실상』, 혜안.

찰머스 존슨(Chalmers Johnson) 저, 張達重 역, 『일본의 기적-통산성과 발전지향형 정책의 전개』, 박영사, 1984.

호리 가즈오(堀和生) 지음, 주익종 옮김, 2003, 『한국 근대의 공업화-일본자본주의와의 관계』, 전통과 현재.

후지이 다다토시 지음, 이종구 옮김, 2008, 『갓포기와 몸뻬, 전쟁-일본 국방부인회와 국가총동원체제』, 일조각.

加藤秀俊 外, 1985, 『昭和日常生活史 1』, 角川書店.

加瀨和俊, 1995, 『日本の戰時經濟-計劃と市場』, 東京大學出版會.

纐纈厚, 2010, 『總力戰體制研究-日本陸軍の國家總動員構想』, 社會評論社.

小林英夫, 1975, 『「大東亞共榮圈」の形成と崩壞』, 御茶の水書房.

＿＿＿, 2004, 『帝國日本と總力戰體制-戰前·戰後の連續とアジア』, 有志舍.

中村隆英, 1973, 『日本の經濟統制』, 日本經濟新聞社.

波形昭一 外, 2000, 『近代日本の經濟官僚』, 日本經濟評論社.

野口悠紀雄, 1995, 『1940年體制-さらば戰時體制』, 東洋經濟新聞社.

西川長夫·渡邊公三 編, 1999, 『世紀末轉換期の國際秩序と國民文化の形成』, 柏書房.

田中學, 1979, 『ファシズム期の國家と社會2-戰時日本經濟』, 東京大學出版會.

鳥海靖 外, 1999, 『日本近現代史研究事典』, 東京堂出版.

丸山眞男, 1964, 『增補版 現代政治の思想と行動』, 未來社.

松尾茂, 2002, 『私が朝鮮半島でしたこと』, 草思社.

松本武祝, 1998, 『植民地權力と朝鮮農民』, 社會評論社.

文定昌, 1941, 『朝鮮の市場』, 日本評論社.

佐伯尙美, 1987, 『食管制度-變質と再編』, 東京大出版會.

齋藤美奈子, 2002, 『戰下のレシピ-太平洋戰爭下の食を知る』, 岩波書店.

昭和史硏究會 編, 1984, 『昭和史事典』, 講談社.

鈴木武雄, 1941, 『朝鮮の經濟』, 日本評論社.

鈴木正文, 1938, 『朝鮮經濟の現段階』, 帝國地方行政學會朝鮮支部.

安部博純, 1975, 『日本ファシズム硏究序說』, 未來社.

山之內靖, 1995, 『總力戰と現代化』, 柏書房.

山之內靖 外, 2003, 『總力戰體制からグローバリゼーシヨンへ』, 平凡社.

山崎志郞, 2011, 『戰時經濟總動員體制の硏究』, 日本經濟評論社.

_____, 2012, 『物資動員計畵と共榮圈構想の形性』, 日本經濟評論社.

_____, 2016, 『太平洋戰爭期の物資動員計畵』, 日本經濟評論社.

大阪每日·東京日日新聞社 エコノミスト部, 1937, 『戰時體制讀本』, 一元社.

大內力, 1960, 『農業史』, 東洋經濟新報社.

大石嘉一郞 編, 1994, 『日本帝國主義史-3 第二次大戰期』, 東京大學出版會.

宇垣一成, 1934, 『朝鮮の將來』.

上野千鶴子, 1998, 『國民國家とジエンダ』, 靑土社.

印貞植, 1943, 『朝鮮農村再編成の硏究』, 人文社.

原朗 編, 1995, 『日本の戰時經濟: 計劃と市場』, 東京大學出版會.

原朗·山崎志郞 編, 2006, 『戰時日本の經濟再編成』, 日本經濟評論社.

堀和生, 1995, 『朝鮮工業化の史的分析』, 有斐閣.

福島良一 外, 1999, 『宇垣一成とその時代』, 新評論.

古川隆久, 1993, 『昭和戰中期の總合國策機關』, 吉川弘文館.

東畑精一·大川一司, 1937, 『朝鮮米穀經濟論』.

樋口雄一, 1998, 『戰時下朝鮮の農民生活誌 1939~1945』, 社會評論社.

久間健一, 1935, 『朝鮮農業の近代的樣相』, 西ケ原刊行會.

_____, 1943, 『朝鮮農政の課題』, 成美堂書店.

_____, 1950, 『朝鮮農業經營地帶の硏究』, 農林省農業總合硏究所.

3. 논문

權大雄, 1986, 「日帝末期 朝鮮貯蓄運動의 實體」, 『民族文化論叢』 7.

권혁태, 1996, 「일제하 朝鮮의 農村織物業의 전개와 특질」, 『한국사학보』 창간호.

김경림, 1995, 「일제말 전시하 조선의 전력통제정책」, 『국사관논총』 66.

金東昱, 1994, 「1940~50년대 韓國의 인플레이션과 安定化政策」, 연세대학교 경제학과 박사학위논문.

김상범, 1998, 「일제말기 경제경찰의 설치와 활동」, 『일제의 조선침략과 민족운동』, 국학자료원.

김영희, 2000, 「일제말기 향촌 儒生의 '日記'에 반영된 현실인식과 자화상」, 『한국근현대사연구』 14.

김은정, 2007, 「일제의 한국 석탄산업 침탈 연구」, 이화여자대학교 사학과 박사학위논문.

김인호, 1999, 「조선에서의 제1차 생산력 확충과 대용품 공업화(1938~1941)」, 『사총』 49.

_____, 2000, 「조선에서의 제2차 생산력확충계획과 실상(1942~1945)」, 『한국민족운동사연구』 26.

_____, 2002.8, 「태평양전쟁시기 조선 농촌에서의 물자통제 연구」, 『인문학논총』 6.

_____, 2002.12, 「태평양전쟁시기 조선총독부의 생필품 정책과 그 성격」, 『한국독립운동사연구』 19.

_____, 2006, 「태평양전쟁기 서울지역의 생필품 배급통제 실태」, 『서울학연구』 26.

_____, 2008, 「중일전쟁 시기 조선에서의 폐품회수 정책」, 『한국민족운동사연구』 57.

_____, 2010, 「태평양전쟁 시기 조선에서 금속회수운동의 전개와 실적」, 『한국민족운동사연구』 62.

_____, 2014, 「『반도의 총후진』을 통해서 본 조선인의 국방헌납」, 『역사와경계』 93.

문영주, 2003, 「1938~1945년 '국민저축조성운동'의 전개와 금융조합 예금의 성격」, 『한국사학보』 14.

_____, 2004, 「일제하 도시금융조합의 운영체제와 금융활동(1918~1945)」 고려대학교 사학과 박사학위논문.

박기주, 1998, 「조선에서의 금광업 발전과 조선인광업가」, 서울대학교 경제학과 박사학위논문.

박현, 2009, 「조선총독부의 전시경제정책, 1937~1945-자금·생산·유통 통제를 중심으로」, 연세대학교 경제학과 박사학위논문.

_____, 2010, 「중일전쟁기 조선총독부의 금집중 정책」, 『한국근현대사연구』 55.

_____, 2011, 「조선총독부의 금 생산력확충계획 수립과 전개」, 『한국근현대사연구』 59.

배석만, 2016, 「태평양전쟁기 일제의 소형용광로건설사업 추진과 귀결」, 『인문논총』 73-1, 서울대 인문학연구원.

안자코 유카, 2006, 「조선총독부의 '총동원체제'(1937~1945) 형성 정책」, 고려대학교 사학과 박사학위논문.

양지혜, 2020, 「일제하 일본질소비료(주)의 흥남 건설과 지역사회」, 한양대학교 사학과 박사학위논문.

이송순, 2001, 「일제하 전시체제기 식량배급정책의 실시와 그 실태」, 『사림』 16.

_____, 2002, 「일제하 1930·40년대 농가경제의 추이와 농민생활」, 『역사문제연구』 8.

_____, 2003, 「전시기(1937~1945) 조선의 농촌 장시통제와 '암거래' 확산」, 『한국민족운동사연구』 34.

_____, 2004, 「1930~40년대 일제의 통제경제정책과 조선인 경제전문가의 인식」, 『한국사학보』 17.

_____, 2011.4, 「일제말 전시체제하 '국민생활'의 강제와 그 실태-일상적 소비생활을 중심으로」, 『한국사학보』 44.

_____, 2011.12, 「1910년대 식민지 조선의 농가경제 분석」, 『사학연구』 104.

이승렬, 1996, 「1930년대 전반기 일본군부의 대륙침략관과 '조선공업화'정책」, 『국사관논총』 67.

이영학, 2015, 「1910년대 조선총독부의 농업정책」, 『한국학연구』 36.

_____, 2018, 「1920년대 조선총독부의 농업정책」, 『한국민족문화』 69.

이은희, 2014, 「1940년대 전반 식민지 조선의 암시장-생활물자를 중심으로」, 『동방학지』 166.

장신, 2001, 「『조선검찰요보』를 통해 본 태평양전쟁 말기(1943~1945)의 조선사회」, 『역사문제연구』 6.

田剛秀, 1993, 「植民地 朝鮮의 米穀政策에 관한 研究-1930~45년을 중심으로」, 서울대학교 경제학과 박사학위논문.

鄭文鍾, 1993, 「1930年代 朝鮮에서의 農業政策에 관한 研究-農家經濟安定化政策을 중심으로」, 서울대학교 경제학과 박사학위논문.

정병욱, 1998, 「역사의 주체를 묻는다-식민지근대화론 논쟁을 둘러싸고」, 『역사비평』 43.

정일영, 2019, 「일제 식민지기 조선간이생명보험을 통해 본 '공공의 기만성'」, 『역사학연구』75.

정태헌, 1997, 「일제하 財政·金融機構를 통한 資金 흐름의 실태」, 『한일간의 미청산 과제』, 아세아문화사.

조명근, 2009, 「일제말(1937~45) 조선 내 민간인을 대상으로 한 전시공채의 발생 실태」, 『대동문화연구』 65.

_____, 2011, 「일제의 국책금융기관 조선은행 연구」, 고려대학교 한국사학과 박사학위 논문.

池秀傑, 1984, 「1932~35年間의 朝鮮農村振興運動-植民地 '體制維持政策'으로서의 기능에 관하여」, 『韓國史硏究』 46.

최병택, 2004, 「전시체제 하 일제의 물자수급 및 통제정책-경성의 신탄수급 통제를 중심으로」, 『역사와현실』 53.

_____, 2008, 「일제하 전시체제기(1937~1945) 임업동원책과 삼림자원 공출」, 『한국사학보』 32.

허영란, 2000, 「전시체제기(1937~1945) 생활필수품 배급통제 연구」, 『국사관논총』 88.

糟谷憲一, 1975, 「戰時經濟と朝鮮における日窒財閥の展開」, 『朝鮮史研究會論文集』 12.

君島和彦, 1977, 「朝鮮における戰爭動員體制の展開過程」, 『日本ファシズムと東アジア』, 青木書店.

金洛年, 1992, 「植民地期における朝鮮·日本間の資金流出入」, 『土地制度史學』 135.

松本武祝·富田晶子·吉野誠·村上勝彦, 1984, 「植民地期朝鮮社會經濟의 統計的硏究(3)」, 『東京經大學會誌』 139.

森武麿, 2004, 「戰時日本の社會と經濟-總力戰をめぐって-」, 『一橋論叢』 131-6.

大豆生田稔, 1984, 「1930年代における食糧政策の展開」, 『城西經濟學會誌』 20-2.

_____, 1993, 「戰時食糧問題の發生-東アジア主要食糧農産物流通の變貌」, 『近代日本と植民地5-膨脹する帝國の人流』, 岩波書店.

伊藤隆, 1976, 「昭和政治史への研究一視覺」, 『思想』 624.

橋谷弘, 1993, 「釜山·仁川の形成」, 『近代日本と植民地3-植民地化と産業化』, 岩波書店.

富田晶子, 1981, 「準戰時下朝鮮の農村振興運動」, 『歷史評論』 377.

樋口雄一, 2002, 「植民地下朝鮮における自然災害と農民移動」, 『法學新報』 109-1·2, 中

央大學.

4. 웹사이트

국가기록원 기록정보서비스 https://www.archives.go.kr/next/viewMain.do

국사편찬위원회 한국사데이터베이스 http://db.history.go.kr/

네이버 지식백과 https://terms.naver.com/

대한민국 신문아카이브 https://nl.go.kr/newspaper/sub0101.do

아시아역사자료센터 https://www.jacar.go.jp/korean/

위키백과 https://ko.wikipedia.org/wiki/%EC%9C%84%ED%82%A4%EB%B0%B1%EA%B3%BC

찾아보기

ㄱ

가격등통제령 130, 161, 162, 273, 334
가격통제 331, 333, 334
가야 오키노리(賀屋興宣) 209
가타오카 나오하루(片岡直溫) 54
강제공제저축 216~224, 276, 278, 279, 287, 305
강제저축 27, 33, 143, 144, 208, 214~216, 218~220, 222~224, 279, 387
강제회수 200, 202~204
개량농법 243, 244, 388
갱생지도부락확충계획 92~94
경제경찰 338, 340, 341, 351, 366, 393
경제사범 302, 338, 344, 351, 391, 393
경제신체제론 130, 138, 139
경종법 개선 233, 234, 236, 268, 387
고구마(甘藷)증산장려계획 267, 268
고노에 후미마로(近衛文麿) 79, 80, 113, 114, 124~126, 131, 163, 168
고이소 구니아키(小磯國昭) 50, 141, 142, 178
고토 신페이(後藤新平) 56
공동판매 215, 298

공출 25, 26, 33, 34, 141, 156, 201~204, 207, 217, 218, 220~223, 232, 270, 272, 276~292, 300~302, 304~316, 334, 335, 346, 369, 370~375, 385, 386, 389~391, 393, 394
관동군 66~71, 74, 80, 87, 100, 113, 144, 157, 378
광물자원 22, 26, 33, 105, 109, 177, 178, 184, 185, 187, 189, 384
9·18가격 162, 163, 334, 336
국가총동원법 108, 109, 117~119, 121, 124, 147, 151, 162, 163, 169, 172, 380~382
국가총동원체제 45, 63, 116
국가통제 65
국민복 320, 361, 364~366
국민생활 96, 143, 162, 198, 206, 211, 319, 321, 322, 348, 366
국민정신총동원운동 323, 392
국민징용령 128
국민총력운동 209, 210, 254, 323, 367
국세원 56, 57
군국주의 파시즘체제 16, 34, 93

군수공업 44, 51, 52, 57, 58, 79, 81, 82, 88, 97, 117, 121, 142, 145~149, 158, 169, 171~173, 198, 208, 229, 378, 381

군수공업동원법 51, 52, 57, 58, 117, 145, 146, 378

군수공업확충계획 79, 121, 148, 149, 169

군수국 53, 56~58, 117, 378

군수동원 57, 94, 109, 110, 117, 157, 212

군수산업 15, 45, 78, 81, 82, 104, 134, 145, 146, 157, 158, 166, 201, 204, 208, 248

군수생산책임제 166, 167

군수성(軍需省) 56, 138, 139, 140, 141, 166

군수충족회사령 167

군수회사법 108, 138~141, 165, 167

금속류회수령 200~203, 385, 386

금속회수 184, 197, 200, 201, 204~207, 386

금융조합 27, 218~224, 251, 279, 284, 309, 375, 387

기업정비 134, 165, 166, 204~207, 386

기업정비령 134, 135, 166

기업허가령 133~135

기획부 115, 151, 152, 154, 160, 381

기획원 115, 117, 119, 122, 123, 125, 127, 129~133, 138~141, 147, 149, 151, 168~171, 198, 380

기획원사건 131, 132

기획청 115, 151, 380

ㄴ

나가타 데쓰잔(永田鐵山) 58, 68, 71, 77, 80

난징대학살 122, 123

내각조사국 77~79, 115

내선융화 86, 87, 89, 379

내선일체 17, 29, 147, 148, 323, 381, 396

노다 우타로(野田卯太郎) 54

노무조정령 163, 164

농가경제갱생계획 90~94, 245, 246

농가보유량 283, 286, 370, 371

농공병진 32, 84, 89, 90, 95, 97, 101, 103, 105, 144, 145, 147, 169, 295, 379, 381

농공병진정책 84, 89, 90, 95, 97, 101, 103, 105, 144, 147, 169, 379, 381

농산촌생산보국운동 94

농업생산책임제 265, 267, 285~287, 370, 389, 390

농촌진흥운동 86, 87, 89~95, 97, 101,

222, 260, 295, 307, 361
니시하라 가메조(西原龜三) 55
니시하라 차관 55

ㄷ

다나카 다케오(田中武雄) 265, 266
다카하시 고레키요(高橋是淸) 72, 82
대가뭄 33, 128, 129, 191, 230~233, 237, 247, 263, 271, 272, 283, 309, 325, 326, 334, 352, 355, 387, 389, 393
대동아공영권 117, 118, 127, 137, 142, 177, 181, 380, 383
대마 33, 279, 292, 302~306, 391
대마 공출 304, 305
대마수급조정규칙 303, 391
대마증산계획 303, 304
대용식 311, 325~327, 330, 331, 357, 358, 371, 375
대정익찬회 129, 130, 323
데라우치 55
도양곡배급조합 276, 279, 280
도죠 히데키(東條英機) 141, 142

ㅁ

만주국 14, 17, 23, 32, 65, 66, 69, 71, 74, 75, 78, 80, 82, 88, 100, 103, 104, 118, 121, 144, 150, 157, 168, 195, 378, 380
만주사변 14, 32, 63, 66, 68~70, 74, 76, 78, 80, 87~89, 109, 121, 150, 262, 297, 299, 378, 379, 383, 390, 395
만주 산업개발 5개년 계획 82, 83, 100, 121, 144, 148, 168, 169
면작장려 294~296
면작장려계획 294
면작조합 298
면화 공출 300, 301
면화증산계획 296
몸뻬 364~366
무연탄 179, 189~197, 384, 385
물물교환 347, 348, 349, 354
물자동원 17, 23, 28~30, 32, 34, 93, 112, 120~126, 128, 129, 131, 135~137, 141, 142, 147, 151, 152, 156, 160, 168, 169, 171, 174, 175, 181, 184, 189, 192, 207, 301, 332, 378, 380~383, 386, 390, 394
물자동원계획 23, 112, 120~126, 128, 129, 131, 135~137, 141, 142, 147, 151, 152, 160, 168, 169, 171, 174, 175, 181, 184, 192, 380, 383
물자 배급 146, 147, 152, 290, 361
미곡배급통제법 271, 272

미곡법 85, 86, 270

미곡자치관리법 271

미곡중점주의 257, 265, 266, 388

미곡증산계획 230, 233, 248

미곡통제법 85, 86, 271

미나미 지로(南次郞) 105, 106, 143, 169, 170, 381

ㅂ

배급 25, 26, 34, 56, 97, 124, 128, 129, 136, 139, 140, 143, 146, 151, 152, 156, 160, 161, 180, 198, 203, 218, 222, 223, 242, 247~251, 255, 265, 271~276, 279~281, 287, 290, 291, 301, 305, 314, 316, 322, 325, 328~330, 332, 334, 335, 339~343, 346, 349, 352, 354~364, 366~375, 389, 390, 393, 394

배급제 142, 143, 291, 322, 332, 355, 356, 359, 362, 363, 368, 374, 375, 390, 393

배급통장 356

배급 통제 25, 129, 146, 160, 251, 271, 275, 332, 343, 352, 354, 355, 360, 368

병참기지 28, 32, 66, 143, 145, 147~ 149, 158, 169, 179, 184, 208, 381, 387

병참기지화정책 143, 149, 169, 170

부락책임공출제 281~283, 309, 310, 389

ㅅ

사전할당제 270, 283, 285~287, 370, 389, 390

사치품등제조판매제한규칙 162, 163, 320

산미증식계획 84~86, 96, 226, 228, 233, 237, 244, 260, 395

산업합리화 64, 65, 115

삼국동맹 36, 128, 130, 382

삼국협상 36, 37

생산력확충 26, 28, 32, 78, 81, 94, 103, 112, 113, 120, 121, 125, 126, 128, 131, 135~137, 141, 142, 144, 147~151, 154, 156, 158, 164, 168, 169, 171, 173~177, 179, 180, 184, 190~193, 207, 208, 211, 212, 224, 248, 350, 380~384, 386, 387, 393

생산력확충 5개년 계획 113, 137

생산력확충계획 26, 119~121, 125, 126, 131, 136, 137, 141, 142, 144, 147~149, 151, 154, 156, 168, 169, 171, 173~177, 179, 180, 184, 190, 192, 193, 380, 382~384

생산확충 136, 175

생활필수물자통제령 163, 164
석탄 15, 26, 74, 82, 83, 103, 127, 128, 139, 140, 152, 153, 160, 161, 164, 165, 168, 173~175, 177~180, 184, 185, 187~196, 250, 384, 385
소비절약 91, 198, 318, 319, 325, 326, 331, 392, 393
소비 통제 34, 146, 147, 272, 318, 319, 331, 367, 389, 392, 393
소형용광로 139, 140, 179, 189, 195~197, 385
쇼다 카즈에(勝田主計) 55
수출입품 등에 관한 임시조치법 318
수출입품등임시조치법 145, 146, 158, 168, 169
스기야마 겐(杉山元) 112
스즈무라 기치이치(鈴村吉一) 51
시오타 마사히로 238, 239
식량 공출 33, 270, 285, 307, 308, 313, 316, 373
식량관리법 271, 272, 280
식량관리제도 270
식량배급계획요강 352
식량 배급량 356, 375
식량배급조합 276
식량전작물증산계획 257, 263, 264
식량 증산 23, 25, 33, 81, 143, 144, 155, 156, 175, 239, 241, 243, 248, 249, 252, 254, 261, 262, 264, 265, 287, 387, 388, 390
식량 증산정책 23, 25, 33, 128, 129, 249
신체제운동 131, 132, 163, 323

ㅇ

아라키 사다오(荒木貞夫) 70
아시아태평양전쟁 15, 28, 32, 108, 135, 136, 150, 156, 165, 174~177, 181, 184, 187, 195, 204, 212, 236, 300, 380, 383, 384, 386, 395
아오키 가즈오(靑木一男) 115
암가격 333, 336, 339, 346, 347
암거래 26, 34, 142, 143, 200, 214, 273, 300, 301, 306, 313, 318, 323, 327, 332, 335, 336, 338~344, 346~348, 350, 351, 354, 364, 366~368, 374, 375, 386, 392, 393
야마가타 아리토모(山縣有朋) 53, 54
오노 로쿠이치로(大野綠一郎) 184, 199
오카다 게이스케(岡田啓介) 76
요시다 시게루(吉田茂) 77
우가키 가즈시게(宇垣一成) 50, 84, 86, 378
우가키 군축 59
우에무라 고고로(植村甲午郞) 115, 116
유안 148, 168, 169, 173, 174, 177,

178, 245, 249, 250

유언비어 30, 200, 343, 344

유우키 도요타로(結城豊太郎) 79, 80

육지면 293~299, 301, 390

이누카이 쓰요시(犬養毅) 54

이시하라 간지(石原莞爾) 67~69, 78, 80, 113, 121, 168

이시하라 구상 81, 103

2·26사건 23, 32, 79, 80, 104, 105, 168

이타가키 세이시로(板垣征四郎) 68

일만군수공업확충계획 79, 121

일만재정경제조사회 79, 80~82

일본질소(日窒) 98

일본파시즘론 19, 20

일본해(日本海) 중심론 87, 88

일선만(日鮮滿) 블록론 88, 89, 379

임시군사조사위원회 49, 50, 51

임시생산증강위원회 139, 165

임시자금조정법 145, 146, 168, 169, 208

ㅈ

자가보유미제도 34, 280, 369, 373, 375, 389, 394

자급비료 244, 245, 248, 249, 252~256, 388

자원국(資源局) 60

자원조사법 61, 120

자치통제 95, 103, 104, 108, 146, 379

잠정기간계획 61, 120

잡곡 33, 85, 218, 220, 228, 229, 251, 257~266, 268, 273~277, 281, 282, 284, 286, 289, 309, 310, 326~330, 336, 349, 352, 357, 370, 371, 375, 388

장려금 52, 185, 191, 277~279, 281, 285, 287~291, 300

장제스(蔣介石) 14, 66

저축장려 208, 209, 211, 215, 220, 392

저축조성운동 208~210, 224, 387

저축조합 209, 210, 223, 224, 387

저축조합령 210, 223

전력 33, 54, 78, 95, 97~102, 104, 113, 115, 118, 121, 126, 134, 139, 140, 151, 164, 165, 174, 176~179, 191, 195, 205, 207, 255

전력사업 95, 97, 102

전력산업 78

전시 동원 17, 27, 29, 30, 234, 302, 324, 378, 391

전시체제론 19, 20, 24

전시 총동원 17, 23, 25, 27~34, 57, 110, 119, 122, 131, 135, 143, 147, 149~151, 156, 158, 166, 168, 171,

184, 215, 224, 236, 241, 247, 256, 260, 261, 271, 287, 292, 297, 307, 316, 324, 332, 339, 344, 350, 351, 366, 369, 373, 378, 380~382, 387, 388, 390, 392~394, 396~398

전시 총동원체제 23~25, 27~33, 110, 119, 122, 131, 135, 147, 149, 156, 158, 184, 215, 224, 236, 241, 247, 256, 260, 261, 271, 287, 292, 297, 307, 316, 324, 332, 339, 344, 350, 351, 366, 369, 373, 378, 380, 381, 387, 388, 390, 392~394, 396~398

전작(畑作)개량증식계획 262

절미운동 325, 326, 329

정비국 58

조선공업조합령 146, 147

조선공업화 27, 32, 84, 95~97, 99, 101~103, 174, 191, 197, 262, 295, 379, 395

조선광업령 184, 384

조선군 108, 109, 110, 156~158, 167, 323

조선농지개발영단 164, 165, 238, 242

조선물품판매가격취체규칙 161, 162

조선미곡배급조정령 272, 274, 389

조선미곡시장주식회사령 273

조선미곡이출통제계획 85

조선미곡창고계획 85, 86

조선백미취체규칙 326, 327

조선비료취체령 245, 246

조선산업경제조사회 104, 105, 143, 144

조선석탄수급 5개년 계획 190, 191

조선식량관리령 272, 284, 285, 389

조선식량영단 165, 284, 285

조선임시비료배급통제령 247, 248

조선자원조사위원회 109, 110

조선잡곡배급통제규칙 275

조선전기사업령 97

조선전력관리령 164, 165

조선중요광물증산령 184, 185, 384

조선중요물자영단 164~166, 205, 206

조선증미개정계획 236, 387

조선증미계획 226, 233~237, 239, 249, 387

조선총독부시국대책준비위원회 147, 148, 381

조선총동원 109, 110, 151

조선특수사정론 104

중요광물증산계획 185, 187

중요산업단체령 132, 163, 164

중요산업통제법 64, 65, 98, 101~105, 107, 108, 133, 143, 144, 382

중일전쟁 14, 16, 23, 26, 30, 32, 33, 78, 84, 93, 95, 110, 112, 114, 115, 117~119, 121, 123, 125, 131, 135,

143, 145, 150, 158, 159, 161, 167~
169, 171, 173, 184, 198, 208, 211,
212, 229, 231, 247, 270, 271, 297,
299, 300, 303, 318, 361, 378~383,
390~392, 395
중점산업 136, 139, 140, 165, 166,
179, 180, 206
증미(增米)계획 230
징발령 51, 52

ㅊ

1941미곡년도 식량대책 275
1942미곡년도 식량대책 277
1943미곡년도 식량대책요강 281
천인저축 215, 216, 218, 223, 278,
305
천황제 16, 19, 29, 32, 167, 323, 378,
383
천황제파시즘론 19
철광석 50, 74, 142, 171, 174, 177~
179, 194~196, 385
총동원계획 61, 63, 70, 71, 73, 74, 79,
80, 109, 110, 114, 115, 117, 120,
122, 131, 147, 149, 151, 152, 154,
155, 157, 168, 380, 381
총동원계획회의 61, 63, 70
총동원체제 14, 16, 23~25, 27~33,
45, 59, 63, 66, 79, 80, 101, 108,

110, 112, 116, 117, 119~122, 129,
131, 135, 147, 149, 151, 156, 158,
163, 167, 168, 184, 215, 224, 236,
241, 247, 256, 260, 261, 271, 287,
292, 297, 307, 316, 324, 332, 339,
344, 350, 351, 366, 369, 373, 378,
380, 381, 383, 384, 387, 388, 390,
392~394, 396~398
총력전 15, 19, 20~25, 31, 34, 36, 43,
45, 46, 49, 51~56, 58~60, 63, 73,
78~82, 88, 101, 103, 113, 114, 121,
378~380, 383, 395
총력전체제 15, 19~25, 34, 36, 51, 55,
58~60, 81, 82, 88, 114, 121, 378,
380
총무국 151, 152, 154~156, 381, 382

ㅌ

토지개량사업 86, 233, 234, 236~239,
241, 243, 265, 388
통제경제 108, 123, 124, 131, 132,
142, 143, 163, 336, 338, 348, 373
통제회 130, 132, 133, 139, 163, 164
특별회수 198~201, 203, 204, 207,
385, 386

ㅍ

파시즘체제 16, 20, 24, 29, 32, 34, 93, 322, 395
판매비료 234, 243~252, 254~256, 388
폐품회수 198, 199, 207, 386
폭리취체령 160, 161, 273, 318, 392

ㅎ

하라 다카시(原敬) 54
하야시 센주로(林銑十郞) 73, 80, 87
호시노 나오키(星野直樹) 115
호즈미 신로쿠로(穗積眞六郞) 198, 199
화학비료 244, 245, 247, 248, 254, 256, 388
환원배급 369, 371, 375
황국신민화 29, 323, 396
히라누마 기이치로(平沼騏一郞) 125
히로타 고키(廣田弘毅) 72

동북아역사재단 일제침탈사 연구총서 37

일제말 전시 총동원과 물자 통제

초판 1쇄 인쇄　2021년 12월 20일
초판 1쇄 발행　2021년 12월 31일

지은이　이송순
펴낸이　이영호
펴낸곳　동북아역사재단

등　록　제312-2004-050호(2004년 10월 18일)
주　소　서울시 서대문구 통일로 81 NH농협생명빌딩
전　화　02-2012-6065
팩　스　02-2012-6189
홈페이지　www.nahf.or.kr
제작·인쇄　(주)동국문화

ISBN　978-89-6187-691-9　94910
　　　　978-89-6187-669-8　(세트)

- 이 책은 저작권법에 의해 보호를 받는 저작물이므로 어떤 형태나 어떤 방법으로도 무단전재와 무단복제를 금합니다.
- 책값은 뒤표지에 있습니다. 잘못된 책은 바꾸어 드립니다.